Zu diesem Buch

Im März 1985 besuchten etwa tausend Männer in Bremen eine Veranstaltungsreihe von Männern für Männer. Für viele waren die Bremer Männertage der Anfang, sich mit sich und ihrem Mannsein ehrlich und offen auseinanderzusetzen.

Es war überraschend, wie persönlich Männer über ihre Erfahrungen und Probleme reden konnten. Sie erzählten und hörten sich zu, ohne das oft ihre Person verpanzernde Konkurrenzgebaren und Protzertum unter Männern. Eine neue Begegnung von Mann zu Mann?

Die Atmosphäre des Ausbruchs aus der männlichen Verschlossenheit, die Euphorie des «Es-bewegt-sich-was-bei-den-Männern» war der Anlaß zu versuchen, ein wenig von dem, was auf den Männertagen thematisch besprochen wurde, weiter nach außen dringen zu lassen.

Das vorliegende Männerlesebuch ist das Ergebnis dieses Versuches.

Hinweise auf die Autoren finden sich jeweils am Schluß der einzelnen Beiträge.

Jörg Ehrenforth / Herwarth Ernst (Hg.)

Gegenstimmen

Männerlesebuch

rororo

Rowohlt

Umschlagentwurf: Thomas Henning und Claus Pfitzner
Lektorat: Jürgen Volbeding

Originalausgabe
Veröffentlicht im Rowohlt Taschenbuch Verlag GmbH,
Reinbek bei Hamburg, April 1987

Satz aus der Linotron-Sabon
Gesamtherstellung Clausen & Bosse, Leck
Printed in Germany
1480-ISBN 3 499 18212 2

Inhalt

Zu guter Erst

Nachdem Mitte der siebziger Jahre schon einmal eine kleine Männergruppenwelle über unsere Republik hinwegspülte, erleben wir heute, zehn Jahre später, die zweite, immer wieder so bezeichnete, Männerbewegung.

Damals war kaum mehr als ein Zucken des männlichen Gewissens zu beobachten – ein unmittelbarer Reflex auf die erstarkende Frauenbewegung bzw. auf die Frauen, die ihren Partnern Dampf unterm Hintern machten.

Darf das geneigte Publikum heute mehr erwarten? Lohnt es sich überhaupt, darüber nachzudenken oder gar Bücher zu schreiben?

Was wollen die Männer, die sich als bewegt, als emanzipationswillig und lernbereit verstehen? Sind sie anders und neu, oder haben sie immer noch nichts begriffen? Was denken und fühlen sie; was haben sie zu sagen?

Nun ist dieses Buch nicht das erste Männerbuch. In den letzten Jahren hat sich das Männerregal mancher Buchhandlung deutlich sichtbar gefüllt – «Einen Meter rororo-Mann bitte!» Aber unser Buch ist natürlich ein ganz besonderes Männerbuch – auf jeden Fall hat es eine besondere Geschichte.

«Wenn MÄNNER ihre TAGE haben» lautete das Motto der Bremer Männertage vom März '85. Die Vorbereitungsgruppe dieser Männertage war von der Wichtigkeit ihrer Veranstaltung so überzeugt, daß sie eine Dokumentation ins Auge faßte, etwa in Form einer schlichten DIN A5-Broschüre. Daraus wurden die «Gegenstimmen», ein Lesebuch im «Großverlag». Gegenläufig war die personelle Entwicklung: Aus der siebenköpfigen Gruppe wurde das Herausgeber-Duo. Einzig Heiner hielt uns halbwegs die Treue: Unter Flüchen und Gestöhn schrieb er seinen Teil der Männertage-Geschichte fertig.

Das ursprüngliche Konzept für dieses Buch veränderte sich ständig. Zu Beginn gab es noch das weitgesteckte Ziel, eine umfassende Bestandsaufnahme des bewegten Mannes 1985/86 zu versuchen und die gesamten Erfahrungen der Männertage durch die Vielfalt der unterschiedlichsten Texte literarisch widerzuspiegeln.

Wir jagten hinter den Referenten der Männertage her: nur einige konnten oder wollten schriftlich das zwischen zwei Buchdeckel zwängen, was für sie «so unbeschreiblich» (O-Ton eines Referenten) während der Tage an Erfahrungen und neuen Erkenntnissen abgelaufen war. Was wir an uns selbst während der Arbeit an diesem Buch immer wieder bemerkten, fiel uns auch hier auf: Männern fehlt oft noch die Sprache, sich auf dieser für sie so ungewohnten Ebene mitzuteilen und auszudrücken. Für Verunsicherungen und suchende Schwebezustände finden Männer offenbar schwer Worte.

So ist es kein Zufall, daß gerade über die Sexualität des Mannes sehr wenig in diesem Buch zu lesen ist – im Gegensatz zu den Männertagen selbst, wo dieses Thema in mehreren Veranstaltungen den größten Zulauf fand. Das gleiche Schicksal erlitt unser Buchkonzept in bezug auf das Thema: «Mann in der Arbeitswelt». Auch hier gaben wir nach mehreren Anläufen auf.

Eigentlich war's aber keine Überraschung: Sind die Sexualität und die Arbeitswelt doch zwei Pole im Leben vieler Männer, an denen sie immer wieder durch ihre verinnerlichte Leistungsideologie im Männlichkeitswahn scheitern.

An Gewicht zugenommen hat der Abschnitt «Männerbewegung in Theorie und Praxis», ganz neu eröffnet wurde die Abteilung «Männer auf der Couch», in der der bewegte Mann psychoanalytisch durchleuchtet wird. So haben sich die Schwerpunkte verschoben – was erhalten blieb, war die Absicht, möglichst viele und unterschiedliche Themen und Standpunkte darzustellen. Um diese Grundidee zu verwirklichen, mußten wir weniger äußere Widerstände überwinden als vielmehr innere, verinnerlichte. So mußte z. B. die Angst überwunden werden, wegen irgendwelcher Artikel von feministischer Seite als alter Chauvi im neuen Gewande identifiziert zu werden. Vor allem mußten wir unseren Anspruch relativieren, mit dem wir die Artikel zu Anfang auf Ausdruck, Stimmigkeit und Zeichensetzung hin untersuchten. Unseren Versuchen, die Beiträge inhaltlich auf Linie zu bringen, wurden durch zunehmenden Kräfte- und Zeitmangel deutliche Grenzen gesetzt, was uns und dem Buch sicher sehr gut getan hat. Jetzt hat auch das Widersprüchliche und Provokante seinen Platz.

Auf der anderen Seite haben wir durch die intensive Auseinandersetzung mit den Beiträgen und viele, viele lange Gespräche mit den Autoren ungeheuer viel gelernt und so manchen Aha-Effekt erlebt.

Heute fühlen wir uns für fast jede Debatte über Männerrolle, -emanzipation und -bewegung gewappnet.

Auch die Auswirkungen aufs Privatleben waren und sind deutlich: «Heirate doch dein blödes Buch, ey!»

Zwei Jahre geballt-intensive Beschäftigung mit unserer und anderer Männer Männlichkeit haben dabei noch immer keine neuen Männer aus uns gemacht; aber vielleicht haben wir gelernt, besser mit uns als alten Männern umzugehen.

Sich heute bewußt und kritisch als Mann zu betrachten bedeutet auch immer wieder, sich mit der Frauenbewegung auseinanderzusetzen. Von hier aus sind neue Ansprüche an Männer gestellt, neue Werte formuliert worden. Die Frauen haben angefangen, ihre – und damit auch unsere – Realität zu verändern.

Bewegte Männer teilen sich in ihrem Verhältnis zu ihrer Ziehmutter mindestens in zwei Lager. Die einen verharren in ehrfürchtiger Bewunderung vor den Feministinnen als Avantgarde der Geschlechteremanzipation; die anderen befinden sich in einem Zustand trotziger Ablehnung gegenüber den militanten Emanzen und wollen ihr hetero-männliches Selbstbewußtsein wiederentdecken.

Ob sich hier ein problematisches Mutter-Sohn-Verhältnis wiederholt?

Gerhard Amendt z. B. will einen solchen Wiederholungszwang bei der Vorbereitungsgruppe der Männertage entdeckt haben (vgl. seinen Beitrag in diesem Band).

Dabei sehen wir uns heute, gerade durch die Auseinandersetzung mit den Texten der Autoren, jenseits dieser einseitigen Interpretationen. Wir sind keine Feministen. Andererseits wollen wir uns auch nicht in Umkehrung der realen Verhältnisse zu mitleiderheischenden Opfern der Frauen erklären.

Sich als Opfer zu fühlen scheint ja bei manchen Männern eine ganz neue Qualität ihres Leidens auszumachen. Neben den Frauen ist es dann vor allem die Männerrolle, die ihnen das Leben schwer macht und das Leiden leicht.

Diese Darstellung halten wir für bequem und kurzsichtig. Sie enthebt die Männer ihrer Verantwortung – denn sie sind es ja gar nicht selbst, sondern die ihnen aufgezwungene Rolle –, und sie erweckt trügerische Hoffnungen auf schnelle Veränderung der eigenen Person und Lebenssituation; die Männerrolle als Mantel, der abgelegt werden kann.

Auch einige Autoren dieses Bandes neigen dazu, ihre individuellen Versuche einer Abnabelung von alten Männerrollen als überaus wichtigen Bestandteil einer allgemeinen neuen Männeridentität anzupreisen. Die wirkliche und wahrhaftige Männeridentität gilt es zu entdecken. Denn eigentlich sind wir ja ganz anders! Diese Ansicht, daß wir Männer uns aufmachen müssen, unsere wahren Bedürfnisse zu entdecken, unser wahres Ich zu finden, ist weitverbreitet in bewegten Kreisen.

Wir glauben nicht an eine Schnellheilung des Männertraumas. Weder durch Therapien noch durch östliche Weisheiten ist etwas im Schnellverfahren zu verändern, was sich vor vielen hundert Jahren entwickelte und sich seit vielen hundert Jahren behauptet.

Das patriarchalisch bestimmte Geschlechterverhältnis läßt sich allenfalls ein bißchen anknabbern. Immerhin – stetes Knabbern beißt sich durch. Lange Verborgenes und Verschwiegenes offenzulegen und zu entdecken ermöglicht, durch Kritik, Selbsterkenntnis und das hoffentlich folgende Ausprobieren, sich als Mann ein Stück weiterzuentwickeln.

Wenn wir der Weiterentwicklung, der Emanzipation des Mannes eine Chance geben, so huldigen wir damit noch lange nicht der «Männerbewegung als Allheilmittel» gegen den gesellschaftlichen Frust. Die Gefahr ist, daß aus dem Geschlechtsverhältnis heraus alles erklärt wird. «Wenn nur die Männer sich auch endlich emanzipieren, dann ist das Paradies nicht mehr fern.»

So wie die Linke lange die Geschlechterfrage als Nebenwiderspruch abgetan hat, so sind heute Fragen nach wirtschaftlichen und politischen Machtkonstellationen dazu angetan, den Fragesteller des Politmackertums zu bezichtigen.

Diese Verschiebung vollzieht sich im gesamten links-alternativen Spektrum und ordnet die Männerbewegung insofern in den allgemeinen Lauf der Dinge, nimmt ihr damit etwas von ihrer Besonderheit.

Trotz aller distanzierenden Bedenken: Selbst-Erfahrung ist genauso sinnvoll und notwendig wie die Kritik an den herrschenden Verhältnissen.

Wer meint, schüchterne Gehversuche auf dem schmalen Grat zwischen Softie und Macho veräppeln zu müssen, ist selbst ein Schwein.

Jörg Ehrenforth
Herwarth Ernst

Januar 1987

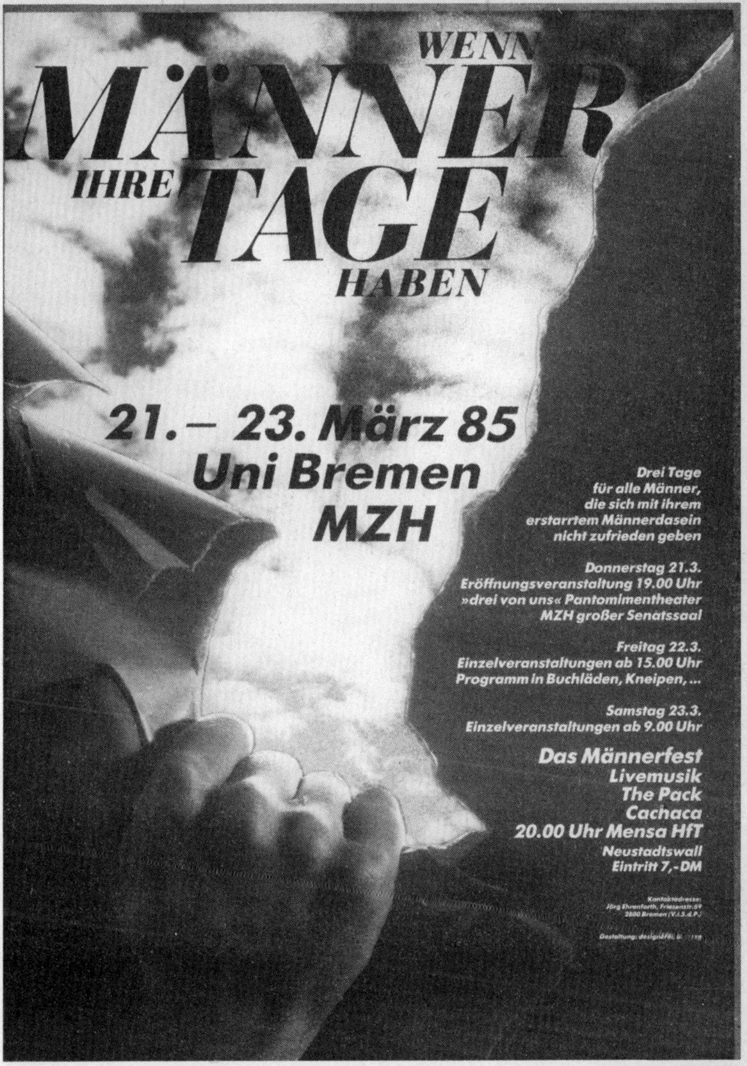

Entwurf Peter Steinkönig

Jörg Ehrenforth / Herwarth Ernst / Heiner Schlichting

Wenn MÄNNER ihre TAGE haben

Das Treffen der tausend Männer, Männertage Bremen März 1985

Die Emanzipation von Männern – die Suche nach neuen Vorstellungen und das Ausprobieren veränderten Verhaltens – fällt nicht vom Himmel.

«Laßt uns dagegen sein, gegen das Chauvitum, den Macker, den windelweichgespülten Softie! Neue Männerrollen müssen her!»

Parolen helfen mir gar nicht dabei, überlieferte und wie selbstverständlich von mir verinnerlichte Vorstellungen vom Manndasein zu befragen. Diese Vorstellungen sitzen fest, sind männlich gepanzert gegenüber ernst zu nehmenden Veränderungen. Allenfalls den Panzer mag Mann durch einfache Sprüche austauschen. «Doch wie's im Innern ausschaut, weiß niemand... und draußen, im Alltag, bleibt eh' alles beim alten.»

Es stimmt schon, daß Männer sich schwertun, von sich zu reden, sich selbst in ihren «persönlichen» Angelegenheiten mal anzuschauen. Männer arbeiten nicht an sich herum, Frauen tun das ständig. Cheryl Benard und Edith Schlaffer behaupten dies zumindest in ihrem streitlustig geschriebenen Buch «Viel erlebt und nichts begriffen».*

Die männlich-vornehme Zurückhaltung habe ich an mir selbst und in Begegnungen mit Männern immer wieder erlebt. Begriffen habe ich jedoch, daß es Wege gibt, diese Zurückhaltung aufzugeben und herauszukommen aus dem Schneckenhaus. Die Männergruppe ist *ein* Ort, an dem sich Erfahrungen unter Männern eröffnen, die weit ent-

* Ch. Benard, E. Schlaffer: Viel erlebt und nichts begriffen, Reinbek (Rowohlt) 1985

fernt sind von Stammtischbrüderschaft oder oberflächlicher Begegnungen im Alltag.*

Herauszukommen aus dem Schneckenhaus, das war auch der Beweggrund, der uns, sieben Männer aus mehreren Männergruppen, auf die Idee brachte, im März 1985 an drei Tagen an der Bremer Uni eine große Veranstaltungsreihe «nur für Männer» durchzuführen. «Wenn Männer ihre Tage haben», so das Motto der Bremer Männertage, sollte alle bereitwilligen Geschlechtsgenossen dazu ermutigen, sich Zeit und Raum zu nehmen zur Auseinandersetzung mit sich selbst und anderen Männern.

Bevor es jedoch zu dem «großen» Schritt an die männliche Öffentlichkeit kam, gab es viele kleine Schritte, Schritte, die von uns noch sehr im verborgenen begangen wurden und erst ganz allmählich nach außen sich wagten.

In den Katakomben

Lange bevor wir überhaupt nur daran dachten, nach außen zu gehen, zogen wir uns zunächst einmal zurück in eine Männergruppe. Jetzt, nach Aufarbeitung und Rückschau dessen, was vor und während der Männertage gelaufen ist, kommt uns diese Zeit in der Männergruppe als eine sehr voraussetzungsreiche vor. Denn ohne diese vorherigen Erfahrungen über Jahre hinweg – gerade auch in einem anderen Umgang mit uns selbst und anderen Männern – wäre es sicherlich nicht möglich gewesen, von uns aus eine öffentliche Auseinandersetzung um solch «hautnahe» Probleme zu versuchen.

Unsere Männergruppe, in der Heiner, Herwarth und ich waren, traf sich fast fünf Jahre lang jeden Dienstagabend in den «Katakomben», im Keller eines evangelischen Gemeindezentrums. Anfangs waren wir 14 Männer, einige sprangen ab, neue kamen hinzu – ein Prozeß, den wohl jede Selbsterfahrungsgruppe, wenn sie so lange besteht, durchmacht. Ganz im Kontrast zu der Männergruppe, die ich Anfang der siebziger Jahre in Bonn (meinem Heimatort) mitmachte und welche ausschließlich aus Studenten nahezu gleichen Alters bestand, hatte sich hier eine sehr bunte Gruppe gefunden. Vom Alter her war der jüngste 19 Jahre und der älteste über 40 Jahre, vom sozialen Hin-

* Vgl. auch den Beitrag von Stefan Kunold in diesem Band

tergrund her hatte einer noch keinerlei Erfahrungen mit einer «festen» Beziehung zum anderen Geschlecht, ein anderer war Vater einer mehrköpfigen Familie, und die Berufserfahrung ging vom Studenten, Lehrer bis hin zum Lastwagenfahrer und Postboten. Jeder brachte seine Geschichte mit, die teilweise im krassen Gegensatz zu der der anderen stand. Gerade deshalb gab es viel zu erzählen, auszutauschen. Eine wichtige Anfangserfahrung war die, sich unter Männern anders, d. h. bewußter und aufmerksamer, zuzuhören und zu verständigen, als dies in den häufig oberflächlichen alltäglichen Beziehungen zu Männern außerhalb der Männergruppe möglich erschien.

Wir erlebten regelrechte Entdeckungsreisen – wie andere Männer mit sich und ihrer Umwelt umgingen. «Umwelt» meint hier – fast kann Mann sagen «natürlich» – die Beziehung zum anderen Geschlecht, zur Frau, mit der Mann zusammenlebte, die sich gerade von einem getrennt hatte oder auch zur Frau, die es noch gar nicht gab: der Traumfrau. Daß dieses Thema in der ersten Zeit im Vordergrund stand, war und ist nicht weiter verwunderlich. Allgemein gesehen, kommen Männer in der Regel erst dann auf den Gedanken, sich mit anderen Männern in einer Gruppe zusammenzusetzen, wenn gerade aktuelle Schwierigkeiten mit der Beziehung zur Frau, zur Freundin anstehen.

Erst allmählich rückten wir näher zusammen, sahen uns selbst in der Männergruppe und wie wir miteinander oder auch gegeneinander umgingen. In manchmal zähen und nicht immer angenehmen Auseinandersetzungen knüpften wir Beziehungen jenseits von gewohnter schulterklopfender Mann-rühr-mich-nicht-zuviel-an-Mentalität oder austricksendem Konkurrenzgebaren. Wir stellten oft fest, daß die Gruppe fast eine Märcheninsel war, denn sobald wir uns wieder in alltäglicher Umgebung außerhalb der Gruppe bewegten, holten uns dort die alten männliche Formen von Begegnungen unter Männern ein.

Und darf's ein bißchen mehr sein?

Aber es gab da ja noch andere Männergruppen in Bremen. Nichts schien uns näher zu liegen, als mit denen Kontakt aufzunehmen, Erfahrungen auszutauschen, dort Gleichgesinnte zu finden. Die Idee eines Männergruppen-Plenums war geboren, ein ernsthafter Versuch, unseren Gruppenhorizont zu erweitern, den wir mit einem fröhlichen Männergruppenfest beginnen wollten: mal eine Fete nur mit Männern.

Es zeigte sich jedoch, wie schwierig es ist, über den ganz intimen Charakter einer vertrauten Gruppe hinauszuschauen. Die Kontakte kamen nur sehr mühsam zustande, die beiden Ideen (Männergruppenfest und Männergruppen-Plenum) wurden von anderen Männergruppen nicht aufgegriffen. Ängstlichkeit und übergroße Vorsicht kamen uns entgegen. Wir waren nahe daran, zu glauben, daß wir wohl mit unseren Ideen etwas ganz außergewöhnlich Schwieriges wagen wollten. Es verwunderte uns doch sehr, daß offensichtlich nur in unserer Männergruppe solch ein Drang nach Öffnung bestand. Selbstzweifel und Kritik kamen in der Gruppe auf: vielleicht ist es wieder «typisch männlich», so bald schon nach außen gehen zu wollen; vielleicht hatten wir noch nicht genügend in uns geschaut, in unserem intimen Gesprächskreis wichtige Themen noch nicht besprochen.

Der Euphorie der Öffnung folgte diesbezüglich jedenfalls eine resignative Stimmung in unserer Männergruppe. Wir gingen erneut in uns, versuchten mit uns auch außerhalb der gewohnten Dienstagabend-Treffen was anzufangen, neue Erfahrungen auszuprobieren: z. B. während eines gemeinsamen Wochenendes auf einer abgeschiedenen Insel in der Nordsee.

Das Bedürfnis, nach außen hin Kontakt zu suchen, rumorte jedoch weiter im Hintergrund, zumindest bei mir und einigen anderen aus der Gruppe. Ich war nach wie vor neugierig zu erfahren, wieweit wir uns wirklich eine Insel aufgebaut hatten, völlig exotische Männer darstellten – oder ob nicht auch andere Männer in Bewegung geraten waren, ohne Männergruppe, mehr oder weniger still für sich. Hinzu kam der Wunsch, sozusagen in eigener Sache das Thema «Männeremanzipation» *gemeinsam als Gruppe* «draußen», in der rauhen Wirklichkeit, zu erfahren. Ich stellte mir vor, daß es ein neuartiges Erlebnis sein müßte, gemeinsam das stille Kämmerlein im evangelischen Gemeindezentrum zu verlassen, um neugierig mit anderen, gesprächsbereiten Männern zusammenzutreffen.

Lust auf Männer

Durch meine Arbeit im Gesundheitsladen Bremen und der daraus resultierenden Mitgliedschaft in der Vorbereitungsgruppe zum Gesundheitstag 1984 in Bremen wurde der Öffentlichkeitsidee wieder neue Nahrung gegeben. Der Rahmen, der sich für den Gesundheitstag abzeichnete – Hunderte von Veranstaltungen, da machen wir halt eine davon, das ist doch gar kein Risiko … –, schien dafür recht günstig, einen Versuchballon ins Freie zu starten.

Das Thema war schnell gefunden. Lust und Leid des Mannes in der Sexualität sollten den Diskussionsleitfaden unserer Veranstaltung bilden; hatten wir in der Männergruppe nicht oft genug selbst festgestellt, wie nah aneinander beides im Erleben liegen kann. Zum Titel «Die unendliche Lust der Männer» schrieb ich damals im Programmbuch des Gesundheitstages (Auszug):

> «Der Titel provoziert Männer wie Frauen: ‹Stimmt denn das wirklich, daß die Männer ständig geil sind, immer oder zumindest öfters als Frauen lustig zum Sex sind?!› Die damit gemeinte Rede vom ‹Allzeit bereiten Mann› verbirgt den Leistungsdruck, unter den Männer sich oft selber stellen. Denn selbst wenn Männer öfters ‹wollen› als ihre Partnerinnen, sagt dies noch nichts aus über die Erlebnisweise, die Qualität von Sexualität der Männer.»

Das Besondere dieser Veranstaltung sollte sein, daß sie «nur für Männer» angeboten wurde. Der Ausschluß von Frauen war gleichsam eine Verlängerung unserer Erfahrungen in der Männergruppe. Wir wollten eine ähnliche Atmosphäre auch im öffentlichen Diskussionsforum erreichen: sich ehrlicher und offener über eigene Ängste und Probleme austauschen zu können, ohne das allzu übliche Anmach- oder Balzgehabe der Männer (und Frauen) in sonstigen Emanzipationsveranstaltungen.

So schön, so gut – bei der immer konkreter werdenden Planung für diesen ersten Schritt nach draußen zeigte es sich, daß die oft beschworene und nunmehr tatsächlich vor der Tür stehende Öffnung zu anderen Männern hin bei den meisten in der Männergruppe keine praktische Unterstützung fand. Einige der übriggebliebenen Befürworter äußerten ihre persönlichen Vorbehalte: «Da stehen wir so im Mittelpunkt, müssen uns womöglich der Kritik stellen oder aber werden zu Oberemanzen gestempelt, die wir gar nicht sein wollen …»

Noch deutlicher wurde die ängstliche Stimmung, als einer bemerkte: «Ich habe noch nie eine Veranstaltung geleitet, das kann ich nicht.» Es wurde klar, wie sehr auch in unserer Männergruppe der einfache Schritt doch so schwierig war: eine öffentliche Auseinandersetzung schien autoritär-männliche Strukturen zu verlangen, um die eigene Unsicherheit zu meistern. Dafür benötigt Mann offensichtlich die abgeklärte Leiterfigur, die alles im Griff hat, die vom sicheren Podest her anleiten kann.

Allein geblieben und etwas enttäuscht machte ich mich an die Konzeption der Männerveranstaltung. Ich war jetzt wieder verunsichert, wie viele das Thema wirklich interessierte und vor allem, wie viele sich dabei noch trauten, eine Veranstaltung «nur für Männer» zu besuchen und miteinander zu reden. Sollten doch Leitfiguren der Männeremanzipation dabeisein? Rodrigo Jokisch («Mann-Sein») und Gerhard Vinnai («Das Elend der Männlichkeit») kamen auf meine Einladung hin. Volker Elis Pilgrim («Manifest für den freien Mann») kam erst, als ich ihm das Zauberwort durchgab: «Was – eine Veranstaltung nur für Männer?! Da kann vielleicht mal eine neuartige Diskussion entstehen; ich komme!»

Das Männer-Wunder

Und dann war der Tag da. Gespannt und aufgeregt blickte ich in den Raum, in dem die Veranstaltung ihren Anfang nehmen sollte. Das konnte doch nicht wahr sein: Dicht gedrängt saßen und standen da die Männer. Einen solchen Andrang – insgesamt waren wohl 400 Männer anwesend – hatte ich nun wirklich nicht erwartet. Ich staunte nur noch und freute mich wie ein Schneekönig. Der Versuchsballon hatte offensichtlich viele erreicht. Trotz mehrerer konkurrierender Veranstaltungen, die zur gleichen Zeit auf dem Gesundheitstag stattfanden, bahnte sich hier ein voller Erfolg an: die Männer strömten zur «Männerveranstaltung».

Ach, da waren auch sie, die Männer aus «meiner» Männergruppe. Es war einfach toll, jetzt doch noch gemeinsame Sache zu machen, zusammen unsere in den Katakomben gebrütete Idee nach außen zu tragen.

Ein paar Worte zum Thema, und schon ging es los. Abweichend vom üblichen Veranstaltungsmuster schlugen wir vor, zunächst einmal in überschaubaren Kleingruppen das Thema «vorzuwärmen».

Begründungen dafür gab es genug. Ging es doch darum, die Anonymität gerade bei diesem Experiment, mal anders unter Männern die «unendliche Lust» zu diskutieren (eben offen und ehrlich), von vornherein ein Stück weit aufzuheben. Die Chance, Erfahrungen diesbezüglich aus der Männergruppe ein wenig zu übertragen, bietet sich meines Erachtens erst dann, wenn man auch vertrauter miteinander umgeht. Nach zwei Stunden und einer Pause sollte es dann im großen Rahmen weitergehen, sozusagen als gemeinsame Auswertung der Kleingruppengespräche.

Spontan und beinahe wie von selbst bildeten sich die Kleingruppen, verteilten sich, wo immer ein einigermaßen ruhiges Plätzchen im achtstöckigen Hochhaus der Universität zu finden war. Ein ungewohntes Bild bot sich da dem unbeteiligten Passanten. In den Fluren, in den Ecken und Nischen – überall hockten dort die Männer und erzählten sich was. Eine Männerverschwörung? Nein, dort wurden keine Statements abgegeben, Männerprogramme zum sexerfüllten Leben entworfen, sondern von sich geredet und nicht selten erstaunt dem zugehört, was auch die anderen Männer hinter ihrer alltäglich zur Schau gestellten Potenz verbergen.

Die Zeit reichte kaum aus, so daß manche Gruppe ihr Gespräch abends nach dem «offiziellen Teil» einfach fortsetzte.

Am frühen Nachmittag fanden wir uns wieder im Plenum ein, vorsorglich diesmal im größten Vorlesungssaal der Universität. Aber auch hier drängten sich wieder die Männer. War es Neugierde, das Exotische dieser Veranstaltung oder Ausdruck eines starken Bedürfnisses, sich endlich mal um sich, seine eigene Verunsicherung zu kümmern? Jedenfalls glich es einem Männer-Wunder, was dann geschah.

Es kam ein Gespräch auf, wie ich es so noch nie in einer Großveranstaltung – geschweige denn unter Männern – erlebt hatte. Die Atmosphäre war getragen von der Bereitschaft, sich zuzuhören, eigene Erfahrungen zu erzählen und ohne weitschweifende Ausführungen (die oft nur die geistige Potenz des Redners beweisen sollen) auf den anderen einzugehen. Die Stimmung aus den Kleingruppen, so wurde es bei den einzelnen Wortbeiträgen deutlich, rutschte quasi in dieses öffentliche Forum von Hunderten von Männern. Eine sonst bei Männern häufig beobachtete Eilfertigkeit, sich Redeschlachten zu liefern, gegenseitig ins Wort zu fallen, es besser zu wissen, blieb aus. Angesichts dessen waren die bereitgestellten Mikrofone überflüssig.

In aller Ruhe und gleichzeitig gespannter Neugier wollte Mann etwas von den anderen *erfahren*! Ein Teilnehmer:

«In der Begegnung hier mit den Männern habe ich keine vorgefaßten Erwartungen, sondern nur den Wissensdurst, mehr über mich, über Männlichkeit zu erfahren.»

Das direkte Gespräch war allen wichtiger als die zentrierte Aufmerksamkeit nach vorn hin, zu den von mir geholten Leitfiguren der Männeremanzipation. Rodrigo, Gerd und Volker waren – männerseidank – nicht die Stars des Nachmittags, mischten ein bißchen mit, hielten sich aber ansonsten zurück. Es geht auch ohne die «großen Männer» – das Geschehen wurde weitgehend von den Teilnehmern selbst bestimmt.

Wir aus unserer Männergruppe waren begeistert, voller Euphorie und überzeugt, daß es ein guter Schritt war, nach draußen zu gehen. Ein Mann in der Veranstaltung faßte dies so zusammen: «Ich habe noch nie mit Männern solch tiefergehende, persönlich wie ernsthaft geführte Gespräche erlebt – obwohl ich manchmal fünf Stunden an der Theke stehe, um mich herum nur Männer.»

Aus dieser Stimmung heraus kamen spontan nach der Gesundheitstagsveranstaltung Kontakte mit Männern aus anderen Männergruppen in Bremen zustande, Kontakte, die zum nächsten, ganz großen Schritt an die Öffentlichkeit führten.

Doch da soll Herwarth mal weitermachen.

Dieses war der erste Streich...

Nach diesem Erlebnis war für Jörg (der übrigens bis hierher berichtet hat), Heiner und mich eins klar: Das war erst der Anfang gewesen, jetzt mußte es weitergehen. Den anderen aus der Männergruppe war's genug, für sie war der direkte Bezug und die Intimität der Gruppe wichtiger als Öffentlichkeit und ‹Politik›. Doch nicht nur wir drei waren von Tatendrang erfüllt: Uwe, Manfred und Peter aus einer anderen Männergruppe sowie Bernd, ein Unorganisierter, hatten auch Lust, weitere Schritte zu wagen.

So fand sich die Vorbereitungsgruppe der Männertage, die die Öffentlichkeit weiterhin mit ihren Neumann-Erfahrungen und -Problemen beglücken wollte.

Motivationen: selbstlose und eigennützige

Wir wollten wissen, ob die Veranstaltung ein Zufallstreffer, eine schöne Seifenblase gewesen war, ermöglicht durch die Sowieso-schon-Anwesenheit Tausender Alternativmänner auf dem Gesundheitstag oder durch eine günstige Sternenkonstellation. Den dort begonnenen Prozeß wollten wir fortsetzen, für uns und mit vielen anderen Männern, dabei nach Möglichkeit die Szenengrenze überschreiten, die Kreise der bewegten Männer erweitern. Außerdem hatten wir natürlich eine politische Zielrichtung, wollten – etwas hochtrabend formuliert – in gesellschaftliche Prozesse eingreifen, öffentliches Bewußtsein beeinflussen; bzw. mithelfen, überhaupt öffentliches Bewußtsein zu schaffen für den Umstand, daß auch Männer unter Männerherrschaft leiden (sozusagen unter sich selbst) und sich um die Überwindung patriarchaler Strukturen bemühen.

Wir hatten also eine Botschaft.

Aber – um der Wahrheit die Ehre zu geben: diese noble Motivation, die Männer auf den Pfad der Tugend zu führen, war nicht alles. In meinem Leben z. B. herrschte ein gewisses Vakuum. Arbeitslos und gequält von Fragen nach Sinn und Perspektive gab ich mir mit meinem Engagement befristete Antwort. Und Antworten erhoffte ich mir auch in bezug auf meine verunsicherte Männlichkeit.

Außerdem fand ich Politiktreiben und Berühmtwerden schon immer toll.

Bei der Organisation der Männertage ging's aber erst mal und vor allem um die Vermittlung unserer Botschaft.

War zu Anfang an ein Männerfest und ein oder zwei Veranstaltungen zur Fortführung des Gesprächs von den Lustveranstaltungen gedacht, so entwickelte sich auf den ersten Treffen der Vorbereitungsgruppe recht schnell der Grundriß einer Veranstaltungsreihe, die wir für uns Männertage nannten, die dann von der taz im nachhinein als Selbsterfahrungskongreß tituliert werden sollte.

Konzeptionelles

Unsere Grundidee war weiterhin: Wir wollen eine offene, breite und direkte Auseinandersetzung von Männern für Männer. «Die Männertage sind nur für Männer» war eine unserer wenigen wirklich festen Vorgaben, geboren aus den Erfahrungen in der Männergruppe und auf dem Gesundheitstag.

Auf einem Treffen mit den Referenten wurde die «Frauenfrage» ausführlich und kontrovers diskutiert. Schließlich wurde unsere Vorstellung von allen Anwesenden zumindest akzeptiert. Wir einigten uns auf die Regelung, daß, wenn in einer Veranstaltung nur ein Mann sich gegen die Anwesenheit von Frauen ausspricht, diesem Wunsch auf jeden Fall entsprochen werden muß. Die gleiche Regelung wurde für die Medienvertreter vereinbart. Diese Maßnahmen sollten die Männer, die sich auf «ein Abenteuer» wie die Begegnung mit anderen Männern einließen, doppelt schützen: Einmal vor der Neugierde der Frauen und der Aufdringlichkeit der Medienvertreter und zum anderen vor ihrem eigenen Buhl- und Balzgehabe.

Einer der stärksten Eindrücke von der Lustveranstaltung war wohl der, daß die Männer das direkte Gespräch suchten, etwas voneinander wissen und erfahren wollten. Daher war unser Wunsch an die Referenten, möglichst wenig Vorträge zu halten, den Besuchern ihrer Veranstaltung Raum zu geben und sich selbst weitgehend überflüssig zu machen. Im Programm angekündigt war die Möglichkeit, auf den Männertagen eigene Veranstaltungen durchzuführen, wofür wir auch Räume zur Verfügung stellten. Die Schwerpunktsetzung «Erfahrungsaustausch» bedeutete auch: Körper- und sonstige therapeutische Selbsterfahrung sollten auf den Männertagen nur Begleitthema sein. Wir wollten es vermeiden, irgendwelche Therapieerwartungen zu wecken, denn das war in keinster Weise unser Anspruch. Außerdem war durch zu viele Workshop-Angebote das ‹Einsteigerkonzept› gefährdet: Wir wollten auch und gerade Männer ansprechen, die noch ganz am Anfang einer Auseinandersetzung mit sich selbst als Mann standen. Und diese Männer, so dachten wir, könnten durch eine andere als die sprachliche Ebene vom Besuch der Männertage abgeschreckt werden.

Generationskonflikte

Daran dachten vor allem Jörg und Heiner, die geistigen Väter des Einsteigerkonzepts. Unsere alten Herren – beide jenseits der 30 – waren noch durch Konfrontationen mit Feministinnen der ersten Stunde in die Männergruppe getrieben worden, der sie dann über lange Jahre die Treue hielten. Wir Jüngeren – alle in den Zwanzigern – hatten im Zuge unserer alternativen Sozialisation die Kritik an Patriarchat und Chauvitum schon mehr oder weniger selbstverständlich übernommen. Was nebenbei gesagt natürlich nicht heißt, daß wir damit besser zurechtkommen.

Diese Unterschiede äußerten sich darin, daß Heiner und Jörg am ehesten klare inhaltliche Vorstellungen vertreten konnten. Andererseits machten sie sich eben viele Sorgen, die wir anderen so nicht hatten, z. B. über das Schwulenklischee, mit dem die Männertage immer wieder abgekanzelt wurden.

Thematisches

Die Männertage hatten keinen inhaltlichen Schwerpunkt, sondern bestanden aus vielen Einzelveranstaltungen zu abgegrenzten ‹Kleinthemen›. Auch das sollte die konkrete Auseinandersetzung fördern und unverbindliches Geschwafel vermeiden helfen.

Zu Anfang hatten wir einen langen Themenkatalog erstellt in der Hoffnung, daß einige unserer Ideen sich verwirklichen lassen würden. Zu unserem großen Erstaunen tauchten dann im Programm fast alle unsere Wunschthemen auf.

Den größten Anteil hatten die Sexualitätsveranstaltungen, beginnt doch oft Irritation und Verunsicherung im Bett.

Einige Veranstaltungen, in denen gar nicht oder nur wenig geredet wurde, waren dann doch auch im Angebot. Gegen gewisse Widerstände habe ich zum Beispiel eine Bewegungsveranstaltung und eine Trommelgruppe durchgesetzt. Ein weiteres Lieblingskind von mir, eine Diskussionsrunde zum Thema Patriarchat, war eine Totgeburt: Ich konnte mir und meinen Gruppenbrüdern nicht klarmachen, was dort zu sagen wäre, außer daß das Patriarchat Scheiße ist und abgeschafft gehört.

Eine wichtige inhaltliche Idee war, das «Rat und Tat Zentrum für Homosexuelle Bremen» zur Mitarbeit einzuladen. Das geschah trotz nicht unerheblicher Berührungsängste unsererseits. Während einige sich wie gesagt ziemlich um das Klischee eines Schwulentreffens sorgten, waren andere, die teilweise auch mit Schwulen zusammenwohnten, in dieser Richtung entschlossener.

Aber alle fanden wir eine Begegnung wichtig, denn auf den Männertagen sollte doch gerade das Ausgegrenzte, für wahre, echte Männer Undenkbare Thema sein und enttabuisiert werden.

Ansonsten fand sich im Programm eine Aufzählung diverser «Mann und...»-Themen sowie die einzige Veranstaltung mit ausgesprochen politischem Ansatz, in der die Frage nach der Männerbewegung gestellt werden sollte.

Wir haben viele heftige Debatten geführt – um Einzelveranstaltungen, um Theorien und Themen. Aber das waren nicht die einzigen Streitereien.

Gruppendynamik

Manfred redete zuviel, Peter wippte nervös mit dem Fuß, sobald es nicht um sein Plakatdesign ging, ich fühlte mich für alles verantwortlich, Jörg schwankte zwischen strengem Arbeitsanspruch und völliger Albernheit, und die anderen hatten auch ihre Macken. Und wir alle hatten den Anspruch, diese Macken bzw. daraus folgende Nervereien zu thematisieren und überhaupt Gruppenprozesse nicht völlig hinter den Anforderungen der Vorbereitung oder anderen Sachzwängen verschwinden zu lassen. Schließlich sind wir ja bewegte Männer, und wir wollten bei aller Begeisterung am Machen nicht in die von uns so kritisierten Mackerstrukturen verfallen.

So wurde ab und zu der Gruppendynamo angeworfen. Vor allem mit und wegen Arno haben wir heftige Konflikte ausgetragen. Er war später in die Gruppe gekommen, und wir waren ihm zu wenig lieb und nett, zu sehr auf die Sache ausgerichtet. Konsequenterweise verließ er die Gruppe bald wieder.

Irgendwann waren wir aber auch so zusammengewachsen, daß niemand mehr zu uns gepaßt hätte. Wie die Verschwörer saßen wir bei Heiner in der Dachkammer (die eigentlich ein respektables Zimmer ist) und hauten uns die Nächte um die Ohren, wobei meistens einer der blöde Antreiber war und die anderen alberne Witze machten.

Eigendynamik

Algeth, meine jetzige Mitbewohnerin, hat mal über die Männertage gesagt: «Wenn ihr Männer was macht, dann muß es aber auch gleich ganz perfekt sein.»

Damit hat sie sicher recht, auch in bezug auf die Männertage. Die Vorbereitung war sorgfältig bis ins Detail, die Organisation fast schon perfekt, und die inhaltliche Konzeption hatte Hand und Fuß.

Aber das ist nur ein Teil der Wahrheit.

Wir waren nicht nur die Macher, die alles unter Kontrolle und das Heft in der Hand hatten. Die Vorbereitungen an den Männertagen entwickelten teilweise eine so fordernde Eigendynamik, daß wir Mühe hatten, Schritt zu halten.

Das wurde uns besonders in den letzten Wochen vor den Männertagen bewußt. Vorher waren wir im besten Sinne unbefangen, als die ersten Männertage-Macher relativ unbelastet von einschränkenden Mustern.

Liebeswerben

Unser Bemühen, die Öffentlichkeit auf die Männertage aufmerksam zu machen, hielt sich vorerst im üblichen Rahmen: Verteilen von Programmen und Plakaten (das allerdings flächendeckend in Kneipen und Buchläden, Museen und Krankenhäusern), Ankündigungen in die Stadtmagazine setzen etc.

Die Anmietung einer Großwerbefläche und die Gestaltung des Schaufensters der Zentralbibliothek in Zusammenarbeit mit dem «Rat und Tat Zentrum» waren dann schon etwas ungewöhnlicher.

Aber schließlich wollten wir *alle* Männer erreichen. So luden wir zur Pressekonferenz, konnten den vielbeschäftigten Bremer taz-Redakteur für einen Extratermin gewinnen und bemühten uns um Kontakte zu Radio Bremen und zum NDR.

Dieses Liebeswerben hatte zur Folge, daß wir kurz vor den Tagen nicht mehr wußten, wo uns der Kopf stand.

Wir standen vor völlig neuen Problemen und Fragestellungen. Es ging nicht mehr darum, möglichst viel Aufmerksamkeit auf uns zu lenken. Im Gegenteil: wir mußten überlegen, wie die Männertage am wirksamsten gegen allzu aufdringliche Medienmenschen zu schützen wären. Denn allzu schnell hatte sich herausgestellt, daß die Männertage zum Gutteil eine bestimmte Art von Sensationsjournalisten anzog, die hier offenbar die Gelegenheit sahen, ihr Publikum mal wieder mit einer lustigen Geschichte auf der Humorseite zu erfreuen.

Ina Deters neue Männer zu kennen galt für sie schon als intensive Auseinandersetzung mit der Thematik. Männer mit Gefühlen, die auch noch von der Notwendigkeit der Teilung der Hausarbeit überzeugt sind, bedeuten dann bereits die Revolution der Geschlechterhierarchien.

Naja – unser relativ beschränkter und schwammiger politischer Standpunkt hat wahrscheinlich nicht gerade zu einer differenzierten Mediendarstellung beigetragen. Außerdem war lange nicht die ganze Berichterstattung unerfreulich. Von der Provinzzeitung bis zur Frauenzeitschrift waren Artikel zu finden, denen ernsthaftes Interesse anzumerken war. In der ZEIT schrieb Matthias Horx eine Kritik der Männertage und der Männerbewegung, die für mich sehr wertvoll war. Seinen Artikel haben wir als Beitrag für unser Buch übernommen.

Die Männertage entwickelten sich jedenfalls zum öffentlichen Ereignis. Unsere Pionierstimmung stieg, und das allgegenwärtige Interesse an unserem Projekt Männertage schmeichelte unserer Eitelkeit nicht wenig.

Wobei sich allerdings die Frage aufdrängte, was denn das so Besondere an Männertagen sei. Hatten die ersten Frauentreffen wohl auch eine derartige Resonanz gefunden, oder hatten die mit viel größeren Schwierigkeiten zu kämpfen gehabt?

Denn trotz alles Spotts, den die Männertage auf sich zogen – wir erfuhren auch sehr viel Bestätigung, wurden gestreichelt und gehätschelt, – wir tollen neuen Männer. Beifall kam auch von ganz falscher Seite, nach dem Motto: Toll, was ihr da macht, zeigt den Frauen mal, wer der Herr im Hause ist.

Wir durchlebten also ein heftiges Gefühlswechselbad mit vielen tollen Erfahrungen aber auch vielen Fragezeichen.

Die Vorbereitungsgruppe der Bremer Männertage (Bernd fehlt leider).
Foto: Wilfried Bauer

Der Medienrummel beraubte uns unserer Unbefangenheit und führte das Projekt Männertage in die Realität der gesellschaftlichen Zusammenhänge.

Doch das sind alles rückwirkende Interpretationen. Vor den Tagen waren wir nur noch nervös und gespannt; und glücklich, als es endlich losgehen sollte.

Von den Männertagen berichtet Heiner.

Es ist passiert!

Dieses war ein geflügeltes Wort unserer damaligen Vorbereitungsgruppe – und so geschah es. Selbst, wenn diese Bremer Männertage inzwischen schon Geschichte sind, mich überkommt doch noch einmal ein gewisses Kribbeln, wenn ich an den März 1985 zurückdenke.

Nachdem im Mehrzweckhochhaus der Uni Bremen die letzten Plakate verklebt, die letzten Wandzeitungen und Hinweise aufgehängt waren, konnte es endlich losgehen. Das größte Problem: Wir wußten nicht, wie viele kommen würden und was das für Männer sein würden. Ziemlich aufgeregt warteten wir vor Beginn der Eröffnungsveranstaltung auf Kundschaft. Nach und nach füllte sich der große Saal; wir vermuteten allerdings, daß die Männer eher zum Kulturprogramm kommen würden, als später zu den «Intimveranstaltungen». Man spürte eine gewisse Spannung im Raum, gegenseitig begutachtete sich das vorsätzlich gekommene Nur-Männer-Publikum. Penny und Migo musizierten einfach drauflos, machten Zigeunerjazz: Ein guter Startschuß. Das Pantomimentheater «Drei von uns» entpuppte sich als hervorragender Eisbrecher. Endlich konnten wir schließlich als Vorbereitungsgruppe auf dem Podium aufgereiht das jedem von uns zugeteilte Sprüchlein aufsagen: Wir wollten vermeiden, daß einer von uns in eine Gururolle gedrängt wird. Wir wollten gerade jetzt zum Ausdruck bringen, wie wir ein halbes Jahr gleichberechtigt miteinander gearbeitet hatten.

Die gekommenen Männer freuten sich auf die Männertage. Es kam zu keiner großen Diskussion. Ganz in unserem Sinne präsentierten einige Teilnehmer noch Ideen für zusätzliche Arbeitsgruppen. Zum Schluß bei uns Erleichterung, daß alle guten Mutes auseinandergehen. Ich war mir ganz sicher: Die kommen wieder.

998, 999, 1000 – Der Rausch der Pioniere

Am Freitag dann reger Betrieb im Foyer des Mehrzweckhochhauses, manche Männer streiften noch etwas unsicher umher, viel Betrieb an Info-Stand und Büchertisch. Die ersten Veranstaltungen waren weitgehend gut besucht. Wir waren sehr verwundert und begeistert, daß auch aus anderen Städten Männer gekommen waren und daß überhaupt so viele kamen, was nur der Presse- und Medienwirbel der vergangenen Tage bewirkt haben konnte. Wir kamen in einen Rausch der Pioniere; im richtigen Augenblick das richtige Thema an die Öffentlichkeit getragen zu haben. Das Bremer Ereignis war Thema im Bremer Fernsehen, im Freundes- und Bekanntenkreis, auf der Straße. Die Frauen waren neugierig, sie schickten ihre Männer auf die Männertage. Wir hatten den Eindruck, daß die Frauen unser Experiment insgesamt positiver sahen als viele Männer, die, wie wir erfahren konnten, sich nicht selten als Spötter distanzierten.

Wer kam? Es waren viele Männer von 25 bis 35 Jahren, die ganz jungen Männer waren selten und die ganz alten noch seltener; oft Typen aus dem sozialarbeiterischen, lehrermäßigen oder studentischen Milieu.

Die Presse zeichnete am Samstag morgen aber ein zu einseitiges Bild: Turnschuh- und Halstuchträger mit Bart, wir ärgerten uns über diese Klischees.

Erschöpft traf sich die Vorbereitungsgruppe nach den Veranstaltungen am Freitag zum Interview mit einem NDR-Fernsehteam. Wir werteten ein bißchen aus, waren froh über die große Resonanz, tausend Teilnehmer insgesamt an den Veranstaltungen.

Eine ansteckende Krankheit

In den Veranstaltungen erlebten wir (und so berichteten uns auch viele Teilnehmer) eine offene, sehr gute Atmosphäre. Sehr viele Männer erlebten so etwas zum erstenmal in Männergesprächen. Unsere Hoffnung, daß die Männergruppensituation auf diese Weise zumindest teilweise erfahrbar wird, schien aufzugehen. Kaum zu glauben, aber es gab nur wenige theoretische Diskussionen in den Veranstaltungen: Man hörte sich zu, ging aufeinander ein, die Männer erzählten von sich. Sie alle schienen nur darauf gewartet zu haben, endlich alles rauslassen zu dürfen. Aber eines wurde auch klar: einige wenige waren doch mit Therapiebedürfnissen gekommen. In Männergruppen jedoch gibt es keine Wunderheilungen. Schon am ersten Abend hatten wir schnellstens Werbezettel eines Psychotherapeuten eingesammelt. Therapeutisches lag eben nicht auf der von uns eingeschlagenen Linie.

Fast alle Männer allerdings suchten das Gespräch mit anderen Männern, in der Hoffnung, zu erfahren, daß es anderen Männern durchaus ähnlich komisch und mies zumute war in ihrer ach so herrlichen Männerrolle.

Noch mal ganz persönlich kommentiert: es war 'ne Riesenfreude, die anderen Männer mit dieser Krankheit anzustecken. Das alles hat mir noch mehr Kraft gegeben, auch öffentlich sehr offen und selbstkritisch zu meiner Männerproblematik zu stehen. Ein herrliches Gefühl, zu erfahren, daß meine Männerwirklichkeit auch die ungezählter anderer Männer ist.

Im nachhinein betrachtet waren die Männertage so etwas wie eine Laborsituation, aber trotzdem ein Aha-Erlebnis, eine Erfahrung mit Explosivkraft nach außen.

In den meisten Veranstaltungen bewährte sich das offene Konzept: Das angesagte Thema als Anstoß zu nehmen und stark auf die Bedürfnisse der Teilnehmer einzugehen, die Männer mitgestalten zu lassen.

Für mich und die anderen Männer der Vorbereitungsgruppe war am Samstag ein heftiger Stress spürbar. Für sieben Leute, die einfach alles machten, vom Tischerücken über Infostand bis hin zu eigenen Veranstaltungen, sind tausend Teilnehmer ein ganzer Batzen. Eigentlich hatte uns die hohe Teilnehmerzahl überrollt, aus einem Bremer Männertreffen war ein bundesweiter Männerkongreß geworden. Etwas belustigt, aber auch nicht ohne Stolz – welch klassische Männertugend – nahmen wir das zur Kenntnis.

Als Erfolgshit in den Veranstaltungen entpuppte sich das Thema Sexualität, aber auch die Beziehungsdiskussion: Zwei klassische Einsteiger in den langen Weg zur Männeremanzipation.

Frau weg – was nun

Das war die erste Veranstaltung, die ich betreute. Mit dieser Frage hatte meine eigene Veränderung – und die nicht weniger Mitmänner – angefangen. Und da saßen sie nun zusammen, sechzig Männer und ein Thema, und was für eins! In den Kleingruppen wollten sie gar nicht mehr aufhören, miteinander zu sprechen, ich war fasziniert.

Ein Mann ohne Frau oder mit Frau sollte Männer «haben», vergeßt die Frau als alleinige Gefühlstankstelle. Mit dieser These wollte ich die Männer zur Diskussion der gerade gemachten gemeinsamen Erfahrung anregen. Nicht allen Männern gefiel dieses Umschwenken, sie wollten Lösungen für ihre aktuelle Situation, schnell, paßgerecht und wirkungsvoll – die alte Frau zurück oder eine neue her. Aber ich bin sicher, nicht wenige dieser durch die Trennungserfahrung aufgerüttelten Männer bemerkten das erste Mal, daß Männeremanzipation viel mit der Veränderung der Verhältnisse unter uns Männern zu tun hat.

Orgasmus

Mit Jörg und Bernd hatte ich das Thema Orgasmus vorbereitet. Man sollte meinen, intimer ging's nimmer. Wir waren vorher keineswegs sehr erfahren in der persönlichen Auseinandersetzung mit diesem heiklen Thema. Nur eines war uns inzwischen klar: Orgasmus ist nicht gleich Samenerguß. Entgegen dem Mythos, daß es beim Orgasmus nichts Neues zu erfahren gäbe, war der Andrang derart groß, daß wir die Riesengruppe, nachdem wir zur Einstimmung bunte Orgasmuspillen verteilt hatten, durch drei teilen mußten. In den Teilgruppen wurde in unglaublich offener Art das Männerorgasmusklischee entzaubert. Der Orgasmus wurde von den Teilnehmern in gewisser Weise tatsächlich neu entdeckt. Allein bei der Frage nach dem ersten Mal wurde ein Bilderbuch der Verschiedenartigkeit aufgeblättert. Beim Beschreiben des Orgasmusgefühls fehlten allerdings vielen die Worte. Kein Wunder, in der Literatur, die wir vorbereitend durchstöbert hatten, fanden sich diesbezüglich so gut wie keine Beispiele. Worte wie Eindringen und Abspritzen kamen da schon häufiger vor. In den Gesprächen wurde aber auch deutlich, mit wieviel Druck, Ängsten und Zwängen dieses Thema behaftet ist, weil die Männer sonst nicht gemeinsam darüber reden und voneinander nicht wissen.

Ich war begeistert, gemeinsam mit den anderen Männern damals in der Bremer Uni diese kleinen, aber gewaltigen Befreiungsschritte zu erleben. Die Lage ist also nicht hoffnungslos – auch Männersex ist entwicklungsfähig!

Pilgrim, Premiere, Porno

Auf der Großveranstaltung mit Volker Elis Pilgrim, der aus seinen Werken rezitierte, kam richtig Stimmung auf: Der Mann sieht sich kritisch mit Humor – ein seltenes Ereignis.

Premieren und gute Erfahrungen waren die zwei Veranstaltungen, in denen das Gespräch zwischen Heteros und Schwulen in Gang kam. Vielleicht kann man hier sogar von Schlüsselveranstaltungen sprechen. Bezeichnend für die Situation war aber auch, daß nur begrenzt Resonanz erzielt wurde: Berührungsängste wurden höchstens im Ansatz überwunden.

Auf dem Treffen zum Thema Pornographie wurde der Nerv der Männer getroffen. Es fand nach Betrachten eines Pornofilms eine bekennende, heftige Auseinandersetzung statt. Die Widersprüche bei uns Männern wurden offenbar: Muß ich meine Sexwünsche verleugnen, oder gibt es für neue Männer eine neue Moral?

Die Männerbewegung gibt es nicht

Überraschend für uns Vorbereitungsmänner war, daß von allen Teilnehmern und den Medienvertretern die von uns aufgestellten Regeln akzeptiert wurden: Die Medien blieben mit Mikrofon und Kamera im Foyer, nur eine einzige Frau mischte sich gut getarnt unter die tausend Männer.

Manche der teilnehmenden Männer fühlten sich durch die solidarische, annehmende Stimmung richtig high. Sicherlich war das, was hier erlebbar wurde, ein Experiment, eine Ausnahmesituation, die mit unserer Realität draußen nicht viel gemein hat. Aber es wurde spürbar, was möglich wäre, wenn Männer mehr miteinander als gegeneinander sind. Superman war an diesen Tagen in der Uni nicht gefragt.

Für uns alte Männergruppenhasen wurden jedoch auch neue Gefahren sichtbar: Klischees vom neuen Mann, etwa dem Softie, der nur noch seinen Bauch regieren läßt und mit seinem Bauch alles rechtfertigt. Wir erlebten den neuen Mann, der butterweich jede Position aufgibt und jeder Auseinandersetzung ausweicht. Wie sollte sich dieser weiter entwickeln?

Die Schlußveranstaltung «Gibt es eine Männerbewegung – kann es eine geben?», mit der wir die politische Dimension des Themas einbringen wollten, wurde von den meisten Teilnehmern als Störung der bis dahin herrschenden Harmonie empfunden. Sie wollten nicht schon wieder (!) politisch diskutieren – jetzt bin ich erst mal selbst dran! Wie ein Barometer zeigte diese Veranstaltung eindeutig an, daß alle Angst vor einer organisierten Männerbewegung hatten. Der unterschiedlich lange Veränderungsweg einzelner Männer und die daraus resultierenden Ansprüche waren nicht zu übersehen. Die Vorbereitungsgruppe verkörperte auf dem Podium den Zwiespalt, daß ohne organisatorische Arbeit – die doch so schlimm «typisch männlich» sein soll, hinter der eine Verschanzung so schnell möglich ist und die obendrein noch Spaß macht, weil Erfolg Lustgewinn bringt – die Bremer Männertage nie stattgefunden hätten.

Finale

Das Nur-Männer-Fest entwickelte sich zu guter Letzt zur totalen Überraschung. Unsere mögliche finanzielle Pleite trotz der vielen zuvor gesammelten Spenden immer noch vor Augen, warteten wir wieder mit Spannung eine ganze Weile, bis die Männertagsmänner noch eine wichtige Barriere überwanden: Gemeinsames Feiern und Tanzen nur mit den eigenen Geschlechtsgenossen. Aber dann strömten sie, 500 Männer füllten die Mensa der Hochschule Bremen und feierten, ohne die gemeinsame Erfahrung der Stunden und Tage vorher kaum denkbar, ein rauschendes Fest.

Erst jetzt wußten wir, daß wir es auch finanziell geschafft hatten. Wir waren froh und dankbar, daß ganz viele Männer zupackten, auf einmal alles von allein lief und wir uns fallenlassen konnten in den Feierrausch.

Nachlese

Danach wurde es eigentlich erst so richtig kompliziert für unser Organisationstrüppchen, das Ganze war schließlich ein befristetes Unternehmen. Zwar wollten wir noch gemeinsam auswerten, dokumentieren – aber was dann? Es war gar nicht leicht für uns, einfach so zur Tagesordnung überzugehen. Gerade die Arbeitslosen unter uns, die ihre ganze Kraft in das Unternehmen «Männertage» gesteckt hatten, konnten nicht umschalten von völliger Anspannung auf Entspannung.

Nicht wenige bedrängten uns hinterher mit Fragen, wie es denn nun alles weitergehen solle. Hunderte Briefe erreichten uns, die Presse verlangte noch immer nach Statements. Aber wir hatten auf einmal wieder Probleme mit uns selber. Waren wir nicht so eng nach einem halben Jahr zusammengewachsen, daß wir in dieser Formation einfach weiter arbeiten mußten?

Als einige Konflikte zwischen uns, die wir vorher unter dem bestehenden Zeitdruck nicht hatten aufarbeiten können, wieder hochkamen, brach unsere heile Männertagewelt zusammen: die Gruppe zerbröckelte. Einige von uns entwickelten zum bewußten Thema ein distanzierteres Verhältnis. Die Euphorie in Sachen Männerveränderung verwandelte sich teilweise in Skepsis, daß das Erlebte nur der Anfang vom Anfang sei.

Jetzt waren wir, die Reste der Vorbereitungsgruppe, auch in der Lage und bereit, die Frage der Männerbewegung stärker unter politischen Gesichtspunkten kritisch zu diskutieren, eine Bestandsaufnahme zu erarbeiten und uns exakter über Ziele und weitere Schritte auseinanderzusetzen.

Schließlich blieb, daß einige sich intensiv an die Planung eines Buches zum Thema setzten und andere sich um die Gründung eines Männerbüros in Bremen bemühten, das das Geschehen Männerbewegung in Bremen weiter vorantreiben und Kontaktstelle für alle einschlägig Interessierten werden sollte.

Heiner Schlichting, 1952 geboren, Sozialpädagoge und Kindertagesheimleiter in Bremen. Frauen brachten bei mir einiges in Gang, bis ich entdeckte, daß es auch noch Männer gibt, mit denen Mann offen reden kann. Jahrelange Männergruppenerfahrung brachte mich näher ran an mich selbst und an andere Männer, nach und nach endlich auch ein Stück neue Männerfasson.

Mitverantwortlicher Täter bei den Bremer Männertagen.

Jörg Ehrenforth (oben) 1951 geboren, Psychologe und Wissenschaftlicher Mitarbeiter an der Universität Bremen, bin gerne mit meiner Freundin Renate und ihren beiden Kindern, Lia und Arne, zusammen.

So um 1973 habe ich mich zum erstenmal damit beschäftigt, wer ich als Mann bin – in einem Versuch, die damals noch recht ungewöhnliche Idee der «Männergruppe» auszuprobieren. Äußerlicher (?) Anlaß: die feministisch-bewegten Frauen, mit denen ich Liebesbeziehungen und freundschaftliche Kontakte hatte, verunsicherten mich sehr.

Die fast zehn Jahre in Männergruppen gehören mit zu meinen wichtigsten Erfahrungen.

Doch ich wollte auch raus aus dem «stillen Kämmerlein», neue Erfahrungen mit meinem und anderer Männer Dasein in der öffentlichen Auseinandersetzung machen. So kam es zu meiner Mittäterschaft bei den Bremer Männertagen und nun im Männerbüro Bremen.

Das Foto zeigt den Herausgeber, kurz bevor er dem Weihnachtsmann ein Gedicht aufsagt, und zwar, wie seine Mutter zu betonen pflegt, ohne zu stottern und alle drei Strophen.

Herwarth Ernst, 1961 geboren, Mischung aus Chauvi und Softie, wie sie in der besten Männergruppe vorkommen kann.

Bewußtseinsmäßig voll drauf.

Männergruppe, Männertage, Männerbuch – trotz alledem noch immer Schwierigkeiten mit der Tatsache seines Mannseins.

Seit einem Jahr Umschulung zum Tischler.

Theorie und Praxis der Männerbewegung

Foto: Detlef Ihlenfeldt

Die Autoren meinen…

…zur sogenannten Männerbewegung

Von allen Autoren dieses Buches wünschten wir – die Herausgeber – uns eine kurze Stellungnahme zur sogenannten Männerbewegung. Ein Statement kam nicht rechtzeitig an, drei Autoren verwiesen lediglich auf ihre Artikel. Auch muß vermerkt werden, daß die meisten Stellungnahmen von uns mehr oder weniger stark gekürzt wurden.

Hier nun das Ergebnis unserer Umfrage:

R. Augusto R. Costa

Die Frauenbewegung hat mich eher erfreut als erschreckt. Doch etwas blieb ungeklärt – die Männer? Und nun, ohne daß ich es richtig überlegte, war ich bereits ein Teilnehmer dieses Männerhäufleins, das sich als Männerbewegung versteht. Neugierig, bewege ich mich in diesen Gewässern. Ob ich mich dabei langfristig wohl fühle…?

Michael Cöllen

Es ist zu spät, … zu spät für eine Männerbewegung nach dem Vorbild der Frauenbewegung, um endlich, nach vielen tausend Jahren, uns selbst und den Mann an sich besser zu verstehen. Ich will die Synthese der Geschlechter, nicht den erneuten, wenn auch subtileren Geschlechterkampf im Gefolge solcher «Selbstbesinnung».

Niko Diemer

Männer in Bewegung finde ich gut, und ich bewege mich mit, hin zu einer Alltagskultur der Aneignung bisher Verdrängtens, einer «Kultur der Differenz» aber – jenseits sektenhafter Zwangsidentitäten oder androgyner Entschärfung der Unterschiede.

Männer müssen lernen, über sich zu reden, Konkurrenzen und Abgrenzungen aufzuweichen. Aber reicht das zu einer Bewegung?

Dazu können Männer einfach zu wenig *Gegen*-Bewegung sein; sie haben immer schon zu sehr Teil an Öffentlichkeit, Sprache, Kultur und Herr-schaft – und fühlen sie sich selbst auch noch so «neu».

Robert Glattau

Männerbewegung: Das ist Selbsttherapie mit politischem Anspruch, ein Mosaiksteinchen für die Revolution der Liebe.

Matthias T. J. Grimme

Das ganze «Bewegungs»-Gewusel ist lächerlich. Ein Ablenkungsmanöver, das nichts mit Emanzipation zu tun hat, solange nur *geredet* wird, was die armen Männer doch alles verlernt haben, wo ihnen Ausdrucksmöglichkeiten fehlen und wie sie sich besser spüren können. Auch wenn das von vielen Männern gern übersehen wird, so hat Emanzipation etwas mit Befreiung zu tun: Freiheit heißt aber nicht nur frei zu sein, um bestimmte Dinge zu tun oder zu lassen, sondern *auch*: andere in ihrer Befreiung nicht einzuschränken.

Gerhard Hafner

Natürlich will ich alles verändern, und zwar sofort, die Herr-schaft, das Patriarchat und überhaupt. Ich erspare mir aber die Farce eines radikalen Parteiprogramms und fordere die geneigten Leserinnen und Leser auf, unseren Artikel aufmerksam zu lesen.

Günther Holzapfel

Männer-«Bewegung» als Ableger der Frauenbewegung? Und wenn schon, wenn sich wirklich was bewegt. Zum Teil fühle ich mich in der Position eines sehr interessierten Zuschauers, der ein spannendes Stück verfolgt. Manchmal springe ich auch auf die Bühne und schmeiße einen alten, selbstherrlichen und tragikomischen männlichen Rollenspieler (in mir und in anderen Männern) von der Bühne.

Das allerschlimmste, aber durchaus sehr realistische Moment bei der Männerbewegung könnte sein, daß die ganze Sache eine Bewegung der Scene bleibt. Na und?! Hoffentlich ist sie wenigstens dort, und wart doch mal ab, du ewiger Ungeduldspinsel, wie sich das ausbreiten wird.

Matthias Horx

Ich habe bei vielen Männerbewegungs-Äußerungen immer ein peinliches Gefühl: Als ob einer da seine Gefühle nach außen stülpen muß, die Umgebung mit seinen Psychostrukturen nerven muß, weil er selbst damit nicht zurechtkommt. Man sollte so etwas als Phase machen, aber nicht als Lebenskonzept. Wenn die Männerbewegung zur Institution wird, wenn sich darin Psycho-Profis entwickeln, die einem mit ungeheuer stechendem Blick belehren wollen, dann ist das grauenhaft!

Stefan Kunold

Keine «Führer», Symbolfiguren (selbst Volker Elis nicht), sondern vielmehr das allgemeine Auf-sich-geworfen-Sein, der Blick weg von den Dingen hin zu dem Gegenüber und gar sich selbst, und das in allen möglichen, kaum zu vereinbarenden Ausprägungen macht die Männerbewegung aus. Deswegen: warum künstlich «einigen» wollen, was eigenständig genug ist, um leben zu können. Nur um Forderungen erheben zu können? Um dennoch «wer zu sein»?

Oder aus dem Wunsch heraus, eine große starke Gemeinschaft zu sein, die Wohligkeit, Sicherheit und Stärke bedeutet? Warum?

Harald Lommel

Es ist so viel erreicht, wenn wir erst einmal fühlen, wie wir uns vor allem selbst unterdrücken, wie lebensfeindlich wir sind, wieviel Neid, Angst und Wut unser Verhältnis zu Frauen kennzeichnet, wieviel Liebe und Kraft wir in uns verborgen halten. Je deutlicher wir dies spüren, desto eher können wir schließlich mit unseren heute noch unklaren Forderungen an die Öffentlichkeit treten und jeden damit konfrontieren, der dies wiedergewonnene Leben in uns einzwängen will.

Dann erst wird aus dem ungeordneten Haufen eine Männerbewegung entstehen können, die jetzt noch nicht existiert.

Hans Peter Lütjen

Hans Peter: «Astrid, was halte ich von der Männerbewegung?»
Astrid: «Davon hast du doch gar keine Ahnung.»

Eberhard Muras

Wie Frauen mit und an Frauen sich ihre persönliche und gesellschaftliche Emanzipation erarbeitet und erkämpft haben (oder noch immer dabei sein müssen), brauchen Männer/Väter zur kritischen Solidarität und Betrachtung ihres individuellen und gesellschaftlichen Mann/Vater-Seins Männer/Väter.

Bernd Nitzschke

Im Laufe der Geschichte hat es viele Männer-«Bewegungen» gegeben; die wenigsten waren erfreulich. Am unerfreulichsten waren die Bewegungen, die im Gleichschritt erfolgten. Also: davon wäre abzuraten – von jeder Form des «Gleich»-Schritts. Wenn Männer sich bewegen, dann sollten sie das tun, indem sie sich auf das Unvertraute, Fremde, bisher Abgewehrte hinbewegen. Die Abschottung des Mannes von der Frau – das ist ein altes, uraltes Programm. Männer! Bewegt euch – auf die Frauen zu!

Klaus Ottomeyer

Die Frage zur Männerbewegung löst bei mir eine gewisse Interessenlosigkeit und Abwehr aus. Ich mag lieber Bewegungen mit Frauen... Die Fragen, die die Frauenbewegung aufgeworfen hat, finde ich sehr wichtig, weil es mit uns immer schlimmer wird, wenn wir sie verdrängen... Das männliche Aufrüstungs- und Konkurrenzgehabe ist mir zu anstrengend geworden.

Volker Elis Pilgrim

Was ist ein «neuer Mann»?

Das ist ein Mann, der

1. morgens aufwacht und sogleich denkt: ‹Die Männergesellschaft ist Scheiße! Was kann ich heute zu ihrer Verfaulung tun?›,

2. «seine» oder andererleuts Babies am Leibe trägt, sich Kindern widmet und den Haushalt macht,

[...]

5. sich dafür einsetzt, daß Frauen an allen Schaltzentren der Gesellschaft und auf allen Arbeitsplätzen sich die Aufgaben mit Männern teilen.

Heiner Schlichting

Männerbewegung ist nur künstlich erzeugter Wellengang, Sturm im Tränenglas, Überlebensprogramm für Geschwächte, Männerbewegung macht keine neuen Männer. Trotzdem sage ich, die Männer müssen nicht nagelneu werden, aber sie können lernen, zu sich selbst und zu anderen Männern zu finden, davon haben schließlich sogar die Frauen was. Bewegt euch auch zuhauf, Männer! Diese Männerwelt hat Befreiung nötig. Es winken die Früchte der Entpanzerung.

Wolfgang Schmidbauer

Ich bin entweder ein so emanzipierter Mann, daß mir eine Männerbewegung schon zu autoritär, fortschrittsbewußt, emanzipationsleistungsbezogen ist, oder ein so unemanzipierter, daß ich lieber als Individuum, mit Freundinnen und Freunden, mein Leben unter den erschwerten Bedingungen dieser Wendezeit zu genießen versuche.

Burkhard Schröder

Der Ethnologe Burke Rubblesex-Stockman berichtet aus Papua-Neuguineas über die Bongo-Bongo: «Männer und Frauen besitzen heilige Zeremonien, die sie wirkungsvoll vor dem anderen Geschlecht schützen. Die männlichen Rituale werden Mäbew genannt, die weiblichen Fraubew. Die Beziehung zwischen Mäbew und Fraubew ist ungefähr so wie die Beziehung zwischen positiven und negativen elektrischen Ladungen. Die Frauen- und Männerbünde regeln die ökonomischen und sexuellen Interessen. Die Frauen praktizieren wirksame Boykott- und Streikmethoden, die die Männer verunsichern.»

Und zum Schluß befragten wir den hoffnungsvoll bewegten Nachwuchs, Arne (5):

«Hää... Männabewegung? Wie spielt man das denn?»
Foto: Jörg Ehrenforth

Matthias Horx

Wann ist der Mann ein neuer Mann? Die «Neue Männerbewegung»: Emanzipation oder Therapieersatz?

Wenn Herbert Grönemeier seinen allgegenwärtigen Hit von den Männern singt: ist das noch nölige Klage oder schon männlich-rauhes Bekenntnis eines neuen Selbstbewußtseins? Wenn in den deutschen Diskotheken Tausende von «Softies» zu Ina Deters «Neue Männer braucht das Land» tanzen – welche neuen Männer sind gemeint?

Wenn «Männer ihre Tage haben», bleiben Vorurteile jedenfalls nicht aus. Dieser Tage hatten sie: eine Bremer Initiatorengruppe veranstaltete einen nationalen Treff der Männerbewegten. Drei Tage lang – Frauen hatten keinen Zutritt – Diskussionen und Veranstaltungen unter Titeln wie «Frau weg – was nun». «Männerrolle – Stütze und Belastung unserer Identität» oder «Männer spielen miteinander». Der Taxifahrer brachte auf dem Weg vom Bahnhof zur Universität, obwohl selbst offensichtlich aus dem emanzipativen Milieu stammend, die Vorurteile auf die drastische Formel: «Da treffen sich die Wollsocken-Schlaffis, die mit den Frauen nicht zurechtkommen und die feministischen Sprüche nachbeten.»

Gerade so sollte es nicht sein: Nicht die alte, die neue Männerbewegung war angesagt. Anders als in den siebziger Jahren, als schon einmal Männergruppen, -zeitungen und -kalender aus dem subkulturellen Boden sprossen (und alsbald wieder verwelkten), sollten die Bremer «Männertage» nicht mehr nur Anhängsel, Spiegelbild und männlicher Erfüllungsort der Frauenbewegung sein. Es galt, das «Softie-Trauma» zu überwinden, jenes Männerbild, das als Symbol für einen formlosen männlichen Opportunismus gegenüber weiblichen Forderungen an Veränderung steht. Ein Initiator in der *taz*: «Wir müssen anders werden, weil Frauen anders geworden sind, aber Frauen müssen jetzt wieder anders werden, weil wir anders geworden sind. Wir sind mit Sicherheit nicht die Wunschmänner, die sie sich erträumen, ob Softie oder pflegeleicht...»

Bremer Universität, Freitag nachmittags. Ein typischer, neonbeleuchteter Seminarsaal. Thema: «Ich verstehe meine Frau/Freundin nicht mehr». Mehr als fünfzig Männer sind erschienen, das ist für die mehr als vierzig Veranstaltungen guter Durchschnitt. Trotz aller Vorsicht vor Klischees sind zwei «Prototypen» deutlich auszumachen: Da sitzt zunächst der intellektuelle Mittdreißiger, meist in pädagogischen, sozialarbeiterischen oder universitären Berufen tätig, mit charmanten Geheimratsecken vor dem lockigen Haar, dem selbstgestrickten Pullover und dem indischen Tuch um den Hals. Daneben die Jüngeren, überwiegend Studenten, mit Karohemd und Gesundheitsschuhen (darin, so sehr sich der Beobachter auch um innere Diskretion bemüht, tatsächlich Wollsocken, die groben guten). Der obligatorische Vorschlag, die Tische beiseite zu rücken, «weil man sich dann im Kreis näher ist», durchbricht das erste Schweigen. Der Initiator des Gesprächskreises, ganz Typus 1, liest zur Einstimmung einen Brief vor, den ein Mann an seine wohnungsflüchtige Freundin geschrieben hat. Von männlichem Verletztsein ist die Rede: wie oft die Freundin sich dem Beischlaf verweigert, mit welchen Begründungen sie keine Lust hatte, wird in Form einer ironischen Statistik unter 50 nachdenkliche Männer gebracht.

Seelenschau: aus dem Stand heraus kommt, was kommen muß – die Betonung der Betroffenheit, das «coming out», die persönliche Beichte. Ja, sagen einige, so hätten sie das auch erlebt, und sie könnten damit eben einfach nicht «umgehen». Ein dreißigjähriger Philosophiestudent kontert mit dem Gegenteil: Ist es nicht ebensooft umgekehrt? Hat nicht auch bisweilen der Mann «keine Lust»? Die Meinungen sind gespalten. Einer beklagt, daß man sich seit der Frauenbewegung von der Freundin «alles anhören muß, ohne sich wehren zu können». Und dann beschwert sich Stefan, daß ihm «hier alles zu abstrakt sei» und er eigentlich «mit euch Männern warmwerden» wollte.

So geht es weiter. Aber merkwürdig: wird hier nicht aneinander vorbeigeredet? Die individuellen Probleme, die einzelnen Beziehungskonstellationen sind anscheinend kaum zu vergleichen. Da gibt es «starke» Männer, die unumwunden zugeben, daß sie Schwierigkeiten mit ihren «schwachen» Frauen oder Freundinnen haben – und ebenso umgekehrt. Da reden Männer von den «Kanten und Ecken», die sie nach jahrelanger «Schwammigkeit» wieder entdecken wollen. Und gleich hinterher propagiert einer schon wieder die orginäre Politik der Gefühle: er würde soeben entdecken, daß es «ungeheuer schön ist, bei einem Mann zu weinen». Das sollten, bitteschön, erst einmal alle lernen.

Diese vielschichtigen Unterschiede und Ungleichzeitigkeiten gehen schnell unter: in der alles überlagernden Betroffenheit, einem universalen Gemeinschaftsgefühl: wir sind ja alle, ob stark, schwach oder beides, Männer, die lernen müssen und wollen. Diese Betroffenheitsideologie erscheint wie ein Raster, das weit über dem wirklichen Thema thront – den Männer- und Frauenrollen. Hier treibt eine Kultur ihre Stilblüten, der ein amerikanischer Soziologe einmal – nicht ganz zu Unrecht – den «Terror der Intimität» unterstellte. Zu ihr gehört ein komplettes, psychologistisches Syntax-System (das man ohne weiteres in einen Computer einfüttern könnte): Ständig «steht» man zu seinen Gefühlen, beschwört das «Rauslassen» und bekennt, daß man ja «nicht drübersteht über dem Bauch, so mit dem Kopf».

Geht es wirklich um Frauen und Männer, um «falsche Sozialisation» und «Unterdrückung durch Rollen»? Auch. Aber Joseph, ein blondgelockter und redegewandter Redakteur der Berliner Männerzeitung «HerrMann» erhält mit Abstand die größte Zustimmung für seine eher allgemeine Beschreibung des Problems: «Ich kann unheimlich oft meine Position gegenüber der Frau nicht bestimmen. Alles wird immer komplizierter, besonders die Beziehungen. Ich möchte zwar autonomer von den Frauen sein, aber immer, wenn ich es tue, fühle ich mich schon wieder Scheiße. Weil ich das Gefühl habe, meine Autonomie auf Kosten der Frau auszuleben und damit eigentlich rücksichtslos zu sein.»

Das ist nicht nur das klassische Softie-Problem, das geht weiter: in eine Verunsicherung, eine Art chronischer Identitätskrise, die nicht nur männlicher Fehlsozialisation geschuldet sein kann. Unwillkürlich fühlt man sich an den Satz mit der «Positionslosigkeit» erinnert, als Volker E. Pilgrim zwei Stunden später über den «kindischen Mann» referiert. Seine These ist so neu nicht: Das «Elend des Patriarchats» sei nicht zuletzt auf verschleppte Vater- und Mutterfixierungen zurückzuführen, auf eine anhaltende Regression der Männer, die nur durch «Entelterung» bekämpft werden kann. Patriarchalische Herrschaft speist sich – so Pilgrim – im Kern aus Kompensationen dieses Problems.

Der Verdacht liegt nahe, daß der «kindliche Mann» auch im Gewand der Betroffenheit und des «Rauslassens» weiterexistieren kann. Und daß dies, jenseits aller emanzipativer Formeln, das Problem der «neuen Männer» sein könnte.

So waren denn auch nicht alle (der insgesamt fast tausend) Teilnehmer der Bremer Männertage mit dem Ablauf und den Ergebnissen zufrieden, obwohl die Abschlußveranstaltung eine überaus positive Bilanz zog. Für Frank W. etwa, einen fünfunddreißigjährigen Literaturwissenschaftler und, wie er ironisch anmerkt, «auch irgendwie ein verqueres Produkt der Frauenbewegung», steht und fällt die Perspektive einer neuen Männerbewegung mit der Lösung eines Generationenkonflikts. «In dieser ‹Bewegung›», sagt er, «gibt es zwei verschiedene Lebenserfahrungen. Die einen haben die Emanzipationsdebatte und ihre praktischen Folgen in den siebziger Jahren durchlebt – mit allen Knoten, Irrungen und Wirrungen. Sie leben jetzt in meist schwierigen Beziehungen, in denen sich die Rollen manchmal auf sehr verquere Art vertauscht haben und in denen es oft weder vor noch zurück geht. Für die ist es kaum noch ein Problem, etwa das Weinen zu erlernen oder etwas ‹rauszulassen› – im Gegenteil. Die anderen, die ‹Nachrücker›, die heute Mitte Zwanzig sind, kommen hierher und beten die alten Formeln von den ganz und gar anderen Männern nach, als wären sie ganz neu, als hätte das nicht auch neue Probleme geschaffen. Sie leben in überforderten Beziehungen, fühlen sich von den Frauen – die ja auch selbstbewußter geworden sind – irgendwie verunsichert und suchen jetzt einen Therapieersatz, einen Halt, irgendeine Orientierung. Und dann entdecken sie plötzlich die behaarten Männerbrüste, an denen sie sich auch mal ausweinen wollen.»

Das mag hart und überspitzt klingen, es kommt aber den Problemen der «neuen» Männerbewegung recht nahe. Können Männer wirklich nicht weinen und Gefühle «rauslassen»? Stimmen denn die alten Muster männlichen und weiblichen Verhaltens noch, sind sie aktuell genug, um daraus eine «Bewegung» zu formen?

Daß in unserer Gesellschaft noch gewaltiger Bedarf an Rollenveränderungen besteht, beweisen nicht nur Zustände in Politik und Wirtschaft oder die Existenz von Häusern für geschlagene Frauen. Aber im subkulturellen Ambiente (und ohne Zweifel stammt das Gros der «Männerbewegten» aus diesem Milieu) wirkt manches seltsam anachronistisch. Man konnte sich des Eindrucks nicht erwehren, daß die Probleme, die auf den Bremer Männertagen thematisiert wurden, mehr mit sehr generellen Identitätsproblemen zu tun hatten denn mit männlich/weiblichen Rollen. Haben Konfliktängste und

Harmoniebedürfnisse die «großen Themen» der Emanzipationsbewegungen ersetzt, sie umgedreht in Richtung auf eine Psychokultur, einen Therapieersatz?

Auch wenn man das nicht verallgemeinern kann: diese Bewegung läuft Gefahr, ihre Individuen hinter einer «neuen Brüderlichkeit» zu verstecken, die sich vom althergebrachten Männerstammtisch nur dadurch unterscheidet, daß nun nicht mehr über die Frauen hergezogen, sondern über die eigenen psychischen Defizite und Beziehungskrisen ungehemmt geklagt wird. So entlastet man zwar die «Beziehung», schafft auch sicher Räume für das Verständnis zwischen Männern jenseits von Konkurrenz – aber man entlastet sich auch (ungewollt?) selbst: von Entscheidungen, Konflikten, vom Erwachsenwerden eben.

Weiter noch: eine «Männerbewegung», die die Irritationen und Folgen der emanzipativen Bewegungen der letzten zwei Jahrzehnte nicht auch selbstkritisch zum Thema machen könnte, müßte die vielbeklagte «Restaurierung männlicher Herrschaft» geradezu forcieren. Sie würde weiter zu einer Spaltung der Kulturen beitragen: hier die alte, unangefochtene Männerwelt, dort eine regressive Anfaß-Kultur, ein Spiegelbild.

Denn der vielzitierte «Rollback» in alte Rollenmuster entsteht ja nicht nur aus der Marginalität der Emanzipationsbewegungen, aus ihrem Mißerfolg – eher im Gegenteil. Die Irritationen der Männer- und Frauenrollen sind längst nicht mehr Getto-Erscheinungen, sie haben sich ihren Weg quer durch die Alltagskulturen der Gesellschaft gebahnt. Dabei haben sie eine Vielzahl Unsicherheiten und offene Fragen zurückgelassen; neue Unterdrückungen durch Stärke und Schwäche, auch quer zu den Geschlechterfronten, sind aufgetaucht, die Dauerpsychologisierungen der Partnerschaft haben bisweilen zu kompletter Beziehungsunfähigkeit geführt, die Bedürfnisse der Kinder blieben nicht selten im Geschlechterkrieg auf der Strecke. Einer Vielzahl von Infragestellungen stehen heute noch wenige neue Konsens-Formen zwischen den Geschlechtern gegenüber. Wo Unsicherheiten aber überwiegen, wo die Krise zum Dauerzustand wird, wird leicht auf Althergebrachtes zurückgegriffen.

In dieser Situation werden die alten Formeln der Männer, die das Weinen und Anfassen lernen müssen, nicht mehr viel weiterhelfen können. Sie werden zu Hülsen, die die Vorurteile und Abgrenzungen gegenüber einem notwendigen Veränderungsprozeß der Männer womöglich noch befördern könnten.

Der Psycho-Ringelpietz mit Anfassen gerät zur organisierten – aber blinden – Verweigerung des Erwachsenwerdens. Er ist eines der letzten kulturellen Rudimente der siebziger Jahre, eine der letzten Bastionen des «Harmonistischen Booms».

Denn die Männer auf den Bremer Männertagen jammerten, ohne es zu wissen, einem Weltbild hinterher, das zwar ständig «Konfliktfähigkeit» propagiert, aber im Grunde das Gegenteil meint: Ein immerwährendes gegenseitiges «Verstehen» in der Beziehung, eine immerwährende gegenseitige Interpretation der Partner im «Beziehungsgespräch». Es ist die Enttäuschung über die Nicht-Realisierung dieses Beziehungsmodells, das der Männerbewegung immer wieder Stoff zum Diskutieren und emotionale Motive liefert. Wiederholt klagten die Teilnehmer über die «Gefühls-Erpressung» durch die Frauen, ihre Unfähigkeit, «Konflikte auszutragen», ihre «grenzenlose Emotionalisierung». Ist das nicht nur ganz banale Enttäuschung darüber, daß die Frauen den Männern in subtiler Weise «davonlaufen» – auch im linksalternativen Milieu? Nicht mehr viel fehlte dort zur Formulierung des «ewig Weiblichen», und zerrissen ist man nur in der Frage der Reaktion darauf. Soll man die «radikale Emotions-Power» der Frauen ebenfalls erlernen? Oder zum «reformierten Macho» zurückkehren, weil – darüber herrschte Einigkeit – die Frauen auf diesen Typ «eher abfahren» als auf den guten alten Softie?

In der Männerbewegung tagt eine bestimmte Generation, eine bestimmte Schicht. Gemeinsam ist fast allen die Erfahrung von emotionaler Kälte im Mittelstands-Elternhaus, von Sprachlosigkeit, von Konsumismus statt Gefühlen. Man ist verletzt worden, man hat das Gefühl, zuwenig Liebe bekommen zu haben, man ist hypersensibel, reichlich melancholisch. Wie sagte einer der Teilnehmer? «Diese Welt macht mich ganz schön fertig! Da kann ich nicht dauernd noch an der Beziehungsfront kämpfen und kämpfen und kämpfen!» Es ist nur ein Gefühl des Beobachters: Da wird rationalisiert. Und zwar der Wunsch, von den Frauen ganz und gar, mit Haut und Haaren verstanden zu werden. Man ist ja bereit, dafür zu geben! Man möchte ja sanft und klug und verständnisvoll sein, damit die Frauen es ebenfalls sein können! Um so größer die Enttäuschung, wenn dieses Angebot nicht honoriert wird, wenn die Frauen formulieren, was die Freundin eines Teilnehmers formulierte, der – die Welt ist ein Klischee – tatsächlich noch eine violette Latzhose trug: «Ich soll aufhören, ihr dauernd auf die Nerven zu gehen mit meinen Problemen. Ich soll endlich mal wissen, was ich will. Aber wie soll ich das rausfinden, wenn sie sich nicht darüber mit mir auseinandersetzt? Da hat sie gesagt: Das ist Dein Problem. Dann frage ich: Wozu dann 'ne Beziehung?»

Die Männerbewegung, dieser nette Anachronismus der Siebziger-Jahre-Psychowelle, könnte sich bald schon ohne es zu wollen mit anderen Kulturkreisen verbinden. Abends in einer Bremer Kneipe sitzen zwei Männer, rund, gemütlich, Biertrinker mit Familie und Reihenhaus. Einer hat im Bremer Regionalfernsehen einen Bericht über die Männertage gesehen. Zieht er über «Schwule» und «Schwächlinge» her? Mitnichten. «Ich finde das gut, daß die Männer sich jetzt mal zusammentun», sagt er. «Die Frauen tanzen uns ja schon viel zu lange auf der Nase herum.»

MATTHIAS HORX, 1955 geboren. War sieben Jahre lang Redakteur beim Frankfurter Spontiblatt «Pflasterstrand». Danach Mitarbeiter der ZEIT, ab 1.1.1986 Redakteur bei TEMPO. Schrieb zwei Science-fiction-Romane über grüne Gesellschaftsutopien, diverse Essaybände über die Emanzipationskultur. Z. B.: «Infrarot – die verlorene Unschuld der Radikalität (Hg.), Rotbuch-Verlag 1981; «Das Ende der Alternativen», Hanser-Verlag 1984 (erscheint April 87 als Taschenbuch bei Heyne). (Foto: Helmut Fricke)

Jörg Ehrenforth

Weiter, immer weiter: das Männerbüro Bremen

Kaum war das Echo der Männertage in Bremen verhallt,* drohte die Erfolgsbilanz der offen ausgetragenen Diskussion unter tausend Männern wieder gegen Null zu pendeln. Die Eigeninitiative, jetzt selber da weiterzumachen, wo die Diskussion notwendigerweise erst mal abgebrochen werden mußte, schien nicht sehr ausgeprägt zu sein. Statt dessen fragten viele unmittelbar nach den drei Tagen an der Uni: «Wann macht ihr die nächsten Männertage?» Sie wollten möglichst bald wieder «so was Schönes» angeboten bekommen. Wir, die Veranstalter, hatten damals jedoch nie im Sinn – und dies selbst nach dem überraschenden Erfolg der Männertage –, nun etwa in jedem Jahr eine Wiederholung zu starten. Die Gefahr, einen Supermarkt der «Männeremanzipationsangebote» zu kreieren, steckt hinter der Absage, von einem Jahr zum anderen immer wieder mal einen einzigen Ort für vertiefende Gespräche und Erfahrungen unter «Männern in Bewegung» bereitzuhalten. Es spricht sicherlich einiges dafür, Großveranstaltungen ähnlich den Männertagen als Einstiegsmöglichkeit für noch nicht so nachdenkliche und als Treffpunkt zum weiteren Austausch für bereits in der Veränderung befindliche Männer durchzuführen.

Unsere Vorstellung jedoch war und ist, eine offene und öffentliche Auseinandersetzung mit der heutigen Männerrolle nicht nach «drei tollen Tagen» abzuhaken. Wenn auch die Beschäftigung mit dem Thema «Hinterfragung und Veränderung des Mannseins» in vielen Männergruppen intensiv weiterläuft, so dringt doch nach wie vor wenig von dieser inneren Bewegung nach draußen und wird sichtbar.

Das Fehlen einer sichtbaren und permanent wirkenden Öffentlichkeit in Sachen Männer veranlaßte drei Männer, die sich im Rahmen der Männertage kennenlernten, eine Idee auszuhecken. Wir, Manfred, Tommy und ich, trafen uns, um Wege und Möglichkeiten zu

* Vgl. auch den Beitrag von Ehrenforth/Ernst/Schlichtung in diesem Band

diskutieren, wie eine Weiterverbreitung und Vertiefung der Ergebnisse und Erfahrungen von den Männertagen in *kontinuierlicher* Kleinarbeit aussehen könnte. Die Idee, eine Anlaufstelle und einen Ort der Kommunikation für sich bewegende Männer einzurichten, war (am Nikolaustag des Jahres 1985) geboren: das Männerbüro.

Emanzipation als Institution?

Ich gebe zu, der Name «Männerbüro» weckt nicht gerade emanzipationsfreundliche Gefühle, verbindet doch jedermann/jedefrau mit dem Wort «Büro» erst mal etwas sehr Nüchternes, männlich Versachlichtes. Nüchtern ist aber lediglich die Tatsache, daß uns bislang kein besserer und vor allem gleich kurzer, prägnanter Begriff einfiel, der eine solche Begegnungsstätte treffender kennzeichnen würde. Phantasielosigkeit der büroverstaubten Männer? Vielleicht. Die Presse weiß es jedoch auch nicht blumiger auszudrücken, wenn sie uns mit den Worten «Public Relation-Einrichtung für die Idee der Männeremanzipation» tituliert, so die Tageszeitung «Weser-Kurier» vom 3. 12. 1985.

Mehr trifft uns da der Vorwurf: «Typisch Männer, machen gleich wieder aus der Emanzipation eine Institution!» Es ist wichtig, darüber nachzudenken, welchen Stellenwert ein organisierter Rahmen für unser Vorwärtskommen besitzt. Eine Männergruppe bleibt bewußt in der privaten Sphäre, und das ist auch gut so. Um sich in die öffentliche Diskussion einzumischen, reicht das Private nicht aus. Ein gewisser Grad von *zusammengefaßter* (überindividueller) Erfahrungs- und Gedankenwelt der einzelnen sich bewegenden Männer bietet mehr Möglichkeiten, das soziale und politische Leben in unserer Gesellschaft im antipatriarchalischen Sinne zu beeinflussen.

Gleichwohl spielt das Persönliche im Männerbüro keine untergeordnete Rolle. Beides zu verbinden und nicht in einem Topf zu Brei verkochen zu lassen, das ist die Kunst, die wir *inhaltlich* in der Arbeit des Männerbüros versuchen umzusetzen. Und dies ist ein anderer Weg, den normalerweise Institutionen von vornherein nicht einschlagen. Die gemeinsame Verbindung zur «dritten Sache» (B. Brecht), die Kritik und Veränderung der negativ geprägten Männergesellschaft, schafft einen Erfahrungsraum, in dem wir uns *sowohl* persönlich erleben *als auch* zusammen entwickelte Zielvorstellungen in der sozialen Realität erproben können.

Gewiß, ein schwieriger Weg. Bisher, d. h. nunmehr ein Jahr lang, sind wir ihn mehr oder weniger erfolgreich gegangen. Die Idee des Männerbüros lebt von dieser Gratwanderung. Sie ist (für uns zumindest) dann gestorben, wenn sie insbesondere zur Seite «Männer-Institution» (als Einrichtung der Macher, der Verwalter von E*mann*zipation) hin abstürzen sollte.

Was so passiert

Wie sieht denn nun das Männerbüro aus? Was macht es? Die Raumfrage war schnell geklärt. Im Gesundheitsladen, der bereits im Vorlauf zu den Männertagen in Bremen eine bedeutende Rolle spielte, gab es keinerlei Bedenken, dem Männerbüro Raum und Telefon für unsere Treffen und Telefonzeiten zur Verfügung zu stellen. So existiert nun jeden Donnerstag von 18.00 bis 20.00 Uhr die Möglichkeit, im Laden vorbeizuschauen, anzurufen, sich zu informieren und mitzudiskutieren. Peter, unser Chefdesigner von den Männertagen, welcher neben anderen Männern mittlerweile zum festen Stamm des Büros gehört, entwarf ein Emblem für unsere Außendarstellung (siehe Rückseite dieses Taschenbuches!). Der dementsprechend mit Telefon- und Zeitangaben versehene Aufkleber besitzt, wie wir immer wieder mit Erstaunen feststellen, einen hohen Aufmerksamkeitswert. Offenbar schlägt sich das Noch-Exotische unseres Anliegens auch hier nieder. «Was ist denn das, das Männerbüro?», lautet häufig die Frage, wenn der Blick auf den Aufkleber fällt. Fast immer ergeben sich dann anschließend interessante Diskussionen um die Männeremanzipation, ein Umstand, der unserer Vorstellung, diesem Thema zu mehr Selbstverständlichkeit zu verhelfen, sehr entgegenkommt.

Öffentlichkeitsarbeit, bekannt zu machen, daß es uns gibt, ist *ein* wichtiger Bereich unserer Arbeit. Anfangs war dies problemlos. Wie schon bei den Männertagen klopften die Medien (Zeitung, Funk und Fernsehen) bei uns nacheinander an die Tür, schickten ihre Reporter/innen und verhalfen dem Männerbüro zu einer anschaulichen, regionalen Publicity. Unsererseits versuchen wir den Bekanntheitsgrad dadurch zu erhöhen, daß wir an andere soziale und politische Initiativen herantreten, den Kontakt mit psychosozialen Beratungsstellen wie der Profamilia Bremen oder dem «Schwulenzentrum Rat und Tat» suchen. Bisher jedoch fanden die meisten Männer den Weg ins Büro über unsere ständigen Anzeigen in den regionalen Veranstaltungszeitungen, neuerdings auch über das Informationsbuch «Gesundheitswegweiser für Bremen».

Was wollen die Männer, die bei uns anrufen oder vorbeikommen? An erster Stelle stehen Anfragen zu Männergruppen: Könnt ihr mir eine vermitteln? Wie kann ich eine gründen? usw.; die Adressen werden gesammelt, bis sich genügend Interessenten gemeldet haben. Auf diese Weise konnten wir bis jetzt zweimal jeweils zehn Männer einladen, um Unterstützung und Hilfestellung zur Gründung einer neuen Männergruppe zu geben.

Selten geblieben sind bisher die Anrufe bzw. Besuche von Männern, die von uns eine direkte Beratung oder gar therapeutische Lösung ihrer augenblicklichen psychischen Krise erwarteten. Ganz bewußt haben wir in unserer Außendarstellung in der Presse immer wieder darauf verwiesen, daß wir nicht den Anspruch eines Therapiezentrums erheben wollen, also keine therapeutischen Gespräche führen können und wollen. Unsere zeitlichen und personellen Kapazitäten lassen dies ohnehin nicht zu. (Wir sind alle voll im Beruf, machen das Männerbüro in der Freizeit; außer mir besitzt keiner eine therapeutische Zusatzqualifikation.) So haben wir mit denjenigen, die uns z. B. aus der aktuellen Ehekrise heraus anriefen, zwar eingehende Gespräche geführt. Ziel dieser Gespräche aber war, den Männern Mut zu machen, ihre beginnende Auseinandersetzung mit sich selbst fortzusetzen und vor allem zu vertiefen an Orten, die dafür besser geeignet sind: in Männergruppen oder bei uns bekannten Männern in psychosozialen Einrichtungen wie der Profamilia und dem Sozialpsychiatrischen Dienst.

Alle weiteren Anfragen drehen sich hauptsächlich um Informationen, die Mann von uns haben möchte. Es sind dies allgemeine Fragen nach Sinn und Zweck des Männerbüros, wann und wo die nächsten Männerveranstaltungen stattfinden, bis hin zum konkreten Wunsch einiger Jungs einer Oberstufenklasse, ihnen Hinweise und Buchtips für ihr Referat über Männeremanzipation zu verschaffen.

Ab und zu rufen auch Frauen bei uns an, neugierig und sehr interessiert an unserer Idee: «Gut, daß ihr Männer endlich mal selber was macht... ich werd mal meinen Mann auf eure Veranstaltungen aufmerksam machen...» Einige der interessierten Frauen fordern gleich eine direkte Stellungnahme beispielsweise zum Thema «Vergewaltigung» an.

Die Erarbeitung von solchen *Stellungnahmen* gehört ganz sicher zum Arbeitsbereich des Männerbüros. Sie erfordern jedoch, gerade weil Themen wie «Vergewaltigung» bisher unter Männern tabuisiert waren, zunächst einmal eine eingehende Auseinandersetzung, sollen diese veröffentlichten Meinungsäußerungen mehr sein als ein Plakat, etwa: «Seht her, wir sind auch gegen Vergewaltigung.»

Wir bewegen uns! Aber wohin?

Das Männerbüro Bremen besitzt keine ausgefeilten Programme, die jedermann sich anschauen könnte und bei denen dann der «neue Mann» herauskäme. Unsere Absicht ist es, zu spezifischen Themen Wegweiser aufzustellen, in welche Richtung sich eine Veränderung der Männer bewegen könnte. In der Diskussion und im Erfahrungsaustausch mit anderen Männern ist es unseres Erachtens notwendig, eine Balance zu finden zwischen einer selbstkritischen Bestandsaufnahme unserer bisherigen «Herrlichkeit» und Ansätzen zu einem anderen männlichen Bewußtsein und Handeln. Veränderungen lassen sich – so zeigen unsere Erfahrungen – nur dann tiefergehend bewirken, wenn die genannte Bestandsaufnahme ohne ein moralisierendes Niederkämpfen «das tut Mann doch nicht!» überhaupt erst mal bewußt zur Sprache kommt. Daher zielen unsere Aktivitäten auch weiterhin auf die Auseinandersetzung *nur unter Männern.*

Dies bedeutet nicht, daß das Gespräch mit Frauen tabu ist. Gerade von der Frauenbewegung haben wir viele Anstöße bekommen, und es gibt wertvolle Kritik an unserem Paschatum, aus der wir lernen können.

Doch ist es nicht Sinn und Zweck eines Männerbüros, quasi zur Unterabteilung des Feminismus zu werden, sich gar der Frauenbewegung anzubiedern. Vielmehr wollen wir unsere eigenen Köpfe und Bäuche (jawohl, auch die Gefühle!) gebrauchen, um zu schauen, welcher Mist sich da einerseits bei uns angesammelt hat und wo sich andererseits neue Erfahrungsbereiche für uns Männer auftun (die diesen Mist hoffentlich überflüssig machen!).

Ich möchte die Erarbeitung von Positionen, wohin wir uns bewegen, an unseren konkreten Themen – die wir als öffentliche Veranstaltungen angeboten haben bzw. anbieten werden – ein wenig verdeutlichen.

«Männer und Verhütung», so lautete eine Veranstaltungsreihe, die wir im Sommer 1986 durchführten. Damit sollte ein häufig von Männern schnell übergangenes Thema problematisiert werden. Denn: Empfängnisverhütung und insbesondere deren Praxis sind nach wie vor eher Frauensache; der Mann kümmert sich kaum darum, genießt lediglich die Sexualität. An fünf Diskussionsabenden haben wir zusammen mit den zwölf Teilnehmern und gelegentlich hinzugezogenen Experten (z. B. einem Arzt von Profamilia) versucht, dieses Tabuthema in allen Einzelheiten auseinanderzunehmen, persönliche wie medizinisch-biologische Erfahrungen und Kenntnisse auszutauschen bzw. zu vermitteln.

Neben der allgemeinen Frage, wie es um das männliche Verantwortungsgefühl für eine eigene Verhütungspraxis aussieht, kamen spezifischere Themen zur Sprache:

- welche Verhütungsmethoden gibt es überhaupt für Männer?
- Lust und Frust mit dem Kondom, ein Problem der Imagepflege... oder?
- Sterilisation; Erfahrungen damit, Vorteile und Probleme
- wozu Verhütung? Männer und Kinderwunsch, Männer und Schwangerschaft bzw. Männer und Schwangerschaftsabbruch.*

Interessant war, daß das Thema «Verhütung» für die Teilnehmer eine Art *Impulsgeber* war, über ihre männliche Rolle bei der Sexualität mit einer Partnerin intensiver nachzudenken. Dies bezog sich speziell darauf, mehr Verantwortung zur Vermeidung ungewollter Schwangerschaft zu übernehmen. Darüber hinaus wurde in diesem Gesprächskreis das Verhältnis zur Sexualität für manche Männer zum erstenmal *ernsthaft* diskutiert; ein offensichtliches Nachholbedürfnis, vom Klischee des ewig geilen, triebbesessenen Mannes herunterzukommen. Nicht zuletzt diese positive Erfahrung veranlaßte einige Teilnehmer, als Männergruppe weiterzumachen, und uns, eine ähnliche Veranstaltungsreihe wiederholt anzubieten.

Impulsgeber zu sein, über die spezifisch männlichen Umgangsformen nachzudenken, bislang als «naturhaft» hingenommene alltägliche Verhältnisse zu analysieren und Änderungsmöglichkeiten entwickeln und erproben zu wollen – dies bewegt uns auch bei einem anderen Thema: *Arbeit.* Mit dem Titel: «Mann muß arbeiten; muß mann arbeiten?» wollen wir – wiederum in Form einer Veranstal-

* Vgl. auch den Beitrag von Grimme in diesem Band

tungsreihe – die männliche Selbstverständlichkeit in Frage stellen, daß ein Mann (scheinbar) erst durch seine Arbeit die volle Identität erreicht.

Arbeit hat für viele Männer (unter anderem!) Ersatzcharakter, Ersatz für die Beschäftigung mit der Familie, mit Freundschaften... Das wissen wir aus vielen Untersuchungen und eigenen Gesprächen. Manche Männer flüchten geradezu in die Arbeit; selbst in der Freizeit basteln sie noch an Autos herum. Die Arbeit, die Beschäftigung mit Dingen, tritt an die Stelle von zwischenmenschlichen Begegnungen und Auseinandersetzungen; ganz zu schweigen von der Möglichkeit, mal müßig mit sich allein zu sein und nichts zu tun.

Die im Berufsleben stehende Frau schafft es, sich um Familie und Beziehungen und Arbeit im Haushalt und Beruf zu kümmern. Der Mann ist da wesentlich einseitiger: er geht raus in die Arbeitswelt und sucht hauptsächlich dort seine Bestätigung. Männer, die ihren Job verloren haben, können ein Lied davon singen: der Arbeitsplatzverlust reißt ein großes Identitäts-Loch (neben dem Finanz-Loch, versteht sich) in ihr Leben. Wie kommt es zu dieser einseitigen Ausrichtung des Mannes auf die Arbeit? Wieso fällt es ihm so schwer, andere Dimensionen des Lebens (z. B. sein Vatersein) mit mehr Zeit und Energie überhaupt ausfüllen zu *wollen*? Solche Fragen zu stellen, kann zur Aufhebung der von unseren Vätern und der patriarchalisch bestimmten Gesellschaft vorgelebten *Selbstverständlichkeit* führen.

Das Thema «Mann und Arbeit» ist wegen der überdeutlichen Berührung beider Ebenen, der persönlichen wie der gesellschaftlichen, für das Männerbüro von besonderem Interesse. Das persönliche Engagement und eine spürbar große Männeröffentlichkeit für eine Gleichverteilung der Arbeitsplätze unter den Geschlechtern (Quotenregelung) und mehr Halbtagsstellen wären zwei von vielen gemeinsamen Forderungen. Die Substanz dieser Forderungen müßte allerdings in einer Umwertung der eindimensionalen Einstellung zu Leben und Arbeit liegen, in der Veränderung des männlich orientierten Leistungsstrebens nach noch mehr Beherrschung der Dinge und Natur. Dies gilt für die Arbeit selbst (Aufhebung der stumpfsinnigen, menschen- und naturverachtenden Strukturen und Inhalte) wie für die dann mehr vorhandene Freizeit, welche Zeit für Beziehungen, Familie und nicht zuletzt für die Kinder sein könnte. Eine in diesem Sinne andere Einstellung und Erfahrung der Männer hätte die Chance, daß sich gerade von *ihrer* Seite mehr Widerstand gegen die lebensverachtenden Strukturen unserer gesellschaftlichen Ordnung in den vielen kleinen und großen Bereichen bildet.

Liebe (und Sexualität) und Arbeit: zwei Eckpfeiler des Männerbüros? Ja, und es gibt noch mehr Themen für unsere Öffentlichkeitsarbeit. Themen, die sich hier im Buch versammelt haben, die wir im Laufe der Zeit behandeln werden... freilich, ohne uns mit dieser Arbeit eindimensional vollzustopfen (siehe oben!). Wir vom Männerbüro wollen auch feiern, tanzen, einfach Spaß haben. Deshalb wird es, wie schon bei den Männertagen in Bremen bestens erprobt, Kulturveranstaltungen geben, mit Theater, Filmen und großer Männerfete. Wir bewegen uns!

Wir sind nicht allein

Das Männerbüro ist keine Idee von uns Bremern allein – Männerseidank. Es gibt Ähnliches bereits in einigen anderen Städten unserer Republik. Was dort los ist, erfahre Mann am besten daselbst.

Berliner Väterinitiative
c/o Klaus Anders
Postfach 28 01 07
1000 Berlin 28
Tel.: 030/4041204

Männerbüro Bremen
c/o Gesundheitsladen
Braunschweiger Str. 53 b
2800 Bremen 1
Tel.: 0421/4988634
(do 18–20 Uhr)

Männerbüro Kiel
c/o Detlef
Königsweg 65
2300 Kiel 1
Tel.: 04347/1350

Männerbüro Göttingen
c/o Thomas Scheskat
Görlitzer Str. 49
3400 Göttingen
Tel.: 0551/76595

Männerplenum Hagen
c/o Quadrux-Buchladen
Lange Str. 21
5800 Hagen
Tel.: 02331/334058

Männergruppe Darmstadt
c/o Gerd Contandin
Zeppelinweg 15
6104 Seeheim
Tel.: 06257/84114

Von Mann zu Mann
c/o Rüdiger Bernhard
Nordendstr. 25
6000 Frankfurt/M.
Tel.: 069/593287

Männerbüro Ludwigshafen
c/o Roger Veltzhöffer
Parkstr. 39
6700 Ludwigshafen
Tel.: 0621/562826

Diese Adressenliste ist sicherlich nicht vollständig. Daher möchte ich zu guter Letzt noch auf eine regelmäßig erscheinende Publikation hinweisen, die weitere Adressen und Informationen zur Männerthematik bundesweit sammelt und verbreitet:
Informationsdienst für Männer
Skalitzer Str. 33 HH B
1000 Berlin 36
Tel.: 030 / 6183387

P. S.
Der Info-Dienst wird von der gleichen Redaktion betreut wie die zur Zeit in der Bundesrepublik einzig relevante Männerzeitschrift «Herr-Mann» (Untertitel: «die falsche Stimme im Männerchor»), deren Redaktion unter der gleichen Anschrift zu erreichen ist wie der genannte Informationsdienst in Berlin.

Hans Peter Lütjen

«Männer gegen Männer-Gewalt», Hamburg

«Mein damaliger Mann kannte keine Liebe, keine Zärtlichkeit ohne sexuelle Handlungen, kein Vertrauen und keine Achtung vor Frauen. Ich war eigentlich mehr eine Eratzmutter für ihn. Anfangs war unsere Beziehung harmonisch, und er war traurig und enttäuscht, als ich im vierten Monat eine Fehlgeburt hatte. Als ich zum zweitenmal schwanger war und wir gerade zwei Monate verheiratet waren, änderte er sein Verhalten mir gegenüber. Er wurde grob in jeder Hinsicht, erteilte Verbote, war übermäßig eifersüchtig und fing an, mich systematisch – auch aufgehetzt von seiner Familie – zu unterdrükken.

Ich ließ es mir nicht gefallen, wehrte mich und versuchte mit ihm darüber zu reden; das Reden half immer für einige Zeit. Ich hatte damals zwar keine sehr große Zuneigung und nur noch wenig Vertrauen zu ihm, aber Mitgefühl und Verständnis noch.

Als unsere Tochter körperbehindert geboren wurde, begann ihr und mein Leidensweg. Mein Mann schämte sich des Kindes. Er wurde an seinem Arbeitsplatz ausgelästert und bemitleidet; sogar grobe Witze wurden gemacht. Dafür bekam dann Claudia schon mit vier Monaten Schläge. Während des Stillens versuchte mein Mann intim zu werden. Er hat sogar das Baby aus dem Fenster gehalten und nur, weil Nachbarn nach draußen kamen, das Kind zurückgeholt. Wäre ich nicht dazwischengetreten, hätte er sie gegen die Wand geschleudert. Ich hatte panische Angst um meine Tochter, die ich über alles liebte. Mir wird heute noch übel, wenn ich daran zurückdenke.»

Über ihre Kindheit und die ihres Mannes schreibt Marga weiter:

«Ich wurde mit vielen Drohungen, Befehlen, Beschimpfungen und Schlägen erzogen (allerdings von der Mutter, Vater war toleranter und sanftmütiger). Mit 19 Jahren nahm ich mir eine eigene Wohnung. Mit 21 Jahren lernte ich meinen ersten Ehemann kennen. Auch er wurde mit Gewalt erzogen. Der Vater beschimpfte und schlug aufs brutalste die Mutter und alle fünf Kinder. Die Mutter ließ sich einfach alles (auch heute noch) von ihrem Mann gefallen. Der Vater machte, was sexuelle Ambitionen betraf, vor Töchtern und dann auch Schwiegertöchtern nicht halt.»

Über die Reaktionen der Umwelt und Margas Reaktionen darauf:

«Von Nachbarn angerufene Polizisten wollten sich ‹nicht einmischen›. Das Jugendamt ‹konnte› mir nicht helfen. Meine Eltern wollten mich nicht aufnehmen. Ich hatte inzwischen wieder eine Fehlgeburt und soviel Ekel vor dem Mann, daß ich in seiner Gegenwart nicht mehr essen konnte. Ich magerte ab und hatte Kreislaufstörungen. Claudia war nervös und hatte Alpträume. Ich versuchte es noch einmal mit Reden und Eheberatung – wohin ich dann allerdings allein gehen mußte.»

Über die Trennung von ihrem Mann:

«Endlich fand ich eine Wohnung, fuhr mit Claudia zur Kur und hielt mich dann aus Angst vor seinen Drohungen, Belästigungen und Verfolgungen vorwiegend bei meinen Brüdern, Bekannten und auch bei den inzwischen einsichtig gewordenen Eltern auf. Ich bekam dann noch viele gemeine Briefe von dem Anwalt und Anrufe.»

Über den Umgang mit ihrer eigenen Aggression:

«Ich war schon soweit, daß ich mir vorstellte, wie ich ihn, wenn er wieder Geschirr werfen oder mich schlagen würde, mit dem Brotmesser erstechen würde. Ich dachte sogar schon ans Giftmischen. Das konnte ich aber nicht tun, weil ich gegen Mord oder andere Gewalt bin. Dann hoffte ich auf einen Unfall.

Heute weiß ich, daß mein Ex-Mann ein armer Mensch ist, schwach und seelisch behindert. Jetzt frage ich mich, wie es Weltfrieden und Abrüstung geben soll, wenn es so viele seelische Wracks wie meinen Ex-Mann gibt. Wenn es statt Liebe Haß, statt Harmonie Aggressionen gibt und Brutalität als Stärke gilt. An mir selbst habe ich erfahren, daß man auch dann schlägt und schreit, wenn man sich nicht anders zu helfen weiß. Inzwischen hasse und verachte ich meinen Ex-Mann nicht mehr.

Ich bin wieder verheiratet und habe eine zweite Tochter bekommen. Ich versuche immer, Liebe, Frieden und Toleranz walten zu lassen.»

Wie oft schon haben Frauen ihren Leidensweg erzählt oder aufgeschrieben! Wie oft noch und wie laut müssen sie ihn hinausschreien, damit wir Männer endlich hinhören? Wann endlich lassen wir uns davon beschämen?

Wie Margas Brief erneut zeigt, gibt es Gründe zur Scham wahrlich genug: Wir Männer sind auf den Koitus fixiert, wir mißtrauen und verachten Frauen. Wir sind unselbständig, lauter Peter Pans. Wir sind eifersüchtig auf die Kinder, weil wir die Geliebte nicht mehr ganz für uns allein haben können. Wir wollen alles kontrollieren und werden böse, wenn es nicht nach unserem Willen geht. Wir schlagen – Männer, Frauen und Kinder. Wir vergewaltigen. Wir machen Männer herunter, die Schwierigkeiten in ihrer Familie haben. Wir dulden oder unterstützen sogar, daß andere Männer Gewalt ausüben. Wir bieten alle Gemeinheiten gegen eine Frau auf, wenn sie sich von uns trennen will oder getrennt hat. Das alles empört uns wenig. Aber wir sind entsetzt, wenn eine Frau in ihrer Not ihren Mann umbringt, und wir sind beruhigt und loben es, wenn wieder eine Frau es geschafft hat, ihre Aggression, die uns vernichten könnte, zu unterdrücken.

Ich höre schon die Stimmen, die rufen, daß Frauen nicht besser seien als Männer. Ja, ich weiß, daß auch Frauen negative Eigenschaften haben. Auch Frauen üben Gewalt aus: Ich denke an die Mutter, die ihr Kind verhungern ließ, die französische Agentin, die die «Rainbow Warrior» versenken half, die englische Premierministerin, die wegen eines kolonialen Überbleibsels einen Krieg anzettelte. Männer hören solche Stimmen nur allzu gern, flüstern sie ihnen doch ein, ihre Gewalttaten seien gar nicht so schwerzunehmen. Damit geht einher die Selbstbemitleidung wegen des angeblichen Doppelleidens: Männer litten nicht nur unter Frauen, sondern sie litten auch darunter, daß sie zu Gewalttätern erzogen würden. In diesem Selbstmitleid gefallen Männer sich, beweist es ihnen doch, daß sie in jedem Fall die Größten sind, und sei es im Leiden. So ändert sich nichts an der Gewalttätigkeit als typisch männlicher Erscheinung[1] und braucht sich scheinbar für Männer nichts zu ändern.

Wilfried, 36 Jahre alt, Schiffsladungskontrolleur, berichtet:

Am vergangenen Samstag habe er seine Frau geschlagen. Am Freitag schon hatte er sich geärgert: Als er bei Ende der Spätschicht zu Hause anrief, gab seine Frau ihm zu verstehen, daß sie lieber ohne ihn ausgehen wolle. Zwar sei er, wenn sie mit ihm habe ausgehen wollen, meist zu müde gewesen, aber sie hätte ihm doch wenigstens sagen können, wohin sie mit dem befreundeten Paar ginge.

Am nächsten Morgen, als er zur Frühschicht fährt, stellt er fest, daß seine Frau noch nicht heimgekehrt ist. «Da war ich schon 'n büschen mucksch.» Als er nach Feierabend nach Hause kommt, ist sie da, und gemeinsame Freunde sind zu Besuch. Er schweigt vor sich hin; gelegentlich meckert er, bis die Freunde schließlich gehen. Beim Fußball im Fernsehen leert er eine Flasche Wein. Danach fordert er von seiner Frau 25 Mark, die sie ihm schulde. Als sie sagt, sie könne sie ihm jetzt nicht geben, schlägt er zu. «Von hier ab weiß ich nichts mehr.»

Erst in der Küche setzt seine Erinnerung wieder ein. Da sind ein Nachbar und der dreizehnjährige Sohn, der diesen herbeigeholt hat. Wilfried stürzt aus dem Haus, und erst am Sonntagmorgen auf dem Fischmarkt merkt er, daß seine beiden Hände vom Schlagen stark geschwollen sind. Langsam kehrt die Erinnerung an den Vorabend zurück. Als er nach Hause kommt, stellt er fest, daß die vier Kinder bei ihren Großeltern untergebracht sind. Eine Bekannte erzählt ihm, seine Frau sei im Krankenhaus. Er solle sie lieber nicht besuchen. Sie verrät ihm das Krankenhaus nicht. «Du würdest sie ohnehin nicht wiedererkennen.» Ein befreundeter Nachbar droht ihm, er solle besser aus dem Stadtteil verschwinden.

Als Wilfried dies Niels, Jürgen und mir am Mittwochabend erzählt, stehen ihm Tränen in den Augen. «Ich kann das selbst nicht verstehen. Ich liebe meine Frau. Ich möchte, daß so etwas nie wieder passiert.» Jürgen sagt: «Mir ist schlecht von dem, was du erzählt hast.»

Am Montag hatte er uns angerufen und um Rat gebeten. Dies war keine aus freier Eingebung geborene Willensentscheidung, sondern seit längerem hatte es Probleme gegeben: mit den drei Kindern, die seine Frau mit in die Ehe gebracht hatte; mit Spielschulden; mit seiner Frau, die immer mehr Entscheidungen ohne oder gegen ihn traf. Schließlich gab den Anstoß, daß seine Frau fort war. Er kommt nicht umhin, sich einzugestehen, daß an ihm selbst etwas falsch ist und er an sich arbeiten muß, wenn er seine Lebenssituation verbessern will. Er gesteht uns ein, daß er seine Gewalttätigkeit als persönliches Problem empfindet. Er gesteht ein, daß er nicht mehr weiter weiß und Hilfe benötigt.

Wilfrieds Eingeständnis ist nicht selbstverständlich: Fast die Hälfte der Männer – so die BRIGITTE-Untersuchung von Sigrid Metz-Göckel und Ursula Müller[2] – neige zu einer Bagatellisierung der Gewalt gegen Frauen: «das könne schon mal passieren – der Mann sei ja selber schlimm dran – er schlage ja oft aus Hilflosigkeit». Die Männer zeigten Bündnistreue. «Die Rollen werden vertauscht, indem der gewalttätige Mann zum Hilflosen gemacht und die geschlagene Frau um Verständnis angehalten wird. Männer akzeptieren das Problem vordergründig, aber sie spielen es auch herunter und schieben es damit zugleich weg.»

Auch die bundesdeutsche Bewegung heterosexueller Männer, die auf Treffen in Bremen, Hamburg, bei Göttingen und bei Darmstadt nach neuen Ufern suchte, geht der Thematisierung der Gewalt, die sie ausüben, lieber aus dem Weg. Stellt sie sich ihr nicht, droht sie, wie

Sven Ando (alias Jannes Tashiro) warnte, «zur Männerkumpanei zu verkommen». Männer sollten «sich der Männergewalt stellen, um hinter die gesellschaftliche Gewalt zu kommen, unter der sie leiden.» [3] Oder anders: Die Suche der ‹neuen Männer› nach der Befreiung von Rollenzwängen und anderen gesellschaftlichen Gewaltformen, die ihnen Leiden bedeuten, wird nur zum Erfolg führen können und glaubwürdig sein, wenn sie sich der Gewalt stellen, die sie persönlich und als Gruppe ausüben.

Ohne sich selbst als ‹neuer› oder männerbewegter Mann zu verstehen, ist Wilfried einer von den Männern, die sich ihrer Gewalttätigkeit stellen und sie überwinden wollen. Mit einem einzigen Gespräch ist es nicht getan und auch nicht nur mit Sprechen. Das hat auch Wilfried gemerkt. Gewalttätiges Verhalten, das sich in vielen Jahren entwickelt hat, und «gewaltfördernde Strukturen» [4] lassen sich nicht im Sofort-Service beheben.

Und ich bin zuversichtlich wie ehedem: «Ich glaube an die Veränderbarkeit gewalttätiger Männer, weil ich an mich selber glauben können möchte und an die Fähigkeit auch der anderen Männer in unserer Gruppe zur Liebe.» [5]

Wie alles anfing: Anstoß durch Druck

Die Frau, mit der ich zehn Jahre zusammen war, habe ich geprügelt – von Anfang an. Sie war berufstätig, so daß ich ebenso viel Zeit auf unsere Tochter und unseren Pflegesohn verwendete wie sie. Auch die Kinder habe ich geschlagen. Stur und hartherzig war ich gegenüber ihren Sorgen, Nöten und Leiden, blind gegenüber meinen eigenen Leiden und rechthaberisch, wenn es darum ging, mein Prügeln zu rechtfertigen. Heute stockt mir der Atem, wenn ich daran zurückdenke, wie ich der Tochter mit Fausthieben auf den Rücken getrommelt und den Pflegesohn so lange an den Armen geschüttelt habe, bis er blau anlief. Mir wird noch heute speiübel, wenn ich mich daran erinnere, wie Dagmar, als ich ihr gleichgültig den Rücken kehrte und die Küchentür vor ihrer Nase schloß, die Glasscheibe zerschlug und sich beide Unterarme aufschlitzte.

Der Ekel vor mir selbst hat mich bisweilen so deprimiert, daß mir Selbstmordgedanken kamen. In solchen Momenten mußte ich mir meine positiven Seiten vor Augen führen, und das haben auch andere getan. Wäre das nicht der umfassende Sieg des Vernichtungswillens, wenn ich nicht nur meine Mitmenschen zerstörte, sondern auch mich selbst? Das sollte nicht und kann nach wie vor nicht der Ausweg sein. Statt dessen wollte ich und will ich den Lebens- und Liebeswillen in mir stärken und das Zerstörerische bekämpfen. Aber ich darf nicht vergessen, daß ich zur Gewalttätigkeit fähig bin, denn diese Erinnerung hilft mir, sie zu zügeln.

Sollte ausgerechnet jemand wie ich eine Gruppe gründen, die anderen prügelnden Männern helfen will, ihre Gewalttätigkeit abzulegen? Ulrich Greiner hat da seine Zweifel gehabt:

> «Daß die Mächtigen, die Unterdrücker sich bußfertig zu einer ‹Selbsthilfegruppe› zusammentäten, dieser Wunsch ist derart fromm, daß selbst Jesus staunte. Es gibt Leute, die andern das Auge blau schlagen, leider. Das ist aber noch lange kein Grund, sich von Blauäugigkeit schlagen zu lassen.» [6]

Skepsis ist angebracht; wir können sie nur durch die Überwindung unserer Gewalttätigkeit widerlegen. Mir selbst hilft das Gespräch in der Gruppe, und mir hilft das öffentliche Bekenntnis. Ich denke, daß dies auch für andere gilt. Wir Männer, die wir prügeln, dürfen nicht abwarten, daß uns geholfen wird. Sollten etwa die Frauen, die wir verprügelt haben, uns helfen, das Prügeln zu unterlassen? Darauf hat Alexandra Goy auf dem 5. Strafverteidigertag 1981 in Berlin an die Adresse ihrer männlichen Kollegen die richtige Antwort gegeben:

> «Wenn ich die Kraft und die Möglichkeit hätte, würde ich euch Kollegen, die ihr mit Vergewaltigern zu tun habt, bitten: Errichtet eine Institution, die Ideologen, Psychologen, Soziologen, Sozialarbeiter, was auch immer anstellt, die den Männern klarmachen, daß es noch einen anderen Teil der Bevölkerung gibt, der mehr als die Hälfte ausmacht, der ein Recht auf freie Selbstbestimmung, auf freie Selbstentfaltung der Persönlichkeit und ein allgemeines Lebensrecht hat. Übernehmt diese Aufgabe: Wir haben als Frauen übernommen, Häuser für mißhandelte Frauen einzurichten.» [7]

Wir Männer, die wir prügeln, müssen die Verantwortung für unsere Gewalttätigkeit annehmen und also die Verantwortung dafür, sie zu überwinden.

Auch wenn die Erinnerung an meine Gewalttätigkeit mich überwältigt, kann ich doch heute meine Gefühle und Gedanken ordnen und distanziert vortragen. Das war nicht immer so. Das hat einige Jahre gedauert. Vieles und viele haben an meiner Veränderung mitgewirkt. Aber der Prozeß wäre wohl nicht in Gang gekommen, wenn Astrid, mit der ich inzwischen zusammenlebe, nicht von Anfang an klargemacht hätte, daß sie keinen einzigen Schlag gegen sich dulden würde; auch würde sie Kim mitnehmen, wenn ich sie schlagen würde.

Öffentlichkeitsarbeit

Am Anfang waren wir zu dritt: außer mir Niels, der Betriebsrat, und Albrecht, der Rechtsanwalt. Im November 1984 richteten wir ein Sondertelefon ein. Gleichzeitig traten wir mit einem Plakat, hundertsechzigfach in Hamburger Hoch- und U-Bahn-Wagen verbreitet, an die Öffentlichkeit:

MÄNNER GEGEN MÄNNER-GEWALT

Mann, schlägst du deine Frau?
Willst du, daß das endlich aufhört?

Wir sind eine Selbsthilfe-Gruppe, die Männern helfen will, ihre Gewalttätigkeit gegenüber Frauen zu überwinden.
Ruf uns an, wann immer du willst
040 / 5249338

Mit diesem Plakat wollten wir dazu beitragen, die körperliche Gewalttätigkeit von Männern gegen Frauen zu einem öffentlich wahrgenommenen und diskutierten Thema zu machen und dadurch die entsprechenden Bemühungen von Frauen zu verstärken sowie zu zeigen, daß es auch Männer gibt, die männliche Gewalttätigkeit öffentlich ablehnen. Die Wirkungen, die wir erzielten, waren bei Frauen und Männern durchaus verschieden. Frauen brachten ihre Skepsis, aber auch sehr viel Sympathie zum Ausdruck. Zwei Frauen schrieben uns beispielsweise:

«Wir möchten unsere Freude ausdrücken und Euch sagen, daß wir es ganz toll finden, daß es Männer gibt, die von sich aus versuchen, den Ursachen von Gewalttätigkeit gegen Frauen auf den Grund zu gehen.»

Solche Reaktionen von Frauen haben uns gutgetan; ihr Wohlwollen war uns wichtig. Für unser Wohlbefinden als Männer war es wichtig, in einem psychosozialen Klima zu leben, das weniger von Gewalt der Männer und Mißtrauen der Frauen bestimmt wäre. Uns war wichtig, daß Frauen die Hoffnung schöpfen mochten, daß auch Männer ein Interesse daran entwickeln, die Beziehungen zu Frauen von Gewaltverhältnissen zu befreien.

Unter den Männern, die reagierten, waren da diejenigen, die eine allgemeine Betroffenheit darüber zum Ausdruck brachten, daß Männer Frauen mißhandeln; über aufmunternde Worte hinaus wollten oder konnten sie sich aber nicht engagieren. Dann waren da diejenigen, die sich durch eine engagierte Partnerin oder durch die Frauenbewegung herausgefordert fühlten, sich über uns zu informieren. Da waren auch die Männer, die sich zur Männerbewegung zählten; sie bewerteten männliche Gewalt als ein Thema unter vielen in den Geschlechterbeziehungen und im Prozeß ihrer eigenen Selbstfindung. Schließlich waren da die Männer, die ihre Gewaltfähigkeit dicht unter der eigenen Oberfläche spürten und ihrer Entdeckung zuvorzukommen versuchten – wie z. B. der höhere Polizeibeamte, der am Ende eines längeren, rein sachlichen Telefonats in ein verlegenes Lachen verfiel und beteuerte: «Ich hab im Moment damit keine Probleme, zumal ich selbst nicht zur Gewalt neige.»

Diese Reaktionen gaben uns das Gefühl, mit unserem Anliegen von anderen Männern angenommen zu werden. Sie erkannten offenbar wie wir, daß an eine Verbesserung der Beziehungen zu Frauen gesamtgesellschaftlich und individuell nur zu denken ist, wenn der Schutt der Gewalttätigkeiten und der Gewaltverhältnisse beseitigt wird. Zwiespältig empfanden wir bisweilen Versuche, sich mit unserer Hilfe zu entlasten und der Mitverantwortung zu entziehen – wie wenn ein Mann unserem Anrufbeantworter diktierte:

> «Macht weiter! Es ist dufte, daß auch Typen so was jetzt machen. Die Gewalttätigkeit einiger fällt auf jeden Mann und jede Beziehung zurück.»

Darin lag durchaus eine Versuchung für uns: Wir hätten uns als die guten Männer fühlen dürfen. Und: Wir allein kämpften stellvertretend für alle Männer gegen die Gewalt des Restes der Männer-Welt. Diese Vorstellung der einsamen Ritterschar hätte zu unseren männlichen Allmachtsphantasien gepaßt. Jeder Mann, der neu in die Gruppe kommt, erweckt dieses Bild zu neuem Leben, wenn er früher oder später die Frage stellt, weshalb ausgerechnet er an der Überwindung seiner Gewalttätigkeit arbeitet und all die anderen, die nicht in die Gruppe kommen, anscheinend nicht, und sich selbst die Antwort gibt, daß die anderen offensichtlich zu träge und gleichgültig seien.

In solchen Situationen hilft nur eines – sich an die eigene Nase fassen und sich daran erinnern: Du bist selbst gewalttätig oder gewalttätig gewesen; daran ist nichts, dessen du dich rühmen müßtest; du hast den ersten Schritt von deiner Gewalttätigkeit weg gemacht, aber nur weil andere dich dazu angestoßen und dabei gestützt haben. Daraus haben wir die Einsicht und die Verpflichtung geschöpft, daß wir mit unseren eigenen Erfahrungen andere Männer dazu anspornen könnten und müßten, ihre Gewalttätigkeit zu überwinden.

Die Rolle, stellvertretend zu arbeiten, ließ und läßt sich nicht ganz ablegen. Zwar haben wir uns von Anfang an bemüht, zur Gründung ähnlicher Gruppen anderenorts zu ermutigen; darauf komme ich weiter hinten noch einmal zurück. Andererseits verließen wir uns selbst auf Stellvertreter: Ich beispielsweise habe, weil die Anti-Männergewalt-Arbeit immer mehr Einsatz forderte, immer weniger Zeit für die örtliche Friedensinitiative gehabt, in der ich jahrelang aktiv gewesen war, und verlasse mich darauf, daß dort auch stellvertretend für mich gesprochen wird.

Unsere Botschaft ist um ein Vielfaches weiter verbreitet worden, als es allein durch unser Plakat möglich gewesen wäre, dadurch, daß Zeitungen, Zeitschriften, Rundfunk und Fernsehen darüber berichtet haben. Anfangs kontaktierten uns mehr Journalistinnen als Journalisten, wie wir überhaupt mehr Reaktionen von Frauen als von Männern bekommen haben. Wir nahmen das als Zeichen für den bestehenden Zustand – daß nämlich körperliche Gewalt gegen Frauen die tatsächlichen und potentiellen Opfer stärker betrifft als die tatsächlichen oder potentiellen Täter. An diesem Zustand aber wollten wir etwas ändern. Es gab einen Durchbruch nach unserer Pressekonferenz Anfang 1986, als wir nicht mehr nur in Sendereihen und Rubriken wie «Frauen-Forum» oder «Frau und Gesellschaft» und Frauen-Zeitschriften erwähnt wurden, sondern in die allgemeine Aktualität aufrückten. Immer wieder – in regionalen Medien überall in der Bundesrepublik, überregional und sogar im Ausland – wurde unser Anliegen dargestellt: Gewalttätige Männer, die nichts an ihrer Gewalttätigkeit beschönigen wollen, haben begonnen, sie als ihr Problem anzuerkennen und daran zu arbeiten, und stellen sich zur Verfügung, andere darin zu beraten, ihre Gewalttätigkeit abzulegen. Das war ein Erfolg!

Es machte uns betroffen, daß es nur einer kleinen Schar von Männern bedurfte, um soviel Resonanz zu bekommen, während sehr viel mehr Frauen, die seit sehr viel längerer Zeit die männliche Gewalt angeklagt hatten, kaum noch gehört wurden oder allenfalls «Schlamm-Berichte» erhielten. Auch das war eine Bestätigung der bestehenden Verhältnisse – daß nämlich das Wort eines Mannes mehr gilt als das einer Frau. Das wollten wir nicht mitmachen und haben immer wieder darauf hingewiesen, daß es unsere Initiative nicht gäbe, wenn es die Frauenbewegung und die Frauenhäuser nicht gäbe. Zweimal hatten wir die Idee, Frauen in die Interviews mit einzubeziehen; einmal winkten die Hamburger Frauenhäuser von vornherein ab, ein anderes Mal beteiligten sich andere engagierte Frauen mit Parallelstatements. Das war nicht so ganz das, was wir uns erhofft hatten – aber die Divergenzen zwischen Männern und Frauen lassen sich eben nicht durch Bekundungen des guten Willens auf seiten der Männer aus der Welt schaffen. Wir erkannten und wissen, daß die Auseinandersetzung mit männlicher Gewalt schwierig ist, weil auch wir gerade erst damit begonnen haben, sie in all ihren Verästelungen aufzuspüren, und wir brauchen dafür einen langen Atem. Im Laufe der Zeit werden sich auch die Formen der Kommunikation zwischen Männern und Frauen über Gewalt entwickeln – das hoffen wir jedenfalls.

Im Moment haben wir uns dazu entschlossen, die Medien zu nutzen, damit wir gehört werden. Wir werden weiter darauf achten, daß wir nicht zur Benachteiligung von Frauen in den gesellschaftlichen Kommunikationsstrukturen beitragen.

Skeptisch stimmt uns auch, daß es wiederum Frauen sind, die über den Medienwirbel, der nach unserer Pressekonferenz losbrach und an dem sich auch viele männliche Mitarbeiter beteiligten, hinaus Interesse an dem Fortgang unserer Arbeit bewahrt haben. Vielleicht ist es so: Diese Gesellschaft ist von Gewalt durchtränkt und gierig auf jeden Strohhalm, der Rettung verspricht; deshalb sahen wir uns manchmal mit der Erwartung konfrontiert, ein Patentrezept und einen hundertprozentigen Erfolg präsentieren zu sollen, und das schon nach einem Jahr. Und: Gewalt verkauft sich gut, und als Thema-Konserve kannst du männlicher Schreiber und Leser/Hörer/Zuschauer sie handhaben, ohne sie in dich aufzunehmen, sie zu verdauen und Veränderungen an dir zulassen zu müssen. Wir sehen inzwischen klarer, daß Resonanz in den Medien nicht garantiert, daß wir von den Männern und insbesondere den tatsächlich körperlich gewalttätigen Männern gehört werden. Wir werden unsere Phantasie spielen lassen müssen, um ihre Ohren zu erreichen.

Vorträge haben wir gehalten und an Podiumsdiskussionen teilgenommen in allen Teilen des Bundesgebietes und in West-Berlin, vor kleinen und vor großen Auditorien. Meistens waren viele Frauen gekommen und einige wenige Männer. Meistens bestritten die Frauen die Diskussion und schwiegen die Männer. Ermutigender war da schon, daß wir die meisten Einladungen von Männern bekommen hatten. Und inzwischen gibt es an mehreren Orten Initiativgruppen, die eine «Männer gegen Männer-Gewalt»-Arbeit vorbereiten.

Ein Einwand, den ich in Diskussionen im Anschluß an Vorträge immer wieder gehört habe, lautete, wir – die Hamburger Gruppe – seien zu sehr auf körperliche Gewalt fixiert; wir bezögen psychische Gewalt, die möglicherweise viel schlimmer sei, nicht mit ein. Das ist insofern ernst zu nehmen, als damit die Definition unserer Zielgruppe ins Wanken gerät: Fassen wir den Gewaltbegriff zu weit, stehen wir in der Gefahr, uns zu verzetteln; fassen wir ihn zu eng, lassen wir all die Männer aus, die möglicherweise zu Recht auch als gewalttätig bezeichnet werden könnten, aber durch unsere Definition sich davon freigesprochen fühlen könnten. Ich gewichte den Einwand je danach, ob er von einer Frau oder einem Mann gekommen ist. Eine Frau bringt damit die Befürchtung zum Ausdruck, es könnten die anderen Formen von Gewalt vergessen werden, die Männer gegen Frauen ausüben. Das ist nicht unsere Absicht, und wir haben das auf unserem zweiten Plakat deutlicher zu machen versucht, auf dem wir nicht nur von Schlagen, Mißhandeln und Vergewaltigen als Formen der Männergewalt sprechen, sondern auch vom Quälen, Verletzen, Zwingen und Bedrohen. Dennoch halten wir daran fest, daß es vertretbar ist, sich auf körperliche Gewalt zu konzentrieren. Mehr könnten wir wohl zur Zeit nicht leisten.

Kam der Einwand von einem Mann, sprach daraus für mich oftmals die Intention, das Stoßen, Schlagen, Treten und Würgen sei nicht so schlimm; es gebe Schlimmeres. Es ist nicht unsere Absicht zu behaupten, die Bedrohung durch Umweltvergiftung und thermonuklearen Krieg sei nicht schlimm. Was wir bestreiten, ist, daß es den einen einzig richtigen Ansatzpunkt gibt, um die Gewalt in der Welt auszuhebeln. Wir sind davon überzeugt, daß wir mit unserer persönlichen körperlichen Gewalt zur Unwirtlichkeit der Lebensverhältnisse beitragen oder beigetragen haben und es sich zu ihrer Verbesserung lohnt, wenn wir auch bei uns selbst etwas ändern. Im Prozeß unserer Veränderung umgehen wir nicht psychische und andere Formen der Gewalt; aber es ist für uns wichtig, den Ausgangspunkt klar erkennen zu können, und der heißt: körperliche Gewalt.

Das Bekenntnis, selbst gewalttätig gewesen zu sein, haben bisher sieben von uns in der Öffentlichkeit abgegeben: in Medien und Vorträgen, im Freundes- und Kollegenkreis. Bei manchen Männern sind wir damit auf Unverständnis gestoßen. Ich meine damit diejenigen, die davon lieber nichts hören wollten oder uns sogar darin bestärken wollten, daß es richtig sei, eine Frau zu schlagen. Ich meine die, die unsere Bekenntnisse selbstgeißelnd und moralisierend fanden. Ich meine auch diejenigen, die stillschweigend darüber hinweggegangen sind. Wir halten dennoch daran fest, und zwar, weil wir erfahren haben, daß es uns den Rückfall erschwert und andere Männer dazu ermutigt, ihre Gewalttätigkeit als Problem anzuerkennen. Auch läßt sich so dem Trend entgegenwirken, Männergewalt als allein individuelles Problem zu betrachten und nach privaten statt gesellschaftlichen Lösungen zu suchen. Schlimm wäre es, wenn unsere Selbstbekenntnisse zu neu-chauvinistischer Erbauungsliteratur verkäme: ‹Schaut, wie wir leiden, wir Schläger! Sind wir nicht die Größten? Die Frauen werden uns dafür lieben.› Was wir versuchen, ist, unsere persönlichen Erfahrungen und die Auseinandersetzungen darum in der Öffentlichkeit zu gesellschaftlich brauchbaren Aussagen fortzuentwickeln und uns dementsprechend zu engagieren.

Wer wir sind

Albrecht zog sich sehr bald wieder zurück. Jürgen und Waldemar kamen hinzu, Wohnungswirt der eine, Jurist der andere, beide nicht körperlich gewalttätig. Niels, Jürgen, Waldemar und ich haben in der Anfangsphase die Arbeit der Gruppe nach innen und nach außen geprägt. Später haben sich auch Michael und Hartmut, beide Tischler, und Manfred, Erzieher, alle drei gewalttätig, an unseren Grundsatzdiskussionen beteiligt. Heute sind es außer Jürgen und mir Ingo, Volkswirt, ehemals gewalttätig, und Bernd, Verwaltungsangestellter, ehemals gewalttätig, die den Kern der Gruppe bilden. Darüber hinaus sind es gewalttätige Männer in wechselnder Zahl gewesen, die mehr oder weniger lange an unseren Gruppensitzungen teilgenommen haben. Unser Wir ist also nicht zu jedem Zeitpunkt gleich definiert.

Von November 1984 bis Mai 1986 riefen aus Hamburg und seinem Umland 36 schlagende Männer unser Gruppen-Telefon an und baten uns, sie darin zu unterstützen, mit der Gewalttätigkeit gegen ihre Frau oder Partnerin aufzuhören. Von ihnen haben 27 an unseren regelmäßigen Mittwochsabendsitzungen teilgenommen. Sie waren im Alter zwischen 18 und 75 Jahren. Die meisten waren verheiratet und hatten Kinder. Ihre Berufe reichten vom Lkw-Fahrer über Landschaftsgärtner bis zum Verlagslektor. 14 von ihnen nahmen an bis zu vier Sitzungen teil, die übrigen 13 bis zu achtmal und öfter.

Ein Mann, der uns anruft, ist meist seit längerem latent unzufrieden mit seinem Gewaltverhalten. Daraus wird ein akuter Beratungswunsch, wenn

- die Partnerin sich getrennt hat oder massiv eine Verhaltensänderung des Partners fordert,
- eine dritte Person dem gewalttätigen Mann eine Verhaltensänderung dringend nahelegt oder
- das Meinungsklima des sozialen Umfeldes männliche Gewalt gegen Frauen nicht duldet.

Ein Mann kann aber tatsächlich zu uns Kontakt aufnehmen nur, wenn er auf uns aufmerksam geworden ist. Aufmerksamkeitserreger waren bisher überwiegend Massenmedien, was zur Folge hatte, daß die Nachfrage mit dem Umfang der Berichterstattung stieg und fiel. Auch die Plakate taten ihre Wirkung, aber eben nur für die Dauer ihres Aushangs. In letzter Zeit hat es Überweisungen von Ärzten und sozialen Beratungsstellen gegeben.

Das erste Gespräch: der Gewaltkreislauf

Wer das erste Mal an einer Sitzung unserer Gruppe teilnimmt, lernt die Anwesenden kennen und erfährt, daß sie bereit sind, ihn darin zu beraten, seine akute Gewaltausübung zu vermeiden, die Ursachen und Wirkungen seiner Gewalttätigkeit zu erkennen, die Verantwortung für seine Einstellungen und Verhaltensweisen gegenüber Frauen zu übernehmen, gewaltfreie Verhaltensweisen zu finden und zu erproben und sich für eine umfassende Veränderung der Geschlechterverhältnisse zu öffnen. Auf diese Beratung habe er vorrangig Anspruch. Darüber hinaus wäre seine Teilnahme an den Diskussionen über die Öffentlichkeitsarbeit nicht Bedingung, aber erwünscht. Er erfährt auch, daß von ihm erwartet werde, daß er nach Möglichkeit an mindestens acht Sitzungen teilnehme. Er wird dann aufgefordert, seine derzeitige Lebenssituation zu schildern und eine Gewalttat, die er gegen seine Frau ausgeübt hat. Aus diesen Schilderungen haben sich im Laufe der Monate folgende Gemeinsamkeiten herausgeschält, die wir zusammengenommen den Gewaltkreislauf nennen:

Alle gewalttätigen Männer, die zu «Männer gegen Männer-Gewalt» in Hamburg Kontakt aufgenommen haben, suchen in der Familie bzw. Partnerschaft mit einer Frau emotionale Geborgenheit, Harmonie und Stärkung. Diese Erwartung wird zur Fixierung, insofern darauf verzichtet wird, emotionale Wärme in Beziehungen zu Menschen auch außerhalb der Familie oder Partnerschaft zu suchen.

Fast alle gewalttätigen Männer dominieren gegenüber ihrer Partnerin nach Einkommen und beruflichem Prestige. Alle dominieren in gemeinsamen Entscheidungsprozessen oder nehmen dies zumindest für sich in Anspruch. Gleichzeitig besteht gegenüber der Partnerin eine weitgehende Abhängigkeit in emotionaler Hinsicht.

Sie sind intolerant gegenüber Zuständen oder Vorgängen in der Familie oder Partnerschaft, die nicht von ihnen bestimmt worden sind oder ihnen gefallen. Hierbei kann es sich um eine unbezahlte Rechnung handeln, Beischlafverweigerung, Kindererziehung, Verspätung oder ähnliches.

Sie haben nicht genug Kraft, innerfamiliäre Konflikte auszuhalten, und sie verfügen nicht über angemessene Strategien der Konfliktlösung.

Konflikte werden eher abgewehrt – durch schneidige einseitige Entscheidungen, durch Gesprächsverweigerung, durch Fluchthandlungen und durch Schlagen. In der Dynamik der Ereignisse eines Konflikts gehört das Schlagen zum allgemeinen Verhaltensrepertoire des Mannes.

Die Gewaltanwendung kann einmalig sein oder sich über mehrere Jahre erstrecken. In längeren Zeiträumen kann sie zehnmal und mehr vorgekommen sein. Sie kann bis unmittelbar an den Zeitpunkt des Besuchs in der Gruppe heranreichen oder bereits einige Jahre zurückliegen.

Die Formen der Gewaltanwendung sind Fußtritte, Ohrfeigen,

MÄNNER GEGEN MÄNNERGEWALT

MÄNNER-GEWALT IST GEWALT GEGEN FRAUEN!

Männergewalt ist Frauen SCHLAGEN

Männergewalt ist Frauen ZWINGEN

Männergewalt ist Frauen BEDROHEN

Männergewalt ist Frauen ANGREIFEN

Männergewalt ist Frauen VERLETZEN

Männergewalt ist Frauen QUÄLEN

Männergewalt ist Frauen MIßHANDELN

Männergewalt ist Frauen VERGEWALTIGEN

MANN, ÜBST AUCH DU DIESE GEWALT AUS ?

WILLST DU DAS ÄNDERN ?

RUFE UNS AN – SPRICH MIT UNS !

TELEFON 040 / 524 93 38

WIR SIND DIE GRUPPE

MÄNNER GEGEN MÄNNERGEWALT

WIR HELFEN UNS GEGENSEITIG

WIR TREFFEN UNS 1x WÖCHENTLICH

MÄNNER GEGEN MÄNNERGEWALT

Fausthiebe ins Gesicht oder auf den übrigen Körper, Stoßen und Schleudern. Die Intensität reicht von einem einzigen Hieb bis zum Trommelfeuer bis zur Erschöpfung des Täters.

Alle Männer haben ihre Gewalttat unmittelbar danach als Hilflosigkeit und Selbsterniedrigung empfunden. Sie haben sich wenig um den angerichteten Schaden bei der Partnerin gekümmert, sondern mehr darum, wie sie die emotionale Wirkung auf sich selbst überwinden könnten. Dabei haben sie folgende Strategien verfolgt:

– die Schwere des angerichteten Schadens bestreiten
– die Tat leugnen
– die geschlagene Frau zum Beischlaf drängen
– die Wiederherstellung des Zustandes vor der Tat erzwingen
– die Tat verschweigen
– dem Opfer die Schuld geben.

Diese Verdrängungsstrategien kommen offenbar deshalb zur Anwendung, weil die Hilflosigkeit und Selbsterniedrigung, die mit der Gewaltanwendung empfunden wird, nicht in Einklang mit dem Selbstbild des starken, selbstbeherrschten und alles kontrollierenden Mannes steht. Diese Verdrängung ist zugleich der Einstieg in die Wiederholung des Schlagens.

Curriculum oder offenes Gespräch?

Vordergründiges Ziel der Beratungsgespräche war und ist, die akute Gewaltausübung zu vermeiden. Wir haben eine Hilfe darin gesehen, die Stellen in der Dynamik einer sich aufbauenden Gewalttat freizulegen, an denen ein Einhalten und Aussteigen möglich erscheint. Deshalb hat in allen ersten Gesprächen die Rekonstruktion einer Gewalttat im Vordergrund gestanden. Sie wird in Beziehung zu den Erfahrungen der anderen Gruppenteilnehmer gesetzt. Wir haben gewaltlose Auswege entwickelt und bisweilen in Rollenspielen erprobt.

Für die weiteren Beratungsgespräche hat uns immer wieder vorgeschwebt, einen festen Katalog von Themen – eben ein Curriculum – zu behandeln, vorbereitet durch Hausaufgaben und unterrichtsähnlich vorgetragen. Eine Gruppe in den USA [8] hatte uns dafür Anregungen gegeben. Ihre Themen lauteten: ‹Gewaltrekonstruktion›, ‹Übernahme der Verantwortung›, ‹Freunde finden›, ‹Stress bewältigen›, ‹Abbau rigider Geschlechtsrollen-Erwartungen›, ‹Anerkennung des

Weiblichen›, ‹Stärkung des Selbstwertgefühls›, ‹Konfliktbewältigung ohne Gewalt›. Hieraus leiteten wir ab, daß eine Beratung in unserer Gruppe mindestens acht Sitzungen umfassen sollte. Wegen der teilweise sehr kurzen Verweildauer der Gruppenbesucher haben wir einen solchen Plan nicht verwirklichen können. Wir haben statt dessen eine offene Gesprächsstruktur verfolgt. Die Themen wurden zunächst am Ende der ersten oder zweiten Besprechung mit einem Neuling in einem Brainstorming gefunden und sortiert; sie hatten Titel wie ‹Meine Sexualität – ihre Sexualität›, ‹Wie wäre es, wenn ich allein lebte?›, ‹Ich habe immer Angst, daß den Kindern etwas passiert›, ‹Was ich an mir liebe: Zuverlässigkeit...› und ‹Verprügeln›. Später legten wir die Themen von Woche zu Woche fest. Zur Zeit ergibt sich das Thema des Beratungsgespräches am Beginn der Sitzung selbst.

Der Aufbau einer Sitzung beginnt mit einer Runde aller Anwesenden, in der jeder schildert, wie die Zeit seit der letzten Sitzung für ihn verlaufen ist, wie er mit Konflikten umgegangen ist und ob es wieder zu Gewalttaten gekommen ist, und anmeldet, worüber er gern in dieser Sitzung ausführlicher sprechen möchte. Es schließt sich die Aussprache über ein oder zwei dieser angemeldeten Themen an. Abschließend werden Maßnahmen der Öffentlichkeitsarbeit besprochen. Schließlich nehmen wir ausführlich voneinander Abschied.

Haben wir mit unseren Beratungsgesprächen Erfolg? Wir messen den Erfolg zur Zeit lediglich daran, ob ein Mann wieder gewalttätig geworden ist. Bei der Vergewisserung verlassen wir uns ganz und gar auf die Aussagen des Mannes selbst, und dies gilt nur für die Zeit, in der er zu Gruppensitzungen erscheint. Mit diesen Einschränkungen möchte ich behaupten, daß 13 – 14 Männer in der Zeit ihrer Teilnahme an unserer Gruppe ihre Gewalttätigkeit überwunden haben. Die betreffenden haben selbst die Hilfestellung, die die Gruppe dabei geleistet habe, hervorgehoben. Das alles zusammengenommen, sind keine berauschenden Erfolge, aber ermutigend genug, um weiterzumachen und unseren Ansatz und unsere Methode weiterzuentwickeln.

Perspektiven: körperliche Gewalt – ein Männer-Problem

Deutlicher noch als am Anfang sehen wir, daß körperliche Gewalt ein Männer-Problem ist. Männer sind bei weitem gewalttätiger als Frauen – gegeneinander, gegen Frauen und gegen Kinder. Die körperliche Gewalt, die sie gegen Frauen ausüben, ist ein Teil der Macht, die sie über sie haben. Der Widerstand, den Frauen dagegen leisten, ist berechtigt.

Die Gewalttaten von Männern gegen Frauen müssen gesellschaftlich verurteilt werden, und zwar konsequenter, als das bisher der Fall ist. Wolf-Dieter Narr[9] stimmen wir zu, wenn er davon spricht, daß die Verurteilung deutlich machen müsse, «daß die jeweilige Frau beleidigt und verletzt wurde». Sie habe weiterhin die Funktion, «das Prinzip der Integrität allgemein zu bestätigen», und sie solle «dem Opfer wenigstens materiellen Ausgleich zukommen lassen». Und: «Sie soll schließlich den Bestraften dazu bewegen, sich hinfort anders zu verhalten.»

Die Verurteilung muß nicht nur von Gerichten kommen, sondern kommt tatsächlich bereits heute von den geschlagenen Frauen und von Frauengruppen und muß immer mehr auch von Männern selbst kommen. «Männer gegen Männer-Gewalt» muß darauf abzielen, mehr Männer dazu zu bewegen, Männergewalt zu verurteilen.

«Männer gegen Männer-Gewalt» muß auch sein Angebot zur Veränderung weiterentwickeln und herausarbeiten, daß und inwieweit die Veränderung auch im Interesse der Männer selbst sein kann. Wir gehen dabei zur Zeit von folgenden Überlegungen aus:

Die Herrschaft der Männer über die Frauen verlangt von jedem einzelnen Mann – zunächst unabhängig von seinem persönlichen Wollen – bestimmte Verhaltensweisen und Einstellungen: Zum Beispiel soll er für die Ernährung der Familie verantwortlich, in jedem Fall berufstätig sein, sich im politischen, Vereins- und sonstigen öffentlichen Leben einsetzen und die letztendlichen Entscheidungen treffen und dafür geradestehen; er soll unbegrenzt belastbar sein. Diese Rollenerwartungen fordern einen hohen psychischen und physischen Preis – seelisch-geistige Vereinseitigung, Vereinsamung und früher Tod. Dies trifft nicht nur diejenigen, die diesen Erwartungen tatsächlich entsprechen, sondern auch die, die darum bemüht sind, den Schein aufrechtzuerhalten.

Es besteht ein Widerspruch zwischen der Einstellung zur Gewalt im allgemeinen und der Gewalttätigkeit gegen Frauen. Mancher Mann ist gegen die Anwendung von Gewalt etwa in internationalen Beziehungen, in innenpolitischen Konflikten und in der Kindererziehung, da sie Menschenrechte verletzt. Trotz dieser Einstellung kann er gegen seine Partnerin oder eine andere Frau handgreiflich werden.

Dieser Widerspruch wird bisweilen schmerzlich empfunden und verlangt nach einer Auflösung.

Viele Männer suchen in der Intimbeziehung mit einer Frau und in der Familie ihr Glück. Sie zerstören es, wenn sie gewalttätig sind. Um die Chance zu sichern, in Liebe, Sexualität und Familie Glück zu finden, muß ein Mann auf Gewalt verzichten können.

Die Anwendung körperlicher Gewalt verhindert die Lösung der Konflikte zwischen Mann und Frau und fügt neue hinzu. Mancher Mann, sobald er anfängt, nach einer dauerhafteren Lösung der Konflikte zu suchen, empfindet seine Gewalttätigkeit als Hilflosigkeit, da ihm andere Auswege nicht vertraut sind. Ein Mann muß seine Gewalttätigkeit ablegen, wenn er zu konstruktiven und befriedigenden Konfliktlösungen fähig werden will. Das gilt um so mehr, wenn er sich für neue Rollenkonstellationen in Beruf, Kindererziehung, Haushalt und zwischenmenschlichen Beziehungen öffnen will.

HANS PETER LÜTJEN, 1947 geboren, Vater Werftarbeiter, Bruder Seemann, Schwester Verkäuferin – da war ich mit Abitur und Studium wohl, was man einen sozialen Aufsteiger nennt. Und aufsteigen wollte ich: Gymnasiallehrer, wissenschaftlicher Assistent, dann hoffentlich Professor. Jedoch: meine Frau ging, und mein Mann-Bild paßte nicht mehr. Erst reagierte ich mit noch mehr Engagement in organisierter Politik, denn im selben Jahr faßte die NATO ihren Doppelbeschluß. Dann: Selbsterfahrung und Gründung von «Männer gegen Männer-Gewalt». Meine Karriere als Spezialist in Linguistik und Erwachsenenbildung ist am Ende – beginnt jetzt meine Karriere als Spezialist in Mann-Sein?

Anmerkungen

1 So Michael C. Baurmann, «Bundesrepublik Deutschland: Neue Initiativen gegen sexuelle Gewalt», in: Jürgen Heinrichs (Hg.), Vergewaltigung – die Opfer und die Täter. Braunschweig 1986, S. 162–196, hier: S. 166.

2 «Der Mann. Eine repräsentative Brigitte-Untersuchung», Text des Referates der beiden Autorinnen, Hamburg, 2. Oktober 1985, hier: S. 10f.

3 «Wie kommt die Gewalt in den Mann?», in: die tageszeitung 11. 6. 1985, S. 3.

4 Baurmann (wie Anm. 1), S. 168.

5 «Männer gegen Männer-Gewalt, Hamburg», in: vorgänge 77 (1985), S. 1–4, hier: S. 4.

6 «Blaue Augen», in: Die Zeit 18. 1. 1985, S. 38.

7 Laut die tageszeitung 19. 6. 1981, S. 9.

8 Es handelt sich hier um das «Second Step Program» in Pittsburgh, Pennsylvania. Weitere Einzelheiten darüber und über andere ähnliche Programme in den USA sind nachzulesen in meinem Bericht, «ENDING MEN'S VIOLENCE: ein Bericht aus den USA über Beratungsprojekte für Männer zur Überwindung ihrer Gewalttätigkeit» (Hamburg 1986).

9 «Vergewaltigung als Staats- und Männersache: zu ihrer politischen Produktion und den daraus folgenden Konsequenzen», in: Sexuelle Gewalt – Erfahrungen, Analysen, Forderungen, hg. vom Arbeitskreis ‹Sexuelle Gewalt› beim Komitee für Grundrechte und Demokratie e. V. Sensbachtal 1985, S. 158–182, hier: S. 175.

Burkhard Schröder

Die Männerbewegung – ein Ritt zwischen Rasierschaum und Messers Schneide –

Der «neue» Mann – bewegt er sich oder ist er ein Gummibär?

Gibt es – analog zur Frauenbewegung – eine Männerbewegung? Schon geht der Streit los. An dieser Frage pflegen sich die politisch interessierten männlichen Geister zu scheiden. Mann möchte wissen, wohin er gehört. Er will keinesfalls einer Vereinigung zugerechnet werden, die der Volksmund oder gar die Frauen als «patriarchalisch» oder «reaktionär» bezeichnen würden. Ich spreche von denjenigen Männern, die Shulamith Firestone nicht für die Gattin einer Comic-Figur und Rita Süssmuth nicht für eine Emma-Redakteurin halten.

Das haben die Frauen erreicht: viele Männer des grün/alternativen Spektrums möchten zwar «irgendwie» – und da haben wir gleich das Lieblings- und Kennwort unserer Zielgruppe – nicht mehr oder so gerade eben noch Männer sein, aber wo und wie das alles enden soll, darüber bekommt man nur sehr vage Auskünfte.

Was ist ein «neuer» oder ein «bewegter» Mann? Wenn das eine sinnvolle Frage ist, müßten wir mit der Antwort eine Ausgrenzung vornehmen können: *Du gehörst nicht zu den neuen Männern!* wäre für Mitglieder einer Männergruppe, die sich seit mehreren Sitzungen redlich Mühe gibt, ihrem authentischen Selbst auf die Spur zu kommen, eine schwere Beleidigung. Da Männer in jeder Beziehung eine privilegierte Gruppe sind, fragt man sich: Warum – über den privaten Zirkel hinaus – schon wieder eine «Bewegung»; warum ein Zusammenschluß von Herr(schend)en zur Emanzipation von wem oder was?

Jedermann weiß mittlerweile, daß es eine Frauenbewegung und feministische Forderungen gibt, auch wenn viele Männer des linken Spektrums Feminismus mit dem Verbot gleichsetzen, sich Aktbilder an die Wand zu hängen und die Klobrille zu bepinkeln. Die erste Welle der Männer, die sich in den siebziger Jahren in Gesprächskreisen nicht nur mit dem Bauchnabel und anderen wichtigen Körperteilen, sondern auch mit der Angst vor Schwulen, den Beziehungskisten-Problemen und der männlichen Sozialisation beschäftigte, begriff die eigene Verunsicherung als Reaktion auf die selbstbewußter gewordenen Frauen.

Matthias Frings beschreibt den mittlerweile schon Geschichte gewordenen Sozialcharakter der «Softies»:

«Der Männerkuß mit gleichzeitigem sanftem Tätscheln ersetzte das Schulterklopfen. Auch auf der dekorativen Ebene gaben sich gewandelte Männer zu erkennen. Zu weiten Indienröcken gesellten sich nun männlich selbstgefertigte Schafswollpullover und flatternde Nesselhosen. Ein samtiges Lächeln war zwischen die Kiefer geraten und nur noch durch äußerste Provokation zu entfernen. Das Du («Du, so fühl ich das auch, du...») hielt ebenso Einzug wie der inflationäre Gebrauch der Wörter *Bedürfnis*, *Gefühl* und *Mensch*. (M. Frings: Liebesdinge, 1984, S. 144)

Cheryl Benard und Edit Schlaffer fanden eine noch kürzere Charaktersisierung: *«Er kämpft nicht als Mann, sondern als Gummibär.»*

Bis heute sind Männergruppen recht kurzlebige Erscheinungen, und auch der Tiefgang ihrer Themen scheint das männliche Selbstbild nicht zu erschüttern. Die Männer, die sich anläßlich der *Männertage* in Bremen, Göttingen, Hamburg und Berlin zum erstenmal mit ihrer geschlechtsspezifischen Identität befaßten, werden kaum erwartet haben, daß der soziale Charakter der «Männerbewegung» für irgend jemanden ein ernsthaftes Problem sein könnte. Zum Glück gibt es (noch) keine Vereinsbeiträge wie bei der US-amerikanischen Brudervereinigung NOCM (National Organisation of Changing Men) und keine Vereinsfahne, um die man sich scharen könnte: Mitglied ist, wer eins hat und darüber redet.

Veranstaltungen über Sterilisation, Orgasmus, Karriere, Trennungsängste und den lockenden Ruf des eigenen Körpers nach Entspannung und bodywork (nicht nach Arbeit!) fanden großen Zulauf. Nur vereinzelt wurden schüchterne Fragen laut, ob das alles nicht eine Versammlung neuer und alter Paschas vor dem letzten Gefecht zur Sicherung fast verlorener Privilegien sei.

Schwarze, grüne und rote Männer

Wir Männer sitzen alle in einem Boot. Wir sind Männer, und trotz aller Abgrenzungen zu Frankenstein und anderen Politikern und trotz ungemein radikaler Solidaritätskundgebungen mit feministischen Forderungen: das bleibt uns nicht erspart. Jede Fraktion der Schwanzträger schießt ihre eigenen Kapriolen, um mit der traurigen Gegebenheit fertig zu werden, ohne Zutun in den Augen der Frauen einer unterdrückenden Gruppe anzugehören.

Da gibt es den jungen Mann, der der autonomen Politszene nahesteht. Frau hat ihm bei diversen Gelegenheiten vehement und ohne einen Hauch von Demutsgebärde oder Lächelzwang dargelegt, daß der Kampf gegen das Patriarchat radikaler und tiefschürfender sei als der Kampf um die Befreiung des widerborstigen alten und neuen Proletariats. Da er leider im Gegensatz zu den Frauen – der Avantgarde des künftigen Umsturzes – mit dem kleinen Unterschied behaftet ist, begnügt er sich insgeheim bedauernd, aber doch mit dem wohligen Gefühl, immer noch auf der richtigen Seite zu stehen, mit der Rolle des *«Handlangers der feministischen Revolution»* (Originalzitat aus einem taz-Leserbrief). Er schließt sich Frauengruppen an, die öffentliche Männergruppen-Sitzungen stören oder zu sprengen versuchen (geschehen in Karlsruhe).

Andere können einzelne Aspekte ihres täglichen Lebens schon ohne Frauen regeln. Ihre Männergruppe hilft ihnen, den Kampf gegen die eigene neue Armut besser zu organisieren: gegen ein halbes Dutzend entschlossener und solidarischer Männer hat der Detektiv des Supermarkts nur geringe Chancen.

Da gibt es den alternativen Mann, der in der grünen Bewegung mit dem hohen Anspruch arbeitet, eine bessere und menschlichere Gesellschaft zu schaffen. In jahrelanger Basisarbeit hat er sich sachkundig gemacht, und seine ökologisch und biodynamisch fundierten Argumente lassen jeden staatstreuen Technokraten erblassen. Die von den Frauen durchgesetzte Quotierung fegt ihn von seinem Platz. Die andere Hälfte des Himmels, die diesen einnimmt, hält er für nicht halb so rhetorisch begabt und durchsetzungsfähig wie er von sich glaubt zu sein. Er sucht im Kleinanzeigenteil seiner Stadtzeitung nach einer Männergruppe, wo er Gleichgesinnte fragen will, ob das biologische Sosein jetzt die Qualifikation ersetzen dürfe. Er ist echt betroffen.

Da gibt es den Betriebsrat eines mittelgroßen Unternehmens, bei seinen Kollegen beliebt, von der Betriebsleitung zähneknirschend geduldet. Er kümmert sich auch um die privaten Nöte der Kollegen: Streit mit der Ehefrau, keine Lehrstellen für die Kinder, Angst vor der Arbeitslosigkeit. Unser Mann merkt, daß der zunehmende wirtschaftliche Druck Solidarität erschwert: Die Männer werden wieder härter. Nur seinen engsten Freunden vertraut er an, daß er in einer Selbsthilfegruppe für schlagende Männer aktiv mitmacht. Er will nicht, daß es ihn in Ehekrisen und -krächen «überkommt». Beim Reizwort «Männerbewegung» zuckt er nur mit den Achseln.

Das Spektrum der Männer, die sich bewegen, ist weiter gefächert, als die Beispiele andeuten. Es reicht vom Studenten zum Sozialarbeiter, vom Ingenieur zum Jobber, vom Psychologen zum gescheiterten Lehrer. In der Männergruppe sind sie alle gleich, die sozialen Unterschiede verwischen sich: «Gefühle rauslassen» wollen Aussteiger und Etablierte gleichermaßen.

Wer (unterdrückt hier) wen?

Der Streit um die Einschätzung der «Männerbewegung», soweit sie sich als solche definiert und begreift, ist nicht viel Lärm um wenig oder nichts. Das Herrschaftsverhältnis zwischen Männern und Frauen, viel im Munde geführt und wenig präzise beschrieben, dürfen wir keineswegs als Konsens der neuen Männer voraussetzen. Ich denke an den häufig variierten Satzanfang: *«Wie wir alle wissen, leben wir im Patriarchat, aber...»* Ausführlicher in diesem Sinn äußert sich Heinz Körner:

«Entweder haben alle diese Männer Angst davor, Frauen auch einmal deutlich die Meinung zu sagen, oder sie sind einfach blind für die Unterdrückung und Ausbeutung, die Männer durch Frauen erfahren.» (H. Körner: Mit offenen Karten. In: Männertrauma, S. 41)

Männer würden unterdrückt und ausgebeutet, sagt Mann. Oder, wie in einem *«Vorläufigen Manifest – politisch soziale Zielsetzung der Männerbewegung für Emanzipation»* zu lesen ist:

«...während z. B. orthodoxe Feministinnen, deren Verhalten noch zwischen Männerhaß und -mitleid schwankt, nicht zur Akzeptierung oder kritischer Auseinandersetzung bereit sind, sondern zur Umkehrung der erlebten Diskriminierung.» (Von Mann zu Mann 15/86, S. 7)

Männer würden von Feministinnen diskriminiert, empfindet Mann.

Die männliche Revolte gegen eine «Unterdrückung» hat eine lange Tradition. Barbara Ehrenreich hat in dem häufig unterschätzten Buch «Die Herzen der Männer» die Geschichte der Männerrebellion in den

USA nachgezeichnet. Schon in den fünfziger Jahren protestierten Männer – meist in literarischer Form – gegen den angeblichen Zwang, eine Familie ernähren zu müssen und nur in einer bestimmten Art und Weise männlich sein zu dürfen. Sie wurden von einem Schwarm von Psychologen unterstützt, die im Laufe der Zeit die Männlichkeit für allerlei psychosomatische Beschwerden, ja sogar für den Herzinfarkt verantwortlich machten. Männlichkeit war ein Schicksal, dem Mann nur durch die liebevoll von der Gattin zubereitete Diät entgehen konnte.

Eine andere Fraktion der Männer, die sich öffentlich der «Männerrolle» verweigerten, scharte sich um eine Männerzeitung, die geschickt das Gefühl bei den Lesern kultivierte, einer «Bruderschaft männlicher Rebellen» (B. Ehrenreich) anzugehören. Dieses Herrenmagazin gibt es noch heute: den Playboy.

Die publizistischen Gegner dieser Revolte gegen die Pflichten des Mannes malten bereits damals das Menetekel einer «Feminisierung des Mannes» an die Wand. Für sie galt schon der Mann als verweiblicht, der sich dem Bürstenhaarschnitt und einer anständigen Karriere verweigerte.

Sind die Männer demnach genauso unterdrückt wie die Frauen? Wird ihnen durch die Pflicht, Mann sein zu müssen, die Möglichkeit genommen, Mensch sein zu dürfen? Leiden wir unter der Tatsache, daß wir in der Öffentlichkeit mit unmännlichem Verhalten nur Gelächter oder Unverständnis ernten, etwa wenn ein Redner im Bundestag oder auf einer Autonomen-Veranstaltung in Tränen ausbrechen würde? Ist das Patriarchat eine Gesellschaftsform, die letztlich niemandem Gewinn bringt? Waren die Männer bisher nur zu dumm, das einzugestehen, und muß eine organisierte «Männerbewegung» diese Einsicht fördern?

Geschlechterkampf & Propagandakrieg

Wenn Männer die Begriffe *Emanzipation* und *Unterdrückung* für sich beanspruchen, erinnert das an eine Taktik, die allen Demagogen von Goebbels bis Geißler bekannt ist: Ein Wort, das einen konkreten Sachverhalt bezeichnet, wird von den Herrschenden besetzt und solange in die Breite gespielt, bis sich sein ursprünglicher Sinn ins Gegenteil verkehrt.

«Die sexuellen und ökonomischen Kämpfe zwischen den Geschlechtern ähneln Propagandakriegen – es geht um Begriffe und Symbole. Die Herrschaft besitzt derjenige, der die Spielregeln der Kommunikation bestimmt und sie anderen aufzwingen kann.» (M. Janssen-Jourreit: Sexismus, S. 607)

In diesem Sinne beurteile ich die programmatische Tendenz einiger Männer, der Frauenbewegung eine «Männerbewegung» oder gar (noch) eine «Männerpartei» gleichberechtigt an die Seite stellen zu wollen, oder – auf der Mikroebene des Geschlechterkampfes – Männergruppen langfristig in «gemischte Gruppen» umwandeln zu wollen. Eine derartige Bewegung wäre nicht nur erfolglos anbiedernd, sondern zementierte nur die männliche Vorherrschaft. Ich interpretiere patriarchalische Strukturen nicht als Resultat bedauerlichen Fehlverhaltens, sondern als ökonomisches und soziales Verhältnis, was sich fortwährend wieder reproduziert und durch einen «herrschaftsfreien» Dialog in gemischten Kleingruppen nur wenig angekratzt werden kann.

Welche Begriffe Mann liebt, sagt viel über sein Selbstverständnis aus. Es deutet auf ein konkretes politisches Programm hin, wenn statt *«Atommüllhalde» «Entsorgungspark»* verwendet oder statt über *«Sexismus»* lieber über das *«Leiden an der Männerrolle»* diskutiert wird.

Ich lebe so, daß mir niemand Vorschriften machen kann, wie ich mich zu verhalten habe. Ich lebe in einer Großgruppe, ich bin mit meiner Geliebten nicht verheiratet, ich habe keine Vorgesetzten im Beruf, ich bin in keinem Verein und in keiner Partei, ich koche gern und nähe mir meine Knöpfe selbst an. Mich zwingt niemand, eine «Männerrolle» einzunehmen, und ich fühle mich alt genug, mit meiner männlichen Sozialisation so umzugehen, daß ich mich weder asozial benehme noch von mir selbst ständig frustriert sein muß. Trotzdem ärgere ich mich manchmal über den Widerspruch zwischen Anspruch und Wirklichkeit. Um mein Selbstverständnis als antipatriarchalisch eingestellter Mann zu klären, möchte ich drei zentrale Begriffe diskutieren, die in den Männergruppen und bei ihren gemeinsamen Treffen kursieren: *Sexismus, Emanzipation* und *Männerrolle.*

In den USA spricht man nicht von «Männerbewegung», sondern von *antisexistischen* Männern. Ich halte die Gretchen- bzw. Alicefrage, ob Männer überhaupt gegen männliche Herrschaft kämpfen könnten, so sinnvoll wie die, ob ein Weißer in Südafrika ohne Heuchelei den Rassismus ablehnen könne.

Wenn Männer sich als *antisexistisch* bezeichnen oder gar – wie Rodrigo Jokisch – als *Feministen*, setze ich voraus, daß sie eine ungefähre Vorstellung davon haben, was das sein könnte. Leider tauchte weder bei den bisherigen Männerveranstaltungen – soweit mir bekannt – noch in den mittlerweile schon nach Dutzenden zählenden Männerbüchern die Frage auf. Was sind z. B. die Ursachen für sexistische Werbung, die Männer beim Stichwort meist zuerst einfällt?

Hausarbeit uns Sexismus

Fördert nicht die Ehe sexistisches Verhalten von Männern, auch wenn sie in idyllisch-alternativen Bahnen verläuft? Auch in der linken Variante sind die persönlichen Beziehungen gleichzeitig ökonomische. Ist die Frau berufstätig, bleiben Haushalt und Kindererziehung nur dann nicht ihre alleinige Domäne, wenn der Mann guten Willens ist. Was von dem zu halten ist, können die Frauen wahrscheinlich sogar besser beurteilen.

Darüber hinaus leistet jede Haus- und Ehefrau unbezahlte Arbeit für die körperliche und geistige Reproduktion des Mannes. Die Männer haben in gewichtigen ökonomischen Lehrbüchern festgelegt, daß nur Lohnarbeit gesellschaftlich wertvoll sei. Hausarbeit genießt in einer patriarchalischen Gesellschaft kein Sozialprestige, gilt also für den wirtschaftlichen «Kreislauf» wertlos, unbezahlbar.

Solange die Ehe in dieser Form existiert, solange Frauen gezwungen sind, zur Sicherung ihrer Existenz zu heiraten oder auf die Lohntüte ihres Mannes angewiesen sind, solange kein Mann verpflichtet ist, die Frau für ihre Arbeit in der Familie zu entschädigen, werden die Kinder diese Form von Unterdrückung als natürlich ansehen. Die Mutter putzt mehr als der Vater, macht ihm das Frühstück, lächelt mehr und ist für die Schlichtung von heiklen Situationen zuständig – weil sie Frau und Mutter ist. Solange das Recht auf körperliche Unversehrtheit in der Ehe und auch anderswo nicht breiter gesellschaftlicher Konsens und – als realpolitische Forderung – juristisch fixiert ist, werden Kinder und besonders Jungen später im Beruf, etwa bei Polizei und Militär, Menschen, die für rechtlos gelten oder «minderwertig» sind, dieses Recht auf Unversehrtheit ebensowenig zubilligen.

Sexistisch ist es, die Form der gesellschaftlichen Arbeitsteilung zwischen Männern und Frauen als Resultat «natürlicher» oder biologischer Eigenarten auszugeben. Männer, die behaupten, Frauen seien eben «von Natur aus» emotionaler, denken in sexistischen Kategorien, weil sie ein Verhalten innerhalb eines herrschaftlichen Kontextes als natürlich und somit als *unveränderbar* sehen.

Das heißt aber auch: sexistisches Verhalten ist Männern nicht angeboren, sondern wird von ihnen gelernt! Wenn sich das Machtverhältnis zwischen Männern und Frauen tendenziell verändert – die Wahrscheinlichkeit dafür ist in den Subkulturen und sozialen Nischen am größten –, haben die Männer Handlungsalternativen. Sie müssen sie nur nutzen. Ein Hausbesetzer, der beobachtet, wie eine Frauengruppe das Wohngemeinschaftsbad kachelt und die elektrischen Leitungen legt (das soll vorgekommen sein!), während er turnusmäßig auf die Kinder aufpaßt, hat die Chance, andere geschlechtsspezifische Klischees als etwa sein Vater oder seine Großväter zu entwickeln. Eine Garantie gibt es dafür allerdings nicht.

Von wem oder was emanzipieren sich die Männer?

Wir nennen es Frauenemanzipation, wenn Frauen sich ihr Recht auf Selbstbestimmung in jeglicher Hinsicht erkämpfen. Was könnte dann *Emanzipation des Mannes* bedeuten?

In einem Sammelband zum Thema ist das Problem elegant gelöst: unter dem Stichwort *Emanzipation, männliche* wird verwiesen auf die Rubrik *Männerbewegung* – frei nach dem Motto: die werden schon wissen, was sie tun. Dort angelangt, findet man wenig Eindeutiges:

> «Männer leiden nicht unter gesellschaftlicher Diskriminierung, vielmehr unter den psychischen Defiziten ihrer Männlichkeit.» (H. Bonorden: Was ist los mit den Männern? 1985, S. 101)

Das sollte man natürlich nicht einfach hinnehmen, sondern ändern. Die Autoren beschreiben den Weg dahin mit Kohlscher Prägnanz:

> «Der Anspruch, die Männerherrschaft zu bekämpfen und zugleich die eigene Männlichkeit zu verändern, ist ein schwieriges Emanzipationsideal.» (S. 104)

Ist Männeremanzipation Selbstbefreiung der Privilegierten? Die neuen Männer können und wollen sich nicht von sich befreien. Ich vermute, daß die Mehrheit der Männergruppen-Mitglieder mit dem

Widerspruch Probleme hat, daß sich ihr erlerntes Verhalten und ihre Vorstellung von einer bei Frauen erfolgreichen geschlechtlichen Identität nicht decken mit der Realität des Berufes (oder der Arbeitslosigkeit) und des täglichen Lebens. Männer, die sich John-Wayne-Verhalten im Berufsleben noch leisten können, ahnen dumpf, daß ihr Gehabe im «Freizeitbereich» bei manchen Frauen höhnisches Gelächter ernten würde. Das ist die Minderheit. Männer, die sich wegen der wirtschaftlichen Situation zwangsweise einer beruflichen Karriere verweigern mußten, fallen in ein schwarzes Identitätsloch. Dieser freie Fall kann auch nicht mit dem Erfolg bei Frauen kompensiert werden. Das ist die Mehrheit. Von diesem Widerspruch will Mann sich befreien, emanzipieren.

Männer in traditionellen Frauenberufen – ein Extremfall wäre der «Hebammer» – wissen oft nicht so recht, wie Mann wann auf emotionale Konflikte anderer eingeht oder den Konsens bei gruppendynamischen Krisen herstellt. Arbeitslose, männliche Teilzeitarbeiter und Aussteiger müssen eine Identität basteln, die sich nicht auf die herkömmliche Definition Mann = Beruf/Arbeit stützen kann. In der Alternativszene wird diese Schwierigkeit durch zwei kleine Füllwörter beschrieben. Statt: Welchen Beruf hast du? wird gefragt: Was machst du *denn so*?

Diese «Befreiung» hat mit der Frauenbefreiung nicht viel zu tun. Männer, die endlich akzeptiert haben, daß eine Frau als ihre Chefin gleichberechtigt kommandieren kann und sogar im Baugewerbe oder bei der Feuerwehr «ihren Mann steht», ändern nicht automatisch ihr Verhalten im privaten Bereich. Die Beispiele DDR und Schweden belegen das.

Die Männerrolle – ein Griff in die Trickkiste des Patriarchats

Der absolute Renner und der Lieblingsmythos bei den bewegten Männern ist die *Männerrolle*. Die Vorstellung einer Rolle, die Männer spielen (müssen), ist heute schon Allgemeingut und gehört zum Stammtisch-Vokabularium wie die «Frustration» und das «Über-Ich» von Freud. Jeder meint zu wissen, wovon er redet. Es klingt allemal nach wissenschaftlicher Absicherung, statt schlicht *«männliches Verhalten»*, *«Männerrolle»* zu sagen. Auch dieses Wort stammt aus den USA:

«Sehr viele Unzufriedenheiten – die Männer aus allen Schichten und Berufen artikulierten – konnten leicht durch das «wissenschaftliche Konzept von Rolle» erklärt werden... Die Idee einer Männerrolle, die sich vom Wesen des Mannes abhob und ihnen zu ihrem eigenen Nachteil aufgezwungen worden war, sprach sich überall schnell herum. Sie stieg auf und wurde Gegenstand professioneller Weisheit und verbreitete sich so weit hinunter, daß sie fast zum unausweichlichen Klischee der Pop-Psychologie wurde.» (B. Ehrenreich, S. 139)

«Rolle» kann alles und nichts bedeuten: die Geschlechtsrolle als Inbegriff der Statusbesonderheiten, die von der Gesellschaft gesetzten und ihre Einhaltung erwarteten Normen, der Oberbegriff für alle sozialen Rollen usw. Die hiesigen Männer verengen die «Männerrolle» gern auf «Ernährer- und Beschützerrolle». Die lehnen sie ab. Bezeichnenderweise sind das die einzigen Aspekte männlichen Verhaltens, die mit Verantwortung zu tun haben. Die Tendenz bleibt gleich: «Eigentlich» kann man nichts dafür, und man möchte mehr dürfen als das, was erwartet wird, z. B. authentisch zu sein, was man hinter seiner eigenen Fassade schon lange vermutet hat. Mann minus Rolle gleich Mensch.

Die ganz Geschickten machen sogar die Frauen für ihre Männlichkeit verantwortlich. Denn wer erziehe die Jungen zu Männern, wenn nicht die Mütter!

Wenn das Verhältnis zwischen Männern und Frauen durch Macht und Herrschaft bestimmt ist, kann man das Konzept der «Männerrolle», so wie es in der männlichen Diskussion funktionalisiert wird, nur als Griff in die Trickkiste des Patriarchats bezeichnen.

«Nach der radikalen feministischen Auffassung verschleierte die Idee der Geschlechterrolle das Machtverhältnis zwischen den Geschlechtern nur und machte daraus eine Art neutraler Spezialisierung wie der Unterschied zwischen Linguisten und Ingenieuren, Kinderärzten und Fußpflegern.» (B. Ehrenreich, S. 139)

Die «Männerrolle» stellt die sexistische Welterklärung auf den Kopf: War in der vorsoziologischen Männertheorie das Verhalten von Frauen und Männern ein Resultat des Hormonspiegels oder der göttlichen Bestimmung, wird es jetzt beliebig austauschbar und ablegbar. Wenn ein Mann seine üble Rolle erkennt, wird er sie «natürlich» ablegen wollen. Rodrigo Jokisch in einem Interview:

«Eine Männerbewegung würde eine Nische schaffen, innerhalb derer viele Männer neue Rollenkonzepte, neue Dimensionen persönlicher Identität ausprobieren könnten, ohne daß dadurch eine allzu tiefe Identitätsschädigung stattfände.» (Von Mann zu Mann 13/85, S. 15)

Der Feminismus ist die Peitsche, die Verheißungen der neuen Männerrolle das Zuckerbrot: wenn du erst deine Gefühle rausgelassen hast, sinkt die Wahrscheinlichkeit eines Herzinfarkts gleich um 50 Prozent!

Ich glaube, die Männer drücken sich vor der einfachen Erkenntnis, daß – wie überall in der Gesellschaft – ohne Veränderung der realen Machtverhältnisse nichts bewegt wird, auch nicht eine nennenswerte Anzahl von Männern. Ohne Kampf gegen Ehe, Familie, kleinfamiliäre Wohnverhältnisse und die traditionelle männerbündische Gewohnheit, sich politisch (in Parteien) zu artikulieren, bleibt alles beim alten.

Schwule: gegen die Symbolik der Macht

Die Diskussion über die männliche Identität, sei sie nun überschrieben mit *«Männeremanzipation»*, *«Rollenveränderung»* oder *«Männerbewegung»*, hat einen positiven Aspekt: die Kritik des Männlichkeitsideals gefährdet den Konsens der HERRschenden auf weltanschaulicher Ebene. Schwule gelten nicht als «richtige» Männer, und die Existenz einer schwulen Subkultur kann nicht darüber hinwegtäuschen, daß homosexuelle Männer «draußen im Lande» den schärfsten Diskriminierungen ausgesetzt sind. Dieser Konsens beinhaltet eine bestimmte Sexualpolitik unter Männern. Schwule, Tunten und Bisexuelle gefährden die Symbolik der Macht, weil sich die Herrschenden durch festgelegte Formen von Männlichkeit über die sozialen Grenzen und ihre eigene Überlegenheit verständigen. Eine Tunte im Bundestag könnte den Staat nicht ernsthaft gefährden: aber welche Reaktionen würde sie in der männlichen Öffentlichkeit hervorrufen!

Homoerotik wird in traditionellen Männerbünden vom Fußballverein bis zur Hitlerjugend toleriert. Der Mann aber, der sich öffentlich dazu bekannt, wird verachtet. Mann darf nicht passiv sein. Ein von den Männern als solches verstandenes «passives Sexualverhalten» (sie denken bei Homosexualität an Analverkehr) stellt Herrschaft über die Frauen in Frage. Analverkehr mit Frauen wird in unzähligen Pornos gezeigt, aber mit Männern? Das tut Mann nicht.

Männer wollen sowohl die Grenzen männlicher als auch die weiblicher Sexualität und Identität definieren. Männer bestimmen in Vergewaltigungsprozessen, was als eine solche gilt und was nicht. Männer wollen entscheiden, wann feministische Forderungen «vernünftig» sind und wann «orthodox» oder «hysterisch» (und im letzten Fall ausnahmslos «schrill» verkündet werden). Männer bestimmen die Grenzen des Humors, ab wann und bei welchem Anlaß über Damenimitatoren gelacht werden darf. Männer grenzen ein, wann, wie und ob gegen Geschlechternormen revoltiert wird. Erotik ist der Kitzel der Grenzüberschreitung. Es gibt eine Erotik der Macht und eine Erotik der männlichen Rebellion. Männlichkeit im Kapitalismus oszilliert zwischen Bhagwan und Mick Jagger.

Ein wichtiger propagandistischer Erfolg für die neuen Männer und ein Aufbruch zu neuen Ufern wäre daher ein öffentlicher Damm- und Durchbruch zwischen den Schubladen *hetero* und *schwul*.

Männer gegen Männergewalt

Auf dem Gebiet des Geschlechterkampfes gibt es eine konzertierte Aktion. Die Männer kamen schon häufig auf die Idee, ein «harmonisches» Verhältnis zu den Frauen anzustreben. Ein Beispiel ist das Ideal der Androgynität (Zweigeschlechtlichkeit): eine männliche Variante des Sponti-Spruches: wir wollen alles. Interessenidentität zwischen Männern und Frauen im Patriarchat muß als Männerphantasie zu den Akten gelegt werden.

Das soll nicht heißen, daß wir Männer auf den Kampf gegen patriarchalische Zustände verzichten sollten. Wir sind auch solidarisch mit Befreiungsbewegungen der Dritten Welt, mit Ausländern hier, mit den Schwarzen, obwohl wir Weiße sind. Wir müssen nur aufhören, *für die Frauen* sprechen zu wollen, sondern eigene Initiativen ergreifen.

Die Selbsthilfegruppen *«Männer gegen Männergewalt»* bilden für die öffentliche Meinung und die Presse das programmatische Aushängeschild der «Männerbewegung». Hier scheinen sich die Männer endlich anzupacken. Es ist ein Erfolg, wenn immerhin einige wenige mit ihrer Gewalttätigkeit umgehen lernen, wenn die Männer in der Öffentlichkeit gegen die immer noch als selbstverständlich hingenommene Gewalt in (Privat-)Beziehungen protestieren. Der erste Schritt zur Kulturrevolution, wie sie Alice Schwarzer forderte?

Vielleicht – obwohl sich bei diesem Thema alle politischen Kämpfe innerhalb des linken Spektrums wiederholen. Die einen behaupten, auf der Ebene der individuellen Selbsthilfe etwas ändern zu wollen, schüre nur Illusionen in den Charakter des Patriarchats. Die strenggläubige marxistische Fraktion hält ohnehin die Geschlechterfrage und den «Machismo» für ein soziales Problem, was sich bei Verbesserung der sozialen Lage (der Männer) von selbst erledigen werde. Alle Erfahrungen sprechen bisher gegen diese Hoffnung. Die Freundinnen der linken Männer – von letzteren wissen wir, daß sie der Gewalt gegen Frauen nicht abgeschworen haben – werden kaum bis zur «Revolution» warten wollen, und die Frauen Nicaraguas erfahren täglich, daß eine Revolution das Verhalten von Befreiungskämpfern gegenüber Frauen nicht unbedingt positiv beeinflußt.

Die Männer, die in den Selbsthilfegruppen arbeiten, meinen, daß nur eine Kombination von Außen- und Innendruck langfristig zu einer Verbesserung führe. Außendruck meint: der Kampf der Frauen um Selbstbestimmung; Innendruck: intellektuelle Einsicht innerhalb der Gruppe und die konkrete Erfahrung, daß Mann sich ändern *kann*.

Gebt mir einen festen Punkt!

Die tatsächliche Bedeutung dieser männlichen Paradiesvögel wird in der (Presse-)Öffentlichkeit stark überschätzt. Die Presse bestaunt diese Männer, die das scheinbar alle geschichtlichen Epochen überdauernde Recht, die Ehefrau zu prügeln, in Frage stellen. Viele Frauenhäuser, die um jeden Pfennig feilschen müssen, bleiben mittlerweile unbeachtet.

Dabei sind die Voraussetzungen, die Männerwelt ein bißchen aus den Angeln zu heben, nicht so schlecht. Warum z. B. suchen Männer, die sich nach einer Männergruppe umsehen – sei es eine, die sich mehr auf Selbsterfahrung beschränkt oder eine, die nach außen geht –, nicht die Befriedigung ihrer Bedürfnisse im Fußballverein, in einer Partei, im Kegelverein? Sie scheinen etwas anderes zu wollen. An dieser wahrscheinlich nicht immer bewußten kritischen Einstellung könnten wir bei wahrscheinlich schon vielen Männern anknüpfen.

Die politische Dimension der Männergruppen liegt auf der Hand. Ihre Gemeinsamkeit – die männliche Identität – umfaßt alle Lebensbereiche. Wir erfahren das mangelnde soziale Verantwortungsgefühl der Mit-Glieder und die rudimentär entwickelte Konsensfähigkeit im Parlament und in der Wohngemeinschaftsküche. Wenn Mann überall auch für sich die Geschlechterfrage (statt «Männer-» oder «Frauenfrage») stellt, werden die bisher getrennten Bereiche zusammengeführt: Beruf und Freizeit, Öffentlichkeit und Privatsphäre, Politgruppe und Beziehungskiste. Ganz gleich, wo wir ansetzen: ist die Geschlechterfrage – die Frage: wie und wo setzen Männer und Frauen ihre Interessen durch? – gestellt, haben wir gleich die ganze Gesellschaft am Wickel.

Autonome Frauen und die Zukunft der Männer

Die autonome Frauenbewegung ist dabei das Beste, was uns Männern passieren konnte. «Frau weg – was nun?» ist nicht nur in der Privatsphäre eine interessante Frage, sondern auch bei politischen Veranstaltungen, auf denen Politmacker zunehmend unter sich bleiben. Wie schwer es ist, diese Einsicht zu vermitteln, zeigte ein autonomer Mann auf den von den Frauen erhobenen Vorwurf, die Typen würden sich nicht mit dem Patriarchat auseinandersetzen: «Wir dürfen doch nicht auf Frauenveranstaltungen mitdiskutieren...» Unter Männern tut mann das nicht oder schiebt Wichtigeres vor (das gibt es immer): Nicaragua, Libyen, Ausländerkontrollen, Tschernobyl usw.

«Politik, so wie sie heute von unseren Parteien betrieben wird, erscheint also nicht geschlechtsneutral, sie ist für Männer soviel attraktiver, weil ihre Strukturen und Inhalte sexistisch dominiert sind.» (M. Jannssen-Jourreit: Sexismus, S. 346)

Gesetzt den Fall, ich würde in einer linken Partei mitarbeiten und frau fragte mich, ob ich für die Quotierung oder für eine Frauenliste à la GAL sei, würde ich mit *«ja»* antworten. Das halte ich für so selbstverständlich wie die Antwort *«nein»* auf die Frage, ob die Weißen im Parlament Südafrikas die Interessen der Schwarzen verträten.

Die Frage ist aber auch, ob die wichtigste Forderung der schwarzen townships wäre, einen der ihren mit Schlips und Kragen in ein Parlament zu entsenden. Die Quotierung ist zwar bei den gegenwärtigen Machtverhältnissen wichtig, geht aber als alleinige Forderung haarscharf an dem Problem vorbei. Eine ähnliche Parole gab es schon einmal mit dem Ruf nach der Einführung des Frauenstimmrechts. Als es endlich durchgesetzt worden war, verflüchtigten sich die Hoffnungen der Frauen, die Politik würde menschlicher werden, sehr schnell. Ja noch mehr: indem die Frauen sich darauf einließen, in Männerbünden (was sind die Parteien von ihrer Entstehung und Entwicklung her anderes?) mitzuarbeiten, nahmen sie sich die Möglichkeit, eigenständige Forderungen kollektiv und organisiert durchsetzen zu können.

Beim studentischen Marsch durch die Institutionen kam nur einer durch – Joschka Fischer –, der Marsch der Frauen durch die Männerparteien wird wahrscheinlich ähnlich enden, mit ein bißchen Frieden, ein bißchen Schwangerschaft, ein bißchen Emanzipation und einer ein bißchen frauenfreundlicheren Interessenvertretung des Kapitals.

«Staat, Wirtschaft, Presse und Universitäten sind keine geschlechtsneutralen Institutionen, sondern eine ihrer wesentlichen Funktionen liegt darin, selbst unentwegt die männliche Identität herzustellen und ihr Selbstbeweise zu ermöglichen.» (M. Jannssen-Jourreit, S. 714)

Ich will mich als Mann nicht auf die politische Männerwelt einlassen, auch wenn Frauen mir die Hoffnung einreden wollen, es würde alles viel freundlicher und besser, wenn sie nur erst die Hälfte aller Parteitagsdelegierten stellen würden. Ich kann mir Politik nur so vorstellen, daß meine persönlichen Probleme und meine Interessen mit einfließen. Dazu brauche ich den Rückhalt und das Rückzugsgebiet meiner Männergruppe, die auch noch andere Vorteile hat: die Gruppe stutzt die männliche Eitelkeit in der Öffentlichkeit zurecht, sie erkennt Widersprüche zwischen dem persönlichen Leben und der politischen Theorie; da jeder von jedem das meiste weiß, würden Spitzel in Sekundenschnelle entlarvt; sie schafft eine starke Atmosphäre des Vertrauens, weil die Männer ihre Schwächen untereinander kennen und auffangen, statt sie sich ständig um die Ohren zu schlagen.

Ich wünsche mir autonome Männergruppen, deren politisches Programm ein anarchistisches, antisexistisches und antihierarchisches Selbstverständnis ist.

Ich wünsche mir Männer, deren politische Utopien in ihrem täglichen Leben zu beobachten sind, die sagen: ich habe bestimmte Interessen, Frauen haben bestimmte Interessen, und manchmal können wir uns einigen, und manchmal können wir das nicht – und nicht: wir sitzen alle in einem Boot, wir steuern und die Frauen rudern.

Burkhard Schröder, 1952 geboren, studierte Geschichte, Germanistik und Philosophie, verweigerte sich nach kurzem Beschnuppern dem Lehrerdasein, lebte statt dessen zwei Jahre in Lateinamerika, trotz Dschungelerfahrung Nichtraucher, ißt und kocht gern so scharf, wie das Leben sein sollte, verdient Geld als Taxiunternehmer, Mitbegründer und ehemaliger Redakteur des «HerrMann», lebt mit sieben anderen Menschen in einer Fabriketage in Berlin-Kreuzberg. Ein ihn verhaftender Polizist sagt bei einer Häuserräumung: «Sie müssen es ja wissen.»

R. Augusto R. Costa

Der Kommandant

Der Kommandant des U-Boots
ist verantwortlich für alles in jener Maschine
ist die Wirbelsäule-Ruhe der Besatzung
wo das Grauen und die Erschöpfung
das Spektakel beleben
kaum schwankt er ist das Schicksal an seiner Seite
und löst die Frage
man schätzt alle haben in der Meerestiefe
ihr Ende gefunden
begeben sich gleich darauf zur Oberfläche
der Kommandant stirbt
mit seinem Kriegs-U-Boot
auf Festland

er sitzt hier neben mir und schaut
sich diese verdrießende Tagesschau an
als der Mond ins Zimmer scheint
die Haut streichelnd
und er, immun
was für ein unbrauchbarer Typ
in einer Vollmondnacht!

Stefan Kunold

Der sanfte Weg zur Männlichkeit – in Männergruppen?

Jetzt im Café sitzen, mich anders als andere Männer zu fühlen ist leicht, ein Gefühl, gemischt aus Stolz, Spaß, Arroganz, Spannung und Wissen, aber was bedeutet das, bedeutet mir das?

Im großen Sammelbecken männerbewegter Männer sehe ich mich als einen, der wichtige Prozesse mitgemacht hat, im Moment eine ‹Ruhepause› genießt und weiß, daß noch viel kommt, aber nicht, was es sein wird.

Ich war, nach dem üblichen ‹Leidensweg›: «emanzipierte Frauen treffen auf einen sich gerade seiner Mannwerdung bewußt werdenden Zweiundzwanzigjährigen», drei Jahre lang in einer Männergruppe, habe mit meinem Freund die Diplomarbeit über Veränderungen männlichen Rollenverhaltens in Männergruppen geschrieben. (Erschienen unter dem Titel «Männersuche» im Winddruck Verlag Siegen 1984)

Und was ist jetzt, was für ein Mann bin ich jetzt, fast drei Jahre danach? Und auch: Warum bin ich jetzt ohne Männergruppe – wie stehe ich zu Männern?

Die Frage hat ja Geschichte

Lange Zeit habe ich – bestimmt nicht als Einzelbeispiel – mein Geschlecht wahrgenommen und gemessen am Ranpirschen an Frauen, je ‹erfolgreicher›, desto mehr Männlichkeit. Lob oder Neid der Freunde war ein zweifelsfreier Maßstab dafür, und ein wichtiger Teil der Beziehung unter uns werdenden Männern waren die Jugendfetenzeiten voller Stress, ‹Eine› abzukriegen, voller Stolz, ‹Eine› vorzuzeigen, voller Astrein-Sein beim drüber erzählen... Was hatten wir Männer uns sonst zu erzählen an persönlichen Gefühlen, an Gefühlen zueinander, an Angst und Liebe. «Bist 'n dufter Kumpel» – alles? Die Bundeswehr brachte den «Schliff in die Kameradschaft» und zerstörte damit viel Naivität, ich sah fix und fertige, versoffene, brüllende, sich aufspielende, destruktive gefühllose Männer, habe mich irgendwie – wie so viele – mit möglichst geschlossenen Augen durchgemogelt und mich gefragt, ob ich da etwa zugehöre. Doch bei allem kollektiven Fluchen auf «den Bund» blieb diese Frage tief in mir verschlossen, denn das konnte ja nicht sein. Wie auch, das arme Schwein war ja ich, ein Opfer der Bundeswehr. Die Idee, daß dies aber einen Zusammenhang mit männlichen Strukturen herstellt, weil die Bundeswehr ein Männerhaufen, eine patriarchale Struktur hoch drei ist, die Idee blieb mir fern.

Dann endlich studieren, fragen, aufnehmen, ungestört mein Leben genießen wollen, alle noch jung und in Aufbruchstimmung und plötzlich – woher bloß – diese vielen Frauen, die ernsthaft nach meinem Geschlecht fragen, mich konfrontieren mit männlichem Verhalten, dem Unterdrücker, dem Autoritären, am konkretesten dem Vergewaltiger. Ich war erschrocken. Marke so was gibt's wirklich, mir gegenüber eine vergewaltigte Frau! So fern das Thema früher war, so nah erschien's auf einmal, aber das Weltbild war – noch – klar, Schweine gibt's immer, habe ich ja gesehen, aber ich bin ja anders... Ich habe das wirklich geglaubt.

An meinem ‹Einzelfall› zeigt sich aber, wie's gesellschaftlich zuging, eine immer stärker werdende Frauenbewegung rüttelt an männlichen Tabus, an Männern, so wie sie sind, nicht mehr nur an Institutionen, irgendwelchen abstrakten Verhältnissen, sondern an mir!

So kam's denn. Fragen, Anklagen, Forderungen von Frauen wurden ganz konkret, gingen direkt in mich; was ich vorher nicht geglaubt habe, der ‹Macker› in mir – wer kennt das häßliche Wort nicht – lag mehr und mehr offen, kein Verstecken mehr möglich.

Und das ist ja nur das Vorspiel zu immer mehr Fragen, Fragen über Fragen, und immer weniger Antworten. Mein Bild von mir als Mann hatte ich mir ordentlich zerreißen lassen; nein, nein, bejammernswert ist das nicht, aber die Ahnungslosigkeit, mit der ich Mann meinem Mannsein gegenüberstand..., und nicht nur meinem. Denn irgendwann, wenn mann sowieso ständig nachfragt nach seinen Beziehungen zur Außenwelt, dann kommt von innen oder außen auch diese eine: «Und wie stehst du zu anderen Männern?» – kommt die Sicht der Unterschiede im Ansehen, Ansprechen, Anfassen, Rangehen, Ranlassen – je nachdem, ob das Gegenüber ein Mann ist oder eine Frau.

Es gibt so einige Prämissen, ohne die eine Männergruppe einfach nicht geht, ohne die sie ein Kegelclub wird. Eine heißt, Dinge erst mal *nicht* so stehen zu lassen. Auch wenn's dann schwer wird, Streits vielleicht sogar mal in völlig verwirrende Richtungen abgehen. Unsere – meine erste – Männergruppe kam so zustande. Diese Unterschiede – als nunmehr schon etwas mehr aufgeklärter Mann – wollte ich nicht akzeptieren. Warum konnte ich bei Frauen 1. weich, 2. gefühlvoll, 3. irrational, 4. schwach, 5. trostsuchend, 6. zärtlich, 7. ekstatisch und 8. sinnlich sein und mit meinen besten Freunden nur Schach spielen? Tolle Gegenüberstellung. Aber falsch, denn ersteres ging auch schon mal mit Männern, aber verdammt vorsichtig, insbesondere die Ziffern 6–8. Da war eine Barriere (war?), ein dunkler Fleck im Mannsein, aber, schon erahnt, ein wichtiger. Und ein angstbesetzter.

Beides, Wichtigkeit und Angst, haben sich ausgewirkt auf uns, auf mich. Denn uns allen war klargeworden, wir sind durcheinander, wir sind mit unserer Rolle als Mann nicht zufrieden, wollten nicht zum negativen Bild des Mannes passen, der Panzer des ewig Starken war uns zu eng, gleichzeitig wußten wir nicht, wer wir waren, hinter all den Panzern und Klischees. Wir hatten auch Angst vor Frauen, unserer Reaktion auf Frauen (der rangehende Schmeichler z. B.), und wollten sie als voraussehbares Hindernis auf dem möglichst direkten Weg zu uns selbst umgehen. In einer ‹gemischten› Gruppe wäre jedem von uns Männern irgendeine, wohl aber die jeweils ‹tollste› Frau wichtiger gewesen als die Ehrlichkeit untereinander, wir ahnten auch die Balz-Rangeleien unter uns. Uns allen aber war klargeworden, daß wir Licht ins Dunkel bringen wollten, wir wollten auf uns Männer zugehen als Männer und nur unter Männern. Da lag dann allerdings aber auch die Angst. Da liegt sie auch immer noch, behaupte ich, aber davon später. Wir wollten aufeinander zugehen und hatten gleichzeitig Schiß voreinander. Wir wußten, im anderen Mann steckt mein Spiegel: der weiß auch, wie mann sich so fühlt als Mann, dem kann ich's mal ruhig erzählen, der versteht's, und ich verstehe mich besser, wenn ich mich mal öffne, und dasselbe machte Angst: Mensch, dem geht's doch genauso, dem kann ich nichts vorlügen, jetzt kommt alles raus.

In meiner – ich bin mal so besitzergreifend – Männergruppe war das jedem klar, trotzdem haben wir uns bei zwei Jahre späterem Klönschnack mal zwangsweise begeiern müssen über unsere – allerdings kaum vermeidbaren, wenn nicht sogar fruchtbaren – «thematischen Umwege»: angefangen haben wir, über unsere Frauen zu sprechen, unsere Beziehungen nach außen; andere Leute, andere Dinge, weg von uns war angesagt. Aber – eingedenk meiner Prämisse – haben wir das nicht so stehengelassen. Ich bin mal frech und führe sie – die Prämisse – weiter: dieses ‹es nicht so stehenlassen› wächst nicht im luftleeren Raum. Es ist auch nicht zufällig verteilt auf Männergruppen – mal mehr, mal weniger. Sondern es wächst mit der eigenen Bereitschaft, sich wirklich angucken zu wollen, sich und den anderen. Und die Bereitschaft dazu wächst unter anderem mit dem Druck, etwas tun zu müssen. Indirekter Außendruck führte uns zusammen als Männergruppe. Und ein direkter «Innendruck» brachte uns zur Wendung zu uns, jeden zu sich. Wir hatten Streit, ziemlich lange, wegen dem Verschlossensten unter uns, er kam schlecht raus, und wir wollten gern, sahen aber in ihm gespiegelt auch unser eigenes Unvermögen. Aber – wir wähnten uns weiter als er, denn er wollte oft noch nicht mal. Dieser Punkt bleibt noch heute wund. Als der ‹typischste› Macker unter uns, der seine harten Seiten liebte und zur Schau stellte, wollten wir gerade ihn in Endlosdebatten über ihn und unser Gefühl zu ihm ändern, umkrempeln, therapieren. Vielleicht war er unser Sündenbock, stellvertretend für entsprechende Anteile in uns.

Wir fanden uns gegenseitig jedenfalls immer ätzender, bis wir nach einem heftigen, aber eigentlich nichtigen Streit die Trennung ausriefen.

Dieses Vierteljahr harten Trennungsprozesses als Anlaß, dann ein halbes Jahr häufiger Unzufriedenheit über die ungelöste Frage, wie so richtig ranzukommen war an unseren Kern, der Frust, wenn einer sich gelangweilt nach einem öden Laberabend gähnend abwandte, all das hat immer mehr aufgerüttelt, diese hinterhältige Frage – meist auch noch gegen 23.55 Uhr aus uns herausgeschüttelt: «Was ist hier eigentlich los, Mensch seid ihr feige, ihr kneift!»

Die Themen, bei denen ich kniff, sind eigentlich egal, ob Freundin, Mutter, Vater, Freund, Sexualität oder sonstwas, es war stets dieses ewige Zurückhalten, Kneifen, nicht eingestandenes schlechtes Gewissen, das miese Gefühl, der Knoten im Bauch, das uns auffiel, das, einmal thematisiert, uns auch zur Schlafengehzeit elektrisierte, den Männergruppenabend zur Männergruppennacht machte und uns über drei Jahre zusammenhielt. Argumente darlegen, warum ich mich so verhalten muß, das ging dann nicht mehr, es ging mir oft an den Schmerz, der hinter Härte steckt, mußte oft traurig sein, weinen, konnte dann oft die Zärtlichkeit genießen, die wir uns geben konnten, wenn wir uns derart aufgeweicht gegenüberstanden.

Nach und nach haben wir uns eine kleine Oase geschaffen, der

Prozeß des mit diesem komischen Gefühl im Bauch zur Männergruppe Gehens, es aber nicht so wichtig finden und nach allen möglichen Scheinthemen um Mitternacht dann doch damit rausrücken Müssens hat uns die ganze Zeit begleitet. Keiner ist schlagartig weise, geläutert oder erleuchtet worden. Aber ein intensives Gefühl für den weichen und zärtlichen Mann und die Chance, selbst so zu leben, das habe ich da erlebt so wie noch nie zuvor.

Diese Kuscheligkeit war schön, zum Glück aber auch nicht alles, wir konnten's nicht so stehen lassen, uns als Opfer irgendwelcher (familiärer, gesellschaftlicher) Verhältnisse zu sehen, als beweinenswerte Schicksale, auch wenn's viel löst – das Weinen –, griff es uns zu kurz. Einmal den Knoten gelöst, gab es immer die Frage des «und was machst du nun». Die Schuld eigener Trauer nur anderen zuzumessen, das ist billig, ich mußte es oft erleben, mit den eigenen Anteilen konfrontiert zu werden, sei es durch ein harsches «selbst dran schuld», sei es durch ein sanftes «sieh doch mal». Wir haben uns gezeigt, nicht nur den Zustand, sondern auch die Möglichkeiten, die es noch gibt, zu sehen: endlich eine Beziehung aufzugeben, auf jemanden noch mal zuzugehen, aber vor allem unter uns, von mir zu Harald zu klären, warum welche Enttäuschung so reinhaut; endlich mal meine Wünsche auszudrücken nach Anerkennung meiner Dinge, die mir wichtig sind, ob's meine damalige politische Arbeit war oder meine manchmal flapsige Art, und zu sehen, was zwischen uns ist, wenn ich höre, was er zu geben bereit ist.

Da mußte ich mir natürlich auch schon öfter mal anhören, womit ich ihm dann auch einfach Schmerz bereite, wenn ich mit einem dummen Witz in eine verletzliche Stimmung reinplatze. Aber dasselbe Problem funktioniert auch andersrum: wie oft ist mir wirklich danach, so eine weiche Stimmung mitzumachen, und wie oft ist mir vielleicht nach Spaß und Lebenslust – oder Oberflächlichkeit auch? Meist stand am Ende der Gruppe dann der Wunsch, mehr auf sich und den anderen zu achten...

Ein nahezu erzieherisches Phänomen dann die oft erfolgten Nachfragen beim nächstenmal, was denn nun geworden ist, oft gefürchtet (der Grummelmagen davor), weil dann eventuelle Klüfte zwischen Reden und Handeln offenkundig wurden. Laberei und Handlung, verträgt sich das? Nein, und wir wollten ja auch unser Verhalten ändern, also... ...wurde ich beim nächstenmal nach meinem tollen Vorsatz gefragt: hast du auf dich geachtet, hast du gemerkt, wie

Harald sich fühlt, konntest du's haben oder hat's dich genervt, und was machst du, wenn dich was nervt, reißt du dann Witze, oder was? Und meine Antworten...? –

Ein anderes, uns aber sehr angenehmes Phänomen war die Reaktion der Szenewelt: wir waren schlechthin geläutert von allem Chauvinismus, als Männergruppenmänner vor allem von Frauen zunächst mal hoch angesehen und interessante Gesprächspartner. Wir hatten dem tristen Männerbild plötzlich etwas Schillerndes Aufgelockertes, Spannendes entgegenzusetzen. Verhärtungen, Klischees, Dummheiten zuzugeben oder gar als zunächst gegebene Eigen-heit anzuerkennen war erheblich einfacher, einfach weil der andere, un-männliche Teil in uns zu unserer Männlichkeit hinzugezogen werden konnte – ein tolles Gefühl – schlicht: wir waren stolz auf uns! Ich schreibe das mit Schmunzeln, aber, wie vielleicht so manche Flapsigkeit weniger aus Ironie oder lächelnder Distanz zu diesen Kindereien, sondern weil es mir einen irrsinnigen Spaß macht, das heute noch so zu sehen. Denn daß die andere Seite des kritischen Blicks auf die traurigen Abgründe in uns, des mitunter zähen Ringens um offenere Menschlichkeit in uns Männern, die spaßige und nahezu narzißtische Selbstbetrachtung mit lustbetontem Blick, nicht mehr nur noch Schulterklopfen ist, davon bin ich festens überzeugt.

Wir haben uns dann auch bemüht, nicht nur in selbsterfahrerischen (therapeutischen) Streit- und sonstigen Gesprächsformen zu leben, sondern uns unsere eigene kleine Kultur entwickelt, angefangen beim gemeinsamen Kochen vor der, nein, ist ja schon in der Gruppe, über immer wieder Schminken, Verkleiden, Musik machen, Spielen, gemeinsame Wochenend- oder Urlaubsfahrten ans Meer bis zu einem kleinen aber feinen Männerfest.

Aber dennoch – Szeneweltbonus und sich veränderndem Auftreten und Selbst-Bewußtsein zum Trotz – hatten wir es auch schwer mit der «Außenwelt», die etablierte Welt lächelte oder wollte nichts verstehen (z. B. gemessen an Reaktionen der Verwandtschaft als typischste Nicht-Szene) und, o Wunder, viele Männer standen unseren Männergruppengedanken und -taten sehr reserviert gegenüber. Selbst Freunde fanden «das» unverständlich, unnötig, fremd, modistisch, typisch, Haltungen, die ich als sehr angstbesetzt empfand und noch empfinde, an denen ich aber auch im wachsenden Maß ablesen konnte, daß wir uns entfernten. Unsere Oase lief Gefahr, ein Dampfer zu werden, Brücken abreißend.

Vielleicht hätten wir missionieren können, phasenweise wollten wir das sogar – alle Männer in Männergruppen –, die Idee ist schön gewesen, doch zeitgleich setzte eine neue Entwicklung in uns ein, eine, die heute sehr stark ist. Gut zwei Jahre hatten wir mit aller Macht nach vorn gestrebt. Mit unkonkretem Veränderungswillen angetreten, konnten wir jetzt resümieren, daß wir allerhauptsächlichst zu uns Männern gefunden hatten, wir hatten nicht die Welt verändert, nicht ein frauenfeindliches Verhalten wegprogrammiert oder gar den neuen Mann geschaffen. Sondern wir haben uns selbst näher gebracht, Unmännliches in uns an die Oberfläche gebracht, uns um neue Dimensionen von Offenheit, Ehrlichkeit, Zärtlichkeit und Liebe bereichert.

Aber ich war nichtsdestotrotz ein Mann, nicht so wie vorher, aber ein Mann. Ich schaue Frauen genauso an wie vorher, mitunter durchaus gierig, bin verschlossen oder verhärtet. Ich bin mir dieses Prozesses bewußter. Kann es eher mal so sein lassen und weiß darum. Habe jetzt Möglichkeiten, doch so zu handeln, daß ich «wieder weich» werde, bin mir nicht mehr ausgeliefert. Aber ich bin dennoch immer noch ich.

Das genau spürten wir im dritten Jahr Männergruppe. Wir hatten uns vertieft, aber nicht revolutioniert. Ich war damals recht traurig darüber, eigentlich hatte ich vorgehabt, vieles radikal zu ändern. Die Klarheit darüber, daß ich im 24. Lebensjahr nicht 22 Jahre von mir wegschmeißen will, weil ich eben vieles an mir mag und diese Dinge eng mit meinen Schattenseiten verbunden sind, die wuchs in jenem dritten Jahr – allerdings als zartes Pflänzchen.

Diese Pflanze wachsen zu sehen hieß ein altes Ideal des «unmännlichen Mannes» wegzuschmeißen, dafür einfach mein Selbstbild auch in den «herkömmlich» männlichen Ecken zu erhellen, diese Ecken mit all den offenen Fragen erst mal zu versöhnen, oft aber auch sie als eigen und als angenehme, genießenswerte Merkmale gern zu behalten. Auch wenn sie konfliktträchtig sind. Das war der Zeitpunkt, von dem an ich «Männer» als Schimpfwort einfach nicht mehr ausstehen konnte, der Begriff Mackerverhalten undurchsichtig und nichtssagend klang. Ein geiler Blick von mir – bei weitem nichts Chauvinistisches mehr, sondern Ausdruck eines inneren Gefühls – wurde was «Gutes», neu diese Erkenntnis. Aber eben auch beinhaltend die Möglichkeit, Streitmittelpunkt zu werden, denn so ein Blick (nur so ein pisseliger Blick) verbindet eben zwei Menschen, je nach der Empfindung des Gegenübers explodieren dann die tollsten Feuerwerke. –

Auf diesem Entwicklungsstand endete die Männergruppenzeit, erheblich ruhiger als am Anfang, mehr auf Genuß aus als auf rasante Veränderungen spekulierend. Das paßte auch ganz gut, nach allen unseren Anstrengungen war das letzte Jahr Männergruppe das wohlverdiente Ruhekissen. Wir trennten uns, weil fast alle aus dem Studienkaff Siegen wegzogen, wir trennten uns eigentlich als Freundeskreis, der Freud und Leid teilt, Schönes unternimmt und Schlimmes auffängt. Die Trennung ist ein Verlust für mich, weil es Trennung hieß von Andreas, Axel und Reiner, und Harald war schon vorher weggezogen.

Männergruppenzeit, das ist eben auch ein sicheres Stück Geschichte für mich. Angefangen hatte es mit diesem Aushang an der Uni-Wand, mit der Frage Haralds, ob ich nicht mitmachen wolle.

Männergruppe, das war der Montagabend, an dem Mann sich nichts vornimmt, an dem mir oft das Herz auf Ebbe stand. Der Abend, an dem wir uns abwechselnd bei jedem von uns trafen, wir die jeweilige Wohngemeinschaftsküche belagerten (– geheimnisvoll, die Männergruppe ist da und kocht was Feines –). Männergruppenabend war das peinliche Schweigen nach dem Essen, der forschende Blick, wer wohl anfängt, der erleichternde Seufzer, wenn einer was Wichtiges erzählt hat, die Spannung beim Streit, die Tränen danach und die Ausgelassenheit noch etwas später. Die Faszination packt mich immer noch, obwohl das alles eben schon fast drei Jahre her ist.

Und jetzt?

Eine Männergruppe zu haben, in einer Männergruppe zu sein ist mir im Moment fern. Die Männergruppenzeit ist mir wichtig – so vieles aufgewirbelt, neu geordnet oder bewußter in Unordnung gelassen, weiß ich, daß ich da am konzentriertesten für meine Entwicklung gearbeitet habe, daß ich in meinem jetzigen So-Sein, meiner Bewußtheit und Konfliktbereitschaft am stärksten durch die Männergruppenzeit geprägt bin.

Aber – manchmal für mich auch seltsamerweise – äußert sich das nunmehr nicht in kämpferischer Hinwendung zur Männeremanzipation, wie wir das alle von Initiativen und Gruppen und sonstwem kennen. Sondern erst mal in der Beziehung zu mir selber, in der Anerkenntnis meines Mann-Seins im gleichzeitigen Bewußtsein, immer noch nicht klar zu haben, was das genau ist, und in meiner Beziehung zur Umwelt, wo es mir darum geht, nicht verhärtend, aber eben doch auch mal hart, nicht (jetzt nehme ich doch mal den Begriff) Macker, aber eben doch Mann, nicht überheblich, aber eben auch selbstbewußt und stark zu sein. *Und* bei meinem Mann-Sein auch die Tränen, die Schwäche, die Inkonsequenz und die Gemeinheit, die Unterdrükkung, die Aggression zu sehen, sie auch zu erlauben und wo es geht zu lieben. Was mir bei Gemeinheit und Unterdrückung allerdings sehr schwerfällt, da geht's eher drum, mir einzugestehen, daß ich auch so bin und trotzdem vor mir zu bestehen.

Die Männergruppenzeit ließ auch das Flüsterthema Sexualität unter uns Männern völlig offen, die schönen, aber seltenen Stunden sanfter Zärtlichkeiten mal ausgenommen, war das «nicht unser Ding». Heute denke ich mir: warum auch, vermisse aber manchmal diesen Freiraum für männliche Zärtlichkeiten und spüre bei aller Lockerheit, die inzwischen um sich greift, die Mauern, die zwischen Männern stehen, meine eigenen am stärksten.

Daran am deutlichsten, aber auch sonst – nämlich am Gefühl, es könnte mehr Wärme zwischen mir und einem anderen Mann sein z. B. – merke ich, daß die ganze Geschichte mit der Männlichkeit in mir überhaupt noch keinen endgültigen Abschluß gefunden hat. Eher umgekehrt, auch ohne Männergruppe als Anstoß, als Forum, als Motor kommen zu den erst mal abgeschlossenen, beantworteten Fragen immer wieder neue dazu. Und die unbestimmte Ahnung taucht in mir auf (beim Schreiben praktisch), daß ich eine Art Freischwimmen praktiziere, ohne Gruppe und ohne Oase in meiner Umwelt mich verändern zu wollen bzw. mit der Veränderung zu leben. Es ist ein langsameres Vortasten, kleine Schritte, nicht so geschützt wie vorher (das kann schon schmerzlich sein), umgekehrt habe ich dabei das Gefühl, näher am Leben zu sein als auf besagter Oase oder gar dem Dampfer (du erinnerst dich? Zurückblättern!).

Als Mann, der seine Männergruppe so ernst genommen hat und manche wichtigen Themen heute noch brennend findet, stehe ich – trotz manchmaligen Wunsches nach einer neuen Gruppe – der Sache dennoch eindeutig gegenüber: Ich will nicht in irgendeine neue Gruppe mit netten Männern, um dies oder das Bedeutsame zu machen. Sondern ich will mich mit den alltäglichen Männerbeziehungen, die ich so habe, auseinandersetzen, ob bei der Arbeit oder mit Freunden, eben besagtes Freischwimmen. Und wenn sich daraus eine Gruppe entwickelt, na toll...

Doch im Vordergrund steht mir der Alltag, nicht die Ausnahme, nicht die Selbstfindung in einer Gruppe, sondern das Da-Sein in meiner Welt, mein Mann-Sein zu leben, es jetzt mal nicht zu hinterfragen, verändern zu wollen. Und das alles in dem Wissen, daß es morgen anders sein kann.

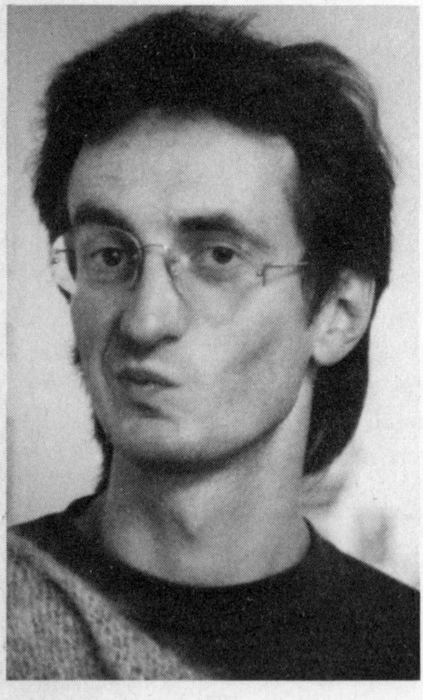

STEFAN KUNOLD. Ich bin jetzt – 1986 – 28 Jahre alt, lebe seit zweieinhalb Jahren in Bremen (wo sonst), schufte mich als Sozialpädagoge in einem kleinen Kinderheim halbtot und genieße ansonsten mein Leben in vollen Zügen und sonnigen Flußniederungen – sofern im kühlen Norden die Sonne mal ein Gastspiel hat.

Während meines Studiums in Siegen (wo liegt das denn) war ich drei Jahre lang in einer eher selbsterfahrerisch orientierten Männergruppe und habe mit Harald Lommel über die Erfahrungen in dieser Gruppe die Diplom-Arbeit geschrieben, die ist dann auch als Buch rausgekommen. Und sonst... bekomme ich gern Post!

Stefan Kunold,
Biebricher Straße
44/46, 28 Bremen

Georg Brzoska und Gerhard Hafner

Männerfragen im Patriarchat

«Frauenfrage» ist ein Begriff, der mittlerweile zum Glück immer weniger benutzt wird. Mit diesem Begriff erscheint das Phänomen Geschlechterverhältnis als auf Frauen begrenzt. Es geht aber um eine von Männern beherrschte Gesellschaft, in der Herrschaft tief ins Geschlechterverhältnis eingeschrieben ist. Von der «Männerfrage» zu sprechen, ist heute genauso sinnvoll wie der Ausdruck «Frauenfrage». Mit dem Begriff Männerfrage kann ins Bewußtsein kommen, daß Männlichkeit und Männerherrschaft in der Gestalt, in der wir sie heute vorfinden, das Problem sind – viel mehr als Weiblichkeit und Frauen.

Die Männerfrage, die Problematisierung von Männlichkeit, wird inzwischen häufiger gestellt, vor allem in den Medien. Wir entdecken sie an unerwarteten Orten und sie wird unterschiedlich eingeschätzt, gerade auch von politisch einander Nahestehenden. Der CDU-Generalsekretär Geißler beispielsweise läutet den «Abschied von der Männergesellschaft» *ein, die bis zum Jahr 2000 beseitigt sein soll. Andererseits argumentierte ein Berliner Senatorensprecher (eines CDU/FDP-Senats) mit der Undenkbarkeit von Männerforschung gegen die Einrichtung einer Professur für Frauenforschung. Frauenforschung habe nur dann eine Berechtigung, wenn es auch Männerforschung gäbe. (Zur Frage, ob es tatsächlich Männerforschung gibt: siehe unten). Nicht nur in den Reihen der CDU herrscht Verwirrung beim Thema Männer.

Wir wollen über die Männerfrage(n) schreiben, d. h. über einige uns wichtig erscheinende Aspekte der deformierten Männlichkeit und der von Männern beherrschten Kultur. Wir versuchen, uns durch theoretische Aufarbeitung über die Männerfragen klarer zu werden. Wir haben in Männergruppen und bei der Arbeit an Männerzeitungen viel Orientierungslosigkeit erfahren – nicht zuletzt unsere eigene.

* So der Titel eines von Heiner Geißler herausgegebenen Buchs, Ullstein Verlag, 1986

Um eine langfristigere, verbindlichere Diskussion in dieser Szene zustande zu bringen, ist die Aufarbeitung der Probleme ein notwendiger Beitrag. Aktivitäten und Projekte, in denen sich Männer engagieren könnten, sind allerdings genauso wichtig für die Männergruppenszene.* Aber dies alles ist kaum vorhanden.

Theoriearbeiten – «Männerstudien» wie wir sie manchmal hochtrabend nennen – sind weder der Zaubertrank für die Männergruppenszene noch zur Veränderung der übrigen Männer. Sie können nur ein Beitrag von Männern neben anderen sein – neben konkreten Projekten zur Veränderung von bestimmten Zielgruppen von Männern, interner und externer Öffentlichkeitsarbeit, der lieben alten Männergruppe...

Kann die theoretische Kritik an Männlichkeit emanzipatorisch wirken? Kann sie dem Mann Anstöße zu seiner Veränderung geben? Einer von uns beiden leitete einen Volkshochschulkurs zum ersten Band der «Männerphantasien» von Klaus Theweleit (Klassiker!). Anhand des gemeinsamen Lesens dieses Buchs über soldatische Männer gelang es, Einsichten darüber zu gewinnen, inwiefern auch wir unsere «Männerpanzer» tragen, die bei den Faschisten besonders dick gewachsen sind. An der Gruppe nahmen Männer von Mitte 20 bis 45 Jahre und ein Sechzigjähriger teil. Letzterer konnte mit eigenen Erfahrungen aus seiner Zeit als Soldat des Dritten Reiches einige Zusammenhänge zwischen wilhelminischer und faschistischer Sozialisation und dem Mannsein von uns Jüngeren veranschaulichen. Es ging uns darum, ein Beispiel dafür zu geben, daß die Beschäftigung mit kritischer Theorie über Männer kein Selbstzweck sein sollte, sondern zum positiven Wandel des Mannes beitragen, um es mit Theweleit zu sagen, den Männerpanzer aufweichen kann.

Die männliche Objektivität

Im folgenden skizzieren wir einige Fragestellungen und Denkansätze zur Kritik heute herrschender Formen von Männlichkeit, die uns fruchtbar erscheinen. Danach geben wir einen kurzen Überblick über

* Ein realistischerer Begriff als «Männerbewegung». Die Männergruppenszene gibt es in der BRD seit 1974. Siehe dazu: Gerhard Hafner, Männerbewegung, in: Was ist los mit den Männern? München: Biederstein 1985

kritische Männertheorie in drei Ländern, in denen wir die interessantesten Ansätze fanden.

Die grundlegende Tatsache, mit der wir konfrontiert sind, wurde auf die Formel «objektiv = männlich» * gebracht. Unsere Kultur wird von männlichen Werten bestimmt. Wohlgemerkt: unter Männlichkeit verstehen wir nichts Naturgegebenes, sondern etwas historisch sich Veränderndes. Das Zitat stammt nicht von einer Feministin, sondern von dem Philosophen und Soziologen Georg Simmel (1858–1918), der zur Zeit gerade wiederentdeckt wird.

In unserer Gesellschaft sind die kulturellen Institutionen und die Gewohnheiten durch ein von Männern beherrschtes Geschlechterverhältnis bestimmt. Simmel zählt Beispiele auf:

> «Die künstlerischen Forderungen und der Patriotismus, die allgemeine Sittlichkeit und die besonderen sozialen Ideen, die Gerechtigkeit des praktischen Urteils und die Objektivität des theoretischen Erkennens, die Kraft und die Vertiefung des Lebens – all diese Kategorien sind zwar gleichsam ihrer Form und ihrem Anspruch nach allgemein menschlich, aber in ihrer tatsächlichen historischen Gestaltung durchaus männlich.» **

Hier können wir auf den Begriff «Frauenfrage» zurückkommen. Es geht nicht darum, daß die Frauen ein Problem haben, ihnen zu mehr Gleichberechtigung zu verhelfen ist, sie zu integrieren sind. Vielmehr geht es um eine Reinterpretation der gesamten Geschichte und Kultur.*** Unter «dem Menschen» wurde (und wird) der Mann verstanden. Wir müssen erst wieder herausarbeiten, was für ein Geschlechterverhältnis, was für ein gesellschaftlich geschaffener Charakter der Frau bzw. des Mannes sich hinter der traditionellen Gleichsetzung Mensch = Mann verbirgt.

Die These, daß unsere Gesellschaft von männlichen Normen und Werten bestimmt ist, wurde von der Frauenbewegung schon lange vor Simmel vertreten. Feministische Theorie betrachtet, ausgehend von dieser These, die Situation der Frauen im Patriarchat, d. h. vor allem ihre Unterdrückung. «Männerforschung» (kritisch verstanden) geht es um die Situation des Mannes. Beide bearbeiten das Geschlechterverhältnis, die Struktur des Patriarchats.

* Simmel (1985), S. 200
** Ebenda
*** Sylvia Bovenschen (1979) hat diese These am klarsten dargestellt.

Männerforschung hat sehr viel von der feministischen Forschung zu lernen. Ein Beispiel geben wir unten mit der feministischen Interpretation der Objektbeziehungstheorie. Die feministische Forschung hat das Geschlechterverhältnis schon in vielfältiger Weise untersucht. Nur: Frauenforschung interessiert sich in erster Linie für die Wirkung von Männern auf Frauen. Um die Erforschung des Innenlebens und Erlebens der Männer müssen wir uns schon selber kümmern. Weitere Themen, an denen Frauen weniger ein direktes Interesse haben, sind die Gewalt von Männern gegenüber Männern und Jungen, die Liebe unter Männern und antipatriarchale Perspektiven als Männer. Möglichkeiten und Perspektiven der Veränderung des Mannes müssen von Männern selbst diskutiert und erarbeitet werden, sonst würden sie nur ein äußerlicher Anspruch bleiben.

Kommen wir noch einmal auf Simmel zurück: Er schrieb den zitierten Aufsatz 1911, noch zur Zeit des deutschen Kaiserreichs, das heißt aber auch nach einem halben Jahrhundert deutscher Frauenbewegung. Seine radikale Einsicht erscheint einem weniger erstaunlich, wenn man den Aufsatz weiterliest. Die Radikalität hält nur die ersten vier Seiten vor – dann setzt Simmel ein Wesen der Frau und ein Wesen des Mannes. Der Frau wird «Sein» und Natur zugeordnet, dem Mann gesellschaftliche und kulturelle Produktivität. Es sei richtig, daß die Männer die Gestaltung der objektiven Welt übernähmen, weil sie von ihrem Geschlechtscharakter her dazu prädestiniert seien.

Vielleicht war der Anfang des Aufsatzes eine Konzession an feministische Positionen. Uns wundert weniger dieser erste Teil, als vielmehr was ihm folgt: Die Naivität, in der wieder einmal ein Philosoph glaubt, seine Intuition habe ihm tiefere Einsichten über das Wesen der Geschlechter eingegeben. Dabei ähneln sich diese «Erkenntnisse» der «großen Denker» sehr. Die bürgerliche Aufgabenverteilung zwischen den Geschlechtern wird jedesmal durch idealisierende Begriffe verbrämt.

Der bürgerliche Mann

Als das Bürgertum in Deutschland im 18. Jahrhundert eine spezifisch bürgerliche Kultur herausbildete, entwickelte es auch eine Vorstellung von Männlichkeit und Weiblichkeit. Hier kam der Begriff vom

«Geschlechtscharakter» auf.* Die materielle Grundlage einer neuen Vorstellung vom Geschlechterverhältnis war die Trennung von Erwerbs- und Familienleben. Diese Trennung war erst für eine kleine bürgerliche Schicht vollzogen: vor allem für Kaufleute und für die Intellektuellen, die für die Ideologieproduktion sehr wichtig waren.

Vorher herrschte eine religiös begründete, dem Standesdenken entlehnte Vorstellung vom Geschlechterverhältnis: Der Mann herrscht, die Frau ordnet sich unter. Sie wurde abgelöst durch eine Vorstellung vom «Geschlechtscharakter», die polar entgegengesetzte Eigenschaften von Mann und Frau behauptete und sich in einer Psychologie der Geschlechter festschrieb.

Arbeit hatte den zentralen Stellenwert für die Legitimierung der historischen Emanzipation des Bürgertums. Entsprechend war die männliche «Arbeitsamkeit» der Kern des bürgerlichen Männlichkeitskonzepts. Diese Vorstellung folgt der Propagierung des rationalistischen Menschen (gleich männlichen Bürgers). Der Mann wurde als Vernunftwesen konzipiert. Als dessen Ergänzung sollte die Frau den Mann reproduzieren.

In dieser Zeit sprossen bei den Philosophen die Tiraden über das Wesen der Frau und des Mannes, die bis heute immer noch den Kern dessen bilden, was im allgemeinen unter Weiblichkeit und Männlichkeit verstanden wird. Zwar hat es inzwischen eine Aufweichung durch die Frauenbewegung und andere gesellschaftliche Entwicklungen gegeben: Der neue Mann ist nicht mehr lediglich Produzent, sondern wird in verstärktem Ausmaß als Konsument und Genießer mit narzißtischen Elementen definiert. Er ist nicht mehr so sehr Einzelkämpfer und einsamer Held sondern team-worker. Trotzdem gibt die euphorische Propagierung *des Menschen* (d. h. in Wirklichkeit des männlichen Bürgers) durch die Aufklärung des 18. Jahrhunderts bis heute das dominierende Muster der Geschlechtervorstellung vor.

* Für die Analyse dieser klassischen bürgerlichen Geschlechtervorstellung bildet der Text von Karin Hausen (1977) noch immer die Grundlage.

Die «Objektivität des theoretischen Erkennens» erscheint laut Simmel als allgemein menschlich, in Wirklichkeit ist sie aber männlich bestimmt. Das gleiche gilt für die Vernunft. Atomkraftwerke, Umweltzerstörung oder Krieg resultieren aus einer Vernunft, die wesentlich durch ihre Männlichkeitsdimension geprägt ist.

Eine grundlegende Kritik der herrschenden Vernunft leisteten Horkheimer und Adorno in der «Dialektik der Aufklärung». Die beiden Altmeister der «Kritischen Theorie» schrieben in diesem Buch aus dem Jahr 1944 über Odysseus' Irrfahrten durch das Mittelmeer. Odysseus kämpfte gegen Naturgewalten und mythische Mächte. Hieran veranschaulichen die Autoren Zusammenhänge zwischen Naturbeherrschung, Unterdrückung von «Weiblichkeit», Herrschaft über andere Menschen und Unterdrückung innerer, d.h. menschlicher (Trieb-)Natur. Diese vier Momente sind wesentliche Aspekte der Konstitution des bürgerlichen «Selbst».

«Furchtbares hat die Menschheit sich antun müssen, bis das Selbst, der identische, zweckgerichtete, männliche Charakter des Menschen geschaffen war, und etwas davon wird noch in jeder Kindheit wiederholt.» * Indem er seine Triebansprüche opfert, gewinnt Odysseus Macht über die Naturgewalten. Gleichzeitig etabliert er sich als Herrscher über die Menschen und bleibt souverän gegenüber weiblicher Macht.

Was Horkheimer und Adorno als Entwicklung zum «männlichen Charakter des Menschen» analysieren, hat Sandra Harding nach Geschlechtern modellhaft zu trennen versucht.** Frauen erwerben durch ihre Sozialisation eine Vernunft, die (wohlgemerkt als Modell) sich vor allem in den Nächsten einfühlt und eine Beziehung zu konkreten anderen herstellt. Bei dieser Form von Vernunft geht es um das beiderseitige Wohlergehen in einer Beziehung. Das eigene Wohlergehen und das des Gegenübers werden als voneinander abhängig gesehen.

Männer hingegen erwerben eher eine Vernunft des «lonely cowboys»: Voneinander unabhängige Wesen kommen nur im Konkurrenzkampf miteinander in Kontakt. Der Konkurrenzkampf muß

* Horkheimer/Adorno (1969) S. 33
** Harding (1982)

durch eine Vernunft abstrakter Rechte und Pflichten reguliert werden.

Damit soll nun nicht wieder ein Wesen der Geschlechter festgeschrieben werden. Es geht uns hier um den Zusammenhang zwischen der Männlichkeit der Vernunft und der Männlichkeit als Abwehr. Carol Hagemann-White * hat sicher recht, wenn sie betont, daß die Frauen gar nicht solche festgelegten geschlechtstypischen Eigenschaften besitzen, wie oft angenommen wird. Gleiches gilt in modifizierter Form auch für Männer. Das geschlechtstypische Verhalten kommt vielmehr zumeist erst dadurch zustande, daß traditionell geschlechtstypische Handlungsmuster in der jeweiligen Situation als bequemste, leichteste Handlungsalternative erscheinen.

Lonely cowboy

Kehren wir zu Sandra Hardings idealtypischer weiblicher bzw. männlicher Vernunft zurück. Eine ganze Reihe anderer feministischer US-Autorinnen verbindet in der gleichen Weise wie Harding die Kritik «männlicher» Vernunft mit Einsichten psychoanalytischer Objektbeziehungstheorie. Auch in interessanten Beiträgen von Männern zur Diskussion über Männlichkeit wurde in den letzten Jahren oft die Objektbeziehungstheorie herangezogen (auch von Theweleit).

Diese Theorie scheint zum Verständnis von Männern nützlich zu sein. Die herrschende Männlichkeit wird darin als ein Abwehrphänomen gesehen. Die Abgrenzung von der Mutter, dem Weiblichen, konstituiert die männliche Identität. Nach der Phase der Symbiose bilden Kinder ungefähr mit 1½ Jahren ein eigenes Ich heraus (vgl. die Untersuchungen von Margaret Mahler und Mitarbeiter). Für den Jungen ist diese Phase mit der Erkenntnis verbunden, daß er ein anderes Geschlecht hat als die Mutter. Ihm wird vermittelt, daß er gerade nicht so sein soll, wie die Mutter ist. Dies hat weitreichende Konsequenzen: Der Junge entwickelt ein eher abgrenzendes Ich (im Gegensatz zum eher beziehungsfähigen Ich des Mädchens). Für ihn ist das Weibliche ambivalent besetzt. Für den Jungen ist die Abwen-

* In ihrem Buch «Sozialisation: Weiblich – Männlich?», Opladen (Leske und Budrich), 1984

dung von der Mutter forcierter als beim Mädchen. Die zärtlichen Strömungen der symbiotischen Zeit sind für ihn mit Weiblichkeit infiziert. Dies zeigt sich in der Sexualität des erwachsenen Mannes, der die Sinnlichkeit der frühen Kindheit zugunsten der genitalen Sexualität zurückdrängt.

Mit fünf Jahren hat der Junge seine «femininen» Anteile verdrängt, d. h. seine frühesten Erinnerungen an die abhängige Beziehung zur Mutter, sowie viele Fähigkeiten, sich auf andere zu beziehen. Er sieht auf Mädchen und Frauen herab, will beherrschen, Objekte kontrollieren. Damit meistert er Ängste vor und Wünsche nach Regression, d. h. nach der Symbiose mit der Mutter. Beherrschung wird zum normalen Verhalten gegenüber Frauen und allem, was mit ihnen in Verbindung gebracht wird: Körper, Gefühl, Natur, Beziehungen werden in Machtkonkurrenzen verwandelt.

Frauen sind für Männer Erinnerung an und Auslöser für Wünsche nach Verschmelzung. Dieser Wunsch ist mit Bedrohung verbunden: Es droht die Gefahr der Aufhebung des mühsam erworbenen Selbst. Das Identifikationsprojekt für das Mädchen, die Mutter, ist konkret, alltäglich präsent. Der Vater ist für den Jungen abstrakt, selten da, noch seltener erreichbar. Nicht nur der Inhalt, auch die Form der Sozialisation der Mädchen ist also viel mehr durch persönliche Interaktion geprägt. Jungen lernen nach einem kulturellen Stereotyp. Männlichkeit wird von ihnen idealisiert.

Soweit können wir hier ein paar Bruchstücke zur Kritik herrschender Männlichkeit darstellen. Im folgenden schreiben wir von Ansätzen solch einer Kritik in anderen Ländern. Es gibt drei westliche Länder, in denen die wissenschaftliche und die öffentliche Diskussion über Männer schon weiter entwickelt sind als in der Bundesrepublik Deutschland. Es handelt sich um die Vereinigten Staaten von Amerika, die Niederlande und Schweden. Wir geben einen kurzen Überblick über die wichtigsten Diskussionen zu Männerfragen in diesen drei Ländern.

Vereinigte Staaten von Amerika

In den USA begannen Diskussionen über Männerfragen bereits am Ende der sechziger Jahre. Zahlreiche wissenschaftliche und populärwissenschaftliche Zeitschriften- und Buchveröffentlichungen, Selbsthilfegruppen, Tagungen, Institutionen und Organisationen zeigen vielfältige Auseinandersetzungen mit den Veränderungen der Männerrolle.

Seit 1975 finden jährlich große, überregionale Konferenzen «Men and Masculinity» statt, bei denen sich Männer (zum kleineren Teil auch Frauen) aus den verschiedenen Praxisfeldern über ihre Erfahrungen mit Projekten zur Emanzipation von Männern austauschen. Bei der Konferenz in St. Louis (1985) gab es über 120 Veranstaltungen aus den Bereichen Wissenschaft, Sozialarbeit, Therapie, Kultur und Kunst.

Die Konferenzen werden von der «National Organization for Changing Men» ausgerichtet, innerhalb derer Sektionen zu Männergewalt, Gesundheit, persönlichen Beziehungen zwischen Männern und Frauen, Männerforschung und anderem arbeiten. Die National Organization for Changing Men versteht sich als antisexistische Vereinigung, die sich solidarisch gegenüber Feministinnen verhält. Nach großen Auseinandersetzungen spaltete sich die antifeministische Organisation «Free Men» ab. Diese «Maskulisten» forderten unter anderem das Sorgerecht für Väter, mehr Rechte an den Kindern ohne eine größere Verantwortlichkeit bei den täglichen Arbeiten.

Die Maskulisten

Über die Perspektiven der Veränderungen des Mannes ist in den USA ein heftiger Streit zwischen den Antisexisten und den Maskulisten entbrannt. Der Ideologe der maskulistischen Befreiung des Mannes, der Psychotherapeut Herb Goldberg, ist auch in der BRD mit dem «Verunsicherten Mann» («The hazards of being male») und «Man(n) bleibt Mann» («The new male. From macho to sensitive. But still all male.») wohlbekannt, aber leider weniger kritisiert als in den USA. Er hat dort, aber auch in der BRD (nicht zuletzt in der alternativen Psychoszene), großen Erfolg. Dieser rührt daher, daß er subjektiven Frust über die Bürden der Männlichkeit, Verunsicherungen durch die Veränderungen und Widersprüche der Männerrolle, Neid auf die Macht von Frauen in gesellschaftlichen Teilbereichen etc. als Belege einer Benachteiligung des Mannes und einer Unterdrückung durch die Männerrolle ansieht. Die Männerrolle wird bei ihm als fremdbestimmte Zumutung der Gesellschaft verstanden, von der sich der

Mann im therapeutischen Akt bzw. mittels seiner Lebenshilfebücher zu befreien habe.

Inwiefern der individuelle Mann von den Privilegien der Herrschaft profitiert (z. B. ganz konkret in der bürgerlichen Ehe), bleibt ebenso unberücksichtigt wie die Funktionalität der Männerrolle für das Patriarchat. Die Rollen sind aus ihrem historischen und gesellschaftlichen Kontext gelöst und kommen quasi aus dem bürgerlichen Himmel zum einzelnen Mann herunter. Emanzipation ist reduziert auf die individuelle Befreiung von den Beschwernissen, die mit der Männlichkeit verbunden sind. Unterdrückung, Ausbeutung, Gewalt der Männer insbesondere an den Frauen wird banalisiert. Typisch ist die unreflektierte Übertragung von der psychischen Ebene (von den Erfahrungen mit der Freundin/Frau) auf die gesellschaftliche Ebene. In der BRD ist der artikulierte Maskulismus (noch?) selten. Die Beschränkung auf Selbsterfahrung oder Therapie hat allerdings oft die gleiche reaktionäre Funktion.

Die Antisexisten

Ein aktuelles Beispiel für das Engagement US-amerikanischer Männer der antisexistischen Richtung ist die Kampagne gegen Pornografie. Engagierte Männer beteiligen sich an dieser Kampagne eines Teils der Frauenbewegung. Dabei ist es unter Männern genauso umstritten wie innerhalb der Frauenbewegung, ob ein obrigkeitliches Verbot das richtige Mittel zur Bekämpfung von frauenverachtender und gewaltverherrlichender Pornografie ist. Wir halten ein Verbot für das falsche, obendrein wirkungslose Mittel. Aber für die Bewußtseinsbildung der Männer scheint die Auseinandersetzung über diese Frage nützlich zu sein. Es wird offen und ausführlich über Pornografie diskutiert, vor allem über ihren frauenverachtenden Aspekt.

In den USA wird seit zehn bis fünfzehn Jahren Forschung zur Psychologie und Soziologie des Mannes betrieben. Sie hat ihre Wurzeln in der in den USA schon seit den dreißiger Jahren etablierten Geschlechtsrollenpsychologie und in Anregungen durch die neue Frauenbewegung und steht in engem Zusammenhang zur oben dargestellten «Männerbewegung». Obwohl diese Forschung an Psychologismus und Datenhuberei krankt, kann man ihr doch vielfältige

Anregungen entnehmen. An 102 Universitäten werden Kurse zur Männerfrage durchgeführt.

Das National Institute of Mental Health gibt in Zusammenarbeit mit Universitäten eine große kommentierte Bibliografie zur männlichen Geschlechtsrolle heraus. Daneben existieren zwei weitere große Bibliografien von Universitäten zum Thema (siehe Literaturliste).

Als Wissenschaftler ist Professor Joseph Pleck besonders nennenswert. Er leitet am Center for Research on Women (Wellesley College) ein Projekt zur Männerrolle und hat bereits ein umfangreiches Werk zur Psychologie, Soziologie und Geschichte des Mannes veröffentlicht.

In seinem Buch «Men and Masculinity» zeigt Pleck auf, wie die Psychologie Männlichkeit und das Paradigma (Glaubenssatz) der männlichen Geschlechtsidentität konstruiert. Nach traditioneller psychologischer Lehrmeinung sind Aggressionen, Kriminalität, Abweichungen von der Norm Folge einer unsicheren männlichen Identität. Die Identifikation des Mannes mit seiner Mutter, verweiblichende Einflüsse der in Kindergärten und Grundschulen dominierenden Frauen seien Ursachen gestörter Geschlechtsidentität. In einer psychoanalytischen Abhandlung über die Ursachen der Transsexualität eines kleinen Jungen wird die psychische Entwicklung folgendermaßen normiert: «1. Ich bin ich, John. 2. Ich bin ich, John, ein Junge. 3. Ich bin ich, John, ein Junge, was bedeutet, daß ich gern sexuelle Dinge mit Mädchen mache.» (Ralph R. Greenson: Psychoanalytische Erkundungen). Homosexualität ist demnach auch eine Störung der Geschlechtsrollenidentität. Die gesellschaftliche Trennung der Geschlechter und die Heterosexualität wird als Naturgesetz eingeschrieben. Das Paradigma der Geschlechtsrollenidentität dient der internalisierten sozialen Kontrolle und erzeugt, so Plecks zentraler Kritikpunkt, lediglich den Zwang und die Leiden, sich den Rollen gemäß zu verhalten. Es ist ein Beispiel, wie Psychologie und Sozialwissenschaften konservativ wirken, gesellschaftliche Veränderungen eher erschweren als erleichtern können.

Schweden

Schweden steht kopf: Nicht engagierte Männer machen von sich reden, sondern der Staat. Von 1983 bis 1985 arbeitete eine vom jämstelldhetsminister (etwa: Gleichstellungsministerin) eingesetzte «Arbeitsgruppe zur Männerrolle» aus Vertretern relevanter gesellschaftlicher Gruppen und Experten. Die Arbeitsgruppe sollte Möglichkeiten und Perspektiven einer Veränderung der Männerrolle untersuchen. Ein wesentliches Motiv für die Einrichtung der Arbeitsgruppe war die Tatsache, daß der in Schweden schon seit vielen Jahren mögliche Elternurlaub kaum von Vätern wahrgenommen wird.

Die Arbeitsgruppe kam nach ihrer zweijährigen Untersuchungsarbeit zu dem Schluß, daß folgende Zeitabschnitte im Leben des Mannes besondere Chancen zur Veränderung bieten: Vater werden, Großvater werden, Ausbildung oder Beruf wählen, der Militärdienst und persönliche Krisen.

Die Beschäftigung mit der Sozialisation des Mannes führte die Arbeitsgruppe vor allem zu der Forderung, Jungen sollten auf Vaterschaft im gleichen Maße wie Mädchen auf Mutterschaft vorbereitet werden. Die Integration von Kindergärten, Vorschulen und Jugendzentren sei ein Ansatz, Jungen mehr Erfahrung im Umgang mit Kleinkindern zu ermöglichen.

Die Arbeitsgruppe betont die Bedeutung einer Diskussion der Männerrolle im Militär. Diese Diskussion könne Gewaltkult, Pornografie- und Drogenkonsum entgegenwirken. Die Idee des Militärs ohne Gewaltkult ist einer von vielen seltsamen schwedischen Widersprüchen. Aber die schwedischen Männer haben seit 150 Jahren keinen Krieg geführt. Auch gerade den Offizieren und Unteroffizieren, die ein Vorbild der Wehrpflichtigen sind, sollte ein Bewußtsein über heute adäquates Verhalten von Männern im Militär und außerhalb vermittelt werden. Mittlerweile wurden zwei Projekte zur Aufklärung in diesem Sinne vom Ministerium finanziell unterstützt.

Männer, die wegen Gewalt gegenüber Frauen, Vergewaltigung oder Mißbrauch Minderjähriger verurteilt sind, sollten nach Auffassung der Arbeitsgruppe eine Therapie erhalten. In diesem Sinne wurde im Januar 1986 in Göteborg ein «Krisenzentrum für Männer» eingerichtet. Es richtet sich in erster Linie an Männer, die ihre Frauen schlagen, betreut aber auch Männer, die eine Beziehungs- oder Trennungskrise durchleben. Zwischen Januar und August 1986 wandten sich 500 Männer hilfesuchend an dieses Krisenzentrum.

Die Arbeitsgruppe hält Forschung auf vier Feldern für besonders vordringlich: Zwischenmenschliche Beziehungen der Männer (besonders als Väter); Auswirkungen, die das Ende einer Beziehung für Männer hat; verbale und non-verbale Sprache (Sprachschwierigkeiten und ihre Folgen) der Männer; Macht im Kontext von Geschlecht und Klasse.

Die Arbeitsgruppe fordert die Einsetzung von weiteren Gleichberechtigungsseminaren für Männer, wie sie bisher schon in einer staatlichen Behörde und vom Autohersteller Volvo durchgeführt wurden. In diesen Seminaren sollen Männer überlegen, wie sie ihr Verhalten ändern können, um die Gleichstellung der Frauen zu unterstützen.

In einem langfristigen Prozeß, der aus einer Kombination von Engagement von Männern und von staatlichen Maßnahmen bestehen müßte, sei die Männerrolle tatsächlich veränderbar.

Nach Beendigung ihres «Ideenprogrammes» wurde die «Arbeitsgruppe zur Männerrolle» in eine «Beratungsgruppe für Männerrollenfragen» umgewandelt. Sie berät die Gleichstellungsministerin. Vorsitzender ist der Staatssekretär Jonas Widgren. Im März 1986 wurde bekanntgegeben, daß bereits 306000 schwedische Kronen (ca. 100000 DM) für fünf Projekte verteilt wurden, die im Sinne des Ideenprogrammes der Arbeitsgruppe arbeiten (zur Würdigung der Höhe dieser Summe: Schweden zählt nur acht Millionen Einwohner).

Diese Evolution von oben mag uns befremdlich erscheinen. Wir müssen jedoch bedenken, daß hier von Schweden mit seinen jahrzehntelangen sozialdemokratischen Regierungen und zwanzig Jahren Debatte über Gleichstellung (nicht Gleichberechtigung) der Geschlechter die Rede ist.

Niederlande

In den Niederlanden mit ihren nur 15 Millionen Einwohnern finden mehr Veranstaltungen, Konferenzen, überhaupt mehr öffentliche Diskussionen zum Männerthema statt als bei uns.

Neben anderen emanzipatorischen Männerzeitungen existieren in diesem Land ein Monatsblatt und eine Theoriezeitschrift, deren Qualität anzeigt, daß die Diskussion des Themas etwas weiter fortgeschritten ist als bei uns. Die «Stiftung Superman» gibt jeden Monat eine Zeitung heraus, die die Aktivitäten und Diskussionen zu Männerfragen widerspiegelt. 41 Ausgaben dieser «Superman's Ventiel» waren im August 1986 bereits erschienen. Im Veranstaltungskalender finden wir monatlich ca. 15 bis 20 Diskussionsveranstaltungen, Vorträge, «Männercafé»-Termine etc. aufgeführt.

Die Theoriezeitschrift «manuscript» mit einem Umfang von 110 bis 170 Seiten pro Ausgabe veröffentlicht profunde Analysen. Themengebiete einiger der 12 erschienenen Ausgaben waren: Väter, die ihre Kinder versorgen/erziehen, Männlichkeit und Militarismus, Sexualität und Pornografie, Männer und Arbeit.

Seit einigen Jahren arbeitet eine «landesweite Arbeitsgruppe Männerstudien». Sie dokumentiert, ermöglicht Informationsaustausch, organisiert Vorträge, Diskussionen, Kongresse und Universitätsseminare. 1985 führte die Organisation einen Kongreß über sexuelle Gewalt mit 400 Teilnehmern/innen durch. Sie will fachkompetente Mitglieder an Institutionen, die Anfragen oder Aufträge haben, vermitteln und arbeitet an einem Dokumentationszentrum, in dem Literatur zusammengetragen und zugänglich gemacht werden soll. Als Grundstein existiert bereits seit Frühjahr 1985 ein «Nachrichtenblatt Männerstudien», das von einem Mitglied der Arbeitsgruppe herausgegeben wird. In einigen niederländischen Städten arbeiten (wie auch in den USA) «Männer gegen sexuelle Gewalt»-Gruppen. Eine nationale Dachorganisation koordiniert die Arbeit dieser Gruppen.

Gibt es eine Männerforschung bei uns?

Unsere Überlegungen sind lediglich Bruchstücke einer Kritik der herrschenden Männlichkeit, entnommen der kritischen Theorie, der historischen Familienforschung, der feministischen Psychoanalyse, etc., das heißt, wir haben dem herrschenden Wissenschaftsbetrieb und der feministischen Kritik daran unsere Versatzstücke zu verdanken. Eine patriarchatskritische (oder männerkritische oder antisexistische oder wie soll man sie nennen?) Männerforschung existiert nur in Form von vielen auf den Buchmarkt geworfenen isolierten Arbeiten (zumindest in der BRD). Eine Männerbewegung, die die Männerforschung in Gang bringen könnte, ist nicht in Sicht. Keine feministische Forschung ohne Frauenbewegung. Wer oder was könnte analog dazu die Männerforschung in Bewegung bringen? Wie die Männerbewegung ihren pathetischen Begriff nicht verdient, da sie nur aus isolierten Männergruppen besteht, so existiert eine Männerforschung erst mal nur auf dem Papier und ist ein Mosaik aus Erkenntnissen unterschiedlichster wissenschaftlicher Herkunft.

Nachtrag

Seit Anfang 1986 haben sich ca. zwanzig Männer aus der Männergruppenszene zusammengetan, um gemeinsam theoretisch zu Männerfragen zu arbeiten. Einige sind dabei, Diplomarbeiten über Männer zu schreiben, andere führen Universitätsseminare durch, wieder andere haben nichts mit der Uni zu tun. Zwei- oder dreimal im Jahr kommen wir ein Wochenende zusammen, um über vorbereitete Themen und laufende Forschungen zu diskutieren.

Im November 1986 waren zum Beispiel unsere Themen: Vaterschaft, Reproduktionstechnologie, § 218, Bevölkerungsentwicklung, «Wünscht sich das Kapital den neuen Mann»? Mitglieder dieser «Arbeitsgruppe Männerstudien» veröffentlichten in Männerzeitungen (und anderswo) und werden es auch in Zukunft tun, wenn unsere Diskussionen und Einzelarbeiten interessant genug erscheinen. Wir hoffen, daß die Arbeitsgruppe die Auseinandersetzungen in der Männergruppenszene und darüber hinaus fördert. Wer bei uns mitarbeiten möchte, wende sich an uns:

Georg Brzoska
Gerhard Hafner
Kreuzbergstraße 71
1000 Berlin 61
Telefon: 030 / 7851257

Georg Brzoska, 32 Jahre alt, versorgt seine Tochter Marie, seit vielen Jahren in emanzipatorischen Männergruppen, leitet Volkshochschulkurse und Seminare an der Freien Universität Berlin zu Männerfragen

Gerhard Hafner, (rechts), 1949 geboren, Psychologe, Mitarbeit in Männergruppen, -kalendern und -zeitungen, Männerseminare an der FU Berlin.

Literatur

August, Eugene (ed.); Men's Studies: A selected and annotated interdisciplinary bibliography; Littleton, Colorado (Libraries Unlimited) 1985
Bonorden, Heinz (Hg.): Was ist los mit den Männern? München 1985
Bovenschen, Sylvia: Die imaginierte Weiblichkeit, Frankfurt a. M. 1979
Chodorow, Nancy: Das Erbe der Mütter. München 1985
Geißler, Heiner (Hg.): Abschied von der Männergesellschaft, Frankfurt a. M./ Berlin/Wien 1986
Goldberg, Herb: Der verunsicherte Mann, Düsseldorf/Köln 1977
Goldberg, Herb: Man(n) bleibt Mann, Reinbek 1986
Greenson, Ralph R.: Psychoanalytische Erkundungen, Stuttgart 1979
Hagemann-White, Carol: Sozialisation: Weiblich – männlich? Opladen 1984
Harding, Sandra: Is Gender a variable..., in: dialectica vol. 36, Fasc. 2–3, 1982
Hausen, Karin: Die Polarisierung der «Geschlechtscharaktere», in: Sozialgeschichte der Familie in der Neuzeit Europas (Hg.: Conze), Stuttgart 1977
Horkheimer / Adorno (1944): Dialektik der Aufklärung, Frankfurt a. M. 1969
Jalmert, Lars: Den svenske mannen; Stockholm 1984
Mahler, Margaret u. a.: Die psychische Geburt des Menschen, Frankfurt a. M. 1978
Mannen i förändring. Idéprogram från arbetsgruppen om mansrollen; Stockholm (Tidens förlag) 1985
Manuscript; Eindhoven Nr. 1–12, 1980–1986
Men's Studies Bibliography, Massachusetts Institute of Technology, Human Studies Collection, Humanities Library; Cambridge (USA) 1979[4]
National Institute of Mental Health; The Male Sex Role: A selected and annotated bibliography; Rockville (USA) 1979
Pleck, Joseph H.: The Myth of Masculinity; Cambridge 1981
Simmel, Georg: Schriften zur Philosophie und Soziologie der Geschlechter, Frankfurt a. M. 1985
Supperman's ventiel (bis Nr. 36: Superman's nieuwsbrief)
Theweleit, Klaus: Männerphantasien, Band 1 u. 2, Frankfurt a. M. 1977 und 1978

Betrifft: Beziehungen

Foto:
Detlef
Ihlenfeldt

Matthias T. J. Grimme

Der Abbruch

«also, das ist doch typisch. ihr männer müßt über eure gefühle immer gleich einen artikel schreiben!»

mag sein, das stimmt, vielleicht aus stolz, daß ich überhaupt welche spüre?

aber nein, ein anderer anfang. ursprünglich hatte ich gedacht, ich könne mich dem thema schwangerschaftsabbruch nur so nähern, wenn ich diesen kleinen anonymen «wurm» mit einem «du» personifiziert hätte, diesen wurm, den es jetzt nicht mehr gibt, und der einmal ein richtiger mensch hätte werden können. doch plötzlich schäme ich mich vor den rührseligen anwandlungen, die mir dabei hochkommen.

ein dritter versuch. – früher habe ich mich über die männer geärgert, die mit ihren freundinnen ein ungewolltes kind zeugten. ich war ja besser, paßte auf, war verantwortungsvoller, wollte mich schon im letzten herbst sterilisieren lassen. ließ es dann aber doch nicht, weil ich nicht «egoistisch» sein wollte. renate sollte die von ihr geforderte möglichkeit haben, irgendwann den wunsch nach einem gemeinsamen kind zu äußern. eine faire abmachung, auch wenn ich sicher war, so oder so kein kind in diese welt setzen zu wollen, einmal abgesehen vom bewußtsein meiner eigenen unreife. «dann eher ein pflegekind.» aber ich verstand renates wunsch, eventuell schwangerschaft mit ihrem körper erleben zu wollen. (ich beginne schon wieder mich zu rechtfertigen, nach begründungen zu suchen!)

also, im urlaub haben wir nicht aufgepaßt, habe ich nicht auf die allzu deutliche temperaturkurve gesehen. und zwei wochen später blieb die regel aus.

zuerst angst, angst vor der abhängigkeit, «ich kann sie ja nicht zum abbruch zwingen», und «ein unverheirateter vater hat nur pflichten und keine rechte an seinem kind».

aber kurz danach zerbröckelte meine alte sicherheit, keine kinder zu wollen. ich träumte mich als vater, als jemanden, der seinem kind die welt zeigt. «aber ich bin doch viel zu ungeduldig.»

übereilte rückkehr aus dem urlaub, immer noch in der hoffnung, daß «es» sich nur verzögert habe. verdrängen! nicht daran denken! es ist bestimmt etwas anderes!

«der schwangerschaftstest ist positiv, das heißt, sie sind schwanger. wollen sie das kind austragen?» die stimme der sprechstundenhilfe klingt neutral, ich stehe neben renate, wartend, denke «und jetzt». «nein» sagt renate.

das erschrecken kommt später. die verleugneten, beiseite geschobenen ängste sind auf einmal wieder da. «hoffentlich überlegt sie es sich nicht anders», aber gleichzeitig auch die angst, druck auf ihre entscheidung auszuüben. «ihr bauch gehört ihr!» schuldgefühle kriechen mir den nacken hoch. mein wissen um die körperliche und seelische belastung durch einen abbruch. «vielleicht hat sie hinterher keine lust mehr, mit mir zu schlafen, oder vielleicht ist da meine angst vor einer erneuten schwangerschaft so groß, daß ich impotent werde?» ich spüre renates unsicherheit wie ein leises ziehen im bauch. will sie nicht belasten mit meinen überlegungen und ängsten. drei tage warten bis zum arzttermin, der gesetzlich angeordneten beratung.

«wir haben doch beide gerade zu studieren begonnen, wenn wir noch gearbeitet hätten...», meint renate, und ich denke: «am geld liegt es nicht, das würden wir auch so schaffen, aber wir sind doch viel zu unreif, und falls wir mal ein kind wollen, dann soll es auch geplant sein...»

ich zittere vor dem gedanken, plötzlich nicht mehr nur für mich verantwortlich zu sein, sondern für noch jemanden, jemanden, der schutzlos und schwach sein würde, der sich nicht gegen mich wehren könnte. aber ganz hinten im kopf der traum, «mein kind soll es besser haben, eine sanfte geburt, ein herzliches willkommen ohne aber und einen zärtlichen, geduldigen vater, der da ist.» die ideologie der neuen mütterlichkeit im kopf und in der erinnerung die tränen der wehmut, die ich geweint hatte, als ich im fernsehen einen film über eine sanfte geburt gesehen hatte.

nein! «nein, ich will kein kind!» ich will nicht unsicher sein, will schon gar nicht renate von meiner unsicherheit erzählen.

(gestern erzählte mir meine mutter, sie hätte sich überlegt gehabt, ob sie uns anbieten solle, das kind zu nehmen. mein erschrecken und dann die erleichterung, als sie sagte: «aber dafür hätte ich nicht mehr genug kraft gehabt.» entsetzlich, wenn wir uns umsonst gequält hätten.)

und immer wieder der stich, das schuldgefühl, wenn renate von ihrer angst vor dem abbruch erzählt. aber um die medizinische seite mache ich mir keine gedanken, hoffe nur, daß renates angst vor dem abbruch nicht größer wird als die angst vor einem baby.

ablenkungsmanöver: fernsehen, besuche, zeitung lesen. gewohnte tätigkeiten. einen abend alleine zu Hause, voller gedanken, die plötzlich kraftlos tiefer sinken. «manchmal möchte ich vergessen, weiter zu atmen!» (früher als kind wollte ich auch manchmal nur einfach verschwinden.) warum trifft mich renates schwangerschaft so verunsichernd tief? ist es die angst, möglicherweise meine lebensperspektive total ändern zu müssen? unsicherheiten, die sich immer tiefer bohren, sehnsucht, endlich weinen zu können. es ist fast beruhigend, als ich spüre, wie ich mich wieder verhärte. «nein, ich will kein kind!»

ich scheue mich, mit bekannten und freunden «drüber» zu reden. weil mann «darüber» nicht redet, oder weil ich angst habe vor argumenten, die meine eigenen entkräften könnten. («es wäre doch schön gewesen, wenn nach der geburt unseres kindes zwei monate später ein spielkamerad da gewesen wäre.»)

«wenn ihr freund schon so eingeschränkt zeugungsfähig ist» (so hatten mir zwei ärzte nach untersuchung meines spermas gesagt), «dann sollten sie es sich erst recht genau überlegen, ob sie den abbruch wollen.» neue angst und unsicherheit, als renate mir diesen satz ihrer ärztin erzählt. beruhigung, als sie hinzufügt, dennoch den abbruch zu wollen, «wir können ja immer noch ein kind in pflege nehmen».

am mittwochmorgen der zweite arzttermin. «um ½ 1 soll der abbruch stattfinden.» aufatmen, weil es nur noch ein paar stunden wartezeit bedeutet, besser als die befürchteten paar tage. natürlich, es ist selbstverständlich, daß ich renate begleite, um ihre hand zu halten, ihr mut zu machen, sie nicht allein zu lassen. (ich kann auch nicht allein bleiben.) während der wartezeit sprechen wir nicht über den bevorstehenden abbruch, verschweigen unsere ängste, versuchen uns normalität vorzugaukeln. endlich ist es soweit. renate wird gerufen. ich bleibe alleine im wartezimmer, versuche, mich auf einen zeitungsartikel zu konzentrieren, plötzlich werde ich gebeten, zu renate zu kommen. angst, zuckt es kurz durch meine gedanken. aber renate hat erst eine schmerzspritze bekommen, sie liegt bleich auf einer liege. die ungewöhnlich starke wirkung der schmerzspritze macht ihr angst. hilflosigkeit. ich versuche renate zu beruhigen, versuche dabei meine eigene angst und unruhe zu verbergen, spüre, wie ich mich darüber ärgere, daß renate sich von der spritze so mitnehmen läßt. hektisch streichle ich ihre stirn. als renate mich bittet, die schwester zu holen, zögere ich, schäme mich vor dem eingeständnis meiner unfähigkeit, renate zu helfen. dann wird renate ins arztzimmer gebeten. plötzlich die frage, ob ich dabeisein wolle. das habe ich nicht erwartet. renate will mich dabeihaben, mir scheint es als wolle sie mir eine zweite chance geben. diesmal wollte ich sie mit meiner ungeduld nicht enttäuschen. während der arzt vorsichtig den gebärmuttermund aufdehnt, halte ich renates hände. ihre gebärmutter reagiert mit wehen. renate stöhnt, zieht die stirn kraus und beißt die zähne zusammen. ich biete ihr meine knöchel zum hineinbeißen an, so als wäre das eine gerechte strafe für meine ungeduld.

der arzt wirkt sehr vorsichtig, sehr sicher. ich blicke von seinen händen auf renates gesicht. «paß bloß auf, ich mach dich fertig, wenn du nicht aufpaßt!», denke ich in männlicher hilflosigkeit, als renate sich aufbäumt und laut stöhnt.

bewunderung, ja fast stolz, daß sie diese schmerzen aushält, ohne die weitere betäubung, die der arzt ihr anbietet.

als der arzt die absaugpumpe hinaustragt, sehe ich kurz die rote flüssigkeit in dem gläsernen auffanggefäß.

«es ist vorbei, wir haben es geschafft.» plötzlich bin ich wieder ganz sanft, ganz vorsichtig. der druck, die unsicherheit ist weg. ich bin glücklich, daß ich renate als unzureichenden ausgleich für ihre schmerzen während der angeordneten vier tage bettruhe bekochen und bedienen kann.

aber etwas bleibt noch verschlossen in mir. ich kann nicht trauern, weiß aber, daß ich es müßte. das bekannte gefühl, meinen gefühlen im weg zu stehen mit meinen ansprüchen.

eine woche später mit renate an der see schreie ich meine schmerzen heraus, kann zusammen mit ihr endlich weinen.

aber auch hinterher bleibt noch ein rest unsicherheit bis heute.
es scheint mir, als hätte ich erst während ich das hier aufschreibe den fötus endgültig begraben.

MATTHIAS T. J. GRIMME, 1953 geboren, lebt als Sozialarbeiter und Schriftsteller in Hamburg, Mitveranstalter der 1. und 2. Hamburger Männertage und des Forums «neuMann», diverse Veröffentlichungen, zuletzt «käufliche Träume» Reinbek 1986.

Eberhard Muras

Ich bin Mann – ich bin Vater

Der einsame Vater – wie man(n) Vater wird

Die Freude über die langersehnte Schwangerschaft, der Anblick des sich immer mehr wölbenden Bauches und das eifrige Studieren aller zu erreichenden Informationen über Schwangerschaft, Geburt und Babypflege waren der Anfang meiner Vaterkarriere.

Diese unendliche Betriebsamkeit gipfelte in der sich wiederholenden Problematisierung der Fragestellung «wo stellen wir denn die Wickelkommode hin?», verschleierte aber die eigentliche Frage «wie werde ich Vater?»

Das Fühlen der für mich nicht eindeutig zu lokalisierenden Bewegungen in Brigittes Bauch hat mich nur noch deutlicher die Trennung zwischen dem wachsenden Kind – «meinem Kind!?» – und mir erleben lassen.

Die Freude über die Bewegung in Brigitte – als Mutter – war nur durch Handauflegung nachfühlbar, und das Spüren einer vermeintlichen Kindsbewegung im sichtbaren Schwangerschaftsbauch war wieder eine Stufe mehr auf der Leiter zu meinem Vaterwerden. Die Mischung zwischen angelernten Vatererwartungsfreuden und der Realität eine – manchmal launige – schwangere Frau und ein vorhandenes, aber nicht sichtbares Kind in meinem Umfeld zu erleben, war für mich schwer in Einklang zu bringen.

Natürlich freute ich mich auf das Kind, aber worauf eigentlich?

– Auf mein Vatersein? Was ist das?
– Was macht ein Vater?
– Was habe ich als Kind vom Vater erlebt?
– Erst Mutter, dann Vater?!

Die festgeschriebene Position in der zweiten Reihe?

Fragen, Unsicherheiten und keine Hilfe von den schon gewordenen Vätern meiner Umgebung, sondern Unverständnis bei meinen für mich so wichtigen Fragen.

Ich wollte vieles anders angehen, verbessern, aber wie und was?

Das perfekte Erlernen der Kinderversorgung, das Entwickeln eines Ammenschlafes, um jeden Räusper zu vernehmen, waren nur äußerliche Zeichen des sichtbaren Vaterseins.

Auf einmal war alles anders, das Kind – Philipp – war der Mittelpunkt unseres Lebens, unserer Tage und unserer Nächte.

Weil Brigitte Mutter geworden ist, bin ich Vater geworden

Das Erleben Mann und gleichzeitig Vater zu sein, war der Anstoß, mit Männern/Vätern in gleicher Situation zu reden, zu fragen, wie ist «das» eigentlich bei euch?, um Erlebnisse und Erfahrungen auszutauschen.

Die studentische Männerbewegung, die Männer, die in Bewegung gerieten, als ihre Frauen/Partnerinnen sie verlassen hatten, konnten meine Fragen nicht verstehen, meine neuen Vater/Mann-Erlebnisse nicht teilen, ich wollte mit Männern reden, die in einer Partnerschaft mit Frau und Kind(ern) lebten.

Als Philipp zwei Jahre alt war und ich mit vielen Vätern, aber auch besonders Müttern über meine Fragen gesprochen hatte, stand das erste Männerwochenende, getragen vom Ev. Bildungswerk Bremen und der Martin-Luther-Gemeinde, unter dem Thema

«Ich bin Mann – ich bin Vater»
Ein Männerwochenende mit Kindern,

mit meiner Telefonnummer im Veranstaltungskalender ausgedruckt.

Die ersten anrufenden Interessenten waren Mütter, die ihre Männer – oft noch ohne deren Wissen – für das Wochenende mit Vätern und Kindern anmeldeten.

Von den Frauen/Müttern wurde immer wieder bestätigt, daß ihre Männer mit ähnlichen Fragen und dem Stress des Vaterseins in emotionaler und tätiger Hinsicht geplagt waren, wobei allerdings die aggressive Komponente «er soll auch mal ein ganzes Wochenende Tag und Nacht für das Kind verantwortlich sein» eine nicht unwesentliche Rolle spielte.

12 Väter und 16 Kinder im Alter zwischen 2 und 10 Jahren trafen sich in einem Freizeitheim in der Umgebung von Bremen von Freitag bis Sonntag. Die Betten zu beziehen und gleichzeitig ein noch nicht treppensicheres Kind zu beaufsichtigen, war nicht für alle eine alltägliche Kleinigkeit. Das Thema Mann und gleichzeitig Vater zu

sein, war praktischer und theoretischer Mittelpunkt dieses Wochenendes.

Während die Kinder – stundenweise unter liebevoller Betreuung unseres männlichen Kinderbetreuers Axel – spielten, lernten wir uns kennen und sprudelten nach äußerst kurzen anfänglichen Unsicherheiten und nach einer Diskussionsrunde mit dem Thema: «Warum mich meine Frau für dieses Wochenende wohl angemeldet hat?!» – nur so über von unseren Vatererlebnissen.

Unsere «Vater-Theorie-Runde» wurde immer wieder – und das war zwischen den Vätern und Kindern vereinbart – von heranstürmenden Kindern mit der Praxis des Vaterseins konfrontiert. Das Wochenende durch gemeinsames Spiel mit den Kindern, unendlichen Diskussionsrunden zwischen Vätern/Männern hinterließ uns einen Berg von Fragen, mit denen wir uns zu Hause weiter beschäftigen wollten.

Eigentlich war das erste Wochenende, dem in unterschiedlicher Besetzung viele andere folgten, der Anfang der Männer/Vatergruppe.

An den drei nachfolgend skizzierten Männer/Väter-Typen sollen Arbeitsweise und die auftauchenden Fragestellungen unserer Männer/Väter-Gruppe dargestellt werden.

Jürgen, Gert und Heinz sind Phantasieprodukte. Ihre Wesen, ihre Gedanken stammen von Klaus, Bernd, Eberhard, Wolfgang, Ferdinand, Ulf, Peter, Gerold und vielen anderen. Alle drei sind aber keine «Kunstwerke». Sie hätten sich dienstags über fast drei Jahre mit uns treffen können.

Wir haben diese Form gewählt, weil wir über uns berichten wollen. Weil Jürgen, Gert und Heinz uns helfen, in der Ich-Form zu reden, aber uns Anonymität sichern: «Männerbewußt» zu sein, ist – nach Meinung vieler unserer Kollegen – was für Schwule, Kommunisten, «Männer, die erst welche werden wollen», Pantoffelhelden, Studenten, Flippies und Softies.

Wir haben z. Zt. noch nicht die Kraft oder auch nicht die Lust, als «männerbewegte Missionare in der Kantine, im Büro, auf der Meisterbude, im Lehrerzimmer» ‹angemacht› zu werden. Wir berichten über uns und unser Erleben darum an diesen ausgewählten Personenskizzen.

Jürgen hat das Wort

Ich bin 39 Jahre alt, verh., zwei Kinder und besuche seit fast zwei Jahren die Männergruppe im Kirchenzentrum und habe auch an mehreren Männerwochenenden mit Kindern teilgenommen.

Wenn ich so an die Zeit zurückdenke, ehe ich zur Männergruppe kam, so weiß ich eigentlich nur noch, daß ich auf Helga sauer war – obwohl «sauer» eigentlich nicht richtig ist. Sie – oder besser unser Zusammenleben – war irgendwie anders geworden, und zwar plötzlich.

Aber ich glaube, daß plötzlich alles anders war, kam nur mir so vor, weil ich – wenn ich so zurückdenke – gar nicht die Veränderung bei uns in der Familie bewußt erlebt habe.

Eigentlich war bei uns – so schien es mir – alles klar! Die Kinder in der Schule, na ja, ohne besondere Probleme, Tina, 14 Jahre alt, pubertierend, aber das Frauwerden mit allem, was dazugehört, o.b.-mini, Camelia, soft-body-BH usw., ging an mir irgendwie vorbei.

Stefan, elf Jahre, aktiver Fußballspieler und Bastler, benötigte mich nur zur Aufbesserung seiner von Helga verteilten Taschengeldration.

Helga ging – ganz anders als früher –, abends mit einer Freundin aus. Volkshochschule, Vortrag, Frauenwochen, Frauengruppe – und ich saß mit Pfeife und Bier – die Guinness-Kiste (man will sich ja auch etwas leisten!!) mußte öfter ausgewechselt werden – irgendwie als Teil einer flügge gewordenen Familie und bewahrte alles das, was es schon eigentlich nicht mehr gab. Irgendwie kreiste ich gedanklich noch um Pampers, Kindergarten, gestresste Ehefrau mit dem aggressiven Wunsch an mich: «Du könntest dich ja auch mal um die Kinder kümmern...»

Zwischen Rasenmähen für Schwiegermutter und meiner Arbeit im Büro, da bestand bestenfalls die Aussicht, in fünf bis acht Jahren Nachfolger meines jetzigen Chefs zu werden – genoß ich, daß die Bausparkasse für das eigentlich zu kleine und auch besonders unpraktische Reihenhaus – ohne richtigen Bastelkeller und viel zu kleiner Garage und dem knapp handtuchgroßen Garten – dank Helgas Haushaltsführung uns nicht mehr so «drückte».

Originalton Helga: «Wenn wir das Haus mieten würden (was ich bestimmt nicht getan hätte!), müßten wir schon jetzt ca. 130,– DM mehr bezahlen.»

Wenn ich es mir heute so überlege, dämmerte ich damals meiner Frühpensionierung entgegen.

Für mich ziemlich plötzlich geriet ich in den Mittelpunkt der Familie als Beispiel für «Trotteligkeit» ohne «den Hauch von Durchblick» – «als Typ von gestern», als Fachmann für Kleinreparaturen, als einer, der eigentlich allen im Wege stand. Tina war ich bei der zeitlichen Ausdehnung der Disko-Party gegenüber Helga nicht behilflich genug. Stefan stand ich fast immer auf Abruf als Chauffeur für die Auswärtsspiele seines Fußballvereins zur Verfügung, und Helga hielt ich auf mit der Bemerkung, welches Oberhemd ziehe ich morgen an, verbunden mit dem ratlosen Blick auf den Wäschekorb, über den ich schon seit vier Tagen im Schlafzimmer stolperte. (Ein Hausarbeitsraum, «Helgas Traum», war im Haus nicht vorgesehen; ob es dann mit dem Bügeln besser geklappt hätte?)

Das Rutschen in den diskutierten Familienmittelpunkt ging an mir vorbei. Es wurde *über* mich gesprochen, an *mir* gemäkelt. Tina nennt mich neuerdings öfter bei dem Vornamen und Helga immer öfter Papa.

So richtig lief alles nicht mehr, aber was eigentlich nicht lief, wußte ich auch nicht.

Mein Sportabend war, wie schon seit vier Jahren, für Familienansprüche tabu. Nach dem Sport und ein paar schnellen Bierchen hatte Helga früher für mich eine Scheibe Brot vorbereitet. Heute lag öfter ein Zettel auf dem Kühlschrank – echt wie in jedem gängigen Witz:

«Im Kühlschrank ist noch etwas Käse. Ölsardinen stehen im Vorratskeller. Warte bitte nicht auf mich, ich bin mit der Frauengruppe im Kirchenzentrum. Kuß Helga.»

Na, wenigstens noch ein Kuß auf dem Zeitungsrand. Ich war «gerührt».

Helgas überaus regelmäßiger Besuch der Frauengruppe wirkte bei uns zu Hause wie ein Virus, der sich langsam aber unaufhaltsam einnistete, so, wie eine beginnende Erkältung – erst kalte Füße, dann das Kribbeln in der Nase... na, du weißt ja schon, wie es so weitergeht.

Der Ausbruch dieses Virus, der Totalangriff auf mich als Mann und Vater, wurde mit den Worten eingeleitet «... Du, es gibt auch eine Männergruppe im Kirchenzentrum. Täte dir vielleicht auch mal gut, sich in Frage stellen zu lassen.» So Originalton Helga.

«Sich in Frage stellen lassen», daß ich nicht lache. Täglich erlebe ich so eine Art von Gruppe. Helga als Obertherapeut an der Spitze, dicht gefolgt von Tina und dem Jungen. Vor lauter Fragen an mich, Reden über mich, kam ich mir, obwohl nach außen gut getarnt, eigentlich schon wie ein Fragezeichen vor.

Dieses Wort «Männergruppe» geisterte mir im Kopf herum. Vorsichtiges Annähern durch diskretes Nachfragen bei Helga und Abklärung, was meine Kollegen schon «darüber» gehört, gelesen und gelästert hatten, erweckte Neugier, aber auch Abwehr in mir.

Männergruppe ist was für Spinner, Schwule, Männer, die sich nicht durchsetzen können. Selbstgefällig schaute ich mich vor dem inneren Spiegel an. Mit mir kann man doch wohl auskommen!!! ... Ich stehe hier keinem im Weg, weder Helga noch den Kindern! Oder stand ich nicht eigentlich mir selbst manchmal im Weg? Vier Wochen benötigte ich, bis ich mit Pfeife im Mund und starkem Blick bei der Männergruppe auftauchte.

Ein Späßchen auf den Lippen «na, Männer-Kollegen, jetzt wollen wir es mal packen», ein Spruch, der sonst bei vielen Gelegenheiten von mir erprobt, brachte weder zustimmendes Lachen noch andere Beifallsäußerungen. Ich fühlte mich schon getroffen, aber war noch standfest. Elf Männer in einem Stuhlkreis, kein Tisch zum Abstellen der Bierflasche und des Aschenbechers davor. Aber unfreundlich – irgendwie anders – sahen sie alle auch nicht aus.

Jeder so wie ich auch. Meine Kollegen vom Sport, die Nachbarn – eigentlich ganz normal.

Hier den Ablauf von vielen Stunden der gemeinsamen Arbeit – so nannten wir plötzlich unsere Zusammenkünfte, die am «Arbeitsende» noch in der nächsten Kneipe bei einem Bier ausklangen – zu beschreiben, ist schwer und bleibt irgendwie leer, blutleer, kalt.

Wobei ich nicht der allgemeinen Psychowelle – feel me, touch me, love me – das Wort predigen will, ist das Erlebnis, mit Männern zu reden, ohne sich auszustechen, zu konkurrieren, ungewöhnlich, ja ganz anders. Vielleicht ein Versuch, daß ihr es euch vorstellen könnt. Wir hatten – auf Vorschlag von Eberhard – unsere Hochzeitsfotos mitgebracht. Schon beim Suchen wurde mir klar, die lagen in einer versteckten Ecke. Kisten, Schleifchen, das Grußtelegramm von Onkel Klaus, zwei Tischkarten von unseren Trauzeugen – von denen haben wir danach auch nichts mehr gehört – und dann wir: dunkler Anzug, weißes Kleid, Blumen, Helga dicht an mich geschmiegt, ich groß – auch damals schon nicht ganz schlank –, irgendwie wirkte ich wie aufgepumpt. Stichworte wie «Zukunft meistern», «Häuschen bauen», das sind die Worte, die mir einfielen.

Und nun saßen wir in der Männergruppe. Die Bilder vor uns auf der Erde. Die Ausgangsüberlegungen waren: Was würdest du diesem jungen Mann auf dem Bild für einen Tip geben...?

Betretene Atmosphäre. Jeder schluckte, kaute trocken... Gert fing an, über den jungen Mann auf dem Bild und sich zu erzählen... (Hier kann jeder, der ein solches Bild hat, weiterdenken oder es am besten mit ein paar Männern probieren, gemeinsam darüber nachzudenken.)

Es war ein Abend, der Fragen in jedem von uns aufwarf, der Lacher hervorrief, die keine Auslacher waren, der Nachdenklichkeit und Stolz und Unverständnis erzeugte.

Männer/Väter konfrontiert mit den ein Hochzeitsbild umrankenden Erwartungen, Ängsten und Hoffnungen.

Gert – auch ein Mann/Vater mit vielen Anteilen von uns allen

Gert ist Vater von Klaus, 3 Jahre, und Stefan, 5 Jahre alt. Seine Fragen an uns drehten sich um die durch das Vatersein veränderte Partnerschaft, er forderte von sich und uns, die durch die Kinder anders gewordene Beziehung zur Frau neu darzustellen.

«Wir haben uns gemeinsam für die Kinder entschieden, aber eigentlich leben sie nur mit Regina. Morgens schnell zur Arbeit, und am späten Nachmittag, nach der Arbeit, bleibt wenig Zeit, ‹Vater zu sein›. Am Wochenende, auf das ich mich freue, um gemeinsam etwas zu unternehmen, nerven mich die Kinder und auch Regina mit einer Unzahl von Ansprüchen, so daß ich mich auf den Arbeitsbeginn am Montag freue.

Zwischen Regina und mir ‹läuft› ein Pflichtprogramm, das aus Organisation und Planung besteht. Für uns als Paar bleibt ab und zu eine gemeinsame Stunde vor dem Fernseher, und dabei schläft einer von uns oft ein. So habe ich mir mein Vatersein nicht vorgestellt:

Ich habe zwei Kinder, die ich kaum erlebe, und eine Frau, die abends oft – und wie ich unsere Kinder kenne, auch zu Recht – müde, genervt und kaputt ist.»

Die Fragen an jeden von uns, das Austauschen von Erfahrungen über «wie es bei uns läuft», ohne den Frager mit Tips und guten Ratschlägen – die ja auch «Schläge» sind – zu überrumpeln, haben uns oft beschäftigt.

Heinz

Hier war uns Heinz, Vater von quirligen Mädchen, eine Hilfe. Er tat alles für «seine» Mädchen und sie alles mit ihm. Eine von ihnen kletterte immer auf ihm herum, er konnte gleichzeitig zur Belustigung seiner Mädchen auf dem Kopf stehen und Geschichten erzählen; und schimpfen konnte er, wir haben es auf gemeinsamen Wochenenden erlebt, so laut, daß sich «seine Mädchen» vor lauter Angst und Schrecken auf *seinen* Arm flüchteten. Wir begriffen nichts mehr! Er überforderte uns schon beim Zusehen, mit welcher Liebe er seine «Mädchen» erdrückte, ja vergötterte. Die Aggression gegen die Kinder, die jeder von uns auch in sich trug, beschämte uns beim Erleben von Heinz als Vater.

Heinz war als Scheidungswaise aufgewachsen und konnte sich an seinen Vater nur als einen Mann erinnern, den er bis zu seinem 14. Lebensjahr alle vier Wochen Sonntag nachmittags für eine halbe Stunde besuchen mußte, um seinen Unterhalt dort abzuholen.

Dieses Erlebnis prägte sein Vatersein und gipfelte in den Worten: «Schade, daß der Alte nicht sieht, wie ein richtiger Vater ist, er könnte von mir etwas lernen!»

Der erlebte Vater, unser Vaterbild in uns und die an uns gestellten Erwartungen von den Frauen ist Anstoß, wieder eine Gruppe unter dem Thema «Ich bin Mann – Ich bin Vater» anzufangen.

Mich haben viele Männer gefragt, ob ich nicht wieder eine Männer/Vätergruppe anbiete.

Das tue ich gern, denn immer noch stimmt auch für mich «ich bin Mann – ich bin Vater».

Ein Schritt in Richtung Männerbewußtsein?

«Vielleicht»!!

Eberhard Muras, 1949 geboren in Salzgitter-Bad. Verheiratet, Vater von zwei Jungen (geb. 1979, 1982) Studium Sozialwissenschaften, Religionspädagogik, Germanistik.

Berufliche Tätigkeiten in der Jugend- und Erwachsenenbildung, als Lehrer in einem Schulzentrum des Sekundarbereichs II, z. Z. Bildungs- und Schulentwicklungsplaner in Bremen.

Jörg Ehrenforth

Ich verstehe meine Frau nicht mehr

Nicht erst auf den Männertagen 1985 in Bremen, als ich eine Veranstaltung unter der obigen Überschrift durchführte, beschäftigte mich das Thema der Verständigung zwischen Mann und Frau. Viel zu häufig habe ich selbst in meinen Beziehungen die Verzweiflung erfahren, wenn ich merkte, ich verstehe meine Freundin gar nicht, wir sprechen offensichtlich verschiedene Sprachen. In den Männergruppen, die ich mitmachte, wurde mir dann immer klarer, daß diese Mißverständnisse nicht mein alleiniges «Schicksal» sind. Den anderen Männern ging es ähnlich. «Ich glaube, wir Männer werden die Frauen wohl nie verstehen», war ein resignierter Ausspruch, der in intensiven Gesprächen auch außerhalb meiner Männergruppe das Nachsinnen über die jeweilige Beziehung zu einer Frau düster überschattete. Ist es wirklich eine solch feststehende Tatsache, daß Mann und Frau – vielleicht durch ihre sehr verschieden verlaufende Entwicklung (Sozialisation) – sich nicht verstehen *können*?

Ich glaube nicht an das Feststehende in der Beziehung zwischen den Geschlechtern, zudem gerade in einer Zeit, wo die ehemals scheinbar so festgefügten Manns- und Frauenbilder ganz schön anfangen zu wackeln. Meine Neugierde bringt mich immer wieder dazu, näher hinzuschauen und mehr zu erfahren, was sich eigentlich im Detail zwischen mir und einer Frau abspielt. Dabei ist mir mein männlicher Part im «Beziehungsspiel» oft als blinder Fleck vorgekommen. Ich nehme an, daß genau diese Feststellung die vielen Männer dazu bewogen hat, sich auf den Männertagen in die Veranstaltung «Ich verstehe meine Frau nicht mehr» zu drängen. Hier hat mancher zum erstenmal unter Geschlechtsgenossen das so ähnlich Erfahrene offen aussprechen können. Die Sprache schien dieselbe zu sein und erleichterte, dem männlichen Teil von Beziehungsclinchen näher auf die Spur zu kommen.

Die Offenheit und fast nicht enden wollende Ausführlichkeit der damaligen großen Gesprächsrunde bewog mich, zu versuchen, einige der Gedanken und Erfahrungen zu Papier zu bringen. Es sind dies gewiß nicht alleine Gedanken von den Männertagen her. Meine Skizzen vermischen sich mit dem, was schon lange in meinem Kopf herumschwirrte, was in vielen Gesprächen über dieses Thema immer wieder an Erlebnissen der jeweiligen Männer (und auch Frauen) auftauchte. Und ich möchte auch etwas ausführlicher von mir erzählen, meiner speziellen Form, Frauen *unbedingt* verstehen zu wollen. Doch davon später.

Mann stellt keine Fragen

Ich verstehe meine Frau nicht mehr – dies ist ein Ausspruch, der manchem Mann erst spät in den Sinn kommt, manchmal zu spät. Ich habe es oft erlebt, daß Männer sich eben darüber klar wurden, wenn sie nichts mehr zu verstehen hatten, wenn entscheidende Schritte in eine andere Richtung bereits von der Frau unternommen wurden. Dies ist der Zeitpunkt, an dem Mann das Gefühl bekommt, daß das, was vorher zusammenging, sich nun auseinanderentwickelt. Erst jetzt, wo die Verständigungsschwierigkeiten nicht mehr zu überhören sind, beginnt er zum erstenmal in seinem Leben über sein Mannsein in der Beziehung nachzudenken – vielleicht. Vorher war es ihm nicht wichtig, Fragen an sie und ihre Meinung, an seine und ihre Empfindungen zu richten. Er hat alles so hingenommen, er hat von Feststellungen gelebt. Jetzt versteht Mann die Frau nicht mehr – hat Mann sie denn vorher verstanden?

Es erscheint mir typisch für den Mann, daß zu Anfang des Zusammenlebens mit einer Frau keine Fragen von ihm kommen. Bis beim endgültigen Beziehungskrach – zunächst eher bei sich, dann ganz nach außen gehend – wiederum eine Feststellung über seine Lippen kommt: «Ich verstehe sie nicht.» Hinter dieser Feststellung stehen *dann* allerdings viele Fragen; Fragen, die überwuchert sind von plötzlichen Gefühlseinbrüchen von Trauer, Wut und Ängsten, von Verzweiflungen, ob nicht doch noch ein vernünftiges Gespräch alles retten kann, wo die Tür schon längst unmerklich zugefallen ist.

Für mich begann das Nachdenken über meine männliche Sicht der Dinge (!), als ich nicht mehr darüber hinwegreden konnte und wollte, daß meine Freundin sich und ihre Umwelt oft ganz anders wahrnimmt und dementsprechend anders darüber redet als ich. Ihre Freundinnen stimmten ihr zu, verstanden sie darin, wenn sie über

Beziehungen redete, über Liebe und Gefühle. Mir fehlte die Sprache dazu; ich redete lieber über meine politische Arbeit, über die Ungerechtigkeiten in dieser Welt, über Strukturprobleme. An dieser Stelle habe ich gemerkt, mit unserer Sprache stimmt etwas nicht – wir reden aneinander vorbei, jeder will den anderen überzeugen. Diese Überzeugungssprache kam aus einer Weltsicht, die eben *auch* sehr vom geschlechtsspezifischen Hintergrund geprägt war: sie arbeitete an der kleinen Welt, sprich Beziehungen, ich kümmerte mich um die große Welt, sprich Politik. Das habe ich damals festgestellt; es zu hinterfragen, kam mir erst sehr viel später in den Sinn.

Sicherlich ist es ein Stück Klischee, aber bei Kenntnis des alltäglichen Ablaufs vieler Beziehungen treffe ich immer wieder darauf: während die Frau bemüht ist, sich mitzuteilen über ihre Gefühle, Wünsche, Hoffnungen, bleibt der Mann verschlossen in dem, was ihn selbst betrifft. Er geht lieber nach draußen, verändert die Welt, greift dort ein und stellt dort Fragen. Zu Hause, bei sich, verändert er nichts, hängt oft sehr konservativ und unbewußt an Traditionen (wie in seiner Herkunftsfamilie), ist da kein Suchender und Forschender, weder bei sich noch bei der Frau. Wenn er sich zu Hause zu Wort meldet, gibt er Statements ab und hält Vorträge. Mögliche Fragen, die für ihn als Person wichtig wären und auf die er selber kommen könnte, übergeht er. Für das Zwischenmenschliche, Subjektive, Gefühlvolle ist seine Frau zuständig. Nicht selten übernimmt sie diesen Part, anfangs ohne darüber nachzudenken und ebenfalls traditionell: Sie kennt es nicht anders. Später klagen beide über das tief eingefahrene Muster. Er beschwert sich darüber, daß sie ihn dauernd mit solchen Fragen «löchert» («Was denkst *du* denn *wirklich* dabei?»); sie jammert, daß sie ihn dauernd «löchern» *muß*, da er offensichtlich ihre Fragen gar nicht versteht oder ernst nimmt. Und das Ich-versteh-dich-nicht-Karussell beginnt sich zu drehen.

«Nun bleib doch sachlich!»

Ohne Netz und doppelten Boden, nicht «objektiv-sachlich» abgesichert – so komme ich mir jetzt vor, ein etwas mulmiges Gefühl. Ich bin es nicht gewohnt, einfach draufloszuschreiben, aus meinen Erfahrungen und sicherlich eingeschränkten Kenntnissen heraus bestimmte, allgemein-klingende Schlüsse zu ziehen. «Was schreibt der jetzt so um den heißen Brei herum?!» mag der/die geneigte Leser/in nun denken. «Worum geht es?»

Es geht mir darum, etwas genauer zu umschreiben, was sich – nach meiner Erfahrung – im Umfeld des Wortes «verstehen» für den Mann einerseits und für die Frau (aus der Sicht des Mannes) andererseits abspielt. Mann (und auch Frau) mag mir dabei widersprechen – ich bin mir meiner subjektiven Auswahl aus dem breiten «Verstehen»-Umschreibungs-Spektrum bewußt.

Also, eine grundsätzliche Frage schiebe ich nun schon eine Weile vor mir her: Was heißt denn überhaupt «verstehen» im Beziehungsgeflecht zwischen Mann und Frau? Mir schwebt bei der Beantwortung dieser Frage keine wesensbestimmende Erörterung von männlicher und weiblicher Art des Verstehens vor. Vielmehr versuche ich, im besten Sinne des Wortes «Beschreibung», Wahrnehmungen der geschlechtsspezifischen Verständigungsbemühungen, wie sie in Beziehungsgesprächen laufen, verallgemeinernd wiederzugeben. Dabei möchte ich auch nicht so akademisch genau das Problem der Unterscheidung von sprachlicher und nicht-sprachlicher (Gestik, Mimik usw.) Verstehensebene behandeln. Beide Ebenen treten im Gespräch real, aber nicht immer bewußt, gemeinsam auf und sind die zentralen Mittel und Wege, sich einander verständlich zu machen.

Kurz: Es geht mir um die Beobachtung von Trends, *wie* Mann den Weg beschreitet, Kontakt im Gespräch mit seiner «Liebsten» aufzunehmen, in ihre Welt zu dringen, sie als Person zu erreichen und zu verstehen. Und *wie* Frau dies tut (freilich: aus männlicher Sicht!).

«Versteh mich doch!» Der *Mann* sieht diese Forderung nach Verständnis eher als ein rationales Argumentieren um bestimmte Probleme. Das Verstehen ist für ihn in erster Linie zielorientiert. Es muß dabei was rumkommen, ein klares Ergebnis, am liebsten eine Lösung in harmonischer Weise. Die Gefühle werden hinter den vielen Worten mit ihrer logischen Beweisführung versteckt, da sie nicht zur sachlichen und konstruktiven Lösung anstehender Probleme führen können. Das manchmal krampfhafte Verbergen und Zurückhalten der Gefühle, besonders der aggressiven und konkurrenzträchtigen, hat jedoch nicht selten die paradoxe Wirkung, daß dieses scheinbar so sachliche Verständnis für den anderen, für die Frau, vom Mann selbst innerlich emotional hoch geladen wird. Das krampfhafte Festhalten an der männlich-logischen Argumentationssprache wirkt sich schließlich auch auf die Verständigungsatmosphäre zwischen ihm und der Frau aus. Argumente werden nun von ihm herausgebrüllt, auf den Tisch geschlagen – wo bleibt *da* noch die Sachlichkeit? Aber der Mann glaubt irrsinnigerweise immer noch, alles sachlich im Griff zu haben, die besseren Argumente zu haben bzw. rausbrüllen zu können. *Irrsinnig* erscheint ihm lediglich seine Frau langsam zu werden, mit ihrem dauernden Gefühlsdurcheinander, während sie redet. Er schiebt ihr das zu, was bei ihm selbst abläuft: «Du bist doch verrückt. Deinen Launen kann man ja nicht folgen. Geh doch mal zum Psychiater...» Seine eigenen Launen, sein eigenes Gefühls-Auf-und-Nieder und auch seine eigene «Verrücktheit» nimmt er während seiner Rede nicht wahr. Er platzt dafür «logisch-berechtigt» einfach los, wenn er anders seine Frau nicht mehr zu erreichen meint. Danach: schnell wieder zur Sachlichkeit. «So habe ich das nicht gemeint, das mit dem Psychiater. Laß uns noch mal vernünftig darüber reden.»

Das Verstecken der Gefühle berührt die traurigen, resignierenden und (ver)zweifelnden Seiten des Mannes noch mehr als die gerade erwähnte aggressive. Tränen in den Augen zu haben, während Mann sich um Verständnis bemüht, gilt nach wie vor als «weibisch» und schwach. Das entspricht nicht einer harten Logik, welche allenfalls das Aggressive zuläßt. Der Umgang mit den weichen Seiten ist für den Mann von Mißtrauen verstellt. «Mit Tränen will ich ja nur den anderen erpressen; das kenne ich doch von meiner Frau», könnte eine verborgen gehaltene Abwehr sein, sich so zu zeigen. Eine offene Abwehr der sogenannten weichen Gefühle ist häufig die von vornherein «selbstherrlich» zur Schau getragene Sachlichkeit und schließlich das Gepolter, um sich Gehör zu verschaffen.

Das Persönliche, da wo der Mann sich *selbst* zu erkennen gibt, findet bei dem, was mir bei der männlichen Verständigungsform auffällt, keinen Platz. Er bleibt unsensibel für das, wo *er* im Prozeß des Kontaktes mit seiner Frau steckt, wo *er* seine Zweifel hat, wie *er* im rationalen Dialog seine Gefühle hin- und herschweifen läßt. Das alles registriert er höchstens am Rande, gibt auf jeden Fall wenig von seinen inneren Abläufen während seiner nach außen gehaltenen Rede preis.

«Für das gefühlvolle Verstehen ist die Frau da.» Sehe ich so die dem Mann im Beziehungsgespräch gegenüberstehende Frau? Meine Erfahrungen und die Gespräche mit «bewegten» Männern, denen man ein Klischeedenken nicht so ohne weiteres unterstellen kann, bringen mich jedenfalls zur folgenden «Gegenüberstellung». Die *Frau* vermittelt in ihrem Suchen nach Verständnis das mitschwimmende Gefühl. Verstehen ohne Gefühl ist für sie unannehmbar. Sie fühlt sich erst dann verstanden, wenn ihr Gefühl bei dem bestimmten Problem, bei der bestimmten Situation auch voll erkannt worden ist. Sie sucht beim Mann die gleiche Art, sich mitzuteilen, Verständnis zu zeigen. Dadurch erhofft sie sich eine Bestätigung ihrer Gefühle. «Ja, ich verstehe dich ja so...», wirkt sehr tröstend und den anderen akzeptierend in seinen (gefühlvollen) Mitteilungen. Sie bringt sich als Person viel deutlicher ein – im Vergleich zum Mann – und zeigt damit auch mehr ihre Verletzlichkeit. Ihre Angst, tatsächlich verletzt zu werden, wirkt mit, wenn sie dauernde Bestätigung vom Mann haben will für ihre Erzählung. Ich habe dies manchmal als Aufforderung zum Nachplappern empfunden, einfach zu wiederholen, was meine Freundin sagte, ihr nur ja nicht zu widersprechen. Die Frage drängte sich mir da auf, wieso sie, meine Freundin, ihrem eigenen Gefühl nicht alleine für sich und ohne Bestätigung traute. Klar, daß dieses Mißtrauen gegenüber ihrer weiblichen Sensibilität oft genug und nachhaltig durch die chauvinistischen Zurechtweisungen seitens der Männer bestärkt worden ist, etwa: «Du siehst ja, wieweit du mit deinen Gefühlen, deinem ‹intuitiven Gespür für Probleme› kommst – alles Chaos, keiner findet sich mehr zurecht, nix ist wirklich überprüfbar.» Die Frau ist – und es zeigt sich dort die gesellschaftliche Seite des scheinbar so privaten Verständigungsproblems – durch die Übermacht des rationalen Denkgebotes in unserer männlich bestimmten Gesellschaft verunsichert und wenig selbstbewußt in ihrer Art, das «Verstehen» zu bestimmen. Aber es grenzt für mich manchmal schon an Masochismus, als Frau gerade bei ihren Zurechtweisern *die* Anerkennung herauspressen zu wollen, die sie sich selber oder durch Anerkennung seitens anderer Frauen nicht geben kann oder will.

Das gefühlvolle und ihre Person zeigende und bestätigt haben wollende Verstehen der Frau zeigt sich Männern oft in «weichen» (traurigen, zweifelnden usw.) Situationen. Die Wut in anderen Situationen bleibt dagegen wesentlich verhaltener. Kein Wunder, daß daher die Aufforderung: «Versteh mich doch!» für den Mann das Signal bedeuten kann, es geht jetzt mehr um das tröstende Nachvollziehen. Die Wut bleibt bei der Frau auf der Strecke im Verständigungsgerangel: wütend jemanden zu verstehen, geht nicht. Bringt schon der Mann seine Wut sehr verquer heraus, so bleibt die Frau erst recht bei der Unterdrückung *ihrer* handfesten Wut. Ihr Ärger drückt sich im Jammern aus. Ansonsten aber bleibt sie auf dem sanften Teppich. Verstehen kann die Frau – so gesehen – wohl nur ein Softie.

Tja, es wäre jetzt schön, aus dem Geschilderten einfache Schlüsse zu ziehen. Ich habe in Gesprächen über das oben Geschriebene sowohl von Männern als auch von Frauen viel Bestätigung bekommen und gleichzeitig den Hinweis, nun ja nicht mit billigen Rezepten zu kommen à la «Verbessern Sie die Verständigung mit Ihrer Frau durch Teilnahme an meinem Schnellkurs». Möglich sind sie, die Veränderungshinweise, z. B. als Mann nicht nur mit dem Kopf zu verstehen, sich mehr (auch in der Sprache) als eigene Person zu zeigen... Aber dies sind nur Ideen; die persönliche Veränderungswirklichkeit sieht anders aus, lebendig, widerspruchsvoll. Mir hat es Mut gemacht, mich selbst mehr zu beobachten beim Verständigungsspiel und diese Selbstreflexion meiner Freundin mitzuteilen. Unsere Verschiedenartigkeit wurde dadurch deutlich und versteckte sich nicht mehr hinter vielen Phrasen. Beispiel: meine männliche Art, intellektuell persönliche Probleme zu zerpflücken. Kritisch sehe ich die *Einseitigkeit* dieses Kopfverstehens, entdecke gleichzeitig auch das bisher verborgen darunterliegende, den Verstand begleitende Gefühl. Das vorschnelle Argumentieren *gegen* das, was Frau sagt, denkt, fühlt, mein «Ja, aber...» ist mir ein Signal geworden, genauer hinzuschauen. Mein Verstand hat darunter nicht gelitten (vielleicht eine männliche Befürchtung!). Ein Zerfließen in Gefühlen ist für mich nicht die Alternative. Meinen kühlen Kopf gebrauche ich auch noch in der Beziehungsdiskussion.

Der Lauf einer Beziehung

Wenn Mann mit einer Frau zusammenlebt und es kommt zu den hier viel zitierten Verständigungsschwierigkeiten, dann sind diese nicht plötzlich vom Himmel gefallen. Die Voraussetzungen, daß Mann und Frau sich überhaupt verstehen können, sind – wie ich oben skizzierte – nicht gerade optimal. Trotzdem lohnt es sich, den (von mir fiktiv verallgemeinerten) Lauf einer Beziehung genauer zu betrachten. Knackpunkte werden durch Verlaufsbeschreibungen noch deutlicher in ihrer dynamischen Entwicklung. Denn: «Ich verstehe meine Frau nicht mehr» ist kein Satz, der am Anfang der Beziehung fällt. Eins knackt zum anderen, die Brüche werden immer größer. Aber sie fangen auch mal klein an, da, wo sie mit einer gewissen Leichtigkeit überwunden werden könnten.

In der sogenannten traditionellen Verbindung von Mann und Frau, von unseren Eltern vorgelebt und auch heute noch anzutreffen, werden die Brüche – egal ob große oder kleine – fast «naturhaft» hingenommen. Es gehört(e) zur «Wesensbestimmung» der Geschlechter, sich nicht zu verstehen: «Eine Frau hat ihr eigenes Wesen, das kannst du letztendlich nie ergründen, mein Sohn», sagten die Väter, und damit war's gut (bzw. schlecht). Heutzutage gewinnt die *moderne* Beziehung eine etwas andere Dynamik im Laufe ihrer Zeit. Die Frau tritt mehr und mehr aus ihrem Schattendasein heraus, nimmt nicht mehr alles nur geduldig hin und verhilft so insgesamt der Beziehung zu einer anderen Atmosphäre im Vergleich zur traditionellen Ehe: es wird über sie geredet. Wie Mann sich dazu verhält? Nun, fangen wir von vorn an.

Zuerst: eine Beziehung beginnt. Am Anfang ist es das «blinde» Verstehen, die Verliebtheit. Vieles läuft ohne Worte ab. Es ist gar nicht wichtig, zu verstehen, was da eigentlich geschieht, bei mir, bei der Frau. Die Gefühle sind wichtiger, das Kribbelige, Ungewisse: fühlt sie auch so wie ich? Kann ich mich preisgeben, ihr sagen, wie oft ich an sie denken muß, sie mir vorstelle – wie sie aussieht, wie sie sich bewegt, ihr Lachen...? Die Worte, die gesagt werden, machen an; ihr Sinn wird nicht rational ausgelotet.

Die Verständigung am Anfang einer Begegnung mit einer Frau ist überlagert von Erotik und positiver Spannung. Hier läuft etwas ab, narzißtisch in sich versenkt: Die Frau findet mich wohl interessant, anziehend – na, das gefällt mir. Blicke finden sich, Mann findet sie und sich toll: Ich finde ihre Art toll, wie sie auf mich eingeht. Wir passen gut zusammen, haben irgendwie die gleiche Wellenlänge. Der Mann, der sich nach der in seinem Erwachsenendasein verlorengegangenen körperlichen Berührung sehnt, gibt im Augenblick der Verliebtheit seinem weichen Begehren nach der Frau nach. Die körperliche Wärme, Sexualität wie das Arm-in-Arm-Gehen, bedeutet ihm mehr als die Worte, die gewechselt werden: fröhliches, ja kindliches Geplapper, spontane Äußerungen. Im Zustand der Verliebtheit ist der Mann fähig, loszulassen, die ansonsten dauernd geforderte Selbstkontrolle in der Begegnung mit anderen Menschen hier und jetzt ein wenig abzulegen; zusammen mit der geliebten Frau darf er sich ein Stück Himmel gönnen.

Dann: Die Beziehung nimmt ihren Lauf. Und beide flittern dahin, langsam kommen sie aus ihrem Schwebezustand der Verliebtheit auf den – noch weich gefederten – Beziehungsteppich. Ohne groß darüber nachzudenken, gehen beide eine enge, alltägliche Beziehung ein, ziehen zusammen, heiraten vielleicht. Der Mann verbindet damit keine genauen Vorstellungen, keinen in Details ausgemalten Traum vom Familienglück oder privatem Paradies. Es passiert halt, denkt er leichthin: «Man versteht sich, und warum soll man dann nicht zusammenleben?!»

Der Abstand, um den anderen als anders zu erfahren, wird durch das alltäglich-gewohnte Zusammenleben ermöglicht. Jeder gewinnt Einblick in die Macken und Eigenarten des anderen. Zu diesem Zeitpunkt stört das noch nicht, es hat eher einen gewissen Reizwert. Die Selbstverständlichkeit, den anderen verstehend zu nehmen, wie er bzw. sie ist, überwiegt. Doch das Fremde stößt auf und hinterläßt zunächst unbemerkt Spuren. Später werden diese Spuren, die «alten Geschichten» von ihr wieder aufgewärmt werden. *Sie* hat ein langes Gedächtnis, was die engsten Beziehungen anbetrifft. Mit unermüdlichem Gespür für kleine und große Mißstimmigkeiten nimmt sie ihre und seine Andersartigkeit, da wo eben *nicht* auf derselben Wellenlänge gefunkt wird, wahr. Ihre Träume von der privaten Harmonie erlauben es nicht, diese Wahrnehmungen jetzt schon an den Mann zu bringen. Aber sie sind der Stoff, aus dem später manches «du-verstehst-mich-nicht» von ihr gezupft wird.

Er dagegen beginnt sich in der Beziehung zu ihr einzurichten. Was gibt es da schon viel darüber nachzudenken? Seine Wahrnehmung bleibt in einem groben Raster: «Hauptsache, zu Hause läuft alles glatt, und meine Frau macht mir keinen Ärger. Unterstützen muß sie mich, wenn ich mal wieder Ärger auf der Arbeit habe. Ich brauche diesen emotionalen Rückhalt.» Er hält das Drumherum für wichtiger, das Anschaffen, Geldverdienen, Karrieremachen. Daß er es noch mit einer «Geliebten von damals» zu tun hat, ist ihm selbstverständlich geworden. Die Selbstverständlichkeit, den Mangel, auch nur ein Zipfelchen des ehemals euphorischen Gefühls wiederzuerlangen, er mag es verspüren. Seine üble Laune, seine aggressive Stimmung ist längst nicht mehr mit Ärger vom Arbeitsplatz allein zu erklären. Für ihn ist der Boden seiner emotionalen Rückzugsinsel spröde geworden. Sobald er *das* wahrnimmt, so schnell buttert er selber die damit hochkommenden Gefühle unter, vergräbt sich in seine Hobbies. Seine

Energie fließt schon lange nicht mehr in die Begegnung mit «seiner» Frau. Sie ist inventarisiert, gehört zum Heim, welches man sich geschaffen hat – irgendwann einmal.

Vielleicht beginnt jetzt die Frau immer deutlicher auf die Beziehung und vor allem auf sich aufmerksam zu machen. Sie versucht in Gesprächen mit ihrem Mann zu verbessern, was schlecht läuft. Sie nörgelt herum. Aufgehängt wird ihre Unzufriedenheit an den sogenannten «Kleinigkeiten»: er hilft ihr zuwenig im Haushalt, kümmert sich nur um seinen Kram. Der Unmut steigert sich bei ihr bis zum verzweifelten Versuch, sich für ihn wieder attraktiv machen zu wollen. Ihn berührt das kaum; er reagiert abweisend – nicht offen. «Ja, ja, es wird sich schon ändern, wenn wir uns beide Mühe geben», sagt er und verfällt kurze Zeit später wieder in seine Beziehungsbewußtlosigkeit. Sein scheinbares Verständnis für ihre Kritik wird durch seine tatsächlich abweisende Haltung gegenüber einer wirklichen Veränderung unglaubwürdig. Dennoch glaubt sie immer noch an *die Beziehung* und die darin vermeintliche Kraft zum Guten. Sie mobilisiert weiter ihr Verständnis für ihn, für das nun mal eingegangene Verhältnis zueinander. Sie gibt die Hoffnung nicht auf, ihn irgendwann wieder zu erreichen und erinnert sich an den Anfang, als das gegenseitige Aufeinanderzugehen so einfach erschien.

Er fühlt sich von ihr in die Enge getrieben, mit ihren dauernden Fragen und Bemerkungen zur Beziehung. Er kann sich nur noch dagegen wehren, indem er die Schotten völlig dicht macht und in seiner Welt lebt. Er ist abgerückt und hält sie für verrückt: «Wie kann man sich nur so intensiv mit einer Beziehung auseinandersetzen?!» und schimpft auf den Psychokram, die Bücher, welche seine Frau womöglich gelesen hat. Er will seine *Ruhe* haben.

Die Frau «arbeitet» weiter an der Beziehung, scheinbar ungebrochen. Sie fragt sich, was sie falsch macht, sie fragt ihn... Merkt er überhaupt, was in diesen Augenblicken vor sich geht? Dieses «Spiel» kann lange dauern und hängt davon ab, wie gut zwischendurch gekittet wird, Harmonie wieder herrscht. In immer kürzeren Abständen folgt jedoch der Einbruch in die Harmonie. Die Entwicklung von vielen Beziehungen zeigt, daß dieses Spiel irgendwann so anstrengend und gleichzeitig so fade wird, daß meist die Frau beginnt – nicht selten für den Mann zunächst unmerkbar –, die Regeln zu unterlaufen. Sie beginnt, sich um sich zu kümmern und das nunmehr auch außerhalb der Beziehung. Sie ist nicht mehr selbstverständlich für ihn da, bleibt abends weg, kümmert sich mehr um Freunde/Freundinnen als um ihn, erzählt höchstens andeutungsweise...

Abgeschottet und cool wie der Mann auch ist, spätestens jetzt, wo er ganz offensichtlich nicht mehr im Mittelpunkt des Interesses seiner Frau steht, bekommt er *Angst.* Er spürt, daß der Faden zu ihr langsam, aber sicher abreißt: seine Frau geht eigene Wege, unverständlich. Die oft verdrängte Angst, sie nicht verstehen zu können, wird nunmehr eine ihn «plötzlich» überwältigende Tatsache. Es gibt jetzt noch nicht einmal die *Illusion* einer Verständigungsbasis. Er klammert sich an sie, tut alles für sie – aber er versteht sie nicht. Der Mann ist in dieser Situation wirklich allein. Er merkt seine schlimmste Befürchtung: ohne «seine» Frau leben zu müssen. «Ich verstehe meine Frau nicht mehr, wie konnte sie mir das antun?»

Die Verschlossenheit des Mannes

Was spielt sich da beim Mann ab – in diesem Beziehungsdrama? Wenn ich an das eben Beschriebene denke, kommt es mir vor, als ob der Mann in einer eigenen Welt lebt, abgetrennt von der der Frau. Höchstens sporadisch, im Verliebtsein beispielsweise, kommt es zu Berührungen. Doch dann wird die Nähe zur Frau wieder gefährlich, und er zieht sich zurück in seine Welt; eine recht verborgene Welt, sogar für den Betroffenen selbst eine noch zu entdeckende.

Ein Teilnehmer aus der Veranstaltung auf den Männertagen erzählte, daß er mit einer Frau reden kann, sich sogar mit ihr verständigen: «Aber mit ihr habe ich auch keine intime Beziehung.» Bei einer anderen Frau, «seiner» Freundin, hält er sich vorsichtig zurück: «Ich habe Angst, wenn ich zuviel von mir erzähle (etwa meine Ansichten und Empfindungen über das, was meine Freundin gerade losläßt), dann könnte es zu Mißstimmigkeiten kommen. Und die schöne Beziehung ist futsch.»

Je näher es wird, um so mehr hält Mann sich zurück. Die Verschlossenheit in der engen Beziehung zeigt etwas von der Angst des Mannes, sich als ganze Person der geliebten Frau mitzuteilen. Die männliche Art, sich zu beherrschen, läßt nur Auszüge sichtbar werden: der kühle Kopf, der aufbrausende Zurechtweiser usw. Das andere, was er auch hat (beispielsweise die weichen Seiten), ist ihm –

von der bewußten Wahrnehmung her – bei ihm selbst *fremd*. Er sieht es bei seiner Frau, dem ebenfalls Fremden, mit ihm nicht-identischen Geschlecht. Doch es berührt ihn kaum, er wehrt ab. Das andere, das Fremde *bleibt* für ihn fremd. Er spürt dies, wenn Frau sich emanzipiert, sich aus der Abhängigkeit vom Mann loslöst und eigene Wege geht. Erst ihre Abwendung vom Mann offenbart ihm die versäumte Gelegenheit, das gefürchtete und doch so anziehende Fremde näher kennengelernt zu haben. Er ließ seine Frau nicht in ihn *eindringen*. Denn dies hätte zur Folge haben können, bei sich selbst Anteile des Weiblichen (seiner Frau) entdecken zu «müssen». Diese – positiv gesehene – Möglichkeit zur Identifikation mit mindestens einigen Empfindungen der Frau hat er längst weit von sich gewiesen, abgewertet («für einen Mann zu weibisch»), in die hinterste Ecke seiner Person geschickt («na ja, es kommt schon mal vor, daß ich verzweifelt bin, aber doch nur kurz – Gott sei Dank»). Er kann damit nichts wirklich anfangen; ja, er versteht sich *selber* nicht mehr, wenn aus besagter hinteren Ecke etwas hervorlugt. Um seine Frau zu verstehen, wäre ein Sich-öffnen für diese Identifikationsmöglichkeiten mit abgewehrten Teilen seiner selbst und eben *diesen* gleichenden Persönlichkeitsanteilen der Frau sicher sehr förderlich.

«Sich öffnen», einfach gesagt, ich weiß. Das Hindernis, der Stein vor dem «Sesam-öffne-dich», ist mächtig: die Angst vor dem Fremden in sich und außer sich (vor der Frau). Aber selbst die Angst spürt er kaum. Sobald sie auch nur am Horizont erscheint, schaltet der Mann auf Rückzug. Seine Verschlossenheit erlaubt ihm nur ein dumpfes Gefühl, welches ihn nicht sonderlich stört. Er macht sich nicht viele Gedanken um die Beziehung. Wieso auch, sie läuft ja in gewohnten Bahnen, wie Gleise, die beständig und gleichförmig nebeneinander herlaufen. Bis für einen Moment die Ehefrau ausschert. Der Mann läuft, dies nicht weiter ernst nehmend, eine Weile allein seine Bahngleise entlang. Die Angst, daß sie sich ihm entfremden könnte, wird immer noch von seiner männlichen Überheblichkeit, alles im Griff zu haben, in Schach gehalten. Die Frau entzieht sich dem Griff und verläßt nun endgültig die Bahngleise – um im Bilde zu bleiben. Aus dem dumpfen Gefühl wird die schmerzende Angst; oft zu heftig, um mit ihr noch konstruktiv in der Beziehung umzugehen. Die Angst vor dem Fremden paart sich jetzt zu einem heillosen Gemisch mit der Angst vor dem Verlassenwerden.

Schilderungen von verlassenen Männern geben wieder*, daß es offensichtlich selbst in dieser Situation, wo die Angst nicht mehr verdrängt werden *kann*, nach einiger Zeit der «Unpäßlichkeit» (wie weibisch – aber es ist ja nur für kurze Zeit) wieder wie gewohnt weitergehen kann. Mit dem zeitlichen Abstand wird dann lediglich männlich festgestellt: «Wir verstanden uns sowieso nicht, sie war die falsche Frau für mich.» Und das ganze Beziehungsdrama wird mit einer neuen Frau wiederholt, sich noch mehr kontrollierend, um ja diesmal alles im Griff zu haben.

Eine Chance zur Veränderung, die sich bietet, sobald Mann die geschilderten Ängste spürt, liegt im Verstehen (mit Verstand und Gefühl!), welchen *biographischen* Weg er bis zur Verschlossenheit zurückgelegt hat. Diese mögliche Reflexion seines eigenen Lebens kann das Bewußtsein und die Verhaltensänderung schaffen, gegen die von der gesellschaftlichen Tradition eingeschliffenen Gutheißungen (wie ein Mann zu sein hat) «anzustinken». In der Entwicklung vom männlichen Kind bis hin zum erwachsenen Mann wird deutlich, was Lebensgeschichte ausmacht: Formung der spontanen, allseitig-gefühlvollen und sich offen äußernden Regungen bis hin zum starren, einseitigen, frauenfürchtenden «Beziehungsidioten» («Der Mann ist sozial und sexuell ein Idiot» V. E. Pilgrim). Diese Formung – vor allem seitens der Eltern – reagiert auf die gesellschaftlich-ökonomischen Anforderungen, seinen Mann zu stehen und den wirtschaftlichen Profit-Wohlstand nicht durch ein z. B. unkalkulierbares, «weibisches» Gefühlschaos durcheinanderzubringen.

Es geht mir bei der Ursachenforschung, bei der den Zustand beschreibenden Frage «Warum müssen wir Männer die Frauen nicht verstehen?» (Max Frisch) nicht um Schuldzuweisungen, etwa: die Eltern sind schuld, die patriarchalische Gesellschaft ist schuld an meinen Ängsten. Schuldzuweisungen können allzuleicht von der eigenen Verantwortung, die Dinge (Verzeihung: die Beziehungen) in die Hand zu nehmen und sich damit auseinanderzusetzen, ablenken. In diesem Sinne verstehen sich meine folgenden Bemerkungen zur Ursachenforschung.

* Vgl. z. B. das Buch von Wolfgang Körner «Meine Frau ist gegangen» (Fischer-Taschenbuch 1979)

Nach meiner Übersicht gibt es erst wenige konkrete Überlegungen und Erkenntnisse zur Entwicklung des heutigen Mannes. Er muß sich also schon noch selbst beforschen und kann nicht so ohne weiteres auf verallgemeinernde Befunde zurückgreifen. Für die Selbstreflexion ist dieser zwangsläufige Umstand nur gut, greift der Mann doch gerne – wenn's ihm angeboten wird – zu «übergreifenden Theorien» statt zu seiner Person. Für die Reflexion auf sozialer und gesellschaftshistorischer Ebene ist das mangelnde Wissen um den Mann eine zu kritisierende Lücke.*

Dennoch: einiges zur Erhellung der Entwicklung des unbekannten Wesens und denen, was ich vorher beschreibend aufführte, möchte ich kurz benennen. Dies sozusagen als Anreizpunkte zum Weiterdenken.

Es ist bekannt, daß die frühen intensiven Begegnungen mit den Eltern sich für das Kind prägend auswirken. Eine herausragende Stellung nimmt dabei der Kontakt mit der Mutter ein. Die Mutter ist auch in der modernen Familienrealität in der Regel die einzige emotionale Bezugsperson des Kindes. Da der Vater sich wenig und schon gar nicht in einer engen emotionalen Beziehung um das Kind kümmert, verfügt die Mutter über die Allmacht, Liebe zu geben oder zu entziehen. Liebe aber und Gefühle allgemein sind für das Kind überlebensnotwendig. Die nahezu Ausschließlichkeit der emotionalen Zuwendung seitens der Mutter hat verhängnisvolle Folgen. Sie zwingt das Kind zur alleinigen emotionalen Abhängigkeit vom Wohl- oder Schlechtergehen der Mutter. Legt man die von mir ausführlich beschriebenen Verständigungsschwierigkeiten zwischen Mann und Frau zugrunde, so gibt es bei der Mutter genügend Anlässe für ihr Schlechtergehen. Wie wirken sich diese Zusammenhänge nun auf den Sohn aus?

Die Mutter ist eine andere Bezugsperson zum Jungen als zum Mädchen. Der Junge besitzt das Geschlecht ihrer (neben den Kindern) wichtigsten aktuellen Beziehungsperson: des Ehemanns. Durch seine geschlechtliche Gleichheit mit dem Vater bietet sich der Knabe als ideales Verschiebungsobjekt an, d. h., die Frau verschiebt die mit dem Ehemann nicht ausgetragenen Konflikte auf den Sohn. Ich möchte darauf noch etwas genauer eingehen. Die Frau lebt – wie bereits ge-

* Vgl. den Beitrag von Brzoska/Hafner in diesem Band

schildert – von ihrer Seite her in einer «sanften» Beziehungswelt. Sie nörgelt zwar am Mann herum, gibt es dann vielleicht auf, wird stumm oder geht eigene Wege. Ihre Wut aber, die dem «sachlichen» und beziehungsbewußtlosen erwachsenen Mann gilt, hält sie zurück. (Dem Problem auf der Frauenseite, warum die Wut dem Mann gegenüber nicht gezeigt wird, möchte ich hier nicht weiter nachgehen.) Ist die emotionale Verbindung in der Ehe insgesamt auf ein niedriges Niveau gesunken, so überträgt die Frau dem Kind als *Ersatzpartner* ihre vom Mann nicht erfüllten Wünsche nach Nähe. Das total hilflose Baby hat die Mutter noch als Mutter erfahren. Jetzt aber fügt sich dem Kind der «Mutternähe» gleichzeitig die verschobene «Partnernähe» hinzu. In dieser übergroßen Nähe bekommt insbesondere der Junge all das ab, was eigentlich dem geschlechtsgleichen erwachsenen Partner gilt.

In der Vermischung dieser beiden Beziehungsebenen zum männlichen Kind liegt das Problem: bewußt will die Frau fürsorgliche Mutter sein, unbewußt sucht sie im Jungen den Ersatz für den Ehemann. Da gerade jüngere Kinder sehr empfänglich für *alle* Schwingungen im Gefühlsbereich sind, wundert es nicht, daß der Knabe auch die an ihm unbewußt ausgetragenen Wutgefühle der Mutter spürt. In seiner emotionalen Abhängigkeit kann er sich diesen für ihn «unverständlichen» Gefühlen (er ist ja auch nicht gemeint!) nicht entziehen. Die ihm von Babybeinen an vertraute Mutternähe bekommt etwas Fremdes, Unheimliches beigemischt. Der Junge bekommt Angst vor der an ihm ausgetragenen Wut und Enttäuschung, die ihn manches Mal plötzlich und unerwartet erreicht. Eine Abwehr dieser Gefühle ist ihm jetzt noch nicht möglich. Die Angst vor der Verweigerung der emotionalen Zuwendung bringt das Kind dazu, alles zu tun, um das Unheil abzuwenden. Die von der Mutter (nicht bewußt!) zu einem *gesamten* Gefühlsbrei vermischten Zuwendungen zu ihrem Sohn als Sohn *und* Ersatz-Mann abzuwehren, kann für den Jungen die Gefahr bedeuten, überhaupt nichts mehr oder zumindest erheblich weniger zu bekommen.

Doch das Fremde bleibt. Der älter werdende Junge lernt damit umzugehen, es abzuwehren und zu verdrängen. «Verstehen» *kann* er die auf ihn verschobenen Gefühle der Mutter nicht, weder die Wut noch die auch vorhandene Sehnsucht nach partnerschaftlicher Liebe (einschließlich Sexualität). Dies zu verstehen, würde eine Erwachsenenebene voraussetzen; der Junge aber ist «natürlich» zu diesem Zeitpunkt noch auf der Kindebene. Da bietet sich schon eher der Vater, der sich bei dem dann den Kleinkindschuhen entwachsenen Knaben langsam in die Erziehung einmischt, als Vorbild an. Das Identische suchend, sieht er in der Einstellung und den Verhaltensweisen des Vaters gegenüber der Frau (der Mutter), welchen «Vorteil» die männliche Verschlossenheit bietet. Nichts von sich zu erzählen, sich sachlichen, dingfesten Themen zu widmen, sind offensichtlich lebbare Alternativen zur Angst vor der Auseinandersetzung mit dem Fremden, dem Weiblichen, diesem Gemisch aus Mutter und Frau.

Gewiß, die Liebe zur Mutter bleibt auch im Erwachsenenalter. Das Mütterliche ist das Vertraute, als Baby so wohlig Erfahrene. Das Fremde, das Frauliche, was ihn als Kind überfordert hat, liegt sicher verpackt in der Ecke seiner männlich-verborgenen, persönlichen Welt. Die *Angst* davor ist geblieben, denn eine verschlossene Angst läßt sich nicht angehen und verändern. In der Beziehung des erwachsenen Mannes zu einer Frau bricht die als Junge erfahrene Ambivalenz wieder auf. Er fürchtet und liebt seine Freundin. Was dann geschieht, zeigte ja bereits «der Lauf einer Beziehung». Um die Furcht vor ihr, das dumpfe Gefühlspaket in ihm, loszuwerden, delegiert er diese weibliche Seite in ihm an die Frau.

Die Furcht und damit aber auch das *ganze*, mit seiner Mutter identifizierte, weibliche Gefühlsgemisch versucht er an der Frau loszuwerden. Der Schaden ist ersichtlich: er delegiert seine eigenen – nicht genauer angeschauten – verinnerlichten weiblichen Anteile an die Frau. In den Verständigungsschwierigkeiten zwischen ihm und der Frau wird klar, daß die Einseitigkeit seiner nur-männlichen Sichtweise und der daraus nur kontrolliert, höchstens stückchenweise zugelassenen Gefühle eine sich auf die Frau *einlassende* Beziehung verhindert. Um mich einlassen zu können, muß ich auch auf Bekanntes, mit mir Identifizierbares stoßen. Die Angst vor dem «Weiblichen», die Delegation der gefühlsbetonten Seiten erschwert überdies dem Mann, eine enge emotionale Beziehung zum Kind aufzubauen, wenn *er* jetzt Vater wird. Und wir wären wieder am Anfang unserer «Ursachenforschung», der Kreis schließt sich. Daß diese kreisförmige Entwicklung des Mannes kein Naturgesetz ist, beweisen die Väter, die die zwanghafte Wiederholung zu durchbrechen versuchen.* Das Entdecken des von seiner Mutter aufgenommenen «Weiblichen» enthe-

* Vgl. dazu den Beitrag von Muras in diesem Band

belt bereits ein wenig den Kreisverkehr in der Person des Mannes, sei dieser nun Vater und/oder Partner der Frau. Für seine Person als Vater hat diese Enthebelungsaktion freilich weiterreichende Konsequenzen.

Einen Schritt weiter geht die Möglichkeit, durch ein genaues Hinschauen und Nachvollziehen der eigenen männlichen Lebensgeschichte die Furcht vor der Frau als eine kindlich-notwendige zu erfahren. Als *erwachsener* Mann eröffnen sich mir andere Wege, mich mit dieser Angst auseinanderzusetzen. Denn mein emotionales Überleben ist nicht mehr durch die totale Abhängigkeit von der Mutter bedroht. Der Gewinn mit dieser Auseinandersetzung ist groß, entblättere ich doch gleichzeitig mit der Bearbeitung der Angst die vielen anderen (auch wertvollen) Verinnerlichungen der sogenannten «weiblichen Eigenschaften».

Ich schrieb zu Anfang dieses Kapitels ganz bewußt von *den Eltern*. Wo bleibt der Vater in seiner genaueren Darstellung? Ich denke, über die emotionale Abwesenheit des Vaters ist viel geschrieben worden. Im Zusammenhang der gerade angestellten Überlegungen erscheint es mir hier nur wichtig, die *Überlastung* sowohl der Mutter als auch des Knaben durch die fehlende emotionale Bezugs- und Identifikationsperson «Vater» herauszustellen. Solange der Vater von Anfang an keine emotional tiefergehende Beziehung zum Jungen aufbaut, bleibt es bei der Gefahr der manchmal überwältigenden Mutter. Der *anwesende* Vater kann meines Erachtens das notwendige Korrektiv sein, durch sein Angebot an den Jungen, sich mit *ihm* (als Person!) und nicht nur notgedrungen dauernd mit der Mutter auseinanderzusetzen. Vielleicht heißt es dann einmal: «Ich verstehe meinen Vater nicht mehr.» Immerhin!

Die emanzipierte Beziehung

In der Entwicklung von Beziehungen gibt es auch andere Erfahrungen, solche, die unter dem Banner der Emanzipation flattern. Dies sind Beziehungen von Mann und Frau, in denen *beide* die «hohen Ideale der Emanzipation» (Jörg Bopp, in diesem Band) vor sich herhalten.

Ich will von mir erzählen und der genauen Umkehrung der Verhältnisse: nicht die Frau wollte mich geduldig und immer wieder zum Nachdenken über die Beziehung anhalten – sondern ich, der Mann.

Schon ein wenig männergruppenbewegt und «Experte» auf dem

Gebiet der Analyse der Frauenunterdrückung, fand ich mich eine Zeitlang in Beziehungen wieder, in denen ich meinem damals rigorosen Anspruch hinterherlief. Ich wollte auf *sie* Rücksicht nehmen, *sie* in allen Lebenslagen nach ihren Empfindungen fragen, die Beziehung *sehr* wichtig nehmen... kurz: ich wollte der verständnisvolle Mann sein. Meine ganze Konzentration richtete sich dabei auf sie, die Frau: was sie wohl gemeint haben könnte, wo für sie vielleicht das Problem (mit mir) liegt. Mein Verstehen war fast schon therapeutisch – im negativen Sinne des Wortes – geprägt: völliges Hineinversetzen in die geliebte Frau, die mir doch so fremd ist, je mehr ich mich anstrenge. Ich meinte zu spüren, daß sie recht hat, wenn sie unerbittlich auf die Schwachstellen unserer Beziehung hinwies. Bis in die frühen Morgenstunden habe ich versucht, für mich Klarheit zu bekommen, habe sie gelöchert mit Fragen. Ich wollte durch sie beruhigt werden, daß doch alles wie anfangs sei, verliebt, den anderen toll findend, zwei Zentimeter über dem Boden schwebend. Dahinter stand mein eigennütziger Gedanke: «Wenn ich die Frau verstehe, ist sie wieder verliebt in mich.»

Wie oft war ich tödlich beleidigt, wenn ich sie nicht verstehen konnte. Denn ich hatte den Anspruch, omnipotent, alles zu verstehen – mit ein bißchen Mühe. Dies wurde von manchen Frauen auch oft genug als Maßstab vermittelt: «Wenn du dir ein bißchen mehr Mühe geben würdest, könntest du mich verstehen.»

Am *Anfang* der Beziehung hieß es: «Du bist der erste Mann, der mich als Frau versteht.» Dann strengte ich mich an, sie ja auch *immer* zu verstehen. Der erste frauenverstehende Mann, der heraussticht, der die große Wahl in der Schar der Konkurrenten gewonnen hatte. Das war doch wert, verteidigt und ausgebaut zu werden. Es war für mich dementsprechend das oberste Gebot, es der Frau – die ansonsten unterdrückt, mißachtet oder unverstanden übergangen wurde – recht zu machen. Ich als großer Frauenbefreier?! Den Helden wollte ich wohl schon immer spielen. Ich verleugnete mich dabei «heldisch» selbst, d.h., ich verstand mich selbst kaum noch. Was wollte ich eigentlich selbst? Zwischendurch zog ich mich ein Stück aus der Beziehung heraus, um zu überdenken. Danach, wieder mit ihr zusammen, fand ich jedesmal keinen rechten Ansatzpunkt, über *meine* Person in der Beziehung zu reden. Es hätte nur was Schlimmes rauskommen können. Mein Image als Verständnisvoller, der die Frau in den Mittelpunkt stellt, wäre futsch gewesen. Diese Befürchtung hielt mich harmlos, harmonisierend.

Während meiner Bemühungen, meine Freundin zu verstehen, ist mir nie eingefallen, mich ehrlich zu fragen, ob ich sie überhaupt verstehen *will*. Ab und zu merkte ich schon, ich hatte nicht immer Lust, der Verständnisvolle zu sein, der ihr nicht widerspricht, weil das ja typisch männlich-rechthaberisch wäre. Erst als es langsam nicht mehr zu übertünchen war, daß die Beziehung wie ein Fluß im Sande versickerte, daß das Bild von ihr immer blasser wurde – erst dann konnte, mußte ich mir eingestehen: ich verstehe sie nicht, vielleicht habe ich sie noch nie richtig verstanden. In einem Traum tauchte dieses Eingeständnis sehr plastisch auf. Die dort immer noch geliebte Frau wendet sich von mir ab, ich kann sie nicht mehr erreichen, ich will es auch irgendwie nicht mehr. Die Vergangenheit in Form der Illusion, der Seifenblase des Zusammenseins in einem intuitiven, gefühlsmäßigen Verstehen, ist geplatzt. Ich strenge mich nicht mehr an, ich sehe nur noch ihren Schatten. Ich bin damals mit einem Sammelsurium von Gefühlen aufgewacht: «Scheiß Traum» – Trauer – dann das Gefühl «so ist es». Der Traum brachte mich auf mich selbst.

Im Zuge der Diskussion um die Rechte und Bedürfnisse der Frauen habe ich, ohne daß mir das unbedingt mit dem Verstand klar war, meine Freundin in den Mittelpunkt meiner Beziehungsgefühle gerückt. Ich habe mich selbst manchmal sogar außerhalb gestellt; sie war wichtiger als ich. Die Forderung an sie zu richten, *mich* zu verstehen, fiel mir allenfalls in höchsten Krisen ein – wenn sie drohte, mich zu verlassen, die Beziehung aufzukündigen. Dann war ich wie vor den Kopf geschlagen, wie eine Frau nur so gefühlskalt sein konnte, ohne Verständnis für mich, der ich doch viel für sie getan hatte (zumindest in bezug auf Verständnis für sie). Dabei weiß ich selbstkritisch, daß mein Verstehen manchmal nur im Reden vorhanden war. Stundenlang konnte ich ihr zuhören, ihr erklären, wie ich das Problem sehe und reden und zuhören. Handlungen daraus waren nicht immer meine Konsequenz. Ich fand es für mich auch leichter, im Reden zu verstehen. Dies ist wohl eine Art Selbstschutz für mein verschwindendes Ego gewesen: wenigstens im Verweigern der handelnden Konsequenz kam *ich* vor.

Das Verstehen, das Zugehen auf die Frau war jedoch nicht so uneigennützig, wie ich es mir damals vormachen wollte. Ich habe mich geschützt vor einer möglichen Kritik und *negativen* Beurteilung meiner unter Umständen chauvinistischen männlichen Person, indem ich nichts von mir preisgab. Schnell bin ich auf sie losgestürmt, war gleich in einer *positiven* Beurteilung ihrerseits. Ich war der Frauenfreund, der sich in die Frau (scheinbar!) sensibel einfühlte. Ich konnte so von mir ablenken, war mit dem Fremden, Andersartigen außer mir beschäftigt. Das Chaos meiner Gefühlswelt blieb unangetastet. Ich hatte Angst davor, meinem Gefühlschaos näher zu kommen, völlig verwirrt zu werden. Durch meinen Blick auf die Frau konnte ich etwas Edelmütiges tun und mich schonen, vor meinen Launen, vor meinem Auf und Nieder von Gefühlen. Somit war mein unbedingtes Verstehenwollen auch ein Stück weit die umgelenkte Angst vor mir selber. Ich hatte Angst, verrückt zu werden, weil ich Tobendes in mir vermutete. Überwältigende Gefühle kannte ich von mir in Situationen, die nur alle Jahre mal vorkamen. Was, wenn die tobenden Gefühle in mir dauernd... Nein!

Mich selber als Mann in den Mittelpunkt zu stellen und zu verstehen, begann mit der Teilnahme an langjährigen Männergruppen. Die von mir heimlich oft verfluchte, starre Abhängigkeit von Frauen, präziser ausgedrückt: von einer Frau – der jeweiligen Freundin –, konnte erst durch eine andere Begegnung mit Männern langsam verflüssigt werden. Mein Blick war nicht mehr darauf fixiert, es der Frau recht zu machen, sie unbedingt zu verstehen und in allem zu akzeptieren. Es war und ist eine langsame Entwicklung, wo nachdenkliche Gespräche und – gleichwertig – die manchmal für mich mühsamen Erfahrungen ihre Spuren bei mir hinterließen. Die Erfahrungen sind dabei die Gradmesser, *wie* ich tiefergehende Begegnungen mit Frauen und Männern jetzt erlebe. Freundschaften spielten und spielen da eine große Rolle für mich. Freundschaften, ohne die Ansprüche einer intimen Beziehung, verleiten mich nicht, gleich wieder in alten ausgetretenen Pfaden zu latschen. Die Distanz und gleichzeitig spielerisch-ernste Nähe ist ein Ausprobieren darüber, was sich bei mir verändert bzw. verändern läßt. Die dort bewußt zugelassene Unsicherheit gerade auch mit dem Fremden, den «weiblichen Seiten», gibt stückchenweise meine Ängste und mein Chaos frei. Die dadurch gewonnene Erfahrung, daß die Angst vor der Angst oft größer ist als die Angst selber, verändert schließlich auch meine Möglichkeiten, offener in der intimen Beziehung zu meiner Freundin zu werden. Völlige Offenheit ist für mich nicht lebbar. Ich kann mir nicht vorstellen, mich selbst völlig zu verstehen, noch diesen Anspruch an eine Freundin zu stellen. Letzteres wäre nur eine Umkehrung meiner eigenen fehlgeschlagenen Anspruchshaltung gegenüber Frauen. Doch habe ich jetzt den Wunsch (und manchmal die Forderung) an meine Freundin, mich auch zu verstehen.

Und wieder wurde mir in einem meiner Träume klar, was «verstehen» für mich überdies bedeutet: sich nahe zu sein, sich intuitiv zu verstehen – ohne Worte. Illusion? Nein, ein Traum, den ich auch im Wachzustand hier und da, so oder anders, «erlebe»: Ich sitze in einem gemütlich wirkenden Zimmer auf einem altmodischen, kuscheligen Sofa. Neben mir: eine Frau. Sie ist einfach da. Sie ist keine Traumfrau und doch, diese Begegnung geschieht in traumwandlerischer Selbst-Verständlichkeit mit einer Frau. Es ist ein seltsam vertrautes Band zwischen uns, bewußt, daß es nur einen gewissen Moment dauert; einen Moment, den ich jetzt spüre und an den ich mich gerne erinnern werde. Romantisch? Das Wort berührt mich hier nicht. Diese Begegnung ist nicht romantisch, kein Roman – eher eine Episode – ohne den Beigeschmack «oberflächlich» allerdings.

Sie sitzt also neben mir, schaut mich an, ich schau sie an. Wir berühren uns, vielleicht etwas zaghaft, meine rechte Hand streichelt ihren Rücken. Ich finde sie schön, ihr Gesicht sagt mir etwas, sie redet kein Wort, ich sage auch nichts. Wir schauen uns «nur» an, es läuft etwas zwischen uns – unfaßbar. Ich fühle mich in diesem Augenblick wahnsinnig geborgen. Ich bleibe bei mir, in meinen Grenzen und dennoch bin ich auch ein Stück weit außer mir – bei ihr, der anderen, die ich berühre, die mich berührt.

Und zum Nachtisch...

Vernachlässigt habe ich, wenn ich zurückblicke auf meinen gesamten Text, die gesellschaftliche Seite des Beziehungsdramas. Die Beziehung von Mann und Frau, das Sich-Verstehen im besonderen, dies sind keine losgelösten, rein privaten Orte, sein Glück oder Unglück zu machen. Die Folie, auf der all das hier von mir Beschriebene abläuft, ist die gesellschaftlich und ökonomisch unterstützte Härte, ist der lebensverachtende Kapitalismus. («Na endlich, jetzt zeigt er mal seine politische Seite.») Die männlichen und weiblichen Seiten, von denen ich so oft geschrieben habe, sind davon geprägt. Die Verdrängungsleistungen des Mannes dienen dem Zweck des kapitalistischen Kalkulierens: die Verschlossenheit trägt Profite, das lebendige, mitunter chaotische Innere führt zu Arbeitsplatzverlust («Wir können hier nur Zuverlässige gebrauchen») usw. usw.

Ich breche hier ab, denn dies wäre ein neuer Artikel, umfassender als dieser – vielleicht ein ganzes Buch, wo das Persönliche und das Gesellschaftliche... Schluß, dies mag ein anderer schreiben.

R. Augusto R. Costa

Flüssige Menschen

weinend will sie
ihre Ohnmacht herausspucken und brüllen
mir scheint ihr Weinen fast nur
aus Selbstmitleid zu bestehen

sie weint, weint und weint und
mir wird's langweilig
zwischen den vier Wänden

ich frage mich
was für ein Mann bin ich
was für eine Frau ist sie
wir sind so verschieden
zu empfindlich
und ähnlich wenn wir weinen

eine Stunde später
vögeln wir wie Besessene
Nachkommen von Arbeiter-
Bauern- und Beamtenfamilien
während sich die Freiwilligen
da draußen
ihrer immer stärker
gereizt werdenden Fortschrittsgier
hingeben
wir sind glücklich
inmitten aller Sorten Flüssigkeit

Körperlichkeit, Liebe und Zen

Foto:
Detlef Ihlenfeldt

Harald Lommel

Männlichkeit als Körperlichkeit

Schein und Sein

Fühle ich mich als Mann?
Fühlst du dich als Mann?

Je öfter ich mir diese Frage stelle, desto klarer wird mir ihre Bedeutung – nicht ihre Antwort!

Als ob sich hinter dem Fragezeichen eine Tür aufmacht, die mich bisher gehindert hat, all die verzweigten, dunklen, sich kreuzenden Gänge, die mein Inneres mit der Oberfläche meines Körpers verbinden – zu sehen.

Womit ich beim Thema bin; denn es gibt so viel zu sehen, zu spüren und anzufassen, da mein Kopf mittlerweile bereit ist, mir den Rest meines Körpers zu offenbaren.

Diese schlichte Wahrheit, daß da ja noch was dranhängt – unten an meinem Hals –, ist neu und zugleich schmerzlich. Denn die Möglichkeiten, mein schönes Image aufrechtzuerhalten und an den Schmerzen vorbeizugehen, die es mir bereitet, Innen und Außen zu trennen, sind kleiner geworden.

Image heißt für mich dieser Schein, der mich Tag und Nacht plakativ umgeben soll – das Bild, das ich, entgegen aller ungeliebten Gefühle in meinem Innern, mir und anderen immer wieder präsentiere.

Es besteht aus den Wünschen, wie ich sein möchte (z. B. eindeutig und selbstbewußt), und nährt sich aus der konkreten Angst, daß ich mich so oft als unklar und hilflos erlebe. Größer wurde dafür eine Klarheit, die mir zeigt, wie ich mich in männlicher Manier gegen das Leben, das heißt gegen allzu starke Gefühle panzere – und mich zugleich wacher macht, zu sehen und zu spüren, was das überhaupt heißt: ein Mann und lebendig zu sein!

Die ganzen letzten Jahre hindurch, seit ich mit der Männer-Bewegung in Kontakt gekommen bin, habe ich in allem Auf und Ab immer zu ergründen versucht, wie ich das werden könnte, was ich eigentlich *nicht* bin.

Es gab soviel auszusetzen (im wahrsten Sinne) an mir: durch ihre Ausmaße erdrückend vor allem die Probleme mit Frauen. Diese konkreten Schwierigkeiten in der Auseinandersetzung mit ihnen schienen mich daran zu hindern, in jeder Hinsicht «offen, zärtlich, verständnisvoll und dabei stark» zu sein. *Das* war das Ideal, und vor diesem ehernen Ziel stand ein williger Harald, der keinen Gedanken scheute, die oft erbärmliche Wahrheit der erlebten Beziehungen an diesem Maß zu messen.

Immer wieder fragte ich mich, nicht zuletzt durch die Klagen diverser Freundinnen angetrieben, wie ich denn so werden könnte, wie sie mich haben möchten. Da war das Problem, sich in Auseinandersetzungen zurückzuziehen, zuzumachen, die Forderung, meine schwachen Seiten zeigen zu müssen (!) und dennoch mich nicht aufzugeben – letztendlich war ich immer damit beschäftigt, mich zu verurteilen und anzupassen.

Woran: früher nannte ich das Versteckspiel «Suche nach dem neuen Mann», heute würde ich es eher Identifizierung mit einer Frau nennen. Mackertum war als Schimpfwort während meiner Männergruppenzeit in aller Munde, gelobt wurde die Offenheit bis zur Selbstzerfleischung; bei all dem noch Harmonie zu wahren galt als große Aufgabe.

Innerlich tobte der Kampf um die Gewißheit, daß das «Aufmachen» gewiß noch ganz andere Dinge ans Tageslicht fördern würde als meine weiche und verletzliche Seite. Dauernd brodelte es in meinem Magen, Magenkrämpfe wechselten mit Freßsucht, ein total versteifter Rücken ließ mich immer mal wieder bewegungsunfähig werden. Und all das verstärkte meine Angst vor dem noch unbekannten «dunklen Bösen», die so groß war, daß sie mich daran hinderte, mich gegen diese exhibitionistischen Forderungen zu wehren.

Mich zu wehren und den Gefühlen von Wut und Haß, die in meinem Körper eingeschweißt waren und ihn teilweise mit ihrer erdrükkenden Präsenz zur Unbeweglichkeit verdammten – Raum zu geben.

Mich zu wehren und in Kontakt zu bleiben: mit mir, mit dem Boden, auf dem ich stand und der Frau gegenüber. So blieb mir letztendlich immer die Flucht, um nicht zu platzen – und die Schuldgefühle, daß es doch nicht so ginge, einfach den Schwanz einzuziehen und die verlassene Frau zu verletzen... Mein Hirn hat sich selten gefragt, wie *ich* mich damit verletze, wie ich mich dadurch hindere, mich als Mann zu fühlen und stolz darauf zu sein.

Denn mein Ziel blieb, weibliche Gefühle zu spüren, weiblichen Idealen zu entsprechen und meinen Körper zu verleugnen. Es spukte und sprühte in meinem Kopf, denn die Tatsache meines Lebens, als Junge geboren zu sein, wehrte sich mit stiller, aber unendlich ausdauernder Energie.

Nie aber habe ich sie während dieser Zeit bewußt gespürt, diese Teilung meiner Person: die Männlichkeit meiner emanzipierten Träume war die Weiblichkeit der bewunderten Frauen. Aber da war auch mein Schwanz, meine Muskeln, auf die ich so stolz war, meine behaarte Brust und nicht zuletzt meine sexuellen Phantasien.

Meine Verwirrung von damals wird mir heute um so klarer, je mehr ich die Anstrengung erlebe, die es erfordert, Schein und Sein zu trennen, ein künstliches Image auf Kosten meiner inneren Lebendigkeit zu zelebrieren.

Der Mann im Bunker

Angetrieben durch meine Angst, der «böse» Junge zu werden und damit die Illusion zu verlieren, «Mamas Liebling» zu sein, verstärkte ich die Schutzwälle um meine zerbrechliche Seele, die dadurch noch ängstlicher wurde und in einem beginnenden Teufelskreis wiederum nach einem stärkeren Panzer schrie.

Und es funktionierte, ich bekam mehr Macht über meine Gefühle, verweigerte ihnen den Zugang nach draußen, indem ich meine Wahrnehmung spaltete: auf der einen Seite *wußte* ich, ich bin traurig, einsam (selbst wenn ich mit einer Frau zusammen war), sehnsüchtig, manchmal ein bißchen ärgerlich; auf der anderen Seite *spürte* ich nichts, konnte mich nicht durch Weinen bzw. den Ausdruck von Wut erleichtern.

Das gelang mir, indem ich mich steif machte. Im wahrsten Sinne des Wortes, denn Gefühle sind Bewegungen und Regungen in meinem lebendigen Körper, die ich wahrnehme, und ich kann sie blockieren, indem ich aufhöre, dahin zu atmen, wo sie entstehen: in meinen Bauch.

Wenn wir erschrecken, halten wir die Luft an, um die Angst nicht zu spüren; wenn ich meine Beine versteife, erhalte ich mir das trügerische Gefühl von einem sicheren Stand; wenn ich nicht hinsehe, kann sich in meinem Kopf der gewünschte Film abspulen; wenn ich meinen Rücken anspanne, bin ich starr und kann meine Wut und meinen Ausdruck von Ärger wirksam bremsen. All das dient dazu, meine Fassade aufrechtzuerhalten und das Leben in meinem Körper abzuschneiden.

Das ist die viel beschworene Be-Herrschung, trügerisch und verlogen in ihren einschmeichelnden Versprechungen, denn nie war ich ganz von ihrer Wirkung überzeugt. Immer war Anspannung nötig, um die Gewißheit (!) nicht zu laut werden zu lassen: da sind Sehnsucht, Verzweiflung, Wut und Traurigkeit in mir drin, die mich zu überwältigen drohen, mich klein und schwach machen, wenn ich ihnen Platz lassen sollte.

Die Zwickmühle, in der ich steckte (und stecke), war die, daß ich dabei war, mich von meinen Gefühlen bewegen zu lassen, ohne die Beherrschung aufgeben zu wollen.

Das ist die große Illusion, die es aufzudecken gilt, besonders in den mich umgebenden aufgeklärten und «gefühlssicheren» Kreisen. Jahre sind damit vergangen, daß ich aus mir etwas machen wollte, was ich nicht bin. Wie sehr habe ich dabei ein Vorbild vermißt, an dem ich mich hätte orientieren können. Die geeignete Person wäre doch zumindest mein Vater gewesen, doch heute weiß ich, daß er selbst zu abhängig von meiner Mutter und zu hilflos war, um mir als dem kleinen Jungen zeigen zu können, wo es als Mann langgeht.

Ich finde es heute sehr schwer, Männer zu finden, die ich in ihrer positiven Männlichkeit sehe und achte – dabei ist es so hilfreich, Männer zu kennen, die sagen können «Ich bin ein Mann» und sich vom Gefühl in ihrem Körper, ihren Bewegungen, ihrer Haltung, ihrer Sexualität leiten lassen.

O ja, es gibt so viele Männer, so unterschiedlich ihre Herkunft, so verschieden versuchen sie auch, ihren männlichen Körper ihrem Image vom Mann anzupassen.

Dabei fallen mir immer wieder zwei Gruppen auf: Auf der einen Seite stehen die, die wir so leicht verachten können, von denen wir uns als emanzipatorische Männer absagen. Das sind die, die ihre innere Leere und Eintönigkeit mit lauten Sprüchen und großspurigen Bewegungen vergessen machen wollen. Diese aufgeblasenen «Hampelmänner» sind mit der Gabe ausgestattet, ihre Bedeutung proportional ihrer Wampe bzw. Coolheit anwachsen zu lassen.

Nicht zuletzt durch meine Arbeit, die mich mit ebensolchen Männern zusammenführt, wird die hinter aufgeblähter Brust versteckte Schlauchbootmentalität (einmal reinstechen...) und Lächerlichkeit immer sichtbarer. Die zur Schau gestellte Sexualität ist mit Gefühlen besetzt, die einem Schmied bei der Arbeit angemessen erscheinen. Macht wird bei ihnen zur Voraussetzung, diesen nun mal vorhandenen Trieb auch ausleben zu können. (Im fortgeschrittenen Stadium wird diese Macht gar an die Stelle des Gefühls treten und es überflüssig machen.)

Von Gefühl keine Spur, weder Lust noch Traurigkeit, noch lebendige Wut.

Auf der anderen Seite stehen so viele Männer, die sich bewegen ließen und lassen, über die mit großem Getöse die Welle der Frauenbewegung zusammengebrochen ist und die nun mit großen Augen und Ohren ihre angeregten Freundinnen davonschwimmen sehen.

Hier herrscht die große Angst bei den Männern! Vor Verlust, Einsamkeit und allzu lauten Gefühlsausbrüchen. Sie möchten zwar so gern, trauen sich aber nicht, wollen Liebe erkaufen und nicht fordern, wollen sich nicht trennen, sondern es lieber noch einmal versuchen. Hier fühle ich mich wohl, hier bin ich zu Hause; der geheime Größenwahn jedoch straft alle anderen mit tiefer Verachtung. Doch welchen Weg gibt es aus diesem Dilemma, bevor Herzinfarkt, Leberzirrhose, Magengeschwüre und Krebs auch die Ideale dieser «neuen» Männer an den Grenzen ihres Körpers scheitern lassen?

So will ich nicht sein und so auch nicht; wo ist der neue Weg, auf dem ich gehen kann, ohne daß mir vor Angst die Beine einknicken oder ich vor Gefühllosigkeit die mit mir gehenden Menschen übersehe?

Ich werde zurückgeworfen auf mich selbst, nicht auf das, was andere aus mir machen oder was ich mir einbilde – ich bin in der einzig faßbaren Realität gelandet, die es für mich gibt und der mein Geist und meine Seele innewohnen: ich fange an zu erkennen und zu spüren, daß ich in meinem Körper zu Hause bin und er mir den Weg weist, wenn ich Augen habe zu sehen, Hände habe zu fühlen und den Mut besitze, mich so anzunehmen, wie ich bin. So alt und zugleich so neu – so simpel und doch mit unendlicher Vielfalt hat mich diese Wahrheit in meinem Herzen berührt. Ich bin mein Körper!

Ich bin mein Körper

In dieser kurzen Feststellung liegt die Weisheit verborgen, die es vermag, die grauen zähen Schleier des täglichen Frusts, der Unlust und der inneren Unruhe zu durchdringen, und mir die Gewißheit zu geben, wer ich bin. Wenn ich zulasse, daß mich meine Trauer «anrührt», und zu weinen anfange, wenn ich mich von meiner Wut bewegen lasse und ihr gestatte, ihren Käfig in meinem Inneren zu verlassen, zeigt sich mir das Leben in seiner ganzen Klarheit und Einfachheit.

Fast dreißig Jahre habe ich dafür gelebt, um jetzt auf diese Tatsache zu stoßen, habe Strategien entwickelt, um das Leben erträglich zu machen, Gedankenburgen gebaut, in denen die Erklärungen lagerten, um mein Da-Sein verständlich und logisch zu machen.

Ich habe mein Bestes gegeben, mich angestrengt, gemacht und getan, um Lebendiges zu binden, einzupacken und portionsweise mit Inhaltsangabe zu stapeln. Aber je mehr ich mich um Klarheit bemühte, desto höher wurden die Stapel und fingen schließlich an zu wackeln.

Das Leben fließt, ist in Bewegung, und ich brauche gar nichts dazu zu tun, außer dazusein, meinen Körper pulsieren zu lassen, um zu spüren, wer ich bin. Mittlerweile ist mir klar, wieviel Mut dazu gehört, sich diesem inneren Erleben zu stellen. Denn es fordert, daß ich mich zeige und handele – und damit zulasse, daß sich das Bild von mir wandelt und viel gewöhnlicher wird, als ich jemals annehmen wollte.

Gerade die Vorstellung, daß ich etwas Besonderes bin – die wohl jeder Mann in seinem Innersten behütet –, heißt, daß ich meinem körperlichen Selbst überlegen bin, und läßt jegliche Selbstachtung vermissen. Doch wohin führt uns dieser Weg? Zum neuen Idealbild vom Mann, und wie sieht das wohl aus?

Es ist aufregend, meine Phantasien spielen zu lassen und von Männlichkeit zu träumen, die ein lebendiger Körper freisetzt. Ich rede von «Männlichkeit», nicht von der Menschlichkeit, die als Ziel von Männergruppen und deren Bewegungen oft die Unterschiede zwischen Mann und Frau zu verwischen suchte und sucht. Die bedeutete nämlich: eigentlich sind wir ja alle unserem Wesen nach gleich und werden nur durch die Manipulation unserer Erziehung zu Männern oder Frauen gemacht.

Einige Jahre habe ich das uneingeschränkt gelten lassen, sehe auch heute noch die Wahrheit, die dahintersteckt – es machen sich jedoch Zweifel breit, je mehr ich mich mit meinem Körper identifiziere.

Heute stehe ich da mit der vorsichtigen Äußerung: Ein Mann hat einen anderen Körper als eine Frau – also fühlt er auch anders!

Sofort kommen mir die vertrauten Pole in den Kopf, das Yin-Yang, weiblich – männlich, passiv – aktiv, aufnehmend – gebend, Erde – Feuer, Mond – Sonne, und die Gefahr ist groß, daß diese Gegensätze, wie schon so lange, bewertet werden. Daß die Teile zusammen erst das Ganze bilden, wird gern übersehen, und mancher wird sich vorschnell freuen bzw. ärgern, daß so ja alles beim alten bliebe.

Der Mann führt Regie, und die Frau räumt nachher das Studio auf. So will ich nicht verstanden werden, wenn ich sage, daß sich Mann und Frau in ihrem Wesen unterscheiden, da sie schließlich unterschiedliche Körper besitzen, die in der Sexualität den Mann als den Eindringenden, die Frau als die Aufnehmende auszeichnen.

Im bioenergetischen Sinne* muß ich, um eine Frau zu «lieben», d.h. um eine Erektion zu bekommen, Aggressionen mobilisieren, meinen Körper «aufladen», um schließlich mit den Stößen meines Beckens die gesammelte Energie in einem lustvollen Orgasmus «entladen» zu können.

Das geht nur, wenn ich dieses Strömen in meinem Körper annehmen kann – ohne zu steuern –, mich ihm hingebe, was in diesem Sinne ganz und gar nicht unmännlich ist. Auf der anderen Seite steht die Frau, die in ihrer sogenannten «Passivität» ihre Lust erleben kann, aber weit davon entfernt ist, etwas über sich ergehen lassen zu müssen und durchaus in der Lage, aktiv ihre Bedürfnisse umzusetzen. Es ist schwer, wenn nicht unmöglich, diese Gefühle in Sätzen zu verdeutlichen, aber ich bin zutiefst davon überzeugt, daß diese Dualität im menschlichen Erleben den Reiz und die Anziehung zwischen Mann und Frau am Leben erhalten.

* Der Begriff «bioenergetisch» entstammt der v. a. von Alexander Lowen entwickelten Körperanalyse und therapeutischen Arbeit am Körper, der sog. Bioenergetik (vgl. A. Lowen, Bioenergetik, Rowohlt 1979) – Anm. d. Hg.

Ich wage zu behaupten, daß die Wahrnehmung unserer Körper das enthüllt, was ich als Wesen von Männlichkeit und Weiblichkeit bezeichnen will. Daraus folgt, daß der Mann durch die Mobilisierung seiner natürlichen Aggressionen zu seinem tiefsten Erleben und seiner größten Lust und Lebendigkeit fähig wird.

Vom Wort her heißt Aggression nämlich «sich auf jemanden zubewegen», mein Körper ist durch sie in der Lage, auszugreifen, mir das zu nehmen, was ich brauche – meine Arme auszustrecken, ob bittend oder abstoßend. Sie hilft mir, sowohl mich abzugrenzen, wegzugehen als auch in Kontakt zu kommen, indem ich umarmen und halten kann.

Bei Frauen habe ich so oft die Tiefe geahnt, die ihr Erleben prägt und sie so sehr mit den Wurzeln des Lebens verbindet. Eine Fähigkeit, die durch die Bereitschaft, anzunehmen und zu «empfangen» möglich wird und von uns Männern in jahrhundertelanger Mißachtung verlernt wurde. In dieser Vision sind beide, Mann und Frau, bereit, sich den Regungen ihres Körpers anzuvertrauen und hinzugeben.

Ich weiß, es sind große Worte, vom Wesen und der Natur der Geschlechter zu reden – aber warum soll ich anders nennen, was mich immer wieder mit Bewunderung und Achtung erfüllt. Außer Frage steht für mich dabei, daß ich Aggression nicht ausschließlich dem Mann, Tiefe und Passivität nur der Frau zuschreibe – zu einseitig wäre diese Festlegung. Ich spüre meine «weiblichen» Teile nur zu deutlich, meine Weichheit und Verletzlichkeit. Sie gehören zu mir als Mann, und würde ich sie nicht achten, hätte ich meine Energie in fieberhafter Aktivität längst verzerrt.

Doch ich bin dabei, mich als Mann von Frauen abzugrenzen, um aus der Gefangenschaft meiner Geschichte auszubrechen und zu sehen, was von mir übrigbleibt, wenn ich mich endlich von meiner Mutter «trenne». Daher achte ich besonders darauf, was mich prägt und mit anderen Männern verbindet.

Ich bin auf dem Weg, das innere Leben meines Körpers zu erschließen und mit der Welt zu verbinden.

Die Belebung meiner Aggression kann mir dabei die Kraft und den Mut geben, die Täler von Verzweiflung und Angst zu durchschreiten, die Teile des Lebens sind, auf festem Boden zu bleiben und den Horizont nicht aus den Augen zu verlieren.

Es ist hier neu für mich, die Aggression in ihren positiven Eigenschaften zu fühlen und zu erleben. Verurteilt und gemieden wurde und wird sie auf der Suche nach dem «neuen Mann» genug, um auf andere, subtile Weise ihren Weg nach draußen zu finden – das Verhängnis war, sie mit Macht und Zerstörung in Verbindung zu bringen. Dabei wird sie nur monsterhaft und zerstörend, wenn sie ständig blockiert und aufgestaut wird.

Es hat für mich keinen schlechten Beigeschmack mehr, mir in diesem Sinne einen Mann vorzustellen, der sich eine Frau «nimmt», der beim Lieben auch mal zupackt, die Kraft seines Körpers zuläßt und sich von ihr auf seine Partnerin zutreiben läßt.

Erniedrigend ist diese Vorstellung nur, wenn sich hier die Lust mit Machtgefühlen paart und diese sogar als Voraussetzung benötigt. Dann werden sich nie zwei Körper finden, ihre erwachsene und hingabefähige Sexualität genießend, es werden gefühllose Leiber sich gegenseitig benutzen, der eine sich auf Kosten des anderen zu bereichern suchen.

Männer. laßt uns ruhig träumen: von Erfüllung, Lebendigkeit und pulsierender Lust – unsere verlogene Moral hinterläßt uns sonst nur noch den Trümmerhaufen ihrer phantasierten Perversionen; und die sind beileibe genügend da.

Meine «Haltung» zum Leben

Wenn ich so viel von Körper schreibe und sich dabei die blockierten Gefühlsäußerungen und ungenutzten Energien offenbaren, stellt sich nun für mich die Frage, wie ich mich beleben kann, *ohne* dabei meine Gefühle unterdrücken zu müssen. Ich habe vor allen Dingen zuerst spüren müssen, wie ich mich durch Anspannung von Muskeln oder durch das Anhalten meines Atems in den Jahren meines Lebens geformt habe.

Meine hochgezogenen Schultern, ein nach vorn hängender Oberkörper, ein steifer Hals, Spannungskopfschmerzen oder kurzsichtige Augen sprechen eine deutliche Sprache, da sich in meinem Körper meine «Haltung» zum Leben ausdrückt.

Jeder zusammengezogene Muskel blockiert irgendeine Bewegung und damit den Ausdruck oder die Wahrnehmung der Gefühle, die sich in mir verbergen. Die hochgehaltenen und nach vorn gebogenen Schultern verraten mir mittlerweile meine Angst vor dem Nachgeben, in ihrer Haltung spiegelt sich sowohl die Unfähigkeit, meiner Traurigkeit durch Weinen Ausdruck zu geben als auch meiner Wut durch Schlagen oder entsprechende Äußerungen zu einem Weg nach draußen zu verhelfen.

«Schlagen» steht hier für mich in einer neuen Bedeutung, denn es ist nicht mein Ziel, in der Auseinandersetzung mit anderen Menschen zuzuschlagen.

In bioenergetischen Therapiesitzungen wird oft als Ausdrucksübung das Schlagen mit einem Stock oder den Fäusten auf eine Matratze angewendet, um festzustellen, inwieweit der betreffende Mensch das Schlagen mit einem inneren Gefühl von Wut oder Haß verbinden und ausdrücken kann, bzw. welche körperlichen Verspannungen ihn darin blockieren.

Bezeichnenderweise haben oft gerade Menschen damit die größten Schwierigkeiten, die voller Haß und Gewalt stecken, welche sie hinter einem sanften und überempfindlichen Äußeren zurückzuhalten versuchen.

Klar, da sind starke Männer um mich herum mit kräftigen Armen, aber sie können kein Gefühl damit ausdrücken – könnten sie sonst oft so erniedrigend und verletzend sein, wenn sie spüren würden, was sie mit sich und anderen tun.

Ich gehe durch die Stadt und sehe so viele angeschlagene, verbogene und steife Männerkörper umherlaufen – gehe ich an einem Schaufenster vorbei, sehe ich dabei auch mich. Einer hat seinen speziellen Ausdruck von betonter Männlichkeit in seinem schwankenden Gang, bei dem sich oft ein stählerner Oberkörper auf Entenbeinen bewegt, ein anderer stelzt ihm mit weit nach vorn gebeugtem Hals entgegen, den Rest seines Körpers weit zurückgelassen, als müsse er sich dessen schämen. Ich sehe den starren Blick aus dem unbeweglichen Gesicht, und mir wird unwohl; ich sehe, aber ich spüre nichts.

Jeder hat dabei seinen Körper, der zu ihm und zu seiner Geschichte paßt, und ich bin nicht dabei, einen männlichen Normkörper zu kreieren und – voller Eifer – über das Ziel hinauszuschießen.

Zu groß ist die Gefahr, der Coolheit aalglatter Werbepuppen bzw. den Idealen einer Joggergeneration nachzueifern, welche – interessant anzusehen, aber zugleich unantastbar – die Ware Körper zur Schau stellen.

Sie alle sind bemüht, Haltung zu bewahren, träumen von einem

Alabasterkörper, der einer Rolle entspricht, die aus dem Bilderbuch kommt und sich nicht mit Menschlichkeit und Lebendigkeit in Verbindung bringen läßt.

Davon sind wir weit entfernt, ich weiß. Ich finde es nur schade, wenn ich in eine Disco gehe und mir besonders auffällt, wie wenig sich gerade die Männer von der Musik bewegen lassen können. Da «sitzt» jede Bewegung, und wenn die Musik nicht wäre, könnte man es quietschen hören – und wehe, es lacht einer! Jetzt aber wieder Ernst: die körperorientierten Therapieformen, und dabei besonders die Bioenergetik, haben mittlerweile deutlich gemacht, daß man durch die Erforschung des Verspannungsmusters im Körper herausbekommen kann, welche Gefühle unterdrückt werden.

In der Brust z. B. steckt oft das Gefühl, alleingelassen und vernachlässigt zu werden, Sehnsucht nach Liebe und Geborgenheit finden hier ihren Platz; die Muskeln des oberen Rückens halten meist Raserei und Wut zurück, durch einen starren Kiefer wird Traurigkeit gebremst, der Impuls zu weinen durch Verspannungen in der Kehle und im Zwerchfell gestoppt, ein unbewegliches Becken ist in der Lage, unwillkürliche sexuelle Reaktionen zu unterdrücken, «auf» den Schultern lastet die Erinnerung an Sorgen und stresserzeugende Verantwortung, steife Beine und Fußgelenke sollen einen sicheren Stand schaffen und die Unsicherheit umgehen, daß ich zusammenbrechen könnte.

Überall im ganzen Körper lassen sich solche Beispiele finden, denn durch ihn bin ich auf der Welt, meine «Haltung» ist ein Zusammenspiel von innen und außen.

Mit beiden Füßen fest auf dem Boden (der Tatsachen), den Atem tief in den Bauch – so fühle ich mich, meine Angst, meine Sexualität, und alles spricht durch meinen Körper, der manchmal das einzige ist, was übrigbleibt, wenn ich traurig und verzweifelt bin.

Das Schönste ist, ich habe angefangen, ihn nicht mehr als meinen Gegner zu betrachten, den es zu beherrschen gilt, sondern ihm Raum für Bewegung und Gefühle zu lassen.

Körperarbeit und Selbstachtung

Es gibt eine Menge hilfreicher Übungen (siehe Anmerkung), die dazu führen, Verspannungen aufzulösen und tiefe Gefühle zu spüren, ohne erschrecken zu müssen.

Sie helfen mir auf meinem Weg, zu dem zu gelangen, was «wahre Männlichkeit» sein kann: die Achtung vor sich selbst, ohne den Preis der Lächerlichkeit und kalten Arroganz zu zahlen. Gerade wir Männer müssen lernen, daß wir durch das Annehmen unseres «Schicksals» (und damit unseres Körpers) genau dieses «Schicksal» verändern können.

Da versagt jedoch jede Logik – und das macht es uns besonders schwer!

Die Körperübungen sind ein wichtiger Bestandteil meines Lebens geworden. Morgens nach dem Aufstehen und abends vor dem Schlafen nehme ich mir gewöhnlich die Zeit, Kontakt aufzunehmen zu dem Boden, der mich trägt und mir Sicherheit gibt, zu der Luft, die ich atme und die mich mit Energie und Kraft versorgt.

Wo ich am Anfang eher Überwindung und sportlichen Ehrgeiz mobilisieren mußte, hat mich mittlerweile sowohl die Lust nach Ausdruck und Bewegung als auch mein Bedürfnis nach Einkehr und Besinnung zu dieser Regel-Mäßigkeit geführt.

Wie schön und entspannend ist es für mich geworden, abends vor dem Schlafengehen auf dem Teppich zu liegen, eine zusammengerollte Decke unter der Taille, bei jedem Einatmen den Atem tief in den Bauch zu schicken und ihn weit werden zu lassen.

Männlichkeit sollte sich früher durch das Verleugnen meines Körpers einstellen, einzig Kopf und Schwanz waren zugelassen, von der Pracht männlicher Tugend zu künden.

Heute ahne ich, wieviel uns in unserem bisherigen Leben an Schönheit und Vitalität durch die verlogene Sexualmoral unserer Eltern und der Gesellschaft genommen wurde.

Kommen wir in Bewegung, und nehmen wir das wieder in Besitz, was zu uns gehört!

Vielleicht wird sich so etwas «Altmodisches» wie Stolz, Selbstachtung und Würde in unserer Haltung und unserem Handeln einstellen,

- vielleicht lernen wir wieder zu fühlen, was es für uns zu sagen bedeutet: Ich bin ein Mann
- vielleicht lernen wir auch wieder, eine Frau als eine Frau zu sehen und anzunehmen; ohne Angst und ohne heimliche Verachtung.

Wir sollten uns gegenseitig dabei auf die Sprünge helfen, uns Spiegel und Stütze sein – denn *das* können wir wahrlich gebrauchen!

Anmerkung:

Viel Hilfe und Anregung auf meinem Weg verdanke ich den Erfahrungen und Übungen der Bioenergetik, die mich diesen Bericht schreiben ließen.

Wer sich weiter anregen lassen will, dem empfehle ich u. a. folgende Bücher:

- Alexander Lowen: Narzißmus (Die Verleugnung des wahren Selbst) Kösel, München 1983
- Alexander Lowen: Bioenergetik (Therapie der Seele durch Arbeit mit dem Körper) rororo 1979
- A. und L. Lowen: Bioenergetik für jeden (Das vollständige Übungshandbuch) Peter Kirchheim Verlag, München 1979
- Ken Dychtwald: Körperbewußtsein, Synthesisverlag Essen 1981
- Ulla Sebastian: Wege zum Leben (Erlebniswelt, Krankheit und Heilung) Bd. 1–3, Alternativverlag für Wissenschaft, Literatur und Praxis, Dortmund 1986

HARALD LOMMEL. Im Anschluß an meine Geburt im Jahre 1958 in Koblenz führte mich mein Weg unter der Leitung christlicher Unmoral und den Idealen aufopfernder Nächstenliebe durch eine wohlbehütete Kindheit und Jugend. Dem Besuch einer Klosterschule schloß sich für mich als gehorsamem Sohn der bewaffnete Dienst fürs Vaterland an, den ich nach sechs Monaten quittierte.

Zivildienst und anschließendes Studium der Sozialpädagogik waren entscheidende Schritte zu einer Selbstfindung, die mich eigene Bedürfnisse endlich in Eigenverantwortung angehen ließen. Der Freiraum des Studiums führte mich in eine Männergruppe, deren zweijähriges Bestehen ich mit meinem Freund Stefan in einem Buch auszuwerten versuchte (Männersuche, Stefan Kunold u. H. L., Winddruck-Verlag Siegen 1984).

Heute lebe und arbeite ich in Bremen und bin dabei, meine Erfahrungen innerhalb einer Weiterbildung in Bioenergetik mit Gedanken zu einer «neuen» Männlichkeit/Weiblichkeit in veränderten Lebensformen zu verbinden.

Michael Cöllen

Neue Männer für die Frauen?

Aufruf

So will ich sein

Ich habe Varda kennengelernt. Wir sind gleich groß, und ich habe sie nicht über die Schwelle getragen – wir gingen zusammen darüber. Sofort trat sie für unsere Liebe ein, gab mir ihre Schlüssel und verschmähte jede Taktik der «Liebeskunst». Sie gab sich mir zu erkennen: Vorbehaltslos, mit mutiger Entschlossenheit, ohne Kompromiß, intelligent und wunderschön, fast arrogant – gleichzeitig zeigte sie tiefe Verletzlichkeit, Suchen zwischen Autonomie und Hingabe, und Angst, die sich in ihrem ganzen Körper ausbreitete.

Ich bin völlig atemlos dieser Mischung gegenüber und weiß, daß ich diese Frau nie wieder verlieren will – und fange unwillkürlich an, mich zu überprüfen: Körper- und Mundgeruch –?, glücklicherweise hatte ich gerade eine neue Hose und Pullover gekauft, durch den alten Jahresurlaub etwas mehr Zeit als sonst – aber wie sollte ich ihr nur mein Liebe-volles Herz mitteilen: den überquellenden Gefühlen einfach nachgeben, hätte mich vor ihr allzu hilflos erscheinen lassen – Imponiergehabe hätte es bei ihr aber auch nicht gebracht, und eine griffige Analyse des Geschehens wäre zu kopfig ausgefallen.

Nun bin ich kein Anfänger – im Gegenteil: mit Ausnahme der Schönheit schreibe ich mir selbst, nach 42 Jahren oft schmerzvollen Liebe-Lernens eine ähnlich attraktive männliche Mischung zu.

Varda gegenüber war das alles wie weggeblasen. Ich versuche das, was ich über anziehende Männlichkeit gelernt, erfahren, begriffen, gefühlt und erlebt habe, aus tausend Erinnerungsstücken mosaikartig zusammenzusetzen. Wie im Film sehe ich Hunderte von Therapiegesprächen, Eheberatungen, Sexualtherapien, Selbsterfahrungsgruppen von Frauen und Männern, meine zerbrochene Ehe, gescheiterte Neuanfänge und schmerzende Trennungen, das Werden meiner jetzt sechsjährigen Tochter Julia und ihrer Spielgefährten, die politischen Veränderungen unserer 68-Welt bis heute, den Tod meines Vaters und die «Ahnenbotschaften» aus über 100 Jahre alten Männerbüchern und schließlich – und vor allem die Flut feministischer Kritik am Mann – was von alldem müßte ich verinnerlichen, um Varda am besten zu gefallen?

Natürlich ist das eine Sackgasse – da bin nicht nur ich, da sind fast alle bildungswilligen Männer seit zwanzig Jahren hineingelaufen: der Pendelschlag vom Chauvi zum Softie (...fast möchte man das Wort klein schreiben) und neuerdings zum Macho beweist zur Genüge, was wir erneut nicht begriffen und wieder verkehrt gemacht haben. Die menschenverachtende «Politik der Wende» nach Frauenbewegung und Feminismus, nach neuer Männerkultur und Rollenwandel der Geschlechter – wie konnte das nur wieder möglich werden? Oder waren diese Versuche zur Gesellschaftsveränderung nur willkommener Vorwand und Anlaß für einen neuen Rechtsruck?

Ich möchte deshalb aufrufen:

1. gegen militant-konservativen Feminismus
2. gegen die Polarisierung der Geschlechter
3. für eine Geschlechterintegration = Androgynität
4. für die Arbeit an der Partnerliebe = Paarsynthese
5. für ein liebevolles Verstehen der Männer

Überhaupt schreibe ich in diesem Männerbuch mit, weil ich will, daß Varda mich versteht, um ihr mitzuteilen, wie ich mein Mannsein verstehe – und um durch und in dieser Beziehung mein eigenes Bild vom Mann zu überprüfen.

Jetzt werden sich meine Männerbrüder genauso wie die Fundamental-Feministinnen ärgern, mit alten Thesen über die Abhängigkeit der Männer von den Frauen aufwarten (Orbach/Eichbaum), mir Verwischung vorwerfen (Männertage) oder gar Scheiß-Liberalismus anlasten.

Aber diese streitbaren Thesen kenne ich seit langem, ich bin ihrer müde, sie haben sich inzwischen ad absurdum geführt, zuviel ist unter neuen Namen beim alten geblieben, und ich schlage vor, endlich weitere Schritte zu tun, Frauen und Männer miteinander zu versöhnen, statt uralte Stellungskriege neu zu entfachen.

Und so will ich die fünf Punkte erläutern:

1. gegen den militant-konservativen Feminismus

Unter konservativem Feminismus verstehe ich all jene Versuche diesmal auf seiten der Frauen, mit den altbekannten Machtstrategien der Männer Rache zu üben für eine Periode der Unterdrückung, selbst die Macht zu übernehmen oder ganz einfach die Geschichte der Unterdrückung mit umgekehrten Vorzeichen zu wiederholen. Auch angeblich wissenschaftliches Vorgehen ist hier nicht ausgeschlossen, im folgenden Beispiel verdeutlicht:

Ende 1985 war ich, neben anderen 50 Männern und 350 Frauen, eingeladen, an der großen BRIGITTE-Veranstaltung teilzunehmen: «Der neue Mann».

Zehn Jahre zuvor hatte Helge Pross männliches Verhalten gegenüber Rollenveränderungen in unserer Gesellschaft untersucht, jetzt haben im Auftrag von BRIGITTE zwei Forscherinnen in einer Art Längsschnittuntersuchung erneut den Mann in Frage gestellt. Aber die Art der Fragebogenerstellung, die Auswahl der Items und die Art der Interview-Durchführung läßt neben massiven methodischen Fehlern eine solch subjektive Beeinflussung durch die Autorinnen erkennen, daß ich mich nur wundern kann über den ständig erneuten Mißbrauch von Wissenschaft zur Untermauerung eigener Ideologien. Ich bin bis heute erschrocken, wie unter dem Vorwand einer wissenschaftlich-empirischen Untersuchung eine Versammlung von Öffentlichkeit und Medien die Macht dazu lieferte, den Krieg zwischen den Geschlechtern anzuheizen und die Kluft zwischen Frau und Mann zu verschärfen:

Die Leiterin eines Familienplanungszentrums gipfelte darin, daß sie durchs Mikrofon verkündete, kein Mann wolle einer Frau was Gutes, sie alle unterstützten die Gewalt gegen Frauen; eine Soziologin verwarf den Wert des Männlichen pauschal mit dem im Saal ständig wiederholten Untersuchungsergebnis, daß er eben doch nicht im Haushalt mitarbeite. Von irgendwelchen Gefühlen, hüben wie drüben, von Ängsten und Hoffnungen, von den Möglichkeiten einer neuen Vaterrolle usw. wurde schon gar nicht mehr gesprochen. Das Feindbild Mann wurde mit Macht heraufbeschworen.

Nachdem nun selbst Professorinnen und Sozialwissenschaftlerinnen, wie es die BRIGITTE-Autorinnen sind, sich nicht scheuen, mit

Daten empirischer Untersuchungen in manipulierender Art und Weise an die Öffentlichkeit zu treten – wie wir es schon seit langem den machtgierigen Männerclubs in Parteien und Institutionen vorwerfen –, ist es für die Rechtsanwältin Barbelies Wiegman schon realistisch, aus der Reihe dieser Untersuchungen abzuleiten, daß die überwiegende Zahl der Männer keine Gleichberechtigung, keine Emanzipation und keine Rollenveränderung will. (FR 24.5.86)

Deshalb stelle ich mich gegen militant-konservativen Feminismus: keine Mobilisierung gegen das «Feindbild Mann», keinen Weltkrieg der Frauen gegen die Männer – keine Wiederholung der Männergeschichte mit umgekehrten Vorzeichen.

Als Mann kenne ich und leugne nicht unsere Verantwortung für die grausige Zerstörung auf unserer Erde und für das Leid, das wir den Frauen bereitet haben.

Als Mann sehe ich deshalb aber auch und gerade den Fehler der Frauenbewegung im Festhalten am Feindbild Mann, in der Radikalität der Schwanz-ab-Parolen, in der verschärften Polarisierung der Geschlechter: uralte Machtkampf-Rituale.

Es stimmt, die viel-hunderttausend-Jahresgeschichte zwischen Frauen und Männern ist durch die letzte Periode von 3000 Jahren männlicher Vorherrschaft und weiblicher Unterdrückung besonders gekennzeichnet (Elisabeth Bandinter 1986), aber in der Umkehrung der Verhältnisse liegt kein Sinn. Die Frauenbewegung war in der Vergangenheit von unschätzbarer Wichtigkeit, jetzt aber ist eine Neuorientierung nötig. Radikal, militant, kompromißlos und fundamental die Männer als Weiberhasser und Gewalttäter abzustempeln, fördert direkt die konservative Machtpolitik und ist Wasser auf die Mühlen der Wende-Männer.

zu 2: gegen die Polarisierung der Geschlechter

Neu und wichtig scheint mir, daß wir beginnen, voneinander zu lernen und füreinander zu kämpfen. Von starken Frauen habe ich staunend ihre Art zu kämpfen gelernt: durch Arbeit an der Beziehung, für den Frieden, durch Versöhnungsarbeit.

Varda nennt es so: Ich will keine Taktik mehr, keine Strategie. Sie setzt sich offen mit mir auseinander, ohne Visier, ohne Waffen, ohne Rückversicherung auf Sieg.

Ist das Abrüstung vor dem Feind? Möglicherweise ja, aber:

Beide – Frau und Mann – werden nur überleben, wenn wir gemeinsam alle Unterdrückung, alle Polemik, alle Polarisierung beenden zugunsten einer Synthese der Geschlechter.

Natürlich fordert das auf allen Ebenen Entsprechungen: Nicht Terror und Revolution, nicht Bomben und Panzer werden uns und unsere Welt vor dem Untergang bewahren, sondern allein sinnsuchende Dialoge, die in Politik und Arbeit und Familie und Frau-Mann-Beziehung die Gleichberechtigung zum Ziel haben: für die Geschlechter, für die Völker und Rassen, für alle Randgruppen.

Natürlich meine ich damit nicht eine neue Innerlichkeit für Männer statt politischen Handelns, keine Flucht zurück in die emotionale Oase der Zweisamkeit, sondern vielmehr die Verbindung von emotionalem und politischem Handeln zu einer Ganzheit, in der Macht und Liebe regieren.

Das habe ich von den Frauen gelernt als Mann: Nicht an den Raketen droht unsere Erde zugrunde zu gehen, sondern an den vieltausendfachen Gesten unterlassener und nicht gelebter Liebe – an der schnellen Verurteilung der Andersdenkenden.

Ich freue mich: inzwischen gibt es auch viele gute Männer, die wie die Frauen kämpfen. Ich will Ernesto Cardenal und Pablo Neruda nennen und ihn zitieren:

> «Ich will in einer Welt ohne Exkommunizierte leben. Ich werde niemanden exkommunizieren... Ich will in einer Welt leben, in der die Menschen nur menschlich sind, ohne jeden anderen Titel als diesen, ohne sich eine Regel in den Kopf zu setzen, ein Stichwort, ein Etikett.»

Für mich steht fest: nicht Frauen und Männer sind «natürliche Feinde», sondern die Gruppen unter ihnen, die unter dem Schlachtruf von Gerechtigkeit und Moral andere aburteilen.

zu 3: für eine Geschlechterintegration = Androgynität

Viele Kulturen, besonders auch die westlichen, haben sich sehr viel Mühe damit gemacht, die Unterschiede zwischen den Geschlechtern zu ergründen. Es wurde das typisch Männliche und das typisch Weibliche so in den Vordergrund gestellt, daß daraus eine feste Rollenverteilung und schließlich eine Rollenfixierung entstand, die später dann als Vorwand für die Unterdrückung der Frauen durch die Männer diente, weil diese das angeblich höhere, bessere Geschlecht darstellten. Den Höhepunkt dieser Perversion haben wir im Dritten Reich bis zur grauenhaften Entmenschlichung in Form von Zuchtburgen und Rassenhygiene erleben müssen, wobei der Mann in die elende Heldenrolle gehoben und die Frau zur Gebärerin von Soldaten degradiert wurde.

Aber auch heute noch liebäugeln allzu viele gesellschaftliche Institutionen bis hinauf in die Regierungsebenen mit solchen Unterschieden, wird der «Krieg der Geschlechter» deshalb neu entfacht, verdrängen die Männer die Frauen vom Arbeitsmarkt, besetzen in fast allen Parteien die Männer die Führungsposten, und besonders in der katholischen Kirche hat das Weib immer noch dem Mann zu dienen. Nicht nur für die Hexenverbrennungen, wie Judith Jannberg in ihrem Buch «Ich bin eine Hexe» schreibt, sondern auch für diese unaufhörliche, immer noch währende Unterdrückung hat sich diese Männerkirche bei den Frauen zu entschuldigen.

Diese Lehre der Kirche gewinnt noch besondere Bedeutung, wenn man einkalkuliert, daß in der BRD gerade die Kirchen mit rund 1500 Eheberatungsstellen quasi das Monopol auf Eheberatung und Paartherapie besitzen. In welchem Geist wird dort gearbeitet: Für Gleichberechtigung der Geschlechter?

Wir haben deshalb in unserem Konzept von Paartherapie einen Brennpunkt mit der Arbeit an der Gleichberechtigung gesetzt. Zwar reden wir alle wie selbstverständlich davon, wer aber weiß denn schon, was sie wirklich beinhaltet – da sie ja in der langen Geschichte der Menschen gerade erst seit 30 Jahren sich gesetzlich zu verankern beginnt. Im Alltag existiert sie deshalb noch lange nicht. Oder wie werden Konflikte gleichberechtigt gelöst? Wie fühlt sich Gleichberechtigung im Bett an?

Für Androgynie einzutreten, für eine Geschlechtereinheit, in der männliche und weibliche Anteile von beiden Geschlechtern übergreifend gelebt werden, bedeutet deshalb auch heute Kampf und Auseinandersetzung – etwas, was wir Männer auf jeden Fall gelernt haben sollten. Dabei müssen die unseligen Klischees über Geschlechtsunterschiede, an der auch viele Psychologen (vgl. Degenhardt/Trautner 1979) mitgewirkt haben, abgebaut werden. Auch die Vereinfachungen der Feministinnen, daß Frauen und Männer gleich seien, haben dabei nur einen neuen Irrweg beschreiten lassen. Das Wesentliche am

Wesen Frau und Mann wird nicht durch Definition von außen begreifbar, sondern am ehesten in gemeinsamer Arbeit.

Ich schlage deshalb vor, keine neuen Männergruppen – sozusagen als Nachemanzipation – ins Leben zu rufen. In der Frauenbewegung mag das eine wichtige Station gewesen sein, um erst einmal durch Solidarität ein Minimum an weiblichem Selbstverständnis, eine gewisse politische Macht und persönliche Selbstsicherheit zurückzugewinnen. Dadurch wurde nur versucht, den Unterschied zum männlichen Vorsprung auszugleichen.

Wir Männerbrüder brauchen nun nicht im Gegenzug neue Geheimbünde oder Sensibilisierungsgruppen, sondern vielmehr Gruppen der direkten Auseinandersetzung mit den Frauen. Die Selbstfindung in eigenen Geschlechtsgruppen scheint nach dem Vorbild der früheren Frauengruppen zunächst zwar einfacher und sinnvoller, läßt aber den notwendigen nächsten Schritt der Integration von weiblich – männlich in der Regel eben doch scheitern. Im Sinne einer Erwachsenen-Koedukation gehen beide Seiten autonom aufeinander zu, was heute möglich erscheint, denn die Entwicklung zwischen Frau und Mann ist, historisch betrachtet, tatsächlich mehrere Schritte vorangekommen: die Männer müssen nicht den Prozeß der Selbstbefreiung nun ihrerseits in Kleingruppen nachholen, wie es für die Frauen bittere Realität war. Wir wissen zudem aus der ethnologischen Forschung, daß die Geschlechter um so aggressiver aufeinanderprallen, je getrennter voneinander sie ihre Identität suchen (Mead 1958).

Noch bevor ich Varda kennenlernte und von ihr lernen konnte, habe ich gerade in der therapeutischen Arbeit mit solchen Frauen-Männer-Gruppen eine Ahnung davon bekommen, worum es eigentlich geht. Wir bilden dazu im Gruppenverlauf an verschiedenen Prozeßabschnitten einen Innen- und Außenkreis, abwechselnd mit Frauen oder Männern besetzt, meist zu einem bestimmten Thema wie z. B.: Welche Phantasien haben Frauen und Männer voneinander? Was macht mir angst am anderen Geschlecht? Was verstehe ich nicht bei den Frauen / Männern? Wie sieht meine und die Sexualität meiner Geschlechtsgenossen im Vergleich mit der der Frauen aus? Welches sind geheime sexuelle Phantasien, und wieweit unterscheiden sie sich von der Wirklichkeit? Was gibt es überhaupt hinter den bekannten Fassaden an Bedürfnissen, Wünschen, Hoffnungen und Handlungen?

Wie von selbst fügt sich in einer solchen Gruppe ein Stein zum anderen, das Mosaik der Geschlechterbeziehung wird sichtbar; begreifbar das Wesentliche am Wesen Frau und Mann. Gerade in dieser Umbruchphase der Geschlechterrollen, in der es schwieriger und fragwürdiger als je erscheinen mag, das typisch «Männliche» oder das typisch «Weibliche» herauszudefinieren, ermöglicht ein solches Gruppengeschehen das Suchen und Erkennen der eigenen Persönlichkeitsanteile, die ja niemals festgelegt sind auf nur weiblich oder nur männlich.

Das eigene «Mischungsverhältnis» erst kennzeichnet mich als Partner, entscheidet über Eigenart und Bedürfnisaustausch in der Zweierbeziehung. Ein Beispiel aus einer Paar-Gruppe:

Hubert aus dem Innenkreis der Männer (zum Therapeuten):

‹Ich mag nicht, daß du, Michael, uns quasi die Normen der Frauen aufzwingst. Auch wenn mir keine Tränen laufen und ich nicht weine, bin ich trotzdem traurig und... leide. Vielleicht genauso oder noch stärker als die Frauen. Ich will nicht dauernd gemessen werden am Verhalten der Frauen. Aber trotzdem empfinde ich auch ganz tiefe Sehnsucht – ich zeig es halt anders, aber Liebe würd ich das auch nennen, oder? Und was soll da richtig oder falsch sein? Es kann auch nicht richtig sein, daß die Männer so sein müssen, wie die Frauen es wollen...›

Hubert hat seine Gegenstimme erhoben: Er zeigt sein Mannsein, indem er sich aggressiv abgrenzt, sich wehrt, sich nicht anpaßt, aber auch, indem er von Trauer, Sehnsucht und Liebe spricht und... daran arbeitet. Er nimmt sich Zeit für die Liebe, beginnt sich entgegen seiner sonstigen ängstlichen Haltung anderen und seiner Frau gegenüber durchzusetzen, akzeptiert seine eigene männliche Kraft und wird dadurch ausgeglichener, versöhnlicher.

Das meint androgyn: Wir alle – Frauen und Männer – tragen in verschiedenem Maß männliche und weibliche Anteile in uns. Wir sind nicht angelegt auf «Nur Mann – nur Frau», wie June Singer in ihrem Buch unter gleichem Titel ganz deutlich macht. Erst dadurch, daß ich als Mann auch meine weiblichen Anteile in mir entfalte, kann ich mich in eine Frau hineinfühlen, mich mit ihr identifizieren und sie tiefer befriedigen.

Und dieses als Mann zu lernen, ist spannend und voll Abenteuer, voll aufregender Sinnlichkeit.

4. Für die Arbeit an der Partnerliebe = Paarsynthese

Allzu lange wurde uns diese Lebenseinteilung abverlangt: Der Mann geht hinaus ins Leben, ist für Beruf, Geld, Krieg, Sex und Technik zuständig, während die Frauen zu Hause behagliche Lebensqualität, Religion, Kinder, Liebesdinge und mitmenschliche Beziehungen pflegen.

Über eine derart vereinfachte Weltsicht ärgere ich mich. Für die meisten Männer gibt es ebenso wie für die Frauen kaum tiefere Verletzungen und Enttäuschungen als gerade im Lebensbereich Partnerschaft und Liebe. Oft werden wir dadurch bis ins Mark, bis in die innerste Seele erschüttert.

In der Paartherapie zeigt sich, wie sehr Männer gerade am Liebesunglück zu leiden fähig sind, daß viele in ihrer Verzweiflung den Tod auf der Autobahn suchen, den Unfall am Arbeitsplatz, sich flüchten in Einsamkeit, Resignation, Alkohol.

Ich schreibe hier nicht mit, um meine Männerbrüder aus bloßem Mitleid oder falsch verstandener Solidarität: ‹Wir Männer halten doch zusammen› zu verteidigen oder gar, um die Vorherrschaft des Mannes abzusichern, wie Frau Anna Auckenthaler behauptet (1984), sondern um neue Wege für die Liebe zu suchen.

Daß wir neue Lösungswege brauchen, um die Liebe und damit die Menschheit überhaupt zu retten, wird niemand bezweifeln. Der Zerstörungsgrad unserer futuristischen Welt von heute ist schon um ein Vielfaches größer als die Überlebenskraft der Erde. Angesichts solcher Gefahren scheint es mir vorrangig, die Beziehungen der Menschen unter sich und zur Natur, in der Liebe und durch die Liebe, besonders aber im Verhältnis Mann–Frau als dem Grundmodell der Lebenskraft, neu zu ordnen. Da es wohl richtig ist, daß die Männerkulturen besonders der jüdischen, islamischen und christlichen Religionen viel zur Zerstörung unseres Kosmos beigetragen haben – kommt uns Männern auch eine große Verantwortung zur Wiedergutmachung zu.

Erschreckt habe ich selbst begriffen, wie zerstörerisch ich mit der Liebe, mit den Frauen und mit der Welt umgegangen bin. Dabei hatte ich mir lange eingebildet, ein besonders sensibler Mann zu sein. Es fällt mir sehr schwer, so etwas öffentlich niederzuschreiben, mir vor anderen einzugestehen, daß ich in typisch männlicher Manier durch beruflichen Ehrgeiz und Karrierestreben nicht nur mich, sondern auch meine Liebesbeziehung verkauft habe, daß ich in ziemlich phantasieloser und stark konventioneller, orgasmusorientierter Sexualität viel an Zärtlichkeit und Sinnlichkeit zerstört habe. Ich habe schlimme Fehler begangen, und es ist ungerecht, daß dieses mühsame Lernen auf Kosten anderer geschehen ist. Und deshalb sage ich es auch nur mit Ängstlichkeit, daß ich sehr dankbar bin für das, was ich in diesen Begegnungen lernen durfte.

Ich habe aber die Chance, neu anzufangen – darüber bin ich sehr glücklich. Ich weiß jetzt, daß ich meine männliche Kraft mehr im Binnenraum der Liebe statt im Außenraum der großen Welt zwischen Arbeit und Politik und Sport einsetzen will. Ich weiß jetzt, daß Gleichberechtigung mehr heißt als nur Teilung des Haushalts, der Arbeit und der Kinderpflege, daß dies nur ungenügende Beispiele sind für den eigentlichen Gehalt von Gleichberechtigung.

Zu wissen, zu glauben und zu fühlen, daß das Streicheln eines Kindes, das Basteln einer Puppenstube, das Binden eines Blumengestekkes, das Schreiben eines Gedichtes, das sanfte Berühren einer Frau genauso wichtig ist wie wissenschaftliche Forschung, medizinische Versorgung, finanzielle Absicherung, gesetzliche Regelung unserer sozialen Lebensordnung und noch viel wichtiger als wirtschaftliche Expansion – das ist Gleichberechtigung.

Aber die Synthese zwischen Frau und Mann erschöpft sich nicht in gemeinsamer Lebensbewältigung und sexueller Befriedigung, sondern gründet im weltumspannenden Prinzip von yin und yang – und mündet in kosmischer Seinserfüllung. In diesem Kosmos sind alle Erscheinungen männlich und weiblich, bilden nur zusammen eine sinnvolle Einheit – eine Ganzheit. Hier findet der ewige Austausch von Körper, Geist und Seele statt: der Boden für Neuschöpfung.

Viele Männergenerationen haben durch dreitausendjährige Dominanz, durch die einseitige Überbetonung des männlichen Elements dieses Fließgleichgewicht gestört.

Ein sehr irdisch-alltägliches, kleines Beispiel fällt mir dazu ein: Ich glaube, mit 90 Prozent meiner Männergenossen teile ich die Leidenschaft, die Fahrt zum Urlaubsziel mit dem eigenen Auto in eine Nonstop-Rallye gegen Zeit und Entfernung zu verwandeln, die Augen gebannt auf Tacho und Straßenhinweisschilder gerichtet, ab und zu mal einen kurzen Blick auf die Schönheit des Sonnenuntergangs, wenn die Liebste ausruft: «Schau doch mal!» Muß sie aber gar noch pinkeln oder sogar im Provinz-Städtchen eine Kaffeepause einlegen, ist meist der erste Urlaubskrach fällig.

Der Weg ist das Ziel!

Unsere Generation hat die Aufgabe, einen Umkehrungsprozeß einzuleiten: die Liebe zum Maß aller Dinge zu machen. «Unsere einzige Daseinsberechtigung ist diese Liebe» schreibt Ernesto Cardenal 1981.

Das heißt auch, die Liebe zu den Frauen dadurch zu beweisen, daß wir statt typischer Bereitschaft zu schneller Rivalität Solidarität mit den Frauen üben, daß wir, statt Körperzeit und Schmerzen der Seele zu ignorieren, Zeit dafür einsetzen, daß wir statt unseres Entweder-oder-Verhaltens das integrative Prinzip des Sowohl-als-Auch anwenden.

Ich will diese alte Weisheit endlich in mir Wirklichkeit werden lassen:

Der Weg ist das Ziel = Menschlichkeit ist wichtiger als irgendein angestrebter ideologischer Endzustand. Diese nur langsam erfahrbare Weisheit aus dem Taoismus mit seiner Lehre von der Ganzheitlichkeit von Körper, Geist und Seele hebt daher die Gegensätze zugunsten der Sinneinheit Mann–Frau auf. Nur aus mangelnder Kenntnis heraus sind einige schnell bereit, den Taoismus als eine weitere Ideologie abzuwerten – er unterscheidet sich allein schon dadurch, daß er keinerlei Durchsetzungsansprüche erhebt, sondern lediglich versucht, die Säulen menschlicher Identität ohne Wertung ineinanderzufügen.

So glaube ich, daß gerade in der Partnerliebe für uns Männer das grundlegende Lernpotential liegt: Verzicht auf Dominanz und Unterdrückung, was nicht Verzicht auf Stärke meint; Gleichgewichtung von Emotionalität und Sachlichkeit, Einfühlung in Körperzeit und Seelentiefe, Integration von männlich und weiblich in sich selbst, Versöhnung der Geschlechter.

Und das meint *Paarsynthese* (Cöllen 1984):

Dieses Potential in der Zweierbeziehung zu erarbeiten, in einem fortschreitenden Prozeß von Auseinandersetzung und Selbsterfahrung – um das Gelernte schließlich auf Gruppen, Institutionen und Politik zu übertragen.

5. Für ein liebevolles Verstehen der Männer

Es ist mir wichtig, für ein liebevolles Verstehen der Männer zu werben, und das nicht nur bei den Frauen, sondern vor allem bei den Männern selbst. Zu ergründen, wie Männer in ihrer Seele zu Hause sind – wie Denken, Fühlen und Handeln sich bei ihnen zusammenfügen –, scheint mir sehr schwer, weil sie sich selbst wohl nur schwer verstehen.

Aber uns zu begreifen, uns mehr als bisher selbst zu reflektieren, uns zu erinnern, wie und was wir im Lauf der Zeit geworden sind, welche Männergenerationen das heutige Männerbild mitbestimmt haben und auf welchem geistigen Hintergrund die im vorausgehenden Text gemachten Aussagen aufbauen, das wenigstens in Umrissen zu probieren, scheint mir für einen Neuanfang die nötige Voraussetzung.

In der Auseinandersetzung mit diesem Thema habe ich in der Therapie mit Paaren und Paar-Gruppen letztlich zwar viel über mich selbst als Mann begriffen, aber noch zuwenig erkennen können, wie aus diesen vielen Momentaufnahmen ein zusammenhängendes Verständnis möglich wird.

In antiquarischen Buchhandlungen habe ich dann nach Männerbüchern gesucht; es gab nicht viele, dafür aber sehr aufschlußreiche, manche über 100 Jahre alt – ein Panorama erstaunlicher Männerbilder, Männerthemen und Männerprobleme, die in ihrer Übersicht doch einen tieferen Einblick in das Wesen Mann gestatten.

Ich will deshalb wichtige Zitate daraus einander gegenüberstellen:

Mantegazza, Paul, 1877: Physiologie der Liebe
(zwanzigste Auflage)

«Die Natur hat dem Weibe den größten Antheil der Liebe gegeben, und ließe sich die Differenz ziffernmäßig feststellen, so würde ich sagen, uns Männern wurde nur ein Fünftel… der Liebe eingeräumt. Ihr verdanken wir Leben, Liebe, Wollust, jede Süßigkeit, jede Wärme des Daseins…

Die Liebe des Mannes ist wie ein Blitz, der jäh aufflammt, über den Horizont fährt und verschwindet; die Liebe der Frau ist ein Sonnenstrahl…, jede Faser ihres Wesens, ihres Denkens und Fühlens wird davon durchtränkt…

Die Frau adelt selbst die Wollust mit einem besseren Gefühl; der Mann zerrt jede Neigung in den Koth der sinnlichen Begierde. Man verzeihe die cynische Phrase, aber man widerlege sie nicht, denn sie ist nur zu wahr: der

Mann ist in seiner Liebe viel mehr Bestie als Engel; das Weib mehr Engel als Mensch…

Der Mann hat jedes Gefühl, jede Großthat des Geistes, jeden Triumph der Leidenschaft für sich in Anspruch genommen; der Frau haben wir jede Nahrung des Herzens und des Geistes kärglich zugemessen…»

Wegener, Hans, 1906: Wir jungen Männer

«Die Maschine ist es gewesen, die jene große Kulturrevolution veranlaßte, in deren Verlauf der Mensch (vor allem der Mann) statt zum Herren der Maschine und der Dinge zu ihrem Sklaven wurde… Wir erleben den naturnotwendigen Kampf des Lebens gegen die Mechanisierung des Lebens… Wir sollen und müssen tapfer sein, vorwärts schreiten, in dem gelassenen Vertrauen, von höheren Mächten berufen und erwählt zu sein, und uns nicht zu fürchten. So weit einer die Furcht besiegt, so weit ist er ein Mann… Und Mann sein ist ja unsere Ehre… Der Wille zur Reinheit und Harmonie unseres Wesens ist unsere Ehre, die durch unsere männliche Kraft gestärkt und nicht verletzt werden soll…

Schon die körperliche Überlegenheit verpflichtet dem schwächeren Teil gegenüber, und wenn erst die geistige Überlegenheit des Bruders über die Schwester mit innerlicher Vornehmheit sich geltend macht, so tritt das leibliche und geistige Leben der Schwester unter den ritterlichen Schutz des Bruders…

Unsere männliche Konstitution, unsere männliche Eigenart, die so ganz anders ist als die des Weibes, verlangt stürmisch nach der Ergänzung durch weibliche Art: Dem Manne ist tätige, fortschreitende, verteidigende Kraft eigen. Er ist vor allem der Handelnde, der Schaffende, der Entdecker. …Sein Verstand ist auf Forschung und Erfindung gerichtet, seine Tatkraft auf Abenteuer, Krieg und Eroberung…

Neben dem hehren Frauenbild schillert das bedrohliche – wird der Mann schließlich in grenzenloser Selbstbeschuldigung zum niedrigen, lustfixierten Triebwesen abgestempelt. Das extreme Gegenteil erfahren wir 40 Jahre später, als bereits der Nährboden für die Rassenideologie gezüchtet wurde:

Weininger, Otto, 1917: Geschlecht und Charakter (sechzehnte Auflage)

Das Weib ist unfrei: es wird schließlich immer bezwungen durch das Bedürfnis, vom Manne… vergewaltigt zu werden… es steht unter dem Banne des Phallus und verfällt unrettbar seinem Verhängnis (S. 377)… Das absolute Weib, dem Individualität und Wille mangeln, das keinen Teil hat am Werte und an der Liebe, ist… von jenem höheren, transcendeten, metaphysischen Sein (des Mannes) ausgeschlossen… (S. 385) Das Weib aber besitzt keinen freien Willen... Damit ist aber auch gesagt, daß die Frau nicht lieben kann... Das Weib, das ganz und gar keine Seele hat, sehnt sich auch nicht... (S. 342) ...Der Gedanke des Koitus wird von der Frau stets und in jeder Form... (selbst wenn ihn Tiere ausführen), lebhaft ergriffen und nie zurückgewiesen, ...sie empfindet keinen Ekel vor dem Ekelhaften des Vorganges...

Das Bedürfnis, selbst koitiert zu werden, ist zwar das heftigste Bedürfnis der Frau, aber es ist nur ein Spezialfall... ihres einzigen vitalen Interesses... des Wunsches, daß möglichst viel, von wem immer, wo immer, wann immer, koitiert werde... (S. 351) Die Liebe... auch zum Weibe ist schon ein Abfall von der Idee, eine Schuld (S. 329) ...Das Weib ist die Schuld des Mannes...

(S. 461)... Der männliche Verbrecher hat von Geburt an ein Verhältnis zur Idee des Wertes... Das Weib hingegen behauptet oft im vollen Recht zu sein, wenn es die denkbar größte Gemeinheit begangen hat... (S. 253)... Persönlichkeit und Individualität, Ich und Seele, Wille und Charakter – dies alles bezeichnet ein und dasselbe, das im Bereich des Menschen nur dem Manne zukommt und dem Weibe fehlt... (S. 241)... es fehlt ihr der Eigenwert der menschlichen Persönlichkeit.

Was dem Manne Wert und Zeitlosigkeit gibt, ist einzig und allein Persönlichkeit. Dieser höchste Wert, der nicht ein Preis ist, ...ist die Würde des Mannes... Die Frauen haben keine Würde (S. 260)

Beim Lesen und Schreiben hat mich dieser Streifzug durch die Geschichte der Männerliteratur seltsam fasziniert:

Es wird eindringlich deutlich, daß die Männer sich gar nicht reflektieren oder definieren können, ohne sich schon in langen Vorworten auf die Frauen zu beziehen, sie zu verfluchen oder anzubeten, die Welt an ihrem Wesen gedeihen oder zugrunde gehen zu lassen. Natürlich bedarf es einiger Anstrengung, sich als Mann zu verstehen, ohne sofort auf den weiblichen Gegenpol zurückzugreifen. De facto leben viele Männer allerdings so – sie regieren und manipulieren die Welt nicht nur ohne, sondern sogar gegen die Frauen. Ein Sprung hin zu einem zwar problematischen, aber umfassenderen Bild und zur differenzierten Krisen-Betrachtung des Mannes gelingt wohl erst in der Nachkriegsliteratur, aber noch vor den 68er-Umbruchjahren:

Bodamer, Joachim, 1956: Der Mann von heute

«...aber vom Mann als Manne wird sonderbarerweise gar nicht oder nur verhüllt gesprochen. Die Frage, ob ähnlich wie die Frau auch der Mann einem Gestaltwandel unterworfen, ob sein Wesen nicht auch bedroht, ob sein Denken, seine Weltauffassung, sein Selbstverständnis sich grundlegend verändert haben könnten, stellt sich wohl gar nicht... (S. 13).

Denn es wäre doch denkbar, daß der Wandel unserer Welt, wie er sich erschreckend oder begeisternd darbietet, mit einer Veränderung... des Mannes verknüpft ist, die manches erklärt, was wie ein... geschichtlicher Prozeß aussieht. Die Frau drängt darauf, sich und dem Manne ihr Wesen verständlich zu machen. Der Mann bleibt, was ihn selbst betrifft, tief verschlossen, fährt aber unerschüttert fort, die Welt zu technisieren und umzugestalten, die Natur bis ins letzte zu erforschen und auszubeuten... es ist, als wäre das Selbstbewußtsein des Mannes... gar keiner Erschütterung mehr fähig, als stelle seine Männlichkeit eine unveränderliche Größe dar...

Wenn die moderne Welt ein Erzeugnis männlichen Geistes und männlichen Willens ist, dann muß ihre Problematik und Gefahr auch mit dem Wesen des Mannes einen Zusammenhang haben, er muß mit bestimmten... Wesenszügen daran beteiligt sein. (S. 13 ff.)

Die Frau ist weniger individuell und nicht zuletzt durch ihre unaufhebbare Abhängigkeit von biologischen Gesetzen unter sich ähnlicher und vergleichbarer. Ihre für alle Frauen gültige Lebensbestimmung ist so eindeutig, daß jede Frau auch gleichzeitig ‹die› Frau ist, daher sie sich als Phänomen beschreiben läßt...

Vom Manne gilt das Gegenteil: Weil die Frau allgemeiner ist, ergänzt sie sich durch den individuellen Mann. In ihm tritt das Persönliche in ganz anderer... Variabilität in Erscheinung, weil der Mann seiner Anlage und Bestimmung nach der Träger und Verwirklicher des Geistigen ist. (S. 15 f.)

Die Rolle des Mannes bei der geschlechtlichen Begegnung: aktiver Zugriff, Verführung, Eroberung, Besitzergreifung, zeigt die nach außen gerichtete Tendenz seiner Sexualität... Die natürliche ‹Polygamie› des Mannes ist in seiner Sexualität vorgegeben, ist die negative Komponente seiner Sexualität, die der Zucht bedürftige Anlage. (S. 95) ...Der Mann... überspringt heute gewöhnlich die Schranke der Schamkonvention, weil es ihm gar nicht mehr auf eine persönliche Begegnung, sondern nur auf den sexuellen Akt ankommt. Und dieser wird, wie gar nicht anders möglich, als Leistung gewertet... auf die es ankommt, so wie die Form der technischen Arbeit nur von ihrem Effekt her beurteilt wird, von Stückzahl und Akkord.» (S. 97)

Wenn auch das eben Zitierte von manchem Mann belächelt werden mag, sich seine Zerrissenheit zwischen traditionellen und modernen Strömungen widerspiegelt, so sind doch die Schlußfolgerungen Bodamers wachrüttelnd, wenn er die Chance prüft, der zugreifenden Entmenschlichung infolge der Übertechnisierung willentlich entgegenzutreten:

«Insofern ist der Mann ohne Zukunft, weil ihn das technische Bewußtsein überwältigt hat, während es seine Aufgabe wäre, eben dieses Bewußtsein zu überwinden. Solange er sich der technischen Anarchie überläßt, die sich auf allen Gebieten immer stärker zeigt, wird er der Mann von heute bleiben,

...aufgesogen von der mechanisierten Alltäglichkeit seines Tuns... Günter Anders sieht den Menschen (hier nämlich den Mann) angesichts der Atombombe auf dem Nullpunkt der Freiheit, weil er für die Ungeheuerlichkeit seiner Taten kein entsprechendes Gewissen mehr hat. ...daß man daran zweifeln kann, ob der Mann von heute je fähig sein wird, diese seine männliche Aufgabe zu leisten, sofern er sie überhaupt sieht. Aber: Einen männlicheren Auftrag kann es nicht geben, als dafür seine Kräfte einzusetzen: ...wo immer die Forderungen des Apparates gegenmenschlich sind... wo der Mensch nicht mehr als Material der Bürokratie behandelt werden soll oder wo dem sinnlosen Wuchern der Staatsallmacht entgegengetreten werden muß. In Wirklichkeit wird damit der letzte Rest menschlicher Freiheit verteidigt. Das technische Bewußtsein sagt dem Manne freilich das Gegenteil, verlangt ein möglichst vollkommenes Aufgehen und Eingehen in das ‹sekundäre› System...» (S. 222ff.)

Ich will diese Zitate ohne Kommentar lassen, denn sie sprechen für sich, mit mächtiger Sprache, mitunter gefährlich, bedrohlich.

Zum Schluß meine Gegenstimme, meine Betroffenheit:

Was mich betroffen macht bei dieser Suche in unserer ‹Männergeschichte› ist die Tatsache, daß der zuletzt zitierten Erkenntnis vom Ende der fünfziger Jahre außer ein paar Differenzierungen durch moderne und modernste Autoren nichts Wesentliches mehr hinzugefügt werden konnte.

Die neue Männerliteratur zeigt aber deutlich, daß eine neue Männergeneration da ist, wenngleich diese – bezeichnenderweise – mit weniger männlicher Aggression kämpft, also auch weniger Macht an sich reißt und bindet, dafür aber auch nicht so machtvoll effektiv ist.

Sind wir deshalb zum Scheitern verurteilt – mit unserem Glauben an die Veränderungskräfte, mit unseren Ideen von Menschlichkeit und ganzheitlicher Lebensgestaltung für alle?

Eine Handvoll alter Politiker mit ihren Knechten bündeln die Macht über diese Welt in sich, – und sie haben ‹kein Gewissen für die Ungeheuerlichkeit ihrer Taten›:

Sie häufen ein vielfaches Vernichtungspotential an, sie befehlen, fördern und lassen Kriege stellvertretend in fremden Kontinenten zu, sie jagen nach immer mehr Macht und Reichtum auf Kosten ganzer Völker, die sie bedenkenlos in den Hungertod treiben durch wirtschaftliche Manipulation und Ausbeutung, sie lassen ohne Rücksicht auf die eigenen Enkelkinder die Lebenskraft der Erde zerstören.

Und dennoch:

Ich trete ein für ein liebevolles Verständnis der neuen Männergeneration, die nicht mehr gekennzeichnet ist vom «Willen zur Macht und Angst vor der Ohnmacht», die keine Gefahr mehr darin sieht, ‹Schwäche› zu zeigen, für die Liebe zu leben und die Welt mit den Frauen zu teilen. Ich strebe nach Verteilung der Macht auf Frauen und Männer, die diese Macht mit Liebe verbinden. So ist dies auch kein reiner Männerartikel geworden.

Als Mann will ich mich aber auch nicht von der lauten Frauenbewegung in männlicher Kollektivschuld verurteilen lassen und deren Phantom-Jagd nach dem neuen Mann in unterwürfiger Anpassung und Folgsamkeit durch männliche Selbstverleugnung befriedigen.

Aus den alten Büchern habe ich begriffen, daß es nicht wirklich um Neues geht, sondern vielmehr darum, ‹alte Ideen und Fragen neu zu überdenken; Frauen und Männer über ihr Frausein und Mannsein endlich einmal gemeinsam und gleichberechtigt um einen Tisch zu versammeln›. Nach Margaret Mead (1958) müssen wir uns gemeinsam und erneut über unsere menschlichen Möglichkeiten klarwerden, zu einer vollkommeneren Menschlichkeit zu gelangen.

Viele Männer sind auf diesem Weg vorangekommen. Natalie Gittelson (1978) sagt deshalb,

«daß die sogenannte feministische Revolution das Bewußtsein amerikanischer Männer dramatischer, entschiedener – und vielleicht auch auf gefährlichere Art und Weise – verändert habe als das Bewußtsein der Frauen».

Von dieser Diskrepanz bin ich betroffen.

Literatur

Bodamer, Joachim: Der Mann von heute. Stuttgart: Schwab, 1956.

Cardenal, Ernesto: Das Buch von der Liebe. Gütersloh: Gütersloher Tabü Siebenstern, 1981.

Cöllen, Michael: Laß uns für die Liebe kämpfen. München: Kösel, 1984.

Degenhardt, A. & Trautner, H. M. (Hg.): Geschlechtstypisches Verhalten. München: C. H. Beck, 1979.

Förster, Fr. W.: Sexualethik und Sexualpädagogik. Kempten, München: Verl. d. Jos. Kösel'schen Buchhdl. 1917.
Gittelson, Natalie: Dominus a Woman looks at Men's Lives. New York, London: First Harvest/HBJ edition, 1979.
Jannberg, Judith: Ich bin eine Hexe. Bonn: Gisela Menssling, 1984.
Mantegazza, Paul: Die Physiologie der Liebe. Berlin: Verl. d. Schillerbuchhdl. 1888.
Mead, Margaret: Mann und Weib. Reinbek: Rowohlt, 1958.
Neruda, Pablo: Ich bekenne, ich habe gelebt. Darmstadt: Luchterhand, 1977.
Norretranders, Tor: Hingabe – Über den Orgasmus des Mannes. Reinbek: Rowohlt, 1983.
Singer, June: Nur Frau – Nur Mann? München: Pfeiffer, 1981.
Wegener, Hans: Wir jungen Männer. Düsseldorf, Leipzig: Verlag Langewiesche, 1906.
Weininger, Otto: Geschlecht und Charakter. Wien, Leipzig: Wilhelm Braumüller, 1917.

MICHAEL CÖLLEN, 1944 geboren, ist Diplompsychologe und Eheberater. Als Lehrtherapeut ist er am Fritz-Perls-Institut für Integrative Gestalttherapie (Mainz) tätig, als Mentor und Supervisor für Paar- und Sexualtherapie in der Ausbildung von Eheberatern. Er leitet die Caritas-Eheberatungsstelle in Hamburg. Seit 1976 Mitautor der NDR-Fernsehreihe «Ich und Du». Verheiratet seit zwölf Jahren, eine Tochter. Auf vielen Reisen Beobachtungen kultureller Unterschiede in den Partnerbeziehungen.

Kai Simonsen

Weder Mann noch Frau

Spirituelle Aspekte zur Emanzipation

Unter dieser Überschrift stand ein Vortrag, den ich auf den Männertagen '85 in Bremen gehalten habe. Ich habe darin versucht, mitzuteilen, zu welcher Auffassung von Emanzipation ich im Lauf der Zeit gelangt bin. Dabei haben vor allem Erfahrungen mit Zen mein Denken und Handeln stark beeinflußt und mir geholfen, durch eine andere Sicht der Dinge meinen Alltag zu gestalten, ein anderes Selbstverständnis und Verhältnis zu meinen Mitmenschen zu bekommen. Es ist mir allerdings schwergefallen, meine Erfahrungen und Ansichten zu Papier zu bringen.

Es ist zum einen schwierig, Existentielles, Wesentliches mit dem Instrument Sprache adäquat zu erfassen. Schon einige haben sich z. B. einen dabei abgebrochen, zu erklären, was das Wesen des Zen sei, und meistens mit den Worten begonnen: Eigentlich geht es ja gar nicht, aber... Zum anderen tue ich mich schwer bei der Formulierung ganz persönlicher, subjektiver Anschauungen, weil ich die zum Verständnis notwendigen Zusammenhänge meiner Lebensgeschichte nicht umfassend vermitteln kann. So stehe ich unter dem Druck, Allgemeingültiges zu schreiben.

Es hat sich beim Schreiben herausgestellt, daß dem Begriff des Nicht-Mann-Seins eine ganz zentrale Bedeutung zukommt. Bei manchem wird bei diesem Begriff die Assoziation vom geschlechtslosen Engel oder vom Mann ohne Identität (ohne persönl. und gesell. Standpunkt) kommen. Es geht in diesem Artikel aber nichtsdestotrotz um Emanzipation.

«Zeig mir dein ursprüngliches Gesicht, noch bevor deine Eltern dich gezeugt haben!»

Dies ist ein altes Koan (= paradoxe Rätselaufgabe), das Zen-Meister ihren Schülern aufgeben. Mit einer derartigen Frage beschäftigt sich ein Zen-Schüler manchmal jahrelang und wird jeden Tag zu einer

Antwort aufgefordert. Übersetzt könnte diese Fragen lauten: Zeig mir, wer du in Wirklichkeit bist! Zeig mir dein wahres Wesen ohne alle sozialen und genetischen Determiniertheiten! Damit der Schüler nicht ins Philosophieren oder Erklären verfällt, sind die Fragen als Paradoxon formuliert. Fragen wie solche mit der Ratio zu bewältigen, wäre wie der Versuch, sich an den eigenen Haaren aus dem Sumpf zu ziehen. Aber wie aus dem Sumpf gelangen?

Wer sind wir in unserem innersten Wesen? Was ist unsere ursprüngliche Natur? Was ist unsere Identität? Für jeden Menschen zentrale Fragen.

Was ist ein Mann? Was macht einen Mann aus?

Mit diesen Fragen beschäftigen sich viele Männergruppen oder Männer, die sich emanzipieren wollen. Auch dieser Beitrag. Eine Antwort kann im Titel gesehen werden. Der Titel ist aber keine begriffliche Antwort, sondern soll auf etwas hinweisen, das hinter den Worten zu finden ist.

Wird dieses Koan, dieses existentielle Rätsel gelöst, kann keine redliche Antwort gegeben werden. Die Antwort kann nur, wie es die Zen-Meister fordern, im spontanen Handeln gezeigt werden, denn Mann-Sein bedeutet: Man(n)-selbst-Sein. Mit anderen Worten: es gibt kein Mann-Sein außerhalb deiner selbst. Das ist ganz wichtig und heißt: 1. die tiefere Bedeutung des Mann-Seins ist nur und ausschließlich in einem selbst erfahrbar; 2. das Wissen um das Mann-Sein soll keine rationale Erklärung sondern direkte Erfahrung sein. Es kommt also auf Handeln und Zeigen, nicht auf Überlegen und Erklären an, was nicht heißt, daß man seinen Kopf nicht gebrauchen soll. Dies sind auch Forderungen des Zen. Als drittes kommt hinzu, daß die Erkenntnis im Alltag praktiziert wird.

Die Verbindung von Emanzipation und spirituellem Weg wird manchen schon von den Begriffen her befremden. Die Begriffe kommen aus unterschiedlichen «Welten». Beide miteinander zu verbinden, ist neu. Aber ich bin überzeugt, daß diese Sichtweisen der Ganzheitlichkeit und Transzendenz im Gegensatz zur, meiner Meinung nach, eher beengten materialistischen Sichtweise von Ratio und Logik in der Zukunft mehr an Bedeutung gewinnen werden.

Ein gutes Beispiel für diese Entwicklung ist die moderne Physik als

Verkörperung logischen naturwissenschaftlichen Denkens, wo man aber schon vor einiger Zeit an dem Punkt anlangte, an dem man mit dem bisherigen mechanistischen Weltbild und den bisherigen wissenschaftlichen Methoden nicht mehr weiterkam. Fritjof Capra zeigt in seinen Büchern sehr schön, wie der alte Weg der mechanistischen Physik eigentlich kontinuierlich in den neuen, eher ganzheitlichen übergegangen ist. So schreibt er im Epilog zu seinem Buch «Kosmischer Reigen»:

«Ich hoffe daher, daß es mir einigermaßen gelungen ist, dem Leser weniger eine strenge Beweisführung, als hin und wieder die Gelegenheit zu einer Erfahrung gegeben zu haben, die für mich zu einer Quelle dauernder Freude und Inspiration wurde; der Erfahrung, daß die Grundtheorien und Modelle der modernen Physik zu einer Weltanschauung führen, die innerlich stimmig ist und mit den Anschauungen östlicher Mystik vollkommen harmoniert. Für diejenigen, die diese Harmonie erfahren haben, gibt es keinen Zweifel an der Bedeutung der Parallelen zwischen der Weltanschauung der Physiker und der Mystiker. Die interessante Frage ist dann nicht, ob diese Parallelen existieren, sondern warum, und weiter, was daraus folgt.»

Das Verblüffende für mich ist, daß sich die scheinbaren Gegensätze der alten Weisheiten östlicher Mystik und der neuen Erkenntnisse der modernen Wissenschaft zu einem Kreis zu schließen beginnen; somit Spiritualität gesellschaftsfähig wird und nicht als unzeitgemäße Methode der Vergangenheit, sondern auch der Zukunft zu sehen ist.

Warum sollen wir Männer uns nicht der östlichen Techniken bedienen und neue Formen der Emanzipation entwickeln, anstatt uns nur an den Vorstellungen der Frauenbewegung von Emanzipation zu orientieren? Wir müssen einen positiven Weg finden, uns vom Patriarchen in uns zu befreien. Ein erster wichtiger Schritt dahin ist eine positive Einstellung zu uns selbst. Wir müssen aus der Rolle des Schuldigen und des Sich-nur-Verteidigenden herauskommen. So gibt es, um mal ein Beispiel zu nennen, eine Technik des japanischen Schwertkampfes, eine bestimmte innere Haltung des Sich-nicht-zum-Angegriffenen-machen-Lassens, die den Gegner bei seinem Angriff ins Leere stoßen läßt. Dies soll allerdings nicht heißen, daß man einen Angriff oder eine Kritik z. B. von Frauen nicht an sich herankommen oder in sich reinlassen soll. Im Gegenteil. Wenn ich in kritischen Situationen innerlich zu mir sage: «Es ist kein Mann da, den du angreifen kannst», kann ich nicht verletzt werden. Ich kann den Angriff in die Leere meines Inneren hereinlassen und dann frei mit dieser Energie umgehen.

Das hat den Vorteil, daß man sich durch einen inneren Abstand besser mit den Argumenten auseinandersetzen und Zutreffendes konstruktiv annehmen kann. Die destruktive Energie bleibt nicht an mir hängen. Ich kann positiv reagieren. Ein solches Verhalten setzt allerdings voraus, daß man in gewissem Maße frei ist von sich selbst. Ein Angriff ist um so wirkungsvoller, je mehr Widerstand ihm entgegengebracht wird; wie beim Segel im Wind. Es ist auch ein Grundprinzip des Aikido, einer noch jungen Form der japanischen Selbstverteidigung, keine Energie in den Widerstand zu stecken, sondern die gerichtete Energie des Angreifers umzulenken auf eine Kreisbahn um die eigene persönliche Mitte. Der Angreifer hingegen fällt aus seiner Mitte und wird in einer Kreiselbewegung zu Boden geführt.

Ich war selbst erstaunt, wie wirkungsvoll sich diese japanischen Kampftechniken auf die Ebene von Zweierbeziehungsproblemen übertragen lassen. Ich möchte betonen, daß es mir nicht darum geht, in die Lage zu kommen, Kritik und Auseinandersetzungen grundsätzlich abwehren zu können. Ich habe allerdings in meinen Zweierbeziehungen oft die Erfahrung gemacht, daß ich als Mann die eigentliche Ursache sein sollte dafür, daß die Beziehung nicht lief. Typische Vorwürfe waren z. B.: «Du kannst dich nicht einlassen», «Du bist nicht offen für mich» usw. Persönlich und vor dem Hintergrund gesellschaftlicher Strukturen sind diese Kritiken berechtigt. Die Folge für den um Emanzipation bemühten Mann ist ein negatives Verhältnis zu sich selbst und evtl. das Idealisieren der Frau. Für mich waren es Schlüsselerlebnisse, beim Anwenden der eben beschriebenen Techniken zu erfahren, daß z. B., was das Offen-Sein und Sich-einlassen-Können anbetrifft, Frauen genauso unfähig sind wie Männer. Es wird nur deshalb nicht offenbar, weil bei der Abwehrhaltung der meisten Männer die Auseinandersetzung über diesen Punkt nicht hinauskommt, an dem die Frau Sensibilität fordert und der Mann nicht in der Lage ist, diese zu geben. Aber jenseits dieses Punktes wird der Mann die in gewisser Weise erleichternde Erfahrung machen, daß die Frau genauso im Schlamassel steckt wie er selbst. Das gleiche gilt für die Unfähigkeit des Mannes, Grenzen zu überschreiten, oder für seine kaputte Sexualität. Die Frau ist genauso davon betroffen, aber so weit läßt der Mann es meistens ja nicht kommen. Dies mag anregen, die eigenen gewohnten Reaktionsweisen zu überdenken und zu ändern.

Meines Erachtens ist die Frauenbewegung mit ihrer oft ausgeprägten dualistischen Sichtweise der Gegensätze von Mann und Frau, die in dem Mann (als Verkörperung der patriarchalischen Kultur) die mehr oder weniger ausschließliche Ursache für alle Mißstände sieht, letztendlich eine Sackgasse. Wir sollten nicht bei dem ausschließlich gesellschaftspolitischen Verständnis von Emanzipation stehenbleiben. Jene Ansätze zur Emanzipation beschäftigen sich, bildlich gesehen, mit den Inhalten des Topfes «Männerrolle». Kritisch werden alte Inhalte analysiert und rausgeschmissen und entsprechend neue hineingetan. Heraus kommt der «neue» Mann, vielleicht à la Ina Deter. In der Folge wird es – oder gibt es schon – ebenso wie beim Klischee der weiblichen Emanzen den typischen emanzipierten Mann geben. Als wäre es mit der Emanzipation so einfach wie mit dem Knacken einer Nuß. Die Schale wird geknackt, und man hält den Kern der Sache, die Nuß, in der Hand.

Der spirituelle Ansatz könnte vielleicht eher so umschrieben werden, daß «mann» sich als eine Zwiebel betrachtet. Bei der Suche nach der Antwort auf die Frage: «Was bin ich in meinem Wesen?» beginne ich mich zu schälen. Ist die erste Schale abgeworfen, stoße ich nicht auf den Kern meiner Identität, sondern zunächst wieder nur auf eine Schale, die mir den Blick auf das Wesen meiner «wahren Natur» versperrt. So häute ich mich unter Schmerzen, löse Schale um Schale, bis am Ende... nichts mehr übrigbleibt. Letztendlich, und diese Sichtweise ist uns Menschen des Westens fremd, gewinnt man seine Identität gerade durch die Aufgabe von sich selbst.

Dies bringt auch folgende Zen-Anekdote zum Ausdruck:

Der Meister deutet auf ein Stück Kork, das vorbeischwimmt; es hat im Feuer gelegen und ist halb verkohlt.

«Jenes Stück Kork ist deine Persönlichkeit», erklärt der Meister.

«Bei jeder Drehung, bei jeder Veränderung der Umstände, bei jedem Konflikt, bei jeder Niederlage, bei jedem Sieg bröckelt etwas davon ab.»

Du siehst den Kork an. Stücke lösen sich und verschwinden. Der Kork wird kleiner.

«Er wird kleiner», antwortest du nervös.

«Immer kleiner.» Die ruhige Stimme des Meisters ist ganz nahe. Er spricht Englisch, du kannst ihn gut verstehen. «Bis nichts mehr davon übrig ist», sagt der Meister.

(Aus J. van de Wetering: Ein Blick ins Nichts)

Spiritueller Ansatz bedeutet für mich, daß Emanzipation als der Versuch, Mann zu werden, im Nicht-Mann-Sein begründet ist. Es fällt uns Europäern schwer, diese Begriffe wie Nicht-Mann-Sein und Nicht-Handeln richtig zu verstehen. Wir mißverstehen diese leicht im Sinn von Passivität, als Negation oder Selbstaufgabe, also scheinbar dem Bemühen nach Identität entgegengesetzt.

Handeln durch Nicht-Handeln meint ein Handeln, das frei ist vom handelnden Subjekt (beim Gehen nicht gehen wie ein «emanzipierter Mann», sondern *nur* gehen). Dies ist nur möglich, wenn Handeln und Subjekt zusammenfallen; wenn das Subjekt im Handeln verlorengeht. Wenn Handeln und Subjekt eins sind, gibt es kein Subjekt mehr. Beobachten kann man diese Form von Nicht-Handeln bei kleinen Kindern, die selbstvergessen (!) im Sandkasten spielen. Sie sind nicht mehr Hänschen und Lieschen. Sie sind eins mit dem kleinen Trecker, der seine Spuren im Sand hinterläßt; sie sind ein Ritter in der Sandburg.

Können wir heute noch Mann sein, ohne uns zu überlegen, was uns als Mann ausmacht? Wohl kaum. Wir können aber, und das meine ich mit spirituellem Ansatz, das Nicht-Handeln im obigen Sinn üben und trainieren. Meditation oder Spiritualität wird oft falsch verstanden als heilige Entrücktheit (auch von manchen Anhängern). Speziell Zazen (= die Technik der Zen-Meditation) ist nichts anderes als das Üben des Nicht-Handelns. Man trainiert dabei das Nicht-Denken, das Nicht-Handeln, das Nicht-Subjekt-Sein, das Nicht-Sein. Man übt: *Nur*-Sitzen; *Nur*-Atmen. Die Schwierigkeit liegt im *Nur*. Heraus kommen dabei Erfahrungen im *Nur*-Dasein. Sie eröffnen Möglichkeiten spontanen Handelns und unmittelbaren Erlebens.

Der westliche Mensch ist so gemartert von seiner Ratio, seinem Intellekt. Er ist von allem, was ihn umgibt, getrennt; ebenso von jedem Handeln durch die Gedanken, die er sich dabei oder vorher macht. Er sehnt sich nach der Unschuldigkeit des unmittelbaren Handelns. Besonders wir heutigen Männer, die sich in ihrer alten Haut so unwohl fühlen. So kommt es meines Erachtens nicht darauf an, ein Bewußtsein vom Mann-Sein (als Rollenbewußtsein) zu entwickeln, sondern sich selbst (wie man sich selbst denkt) zu vergessen, damit man so sein kann, wie man eigentlich in Wirklichkeit ist.

Den Buddhismus studieren, heißt
sich selbst studieren.

Sich selbst studieren, heißt
sich selbst vergessen.
Sich selbst vergessen, heißt
sein wahres Wesen erkennen.

Dies führt, so paradox es klingen mag, zur Identität als Mann. So wird vielleicht ein Mann, um die Unermeßlichkeit und Nicht-Festlegbarkeit seiner Identität zu demonstrieren, auf die Frage: «Was bist du?» antworten: «Weder Mann noch Frau.»

Im Folgenden soll etwas weiter ausgeholt werden, um zu erläutern, was unter dem Begriff des Nicht-Mann-Seins zu verstehen ist. Mann-Werden durch Nicht-Mann-Sein ist sozusagen ein Aspekt des emanzipativen Trainings auf dem spirituellen Weg. Er soll in diesem Aufsatz deshalb besonders betont werden, weil dieser Ansatz uns Europäern besondere Schwierigkeiten macht. Unsere Kultur ist nämlich auf das genaue Gegenteil ausgerichtet: auf die Verwirklichung der individuellen Freiheit.

Die Freiheit des Individuums ist das Maß aller Dinge. Nicht-Mann-Sein wird daher leicht als Selbstaufgabe oder Selbstverneinung mißverstanden werden. Der Buddhist bzw. der östliche Mensch hat diese Schwierigkeit nicht in dem Maße. Er begreift sich als ein Teil des Ganzen. Er bedingt das Universum und das Universum ihn; beide bilden eine untrennbare Einheit.

Von dieser Einheit ging das abendländische Christentum in der Schöpfungsgeschichte ursprünglich ja auch aus. Sinngemäß passierte dabei doch folgendes: Adam und Eva lebten im Paradies glücklich und im Einklang mit allen Tieren und Pflanzen. Bis eines Tages die Schlange auftauchte und sie zum Essen des Apfels verführte: «Wenn ihr von diesem Baum eßt, werdet ihr werden wie Gott.» Das Essen vom Baum der Erkenntnis von Gut und Böse war die Geburtsstunde von menschlichem Intellekt und Moral. Gott verstieß sie aus der universalen Einheit mit den Worten: «Du, Adam, sollst im Schweiße deines Angesichts den Acker bestellen, und du, Eva, wirst unter Schmerzen Kinder gebären» (zwei typische Attribute einer zivilisierten Gesellschaft). Die Rückkehr ins Paradies ist durch den Erzengel mit dem Flammenschwert für immer versperrt. Zumindest für die Zeit unserer Existenz auf der Erde. Es ist interessant, wie genau schon damals die Verfasser der Bibel die Ursachen menschlichen Leides in Bildern beschrieben haben.

Kennzeichnend für die christliche Lehre ist die Überzeugung, daß die universale Einheit für den Menschen auf Erden nicht erreichbar ist. Der trennende Dualismus von Gott im Himmel und dem Menschen auf der Erde, von oben und unten, von Gut und Böse ist nicht aufhebbar. Das gleiche gilt für den Dualismus von Mensch und Umwelt, Subjekt und Objekt, zwischen Verstand und Gefühl und auch zwischen Mann und Frau. Das Leiden unter der Trennung dessen, was ursprünglich eine Einheit war, bestimmt die menschliche Existenz. Dieses singuläre Bewußtsein ist besonders typisch für den Mann.

Im Gegensatz dazu behauptet Buddha, daß zwischen dir und mir im Grunde kein Unterschied besteht; daß diese Einheit immer (noch) da ist und daß wir nur die Augen vor dieser Wirklichkeit verschließen. Gott ist in allem, was existiert, und alles, was existiert, ist göttlich. In allem ist das enthalten, was die einen Gott, die anderen letzte Wirklichkeit oder auch Buddha-Natur nennen.

Durch Begriffe kann man zwischen den Dingen unterscheiden. Durch Festlegung in Maß und Zahl versucht man alles zu objektivieren. Das ist sicherlich in mancher Hinsicht nützlich, aber es birgt die Gefahr der Trennung in sich. Es gibt die Gegensätze und Unterschiede in der Welt der Erscheinungen; nur wird der Mensch krank, wenn er die Gemeinsamkeit der Gegensätze, die er begrifflich getrennt hat, nicht mehr erfahren kann. Ebenso, wenn er sich als Person selbst festlegt auf bestimmte Begrifflichkeiten. Wenn er z. B. sein Sein reduziert aufs Mann-Sein. In dem Augenblick hat er sich festgelegt auf eine mehr oder weniger kleine Anzahl von Eigenschaften und sich der Möglichkeiten eines breiten Verhaltensspektrums beraubt: Als Nicht-Mann habe ich alle Möglichkeiten, als Mann nur wenige.

Wie erwirbt man sich seine Identität?

Nach Buddhas Lehre braucht man sie sich nicht zu erwerben; man hat sie schon. Jeder ist erleuchtet, also vollkommen, makellos und rein; nur sind wir nicht in der Lage, diese Makellosigkeit und Vollkommenheit zum Ausdruck zu bringen.

Po Chong: «Nach Erleuchtung suchen, ist, wie auf einem Ochsen reiten, um den Ochsen zu suchen.»

Das klingt vielleicht zu einfach oder abgehoben. Aber ist es nicht seltsamerweise so, daß die Welt tatsächlich so einfach ist, wenn wir gut drauf (erleuchtet) sind? Oder daß gerade Situationen schlichter Einfachheit uns existentiell berühren? Z. B. das Erlebnis der Ruhe eines Sonnenaufgangs.

Man muß – als Utopie formuliert – z. B. aufhören, Subjekt zu sein; und es wird keine vom Subjekt getrennten Objekte mehr geben. Denn ein Objekt entsteht erst durch ein handelndes Subjekt, das es zu diesem macht. Und umgekehrt gibt es ohne Objekte keine Subjekte. Beide bedingen sich gegenseitig. Oder, wenn man aufhört, zwischen «Gut» und «Böse» zu trennen, gibt es keine Moral mehr, die einen einengt. Wer die Begriffe «richtig» und «falsch» aus seinem Denken verbannt hat, hat die Freiheit, alles zu tun.

«Augenblick für Augenblick kommt jeder aus der Leere. Dies ist wahre Lebensfreude.»

«Hier steht keine Mauer, die dein Weitergehen verhindert. Hier ist keine Leere, die dir freien Durchgang gewährt. Wenn dein Verstehen diesen Punkt erreicht, erlangen Körper und Geist ihre ursprüngliche Selbst-Identität zurück.»

Wenn man den Dualismus Mann–Frau wirklich überwindet, hat man keine Zweierbeziehungsprobleme mehr.

Die, vom Prinzip her, einfachste und direkteste Methode, das begriffliche Denken und das dualistische Bewußtsein loszuwerden, besteht in der Technik des Zazen: Zazen ist die praktische Umsetzung des vorher Erörterten. Zazen ist eine bestimmte Sitzhaltung, in welcher, der Überlieferung nach, auch Buddha Erleuchtung gefunden haben soll. Es ist eine für die menschlichen Organe optimale Haltung, um stabil über längere Zeit regungslos zu sitzen. Obwohl nach Auffassung der Buddhisten jeder Mensch erleuchtet ist und Erleuchtung sich in jeder gewöhnlichen Handlung im Alltag offenbart, es also im Grunde weder einer besonderen Übung oder Lehre bedürfte, kommt der Praxis des Zazen im Zen eine sehr große Bedeutung zu. Und zwar aus dem Grunde, weil durch das Üben des Zazen dem dualistischen Denken systematisch die Grundlage entzogen wird, indem dabei alles unterlassen wird, was die dualistische Sichtweise fördert: Das Agieren des Subjekts wird abgestellt; man handelt nicht; man bewegt sich nicht; man kratzt sich nicht; man rekelt sich nicht; man guckt nichts an; die Augen sind offen, ruhen aber, ohne einen Gegenstand zu fixieren, vor einem auf dem Boden. Man denkt nicht (nach Möglichkeit), sondern befindet sich in einem Zustand geistiger Leere und zugleich höchster Wachsamkeit und Aufmerksamkeit. Wenn man so verfährt, ist es nur eine Frage der Zeit, bis man alle Eigenschaften des Subjekts verloren hat. Hört das Subjekt auf zu existieren, gibt es um einen herum auch keine Objekte mehr. Es gibt dann nur noch Sein. Obwohl die Dinge um einen herum nicht anders aussehen, erfahren wir sie dann doch anders. Wenn das Denken, das unsere Form der Wirklichkeit aufrechterhält, zum Stillstand gekommen ist, erfahren wir die Wirklichkeit, wie sie wirklich ist. In diesem Zustand befindet sich das Kind im Sandkasten oder der Zuschauer im Zirkus, der die Welt vergißt. Auch mit Hilfe von Drogen lassen sich diese Erfahrungen machen.

Dieses Sterben als Subjekt oder des Ego führt von ganz allein zum «richtigen» Handeln, zum Handeln ganz frei von Zweifel, welches niemand als verkehrt bezeichnen kann; weil es dein ureigenstes Handeln ist. Somit wird Alltag und Meditation eins. Aus dieser Haltung heraus entwickelt man(n) sich – ganz von selbst und unbewußt. Zazen ist also kein okkulter oder religiöser Akt weltentrückter Versenkung, sondern nur eine bestimmte Art des Daseins.

In der Losgelöstheit der Zurückhaltung erwacht ein Wille, der keine Zwänge mehr braucht.

So schön, so selbstverständlich, so makellos und ganz wie von selbst kommt der Keim aus dem Samenkorn.

«Wunderbare Taten und Handlungen voller Wunder;
ich trage Wasser, ich hole Brennholz.»

(Satori-Gedicht)

Abschließend möchte ich bemerken: Ich habe diesen Beitrag geschrieben, weil wir Männer von heute uns oftmals so schwertun, unseren eigenen Weg zu finden; und was ist Emanzipation anderes. Meiner persönlichen Erfahrung nach kann ich sagen: Den Zen-Weg gehen, heißt den eigenen Weg gehen. Obwohl: Nicht jeder, der meint, auf dem Zen-Weg zu gehen, geht diesen Weg tatsächlich. Und keiner, der den eigenen Weg gehen will, muß den Zen-Weg einschlagen. Nach dem Motto: «Es gibt keine Lehre, es gibt keinen Weg. Sei weit und offen wie der Himmel, und du bist auf dem Weg.» Mögen alle Wesen glücklich sein!

Kai Simonsen. 1953–1972: Kindheits- und Jugendphase, erster Kuß – unfreiwillig, 1972–1977: Psychologie-Studium / Hauptberuflich Landfreak, erste Kontakte mit Zen-Meditation in Rütte (Graf Dürkheim) Castaneda; Selbsterfahrungsgruppen, Besuch von Findhorn. 1978–1980: Drechslerlehre – Männergruppenphase. 1980–1981: mit Schaustellerwohnwagen als Fahrender durch Deutschland. 1981–1985: Arbeit als Drechslergeselle in Bremen; Aikido-Training; Sesshins bei verschiedenen Zen-Meistern. Ab 1985: Besuch einer Technikerschule und Meisterkurs … gesellschaftliche Integration.

Männer auf der Couch

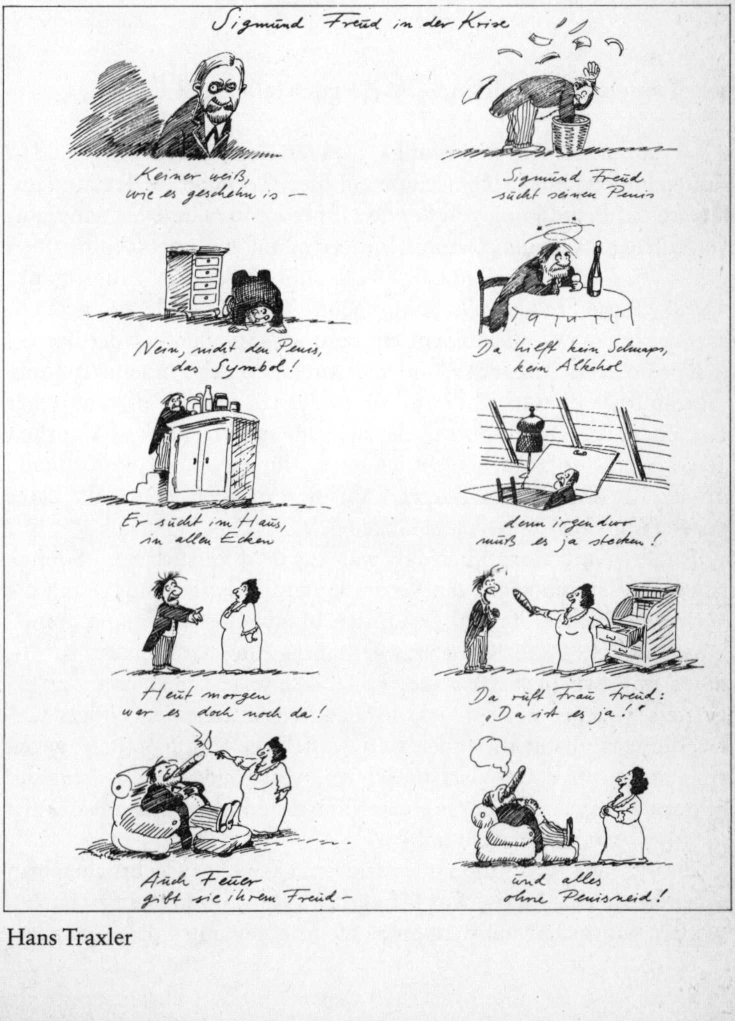

Hans Traxler

Bernd Nitzschke

Mann ('68) – OH! – Mann ('86 ff.)

Von der sexuellen «Revolution» zur modernen Beziehungsrealität

1 Was wir ('68) wollten? – Im Zweifelsfalle: ALLES!

Als «Veteran» einer «Bewegung», die vom Zorn getragen war und in Trauer endete, blicke ich zurück: auf die Teilnahme am Teach-in anläßlich der Beerdigung von Benno Ohnesorg in Hannover 1967; auf verschiedene Vietnam-Demonstrationen; auf ein letztes Aufbäumen gegen die Verabschiedung der Notstandsgesetze im Frühsommer 1968; auf die Ereignisse in Stammheim 1977; auf ein letztes gemeinsames Treffen mit «Genossen» im Januar 1980 anläßlich der Beerdigung von Rudi Dutschke; auf die Rückseite der Studentenzeitung («marburger blätter», Juli 1967), an der ich damals als politischer Redakteur arbeitete – dort findet sich eine später leider zur Wahrheit gewordene Karikatur, die ein Mahnmal für die im Zusammenhang mit der Revolte Getöteten zeigt, konzipiert zu einem Zeitpunkt, als es vorerst nur *einen* Toten zu beklagen gab...

Trauer – und Zorn über das, was aus dem Versuch der «Söhne» geworden ist, die gegen die Verdrängung des Faschismus durch die «Väter» rebelliert hatten, gegen den blindwütigen Antikommunismus und gegen die Kreuzzugsmentalität einer Großmacht (USA), deren unterwürfigster Vasalle (BRD) sich angeschickt hatte, zu errichten, wogegen wir mit viel Moral, guten Argumenten, einiger Verzweiflung und mit ohnmächtigen Mitteln gekämpft hatten: gegen eine restaurative Gesellschaft. Heute, so scheint es mir, liegt der «Strand» nicht mehr unter einem Pflaster, sondern unter Beton. Ist das alles, was wir erreicht haben?

Die «große» Revolution, die in unseren Köpfen ausgebrochen war, scheiterte in der Praxis. War die «große» Revolution nicht zu haben, wollten wir doch wenigstens eine «kleine»; genannt – die «sexuelle».

Das gesellschaftliche Schlachtfeld führte zum privaten Kampf gegen das «Bürgerliche» in uns selbst – und in unseren Beziehungen, besonders: in den sexuellen Beziehungen. Obgleich viele falsche Propheten auftraten, die die sexuelle Revolution als erreicht oder als erreichbar ausgaben, als sei das Private vom Gesellschaftlichen zu trennen, scheiterte auch dieses Unternehmen. Was unter der Hand blieb? Gescheiterte Existenzen – so oder so. Und je offensichtlicher das Scheitern wurde, desto verbissener hielten einige – oft nicht die Schlechtesten – an Utopien, an Hoffnungen, an Illusionen fest. In manchen Fällen führte die explosive Mischung von Utopie und Verzweiflung zur Akzeptanz von Gewalt, die sich am Ende nicht mehr von jener unterscheiden ließ, gegen die wir angetreten waren. Heute tritt der GSG9-Kombattant in eben jener Wollmaske auf, die auch der Terrorist trägt…

War die «neue» Gesellschaft nicht zu haben, sollte es wenigstens eine «neue» Erziehung sein: antiautoritär. Wer spricht heute noch davon? Oder: Die Entdeckung «neuer» (altbekannter) Randgruppen sollte das Gefühl schärfen für das, was in *jedem* Menschen verborgen ist – für das Abweichende, das Ausgeschlossene, das Verdrängte. Die Homosexuellen – zum Beispiel. Die Wahnsinnigen – zum Beispiel (wer spricht heute noch von der Antipsychiatrie?). Bewußtsein – mit Hilfe von Drogen «erweitert» – sollte neue Erfahrungsräume aufschließen. Der Traum, die Phantasie, die Sinnlichkeit, der Körper – «neue» Erfahrungszusammenhänge sollten «alte» Reflexionsmuster aufsprengen. Auch das, was sich heute «Frauenbewegung» nennt, fand damals – unter Rückgriff auf die sozialistische Frauenemanzipation (vgl. Merfeld 1972) – einen neuen Anfang. Gegen die «Männer» im SDS formulierte der «Frankfurter Weiberrat»: «Befreit die sozialistischen Eminenzen von ihren bürgerlichen Schwänzen!» Warum nicht? Fragt sich nur, was dabei herauskommt? Ein Kastrat, schlimmstenfalls; denn ein «sozialistischer» Schwanz wächst nicht so rasch an Stelle eines «bürgerlichen» nach. Wie ein Blick auf den gegenwärtigen «Zeitgeist» offenbart: Viele Männer hatten den Schwanz nur eingezogen, um zu überwintern, auf das Zeitalter des «neuen» Macho wartend. Zwischenzeitlich konnten alte, über Jahrhunderte hinweg von Männern gepflegte und gehegte Klischees in ein neues, scheinbar emanzipatorisches Gewand eingekleidet werden. Dazu gehören Überzeugungen wie: die Frau steht der Natur näher; die Frau ist gefühlshafter als der Mann. Man vergißt dabei zu leicht, wieviel Gefühle, wieviel Affekte freigesetzt und inszeniert werden müssen, wenn beispielsweise Männer begeistert in den Krieg ziehen sollen.

Was wollten die 68er? – Im Zweifelsfalle: ALLES! Zumindest «Sexualität und Klassenkampf» (Reiche 1968). Und weil der Klassenkampf über kurz oder lang vergeblich oder anachronistisch erschien, ersetzten ihn manche einfach durch den Geschlechterkampf. Und aus den Herrschenden, die es zu bekämpfen galt, aus den Charaktermasken, die das große Kapital – nicht gemäß der Bedürfnisse der Menschen, sondern gemäß der Verwertungsgesetze des Kapitals – in Bewegung setzten, wurden über kurz oder lang «die» Männer: Männer wie du und ich bewerkstelligen die Unterdrückung, die Zerstörung der Natur... Männer wie ich, wie du oder wie Flick! Konstruiere ich hier Kurzschlüsse? Oder bezeichnen solche Denkfiguren auf ihre Weise auch das Scheitern der Revolte, weil sie einmal mehr das Wesentliche verdecken helfen?

Sicher, das Scheitern der Revolution, die nie stattgefunden hatte, begann bereits *innerhalb* der «Bewegung». Auch damals schon setzten sich rasch scheinrevolutionäre Gestik und Rhetorik an die Stelle der Anstrengung des Begriffs, an die Stelle einer durch Theorie vermittelten Praxis. Glanz und Elend der «Bewegung» verdeutlichen beispielsweise zwei Buchtitel: «Sexualität und Klassenkampf» (Reiche 1968) versus «Sexfront» (Amendt o. J.). Hatte Reiche noch differenziert argumentiert, so errichtete Amendt nur noch verbalradikale Barrikaden an der Bett-Front. Genauer gelesen, enthüllt jedoch bereits dieses Buch den Verfall der 68er-Revolte. Darin wurden unter anderem Ratschläge erteilt, die sich umstandslos auch mit der amerikanischen Swinger-Ideologie vereinbaren ließen. Zum Beispiel: Gehst du zu einer Party, mach dir eine «Strichliste»! «1. Gibt es was zu essen? 2. Gibt es was zu trinken? 3. Gibt es was zu ficken? 4. Kann man jemanden anpumpen?» (Amendt o. J., 93) Erst die orale Befriedigung; dann der Konsum deines Nächstbesten; schließlich die Fortsetzung des Schnorrertums auf finanziellem Gebiet.

Gegen das suggerierte Angebot einer raschen Wunschbefriedigung hier und jetzt bei scheinrevolutionärem Übertreten bürgerlicher Konventionen nahm Reiche schon Stellung, als er gegen die Kommune I (eine anarchistische Abspaltung vom SDS) argumentierte. Das Insistieren auf Anerkennung der Realität, die Erinnerung an die gesellschaftliche Realität, wäre ein wirklich emanzipatorisches Unterfangen, insofern nämlich, als ohne solche Anerkennung überhaupt keine

Möglichkeit der Veränderung gegeben ist: Gegen die Kommunarden also wandte sich Reiche, da diese suggerierten, es sei quasi möglich, den «Kapitalismus» und die aus ihm folgenden Formen der Entfremdung (auch zwischen den Geschlechtern) in Gestalt eines Privatissimums zu überwinden, durch die Schaffung befreiter Gebiete im Inneren der eigenen Seele oder im Getto exklusiver Kleingruppen.

«Das Programm schlägt fehl. Objektiv konterrevolutionär wird diese subjektiv revolutionäre Haltung dort, wo sie bei den jungen ‹unglücklichen› Linken die Hoffnung freisetzt, alle ihre Hoffnungen ließen sich *heute* erfüllen, alle ihre Leiden *heute* abschaffen. Die Täuschung dieser Hoffnung hat bei vielen Kommune-Nachbildungen in der BRD zu chaotischen persönlichen Zusammenbrüchen oder, wo diese vermieden wurden, zu tief resignativen Haltungen geführt» (Reiche 1968, 154f.).

Der Wunsch, die Hoffnung, das Ideal, der «neue» Entwurf haben revolutionäre Potenz – aber nur so lange, wie sie sich nicht kurzschlüssig an die Stelle der Realität setzen, als verwirklichbar hier und jetzt ausgegeben werden. «Konsumterror» – so lautete die entsprechende Metapher von '68 – macht vor Hoffnungen nicht halt, macht sich diese besonders leicht dienstbar. Je größer die Spanne zwischen Realität und Utopie ist, desto stärker wird die Spannung, die auszuhalten, durch eine von der Theorie angeleitete, von der Realität begrenzte Praxis zu gestalten wäre. Wer an dieser Spannung zugrunde geht, ist vielleicht «schwach»; er ist aber immer noch stärker als einer, der sich in die Arme des nächstbesten Gurus wirft, um Befreiung im «Hier und Jetzt» wahnhaft zu genießen.

Was also ist aus uns geworden? – Für manch einen hat sich der Grundwiderspruch zwischen Kapital und Arbeit zu rasch zum Widerspruch zwischen dem «Revolutionär» und seiner Partnerin und noch rascher zum Selbstwiderspruch entwickelt. Von Beginn an hatte die Revolte ein doppeltes Gesicht: Reflexion auf der einen Seite – Aktion auf der anderen Seite. Zu selten ließen sich privates und öffentliches Elend umstandslos auf denselben Nenner bringen. Theoretisch mochte dieser Nenner zu finden sein; praktisch ging der Bruch selten auf. Die Revolution im Schlafzimmer konnte die öffentliche nicht ersetzen.

Karikieren wir die beiden Gesichter der Revolte einmal an einem anderen Beispiel. Da gab es einerseits den etwas blassen Seminaristen, Politologie- oder Soziologie-Student, Mitglied im SDS, Repräsentant von dessen «traditionalistischem» Flügel. Er konnte zwar nicht stets mit allen «Blauen Bänden» (Marx-Engels-Gesamtausgabe) unter dem Arm herumlaufen, aber wenigstens seine Sprache war so gedrechselt – und dementsprechend unverständlich –, als hätte er sämtliche «Blauen Bände» im Kopf verstaut. Heute ist dieser Vertreter verbeamtet, an einer Schule oder Hochschule tätig, wenn er nicht zum harten Kern gehört, der in einer Partei oder in einer Gewerkschaft vergebens gegen den Zeitgeist ankämpft. Vielleicht besitzt er auch ein Refugium in der Toscana; oder er kann es sich wenigstens durch Anruf bei einem Ex-Genossen beschaffen, der dort unten Schafe züchtet. Bei einer Flasche Rotwein kann dann am Kamin Veteranen-Nostalgie beschworen werden: Weißt du noch…? Die Ereignisse werden der zweiten Ehefrau – die erste ist längst im Trubel der Zeiten verlorengegangen – erzählt, einer Frau, die wesentlich jünger ist, '68 vielleicht noch in einem (antiautoritären) Kindergarten spielte. Der Altersunterschied ist der Bewunderung für den «Revolutionär» seitens der neuen Frau sicherlich nicht abträglich.

Der andere Teil der Revolte bestand aus dem Repräsentanten des «antiautoritär-aktionistischen» Flügels im SDS, ein Revoluzzer, dem das viele Lesen in «Blauen Bänden» ferner lag als das gelobte Land Vietnam. Am Befreiungskampf des vietnamesischen Volkes – das ihn später so nachhaltig enttäuschen sollte – nahm er empathisch teil, indem er sich diesen Kampf stellvertretend aneignete bei seiner Revolte gegen die Enge der elterlichen Drei-Zimmer-Wohnung und gegen die in dieser Wohnung herrschenden Verhältnisse. Vietnamesischer Befreiungskampf und Aufstand gegen die «patriarchalische» Kleinfamilie waren für ihn damals nur zwei Seiten einer Medaille. Hätte der Aktionist allerdings genauer hingesehen, so hätte er bemerken müssen, daß der «Patriarch», gegen den er zu Felde zog, vielfach gar nicht vorhanden war: Der «Vater» war im Krieg geblieben oder erst spät aus der Gefangenschaft zurückgekehrt; oder er war kein Vorbild für den Sohn, weil dieser ihn als Vertreter der faschistischen Epoche entwerten mußte. Der Vater *fehlte* – so *oder* so. Die scheinbar patriarchalische Kleinfamilie hätte sich, näher besehen, nur zu oft als eine symbiotische Bindung des Sohnes an die *Mutter* entpuppt. Aber so genau wollte der Aktionist das gar nicht sehen. Zudem fehlten die Reflexions- und Denkmuster, um solche Familienkonstellationen näher zu analysieren. Was es gab: Das war die «ödipal» konstruierte Theorie der Familie. Und dieser Theorie entsprach – Freud sei Dank!

– nun einmal der «Vater» als autoritärer Herrscher, den es zu entmachten galt. Wieviel schwerer wäre die Auseinandersetzung mit der oft hochambivalenten Bindung an die Mutter zu führen gewesen... Der Aktionist von einst, der sich treu geblieben ist, hat seither viele Stationen eines langen Passionsweges hinter sich gebracht: In diversen Wohngemeinschaften erlebte er wohlige Wärme und selbstzerfleischende Endlos-Gespräche über «emanzipierte» Beziehungen. Die Ambivalenz von Liebe und Haß, von Narzißmus und Selbsthaß ist für ihn kein blasses theoretisches Konstrukt, sondern leibhaftige Erfahrung geworden. Später erhoffte er sich in politischen – und anderen – Sekten Erlösung (u. a. von der Selbstquälerei). Der Abhängigkeit einer Zweierbeziehung entronnen, flüchtete sich der Aktionist in neue Abhängigkeiten, etwa in die Arme eines Gurus. In einem selbstverwalteten Kleinunternehmen genoß er sodann bei halbem Lohn und doppelter Arbeitszeit (im Vergleich zu einem kapitalistischen Betrieb) die Selbstausbeutung. Heute lebt er abseits auf dem Lande, baut biodynamisches Gemüse an und schreibt vielleicht feierabends Texte für irgendein entlegenes oder auch für ein Zeitgeist-Magazin. Wie auch immer – er geht weiter mit der Mode, die er für Fortschritt hält. Diese Texte enthalten «Wildnis», die der Aktionist kennengelernt hat, als er mit Hans Peter Dürr (1978) über den Zaun zu springen versuchte, auf dem die «Hexe» sitzt, um sich dann darin zu verfangen. So trifft er sich mit seiner feministischen Schwester, die sich selbst inzwischen stolz für eine «Hexe» hält und den Mann, der sich soft und geschmeidig, als entstamme er dem Windkanal, allen Strömungen anzupassen verstand, dennoch nicht als einen wahrhaft «neuen» Mann anzuerkennen bereit ist. Das kränkt den Aktionisten zwar, doch er läßt nichts unversucht, am Ende doch noch als «Feminist» wieder Anschluß an die Weiblichkeit zu finden. Und während ein großer Teil der «Schwestern» inzwischen bereits kritisch die Nase über manche Elaborate rümpft, die vorgeblich eine spezifisch weibliche Ästhetik pflegen, verteidigt der Aktionist eben gerade solche Texte, als ginge es um sein Leben, als könnte die Kritik daran seinen schlecht verdrängten Weiberhaß nur allzu leicht wieder mobilisieren. Den unterstellt er lieber anderen, die nicht so rasch bereit sind, jeden Modetrend als neue Befreiung zu begrüßen.

Was blieb von '68? – Bestenfalls die Erkenntnis, daß Subjektivität *ohne* Bezug zur gesellschaftlichen Realität nicht zu verstehen ist;

daß sie sich zwar – wenngleich recht mühsam – aufschlüsseln läßt; daß sie sich aber keineswegs so rasch wie die wechselnden intellektuellen Moden verändert (es sei denn im Sinne einer Selbsttäuschung, einer bloß ideologischen Behauptung); daß Subjektivität als Ausdruck des eigenen Lebensschicksals in dieser Gesellschaft wie ein Fels im Meer der immer neuen «Bewegungen» liegenbleibt, um sich nur sehr allmählich, unendlich langsam zu glätten – viel zu langsam für einen «Revolutionär».

Wäre das Glück nicht schneller zu erhaschen? Wir glaubten es – damals, als wir Wilhelm Reich lasen, der Anweisungen für die sexuelle Revolution zu geben schien. Dem Links-Freudianer Reich schien gelungen zu sein, was wir inzwischen als Truggebilde erkannten: die Integration von Marxismus und Psychoanalyse. Mit Hilfe der Reich-Lektüre meinten wir, «Die Funktion des Orgasmus» (1969) endlich zu verstehen (bis wir dahinterkamen, daß hierfür *Gefühle* entscheidend sind, die als manipulierte kein Glück ermöglichen). Wenigstens aber führte uns Reich zurück in eine selige Urzeit, die «Der Einbruch der sexuellen Zwangsmoral» (1972) unglücklicherweise beendet hatte. Seit jener Urzeit leiden wir an solch unerquicklichen Affekten wie beispielsweise Eifersucht, die der wirkliche «Revolutionär» überwunden (d. h. verleugnet) hatte.

Mit Wilhelm Reich gegen den Kapitalismus, gegen die Zweierbeziehung, gegen die Zwangstreue, gegen die Eifersucht, gegen die Kleinfamilie! Was blieb? Ein vereinsamter «Single», in dessen Händen sich spärlich vorhandene irdische Glückserlebnisse zu übersinnlichen Erfahrungen mauserten: Vorwärts zur «Einführung in die Orgonomie» (1976)! Psychoanalyse und Marxismus mündeten unversehens im Reichschen Okkultismus. Das einstmals gepflegte aufklärerische Rationalitäts-Ideal schlug um ins Gegenteil: In die mit Theorie überfrachteten Köpfe, die sich an langen Haaren und Satzspiralen einige Jahre zuvor noch aus dem Sumpf der Gefühle zu ziehen versucht hatten, brachen plötzlich «neue» Innerlichkeit und alte Irrationalitäten ein. Der Kopf ward flugs durch den «Bauch» ersetzt; und aus den Abgründen der Eingeweide entstand so etwas wie eine postmoderne Philosophie: Posthistoire – post festum '68. Eine Verbindung zwischen gesellschaftlichen Hintergründen und individuellen Abgründen ist in solchen Fällen kaum noch auszumachen. Augenblicklich wiederholen wir die Mode der fünfziger Jahre nicht nur als Frisur und Dekor, sondern auch in Gestalt eines Neo-Existentialismus;

ganz zu schweigen vom Enkel Adenauers, den man auch als einen Urenkel Wilhelm II. bezeichnen könnte.

Und die schleichende Apokalypse, die allenthalben beschworen wird? – Der neue Freund, die neue Freundin – gesund, frisch sehen sie ja aus. Wer aber weiß, welche Zeitbombe in ihnen ticken mag (AIDS-Viren haben Geduld)? Die vier Wände, in denen wir hausen, sind vielleicht mit Formaldehyd bestrichen? Im Wein könnte Glykol sein! Fische sterben auch dort tonnenweise, wo ein Minister für Umwelt zuständig ist, der früher einmal angetreten war, diese Republik «unregierbar» zu machen (als er noch vor Brokdorf agitierte). Daß die Luft voller Abgase, die Wiesen voller Blei und Cäsium sind, daß der Regen «sauer» dem Wald zusetzt – das ist bekannt. Neu ist, daß nun auch das Gemüse und der Schafskäse «strahlen».

Wir leben in einer Welt der unsichtbaren Bedrohungen, der tödlich wirkenden Substanzen, deren «Geduld» unerbittlich ist. Die Zeit spricht für sie – und gegen uns. Infantile Ängste, die seit jeher im Unbewußten lauern, verbünden sich ganz zwanglos mit real begründbarer Angst. '68 hätte man in diesem Zusammenhang vielleicht noch auf den Grundwiderspruch von Kapital und Arbeit hingewiesen; aber damals glaubte man auch noch an eine *politische* Gewerkschaftsbewegung und daran, daß viele Arbeitslose dereinst ein revolutionäres Potential abgeben könnten. Damals hätte man die imperialistischen Bestrebungen der Großmächte an den Pranger gestellt mit Hilfe einer politischen Analyse. Heute genügen oft Friedensbeschwörungen, Hinweise darauf, daß all das recht schädlich sei, daß die «Menschheit» umkehren müsse, wenn sie sich nicht selbst zerstören wolle. Der Zeitgeist ist flexibel; er ist auch «kritisch», solange die «Kritik» für das ist, wofür jeder ist – für «Frieden», beispielsweise.

Der Zeitgeist wird nirgendwo deutlicher als in den Zeitschriften, die ihm gewidmet sind («Tempo»; «Wiener»). Hier verkommt die kritische Attitüde zum Alibi; und die «neue» Sachlichkeit triumphiert nach dem Motto: Design ist ALLES! Dies ermöglicht eine neue Variante der Nicht-Auseinandersetzung mit der Realität. Die Zeitschriften für Zeitgeist inszenieren perfekt, was sich bereits seit Jahren in den Stadt- und Szene-Zeitschriften beobachten ließ. Wichtigstes redaktionelles Prinzip: Zwischen dem Anzeigenteil und dem Rest des Blattes sollten auch bei schärfster Aufmerksamkeit keine Grenzen mehr zu erkennen sein. Beispiel («Wiener», 6/1986): Da wirbt ein nackter Mann für das Duftwasser «Care», offenbar kreiert von der

Leitstelle für die Gleichstellung des Mannes als Objekt sexueller Ausbeutung für Werbezwecke. Dieser nackte Mann hätte genausogut in der im selben Heft veröffentlichten Fotoserie erscheinen können, die unter dem Motto «Trau *dich* doch» nackte Männer und Frauen («Deutsche» – ein Begriff, der immer häufiger auftaucht) vorstellt. Leiber, zusammengekarrt aus Fußballmannschaften, Betrieben, Randgruppen – Redaktionsmitglieder, Punks, Stadtstreicher – dokumentieren die neue Schamlosigkeit. Der Fortschritt bedeutet Rückschritt. Im Begleittext wird ausdrücklich auf jenes berühmte Foto aus den «sechziger Jahren» hingewiesen, das Berliner Kommunarden nackt vor einer weißen Wand zeigte. Was damals Widerspruch war, fatale Erinnerungen an KZ-Fotos erweckte, die «Bürger» genauso schockte wie die «Genossen», zumindest eine Debatte auslöste, ist heute längst integrierter Bestandteil einer Werbe-Verkaufs-Strategie. Damals Protest – heute Konsum. So macht «Wiener» aus Berlinern Würstchen. So ändern sich die Zeiten. Wie ändern sie sich? Am besten verdeutlichte das vor kurzem der Schriftsteller und Schauspieler Franz Xaver Kroetz in einem Interview («Düsseldorfer Illustrierte», Nov. 1986). In den siebziger Jahren war er noch DKP-Mitglied. Im Interview denunziert er die Aufbauhelfer, die nach Nicaragua gehen, als «Polit-Touristen», während er sein eigenes Auftreten in der Fernseh-Serie «Kir Royal» als politische Aufklärungsarbeit begreift. Von seinem Gesprächspartner muß er erst daran erinnert werden, daß die «Contra» kürzlich «den deutschen Kommunisten» Bernd Koberstein, der als Aufbauhelfer tätig war, ermordet hat. Seine Antwort:

> «Mag sein, daß ein paar alte oder junge DKPler dort intensiver arbeiten – der Koberstein war ja auch ein Handwerker –, aber der Rest ist Polit-Tourismus.»

Keiner hat bisher das, was als «Wende» gilt, besser charakterisiert. Im Vergleich zu Kroetz sind Kohl oder Geißler honorige Gesellen – sie wenigstens haben sich nicht gewendet, sind sich treu geblieben.

Den Zeitgeist führt uns auch «Tempo» (11/1986) noch einmal drastisch vor Augen: Im selben Heft, in dem ein paar «APO-Opas» porträtiert werden – einer, Jens Litten, war für ein Gespräch nicht mehr aufzutreiben, er macht inzwischen in Südafrika Geschäfte –, begibt sich die Redaktion einige Seiten später auf die «Suche nach der verlorenen Elite». Wer gehört zur Elite? Nobelpreisträger, Schriftsteller, Unternehmer und – wer hätte *das* gedacht? – die Meisterschützen von der GSG 9, die den «finalen Rettungschuß» perfekt beherrschen.

Diese Elite-Männer werden, ganz unironisch, ganz ernst gemeint, mit diesen Sätzen vorgestellt:

«Die Anti-Terroristen der GSG 9 sind Beamte auf Lebenszeit. Der Dienst beginnt täglich um sieben Uhr: Schießen, Sport, taktischer Unterricht und immer wieder Übungen mit den komplizierten Apparaten und unter verschärften Einsatzbedingungen. Manche landen mit Spezialfallschirmen punktgenau auf einem Garagendach in einem zwölf Stockwerke tiefen Innenhof, andere erstürmen eine Bohrinsel der Nordsee von unten, aus dem Wasser. Jeder hat auf seine Körpermaße und sein spezielles Einsatzgebiet individuell abgestimmte Waffen.»

Das ist die neue Elite – das ist das neue Manns-Bild! Und das ist der Zeitgeist, der unterschiedslos zusammenmischt, gleich-gültig jede Differenz übergeht. Die Kritik, die in diesen Zeitschriften erscheint, ist keine mehr. Bestenfalls bestätigt sie nur, was die jeweilige Zielgruppe ohnehin schon weiß. Zum Beispiel: daß Reagan ein verrückter Schauspieler ist. Aber *warum* Ron gegen den Rest durchziehen kann, was Rambo vorexerziert hat... *Warum* er mal kurz in Libyen ein paar Wohnviertel bombardieren darf... *Warum? – Diese* Frage wird nicht geklärt! Die Antwort weiß vielleicht der Wind, aber der weht nicht in den Zeitgeist-Redaktionen.

2 Gegen den Zeitgeist – auf der Suche nach dem «neuen» Mann

Wenn wir uns nicht mit der Feststellung begnügen wollen, daß Rambo den «neuen» (Macho-)Mann symbolisiert, wo steckt er dann? Es scheint, er ist zur Zeit so sehr mit sich selbst beschäftigt, daß er die Frauen überhaupt nicht mehr wahrnehmen kann. Jedenfalls nicht deren Komplexität, zu der auch all das gehört, was der «neue» Mann am Alten Adam so sehr haßt – also zum Beispiel das Verlangen nach Macht. Der hypersensible «neue» Mann hält lieber an der alten Illusion fest, daß die Frauen doch das bessere, idealere Geschlecht seien (eine bloße Umkehrung der traditionellen Vorstellung, derzufolge die Frauen die Sünde verkörperten). Schließlich war das Bild der Frau im Kopf des Mannes immer zweigeteilt: Die Inquisitoren waren *zugleich* glühende Marienverehrer und erbarmungslose Frauen-(Hexen-)Mörder.

Es scheint, als ließen sich die Mißverständnisse zwischen den Geschlechtern nie aus der Welt schaffen. Wie sonst wäre es zu erklären, daß Handke in seinem Film «Das Mal des Todes» – nach der Romanvorlage «Die Krankheit Tod» von Marguerite Duras (vgl. das Interview mit der Autorin in: «literatur konkret», 1985) – eine Frau auftreten läßt, die männerfeindlich erscheint, während sie dies im Buch gar nicht ist. Und überall, wo es um weibliche Homoerotik geht, versteht Handke: Heterosexualität. Der «weibliche» Kommentar, die Antwort einer erfahrenen Frau:

«In ‹Die Krankheit Tod› spucken die Frauen nicht auf die Männer wie in Handkes Film. Das ist im Buch nie geschehen. Die Frau lächelt und schläft, sie ist auf seiten des Meeres und ist Teil des Draußen, eines zeitweilig ausgeschlossenen Draußen. In dieser Weise hat er (Handke – B. N.) sie nicht behandelt, sondern wie eine vollständige Frau» (Marguerite Duras).

Eine *vollständige* Frau – das ist für den Mann (Handke) die Frau, die sich unablässig mit dem Mann beschäftigt. Und sei es in der Negation. Für Marguerite Duras hingegen ist die vollständige Frau eben die, welche ihr eigenes Geschlecht als das andere Geschlecht bejaht, weder zur Ergänzung des Mannes noch zu dessen Duplikation werden will. Wäre dies auch ein Modell für den «neuen» Mann, der sein eigenes Geschlecht als das andere zu bejahen hätte, bevor er sich der Frau nähert, anstatt zu versuchen, wie die Frau zu werden – weiblich, feminin?

Marguerite Duras ist eine Frau, die den Bruch zwischen den Geschlechtern nicht verschleiert und die Tragik der Liebe, die jenen Bruch zu überwinden meint, nicht durch Verweis auf simple Gleichmacherei verleugnet. *Daher* ist sie auch fähig, das eigene Geschlecht zu kritisieren:

«Heutzutage, wo die Frauen mit offenen Karten spielen, ist die Romantik verschwunden, und oft hat man das Gefühl, daß sie gar nicht mehr da sind, sich nicht mehr zeigen. Daß sie durch konkretere, unmittelbarere und verlogenere Frauen ersetzt worden sind. Die Frau – das liegt weiter zurück, als die jungen Frauen denken» (Interview – «literatur konkret», 1985).

Der nackte Sexus ohne die romantische Lüge, die als Schleier notwendig ist, die Tragik des Bruches vorübergehend zu verhüllen – der nackte Sexus wäre die konkrete, die rüde Lüge... In diesem Sinne ist das, was Marguerite Duras (vgl. Kamber 1986) schreibt: *Poesie* –

keine Frauenliteratur im Sinne des Zeitgeistes; sowenig die Texte etwa von Georg Büchner oder Franz Kafka «Männerliteratur» sind.

Sehen wir uns hingegen ein Stück «Frauenliteratur» im Sinne des schein-progressiven Diskurses an. Gewiß ist nicht nur das Bild der Frau im Kopf des Mannes gespalten; auch das Bild des Mannes im Kopf der Frau ist zweigeteilt. Einerseits der rüde Patriarch – andererseits der «Märchenprinz». Was erfahren wir über den «Tod des Märchenprinzen» (Merian 1980) – ein Prinz, der auch ein alkoholisierter Patriarch gewesen sein soll? – Wir erfahren, daß die Autorin vor Wut schäumt, weil das andere – in diesem Falle also das männliche – Geschlecht nicht das eigene ist und sich demnach nicht umstandslos einverleiben läßt. Hinter der Wut über die vergeblichen Auseinandersetzungen mit einem vielfach beschädigten «alten» (jungen) Mann lauert noch eine unerbittliche Sehnsucht: Wie schön wäre es, gäbe es den Märchenprinzen doch! Wie entsetzlich ist die Realität der Trennung, des Geschlechterunterschiedes! Die endlose Symbiose wird als letzte Insel einer vermeintlich zu erreichenden Glückseligkeit latent beschworen, während die Realität des (männlichen) Geschlechts *in* dieser Gesellschaft gnadenlos verdammt werden muß. Und ist die Symbiose nicht mehr mit dem Mann zu erreichen, so doch wenigstens vielleicht mit dem Kind. Zahlreich sind die Texte aus den vergangenen Jahren, in denen die «neue» Mütterlichkeit, das Glück des Stillens ersehnt werden. Solche Sehnsüchte verdecken das reale Unglück, die Unfähigkeit, zu einem erwachsenen Partner des anderen Geschlechts eine stabile Beziehung einzugehen; und sie überfrachten das Kind, das der Mutter – in anderen Fällen auch dem Vater – den verlorenen Partner ersetzen muß, mit unerfüllbaren Forderungen. Ein solches Kind wird später – als Erwachsener – Angst vor Nähe haben, weil Nähe von Anfang an bedeutete, fremde Wünsche zu erfüllen. Der symbiotischen Beziehung zur Mutter nie entwachsen, fürchtet sich ein solcher Mensch vor Nähe, aber auch vor Einsamkeit, weil es ihm nie gestattet wurde, eine eigene Identität, stabile Ich-Grenzen, in Auseinandersetzung mit und durch Lösung von der Mutter zu erreichen.

Wie sieht die gesellschaftliche Realität aus, die den Hintergrund abgibt für symbiotische Wünsche, die doch immer auch – neben ihrer prinzipiellen Unvergänglichkeit bei *beiden* Geschlechtern – ein Zeichen dafür sind, wie vereinsamt die Menschen leben (müssen)? Schätzungsweise anderthalb Millionen Kinder wachsen heute bei nur *einem* Elternteil – meist bei der Mutter – auf. Traumatisierende Verlusterlebnisse auf Grund der Scheidung der Eltern gehören heute bereits zur Erfahrung einer durchschnittlichen Kindheit. Zwischen 1980 und 1984 stieg die Scheidungsrate um 36 Prozent an. Von der Scheidung ihrer Eltern waren 1984 hunderttausend Kinder betroffen. Und etwa die Hälfte der heute aufwachsenden Kinder wird bei Erreichen der Volljährigkeit nicht mehr in der Familie leben, in die sie hineingeboren wurde. In einer Großstadt – Beispiel: Hamburg – wird nahezu die Hälfte aller Haushalte (1982: 40 Prozent) von Alleinstehenden unterhalten...

Die Vereinzelung, die Isolation, die zur Beschädigung von Subjektivität führen und diese zum Ausdruck bringen, wären allerdings vor dem Hintergrund der gesellschaftlichen Realität zu würdigen, bevor sie dann auch im individuellen Falle zu analysieren sind. Verzweifelte Sehnsucht nach Nähe bei gleichzeitiger, oft panischer Angst vor Nähe (bzw. vor dem Verlust des Partners) kennzeichnen, was ich als Bindungs-Trennungspathologie benennen möchte (vgl. Nitzschke 1985 a). Welchen *Sinn* hat die Frage nach dem «neuen» Mann (oder die nach der «neuen» Frau) im Kontext dieser individuellen Problematik, die das Wesen einer Gesellschaft zum Ausdruck bringt, deren implizites Kalkül es ist, Vereinzelung, monadenhafte Existenzen, systematisch hervorzubringen?

Der *Wunsch* nach einem «neuen» Mann ist das eine; die reale Existenz des gegenwärtigen Mannes ist das andere. Dieser gegenwärtige Mann wird von Patrick Süskind (1985) am Beispiel eines Helden dargestellt, der im Roman in einer scheinbar längst vergangenen Zeit lebt, tatsächlich aber in einer parfümierten Welt, die der unsrigen entspricht. Grenouille, der Held des Romans, der als Bestseller den «Nerv» der Zeit traf (1985: 350000 verkaufte Exemplare), wächst ohne Eltern auf – bei einer Stiefmutter. Gedeutet: Seine Eltern sind emotional nicht verfügbar; was «Mutter» heißen könnte, erlebt das Kind als böse Hexe, die nur darauf bedacht ist, das Kind auszubeuten, um es schließlich von sich zu stoßen. Später dreht Grenouille in seiner Beziehung zu Frauen den Spieß um: Sexuell – im engeren Sinne begriffen – will Grenouille nichts mehr von den Frauen. Was er verlangt, das ist die «Seele» der Frauen, das ist deren Pneuma, deren Geruch, das geheimnisvolle Odium, der Duft des fremden Leibes. Er will – psychoanalytisch gesprochen – das, was ihm vorenthalten worden ist: primäre Mütterlichkeit. Diese holt er sich mit *Gewalt* – mit mörderischem Gleichmut, wie überhaupt das sadomasochistische Ritual (vgl. Treut 1984) die Annäherung an das jeweils fremde Geschlecht nur noch als Gewalt- und Unterwerfungsakt ermöglicht. Die Gewalt zwischen den Geschlechtern mag seit jeher immer *auch* Ausdruck einer Angst vor unmittelbarer Nähe gewesen sein, ein Mittel, Nähe zu begrenzen, die anders – wegen grenzenloser Sehnsucht – nicht mehr einzudämmen war; daß solche Rituale aber neuerdings als faschistoide Jugendkultur gleichgültig, gleichsam wertfrei vorgestellt werden (vgl. «Tempo», Nov. 1986), wie etwa in einer Reportage über eine englische Sex-Sekte, das ist *neu*. Grenouille trifft den Zeitgeist, wenn er den vorenthaltenen Körpergeruch der Mutter später als «Parfüm» herstellen will, das er aus den Leichen totgeschlagener Frauen gewinnt. Erasmus von Rotterdam hatte im 16. Jahrhundert eine Banalität formuliert, deren tiefere Wahrheit Grenouille/Süskind für unsere Zeit als Abnormität enthüllt: «Das Kind wird nicht nur mit Milch ernährt, sondern auch mit dem Geruch des mütterlichen Körpers», hieß es bei Erasmus von Rotterdam (zit. n. van Ussel 1970, 27). Eine primitive Wahrheit wird zur modernen Absurdität...

Haben wir Mitleid mit den Männern! Und mit den Frauen, denen es nicht besser geht. Noch allemal spiegeln die späteren Beziehungen zwischen den Erwachsenen, zwischen den Geschlechtern, das Schicksal der Kindheit, die Bindungs- und Trennungserfahrungen der individuellen Prähistorie.

Was die Moderne in bezug auf Geschlechtlichkeit und in bezug auf die Geschlechterbeziehungen zu bieten hat, deutet sich an in zwei Werken, die am Beginn unseres Jahrhunderts publiziert worden sind. Zwei Männer, ein Verrückter (Schreber 1903) und ein Selbstmörder (Weininger 1903), führen exemplarisch vor Augen, was geschieht, wenn das Band zwischen den Geschlechtern endgültig zerreißt. Schreber (vgl. Nitzschke 1985a) ersetzt die unerreichbare Frau, indem er sich selbst in ein Weib verwandelt, in der Hoffnung, so die Welt, die Menschheit erlösen zu können. Als Paranoiker wird er deshalb in einer Irrenanstalt interniert. Weininger (vgl. Nitzschke 1980) beschreitet den entgegengesetzten Weg: Die Welt soll nur aus einem Geschlecht bestehen (in diesem Falle aus dem männlichen Geschlecht). Weininger ist, seinem Selbstverständnis nach, ein Freund der Frauen. Er propagiert deren Emanzipation. Und Emanzipation heißt für ihn: die Frauen sollen dem Manne gleich werden, die Weiblichkeit, die Natur, das Gefühl überwinden – wie die Männer es, seiner Ansicht nach, schon längst getan haben. Während Schreber die Frau ganz aus der Realität streicht, sie in sich selbst reproduziert (um sie äußerlich nicht mehr zu benötigen), propagiert Weininger die Verdoppelung des eigenen (männlichen) Geschlechts. Beide Strategien laufen auf dasselbe hinaus: Trennung, Differenz, Leiden am Bruch zwischen den Geschlechtern werden halluzinatorisch aufgehoben. «One world» ist endlich auch das utopische Ziel einer gewaltsamen Versöhnung zwischen den Geschlechtern. So wie sich der abendländische Geist den «Fortschritt» in den Kolonien stets nur als eine Angleichung dieser («Entwicklungs»-)Länder an sich selbst vorstellen konnte.

Wie immer ich die Suche nach dem «neuen» Mann auch aufnehme, ich spreche immer wieder von den Frauen. Denn ich weiß nicht, was ein «Mann» sein könnte – ohne Bezug zu einer Frau, ohne Rücksicht auf Phantasien über Frauen, ohne Rückgriff auf Sehnsucht nach einer Frau. Und umgekehrt: Was ist eine «Frau» ohne Bezug zu einem Mann? «Mann» und «Frau» sind Beziehungsbegriffe (vgl. Nitzschke 1985b); was damit jenseits einer Beziehung zwischen den Geschlechtern gemeint sein könnte, weiß ich nicht. Daß Männer und Frauen darüber hinaus auch noch getrennt voneinander existieren, in bestimmten Zeiten ihrer Entwicklung sich vom jeweils anderen Geschlecht abgrenzen müssen, um eine eigene Identität als Voraussetzung für eine angstfreie Wiederannäherung an das fremde Geschlecht zu gewinnen, ist selbstverständlich. Es sind wohl diese Zwischenstadien und Zwischenschritte, durch die sich allzuleicht die Vorstellung vom fremden als dem «bösen» Geschlecht fixiert, eine Strategie, die nicht zuletzt den Zweck hat, durch die Aufwertung des eigenen als des «guten» Geschlechts die Identität zu festigen. Ziel einer weitergehenden Reife wäre es allerdings, später ein «Jenseits von Gut und Böse» zwischen den Geschlechtern zu erfahren, wie ja überhaupt die «Liebe» – jedenfalls die *leidenschaftliche* Liebe – erst dort beginnt, wo es Moralität – «Gut» und «Böse» – nicht mehr gibt. Für die leidenschaftliche Liebe gibt es nur eine einzige Form der Unmoralität: Sie aus Angst zu vermeiden, sie *nicht* zu leben, sie allenfalls im Kopf, in der Phantasie zu erleben, sich ihr in der Realität zu verweigern.

Es scheint nicht zuletzt die Angst vor der Leidenschaft – vor der Grenz-Überschreitung – zu sein, die dazu beigetragen hat, das jeweils fremde Geschlecht in zwei Teile zu zerlegen – in den «guten» und in den «bösen» Teil. Bekanntlich waren gerade Männer Meister in dieser Strategie: Mutter und Hure; Ehefrau und Geliebte; eine Frau fürs Gebet und eine fürs Bett. Und einige Jahrhunderte lang haben sich Männer darum bemüht, aus wilden Töchtern sittsame Ehefrauen zu formen. Im Einzelfalle glaubten die Männer auch an ihr Ideal, als sei es Realität – bis sie ihre Frau endlich im Bett eines anderen Mannes fanden: die «Mutter» als «Hure» in den Armen eines «Betrügers», der doch nur den Selbstbetrug des Gehörnten aufdeckte. Was wären das Theater, die Literatur ärmer, hätte es solche Verleugnungsstrategien nicht gegeben, die dann zur Erheiterung (oder Trauer) aller auf der Bühne zur Schau gestellt werden konnten!

Im Wunsch nach dem «neuen» Mann, der dem «alten» Macho gegenübergestellt wird, scheint sich dies nun – gleichsam seiten- oder geschlechterverkehrt – zu wiederholen. Zwar hat noch keine(r) den «neuen» Mann gesehen – es war immer nur eine Frage der Zeit, bis auch der sanfteste Softie seine Mackerallüren nicht länger vertuschen konnte; das hindert aber manche Frauen (und Männer) nicht daran, weiter Ausschau nach dem «neuen» Mann zu halten, der sich, da bin ich sicher, so gewiß als Täuschung entpuppen wird, wie das frühere Bild von der «reinen» (nur guten, asexuellen) Mutter. Und schließlich haben die Männer nicht nur ein bestimmtes Bild der Frau idealisiert (ein anderes gleichzeitig dämonisiert); sie haben auch sich selbst idealisiert, ihr eigenes Bild (dem allerdings wiederum in der Regel ein Kontrast-Bild entsprach, das deutliche Züge des Selbsthasses trug). Warum also sollte es den (modernen) Frauen nicht gestattet sein, die gleichen Fehler – meinetwegen für ein paar Jahrhunderte – zu wiederholen? Warum sollte nicht einmal für längere Zeit daran geglaubt werden, die Welt wäre «besser», wäre sie «weiblicher»? Schließlich hat man lange Zeiten hindurch daran geglaubt, die Welt mache Fortschritte, je «männlicher» sie werde. Es dürfte auch im Hinblick auf die Utopie einer «weiblichen» Welt nur eine Frage der *Zeit* sein, bevor sich herausstellt, daß die Gebrechen dieser Welt nicht aus einem Punkte (aus dem Verhältnis der Geschlechter zueinander) kuriert werden können.

Utopien haben den Nachteil, daß sie irgendwann durch die Realität eingeholt werden. Idealisierungen haben den Nachteil, daß sie nur um den Preis der Verleugnung aufrechterhalten werden können. Leicht schlagen sie um ins Gegenteil: in die völlige Entwertung des zuvor idealisierten Objekts. Selbsthaß, Selbstzweifel, Selbstzerfleischung sind dann oft die Folgen einer nicht bewältigbaren Ent-Idealisierung, einer allzu schroffen Konfrontation mit der Wirklichkeit. Es soll entsprechende «Unglücksfälle» auch bei emanzipierten Frauen gegeben haben: Die in der Öffentlichkeit noch immer streitbare Kämpferin gegen den Macho und für eine bessere, weiblichere Welt schleicht dann heimlich ins Bett eines ganz und gar «chauvinistischen» Mannes, um auszuleben und zu erfahren, was ihrem Ideal gemäß eigentlich «verboten» ist – so wie früher der sittsame Ehemann in die Rotlicht-Bezirke schlich, um am anderen Morgen an seine nächtens widerrufenen Ideale bezüglich einer «guten» Ehe nur um so fester zu glauben. Jede Tragödie wiederholt sich als Komödie...

Ich stelle an diesem Punkte meine Suche nach dem «neuen» Mann ein, nicht ohne hinzuzufügen: Es wird ihn nicht geben, es sei denn, es gelänge, das, was am «alten» Mann hassenswert erscheint (und ist), könnte in ein vollständiges Bild, in ein realistisches Bild vom Mann *integriert* werden, fände Eingang in eine *Beziehung*, die löst und erlöst, weil sie nicht verdammen muß. Das Verlangen, das «Böse», in welcher Form immer, aus der Welt zu jagen, hat bisher jedenfalls stets nur dazu geführt, im Namen des «Guten» haßerfüllt und destruktiv auszuleben, was angeblich beseitigt werden sollte. Der Kampf für das «Gute» – geführt in den letzten zweitausend Jahren christlich-abendländischer Kultur von den Männern – hat das «Böse» vielleicht bisweilen von der Oberfläche verschwinden lassen. Unerkannt und hinterrücks konnte es sich deshalb um so besser durchsetzen. Fragt sich also, ob der Kampf für das «Gute», das diesmal mit dem «Weiblichen» identifiziert wird, andere Ergebnisse bringen wird? Ich meine: nein. Aber darüber kann gestritten werden; am besten mit Argumenten, die sich eine Korrektur durch die eigene Lebenspraxis gefallen lassen.

3 Was wäre die Realität ohne Märchen? Was wäre ein Mann ohne eine Frau? Was wäre das Kind ohne den Vater?

Rede ich von einem Märchen, wenn ich davon spreche, das «Böse», wo immer es lokalisiert werden mag, sei nicht zu verdrängen und zu verdammen, sondern zu integrieren und zu erlösen? Warum also sollte ich nicht auch einmal von einem Märchen sprechen? Das Märchen heißt: «La Belle et la Bête» (verfilmt von Cocteau, von einem homosexuellen Mann): Die Schöne und das Tier. Meinetwegen: Die Frau und der Mann (obgleich es auch – ein anderes Märchen ausgewählt – umgekehrt lauten könnte). In diesem Märchen nähert sich die Schöne dem Tier – dem Ungeheuer des fremden Geschlechts; dem verwunschenen Märchen-Prinzen. Das eben ist der Unterschied zwischen dem realistischen Märchen und der unrealistischen Hoffnung auf eine andere Realität: Im Märchen nämlich tritt der Prinz selten zu Beginn als schöne Gestalt auf. In der Regel trägt der Märchen-Prinz zunächst eine häßliche Maske (die Maske des unvertrauten, des unheimlichen, des fremden Geschlechts). Seine Schönheit verbirgt sich im Fell, im Schuppenpanzer eines Ungeheuers (wie zum Beispiel auch die Prinzessin zunächst ein armseliges, unscheinbares Aschenputtel ist). Das fremde Geschlecht trägt das Kleid der Angstphantasien, die jenen beherrschen, der sich aus den vertrauten Gefilden des eigenen Geschlechts auf fremdes Territorium wagt. Das fremde Geschlecht ist erst einmal von Verwünschungen, von einem Fluch, von einem bösen Zauber zu befreien. Und die ängstigende Maske liegt nicht nur über dem, der auf den «Erlöser» (oder auf die «Erlöserin») wartet, sondern auch über jenem *Teil* im Erlöser *selbst,* der das jeweils andere Geschlecht symbolisiert und den es zunächst zu befreien gälte, *bevor* das andere «draußen» befreit werden könnte. Der andere – das bin immer «ich» selbst. Befreie ich den «anderen» Teil in mir selbst, erkenne ich auch den anderen «draußen» mit anderen Augen. Der Prinz im Märchen «La Belle et la Bête» wird zu dem, was er ist, erst, *nachdem* ihn der Blick der Schönen erkannt hat (...und sie erkannte ihn...). Dieser liebende Blick durchdringt die äußere Gestalt des Ungeheuers. Er reicht tiefer, erreicht das Innere, berührt den Körper von innen, befreit, erlöst – und bringt zur Erscheinung, was das verborgene Wesen des Ungeheuers war. Die Maske, die Fesseln fallen, weil der Wunsch nach einer Beziehung, der hinter der Verwünschung, hinter der Isolation, verborgen war, erhört worden ist. Das geschieht im Märchen niemals auf Anhieb. Der für die «Erlösung» Auserwählte (eine Frau, ein Mann) hat in der Regel zahlreiche Prüfungen zu bestehen, zahlreiche Ängste zu überwinden, bevor sich ihm das Geheimnis, die Schönheit des fremden Geschlechts, enthüllt.

Dieses Geheimnis ist aber nur das Spiegelbild des Geheimnisses, das der «Erlöser» in sich selbst trägt – das Geheimnis seiner Angst vor dem jeweils fremden Geschlecht (und vor dem eigenen Begehren danach). Die Prüfungen deuten auf die zahlreichen infantilen Ängste hin, die der zu überwinden hat, der sich nicht nur dem anderen, dem Fremden, sondern auch seiner eigenen Kindheit wieder annähern muß, will er denn eine *emotionale* Beziehung eingehen, die das Glück der Kindheit mitenthalten könnte. Nur, leider, enden die Märchen dort, wo in der Realität das eigentliche Drama erst beginnt: Es gibt keine ewig-friedfertige Symbiose zwischen den Liebenden. Und der Schmerz der Trennung ist nach jeder glücklichen Vereinigung erneut zu betrauern. Davon weiß das Märchen nichts.

Und noch etwas unterscheidet das Märchen von der Realität: Im Märchen gibt es so etwas wie eine verlorene – also auch wiederzufindende Zeit des Glücks. Was aber, wenn es solche Erinnerungen an die eigene Kindheit nicht mehr gibt, weil in ihr kein Glück enthalten war? Am Ende kann auch der «idealste» Partner im Erwachsenenalter den Mangel nicht ersetzen, der in der Kindheit durch fehlende emotionale Beziehungen oder durch ausbeuterisch-parasitäre Bindungsmuster entstanden ist. Es ist das Schicksal jedes «neuen» Mannes, jeder «neuen» Frau, daß sie die Hypotheken alter, längst vergangener Beziehungen zu übernehmen haben, wobei gerade die frühesten Defizite später allenfalls noch zu betrauern, kaum aber aufzufüllen sind. Ich komme zum Schluß auf ein Defizit zu sprechen, das mich auch noch einmal an den Anfang meiner Argumentation, zu den Erinnerungen an '68, zurückbringt.

War die 68er-Revolte tatsächlich der Aufstand gegen die «Väter», gegen die Autoritäten, wie wir damals glaubten? Oder wäre die Revolte – rückblickend – vielleicht doch besser zu verstehen, würden wir sie als einen verzweifelten Versuch interpretieren, «Väter» zu finden, Autoritäten zu akzeptieren? Die vorhandenen Väter, die Repräsentanten einer (deutschen) Vergangenheit, konnten wir sowenig akzeptieren wie diese Vergangenheit selbst. Antiautoritär war der Affekt, der den Protest trug. Dahinter aber verbarg sich die Sehnsucht nach Vätern, mit denen man sich hätte identifizieren können. Kein Fort-Schritt ist möglich ohne Rück-Halt in einer Vergangenheit, mit der man sich identifizieren kann. Was taten wir? Was taten die revoltierenden Studenten? Sie suchten sich «neue» Väter, um sie gegen die «alten», gegen die mit dem Faschismus assoziierten Väter auszutauschen. Die «neuen» Väter waren jüdische Väter: Horkheimer, Adorno, Bloch, Marcuse, Reich, Freud, Marx. So hießen sie. Und sie wurden als Autoritäten – zeitweise nahezu bedingungslos – anerkannt. Ein zitiertes Wort dieser Väter – und der «anti-autoritäre»

Diskurs war beendet. Wer zur rechten Zeit ein Marx- oder Freud-Zitat vorweisen konnte, wurde selbst zur Autorität.

Ich meine, daß die Sehnsucht nach dem Vater, der *akzeptiert* werden kann, der zum Aufbau und zur Festigung der Identität beiträgt (individualpsychologisch gesprochen: nicht nur zu der des Jungen, sondern auch zu der des Mädchens), nicht nur im Hintergrund der 68er-Revolte gefunden werden kann (was keineswegs heißt, diese Sehnsucht sei der einzige Grund der Revolte gewesen); ich meine, daß die Sehnsucht nach dem Vater auch einen (oft verborgenen) Grund für die Suche nach dem «neuen» Mann heutzutage abgibt (wenngleich wiederum nicht den einzigen Grund).

Die Bedeutung des Vaters für das Kind (der präödipalen Zeit) liegt zunächst darin, daß er dem Kind (unabhängig von dessen Geschlecht) bei der Ablösung von der Mutter hilft, indem er einen Teil der Liebe, die der Mutter galt, auf sich zieht. Eine Mutter, die ihrerseits den Vater ihres Kindes liebt, wird diese Frühform einer Dreier-Beziehung nicht sabotieren, während eine Mutter, die ihr Kind zur Befriedigung eigener Defizite benötigt, oftmals gerade gegen die Hinwendung des Kindes zum Vater Stellung bezieht. Erfüllt der Vater seine für die Identitätsbildung wichtige Funktion, so ist er eine Art «Halt» für das Kind, das sich immer wieder auch gegen die eigenen regressiven Wünsche, bei der Mutter zu bleiben, in der mütterlichen Symbiose zu verharren, zur Wehr setzen muß. Diese Wünsche werden zudem begleitet von archaischen Ängsten vor der Mutter, die das Kind möglicherweise wieder «verschlingen» könnte. Solche Ängste tauchen noch in jeder intensiveren emotionalen Beziehung zwischen den Geschlechtern wieder auf, da Verschmelzung nicht nur Glück, sondern auch Bedrohung der eigenen Individualität bedeutet. Ist der Vater in der hier angedeuteten Funktion ausgefallen (weil er etwa ganz fehlte, sich emotional verweigerte oder von der Mutter aktiv vom Kind ferngehalten wurde), so können die entsprechenden Ängste unmodifiziert überleben, was dann soviel heißt, daß eine spätere Annäherung an das andere Geschlecht – vor allem auch im sexuellen Bereich – nahezu unmöglich wird, weil infantile Abhängigkeitsängste die Hingabefähigkeit bedrohen. Der Vater bietet dem Kind aber nicht nur «Halt», indem er die Bindung zur Mutter auflösen hilft; er lebt dem Kind auch eine weniger angstbesetzte Beziehung zur Mutter vor, indem er sich dieser anders nähert (und sich von ihr wieder trennen kann), als es dem Kind zunächst möglich ist. Das kann er allerdings nur, wenn er bei seiner Frau nicht überwiegend (und ersatzweise) die Mutter sucht; wenn er sich nicht an die Stelle des Kindes setzt, mit diesem um die Liebe der Mutter/Frau konkurriert. Im ödipalen Stadium gewinnt dann der Vater eine neue Bedeutung, die geschlechtsspezifischer gefärbt ist. Für den Jungen wird er (überwiegend) zum Identifikations-, für das Mädchen zum Liebesobjekt. In jedem Falle aber ist der Vater als «Dritter», als der zur Mutter-Kind-Dyade Hinzukommende, eine wichtige Gestalt, die beispielhaft lehren könnte, daß eine (Zweier-)Beziehung nicht endgültig zerbrechen muß, wenn sie durch einen «Dritten» modifiziert wird. Diese Modifikation aber ist notwendig, soll sich das Kind überhaupt – auf lange Sicht gesehen – von den Eltern lösen können, indem es eine eigene, aus den Beziehungen zur Mutter und zum Vater aufgebaute Identität gewinnt.

Die primäre Sozialisation des Kindes bietet also grundsätzlich emotionale Beziehungen zu *beiden* Geschlechtern an (zur Mutter *und* zum Vater). Niederschläge dieser Beziehungen finden sich im Inneren jedes erwachsenen Menschen und bestimmen – so *oder* so – auch die Beziehungen, die er zu seinem eigenen und zum fremden Geschlecht eingehen kann (oder vermeiden muß). Der Wunsch nach einem «neuen» Mann – wäre das nicht auch die Sehnsucht nach einem «neuen» Vater, dessen *Männlichkeit* nicht als Abschreckung, sondern als Hilfe für die Mutter, für das Kind erlebt werden kann? Aus psychoanalytischer Sicht spricht alles – eben nicht nur die Theorie, sondern vor allem die therapeutische Praxis und die während der Behandlung wieder zutage tretenden Sozialisationserfahrungen – dafür, daß der Mann/Vater für die Identitätsbildung des Kindes (unabhängig von dessen Geschlecht) notwendig ist. Seine Funktion kann er aber nur ausfüllen, wenn er seine Männlichkeit akzeptieren kann – wenn er sich von der Mutter auch in emotionaler Hinsicht *unterscheidet*. Es mag sein, daß ich mit dieser Feststellung manchen «feministischen» Positionen widerspreche. Aber auch *dieser* Unterschied wäre auszuhalten. «Streit» ist nicht immer etwas «Böses». Er trägt auch dazu bei, die Dinge differenzierter zu sehen. Und wo es keine Differenzen gibt, gibt es auch keine Versöhnung.

Bernd Nitzschke. Geboren wurde ich 1944 in Dresden, aufgewachsen bin ich in Bayern: Vater-Stadt, Mutter-Land. Nach dem Abitur habe ich mich etwas umgesehen – als Landarbeiter in einem israelischen Kibbuz und als Hilfspfleger in einer kanadischen Irrenanstalt. Irgendwie gelang es mir, unter Mühen und trotz der laufenden Ereignisse (68 ff.), Psychologie zu studieren. Gastspiele als Lektor und Redakteur in verschiedenen Verlagen während des Studiums und danach belehrten mich über die Tatsache, daß Bücher von Menschen (und Verkäufern) gemacht werden.

Literatur

Amendt, G.: Sexfront. (März) o. J.

Duerr, H. P.: Traumzeit. Über die Grenzen zwischen Wildnis und Zivilisation. Frankfurt/M. (Syndikat) 1978

Kamber, P.: Liebe, Schmerz und Tod bei Marguerite Duras. In: «Der Alltag» (Zürich) 1986, 68–76

Merfeld, M.: Die Emanzipation der Frau in der sozialistischen Theorie und Praxis. Reinbek (Rowohlt) 1972

Merian, S.: Der Tod des Märchenprinzen. Frauenroman. Hamburg (Buntbuch) 1980.

Nitzschke, B.: Männerängste, Männerwünsche. München (Matthes & Seitz) 1980

Nitzschke, B.: Männlichkeit (Stichwort). In: Bonorden, H. (Hg.): Was ist los mit den Männern? Stichworte zu einem neuen Selbstverständnis. München (Biederstein) 1985 a, 117–124

Nitzschke, B.: Der eigene und der fremde Körper. Bruchstücke einer psycho-

analytischen Gefühls- und Beziehungstheorie. Tübingen (Konkursbuch-Verlag) 1985 b
Reich, W.: Die Funktion des Orgasmus. Köln, Berlin (Kiepenheuer & Witsch) 1969
Reich, W.: Der Einbruch der sexuellen Zwangsmoral. Köln, Berlin (Kiepenheuer & Witsch) 1972
Reich, W.: Ausgewählte Schriften – Eine Einführung in die Orgonomie. Köln, Berlin (Kiepenheuer & Witsch) 1976
Reiche, R.: Sexualität und Klassenkampf. Zur Abwehr repressiver Entsublimierung. Frankfurt/M. (Neue Kritik) 1968 (hier zit. n. Taschenbuchausgabe: Frankfurt/M., Fischer 1971)
Schreber, D. P.: Denkwürdigkeiten eines Nervenkranken (1903). Frankfurt, Berlin, Wien (Ullstein) 1973
Süskind, P.: Das Parfüm. Die Geschichte eines Mörders. Zürich (Diogenes) 1985
Treut, M.: Die grausame Frau. Zum Frauenbild bei de Sade und Sacher-Masoch. Basel, Frankfurt/M. (Stroemfeld/Roter Stern) 1984
Ussel, J. van: Sexualunterdrückung. Geschichte der Sexualfeindschaft. Reinbek (Rowohlt) 1970
Weininger, O.: Geschlecht und Charakter. (1903) München (Matthes & Seitz) 1980

R. Augusto R. Costa. Vor 35 Jahren wurde ich in einem küstennahen Städtchen Brasiliens geboren. Dort, in Italien, Portugal und der BRD bin ich unter anderem: Sonnenanbeter, fast Pfarrer, Landarbeiter, Frauenkomplize, halbbewaffneter Revolutionär, ziemlich unbewaffnet mit meiner dünnen Haut, Vagabund, Koch, Psychostudent bis jetzt gewesen. Was sich aber immer wieder durchsetzt, ist diese Lust auf Lust. O, Vater unser! Wohin mit dieser meiner «weiblichen» List?
Zwischenzeitlich war ich im französischen Exil – auf dem Land. Einige Genossen, die den Pariser Mai miterlebt hatten, leben dort heute noch in selbsterbauten Häusern – Schafe scherend, Hanf rauchend. Ich schrieb ein paar Bücher und reiste mehrmals durch Marokko (wer jemals dorthin kommt, sollte sich an den Strand von Essaoira legen!). Ich habe dann irgendwann Examen gemacht und promoviert. Seit 1979 bemühe ich mich, meine Erfahrungen (in Verbindung mit einer Ausbildung zum Psychoanalytiker) sinnvoll an der Universität Düsseldorf an den «Patienten» (an den Mann, an die Frau) zu bringen. Damit bin ich im Augenblick noch immer (ziemlich) beschäftigt.

R. Augusto R. Costa

Fast ein Märchen

vor dem offenen Fenster
nach dem (Wunsch-) Traum
wie der Fluß mit dem Wind
über die Wüste flog damit
er nicht vertrocknet
(ein Märchen aus Nah-Ost)
sie setzt sich auf das Bett
und will sich aus mir
ein Genuß-Instrument basteln
gerät in Panik als
sie merkt
daß ich Genuß-Instrument
bin

Jörg Bopp

Die Härte von hohen Idealen

Dieser Aufsatz will die gängigen Themen und Alternativen in der Debatte um Männer- und Frauenbefreiung unterlaufen. Auf einer allgemeineren – deshalb aber nicht erfahrungsfernen – Ebene soll ein Problem ausgeleuchtet werden, was, oft verdrängt, für alle gegenwärtigen Emanzipationsbewegungen von entscheidender Bedeutung ist: die seelischen Wirkungen, die der Umgang mit den gewählten Idealen erzeugt; die inneren Zwiespältigkeiten, die jene Ideale bei ihren und zwischen ihren Trägern hervorrufen. Solche untergründigen Affekte haben auf die psychosoziale Motivationsdynamik der Männer- und Frauenbewegung einen ebenso großen Einfluß wie die bewußten Handlungsziele selbst.

Die Thesen des Aufsatzes enthalten eine gedankliche Verarbeitung von Erfahrungen, die der Autor in Männergruppen und bei seinen persönlichen Befreiungsschritten gemacht hat. Zwar verschwindet das Persönliche hinter dem Allgemeinen; aber das ist kein Mangel, weil auf diesem Weg die Auswertung von persönlichen Erfahrungen eher kommunizierbar wird. Zum anderen kommt dieser Weg der Verallgemeinerung dem Bedürfnis des Autors entgegen, sein Privatleben dem öffentlichen Zugriff entziehen zu wollen.

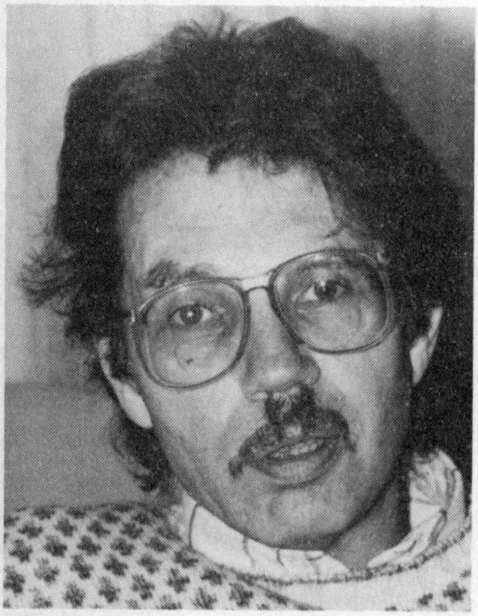

Jörg Bopp, 1938 geboren, Psychotherapeut in Frankfurt; Veröffentlichungen: Antipsychiatrie – Theorien, Therapien, Politik, Frankfurt 1982[2]; Vor uns die Sintflut – Streitschriften zur Jugend- und Psychoszene, TB, Reinbek 1985; Jugend – Umworben und doch unverstanden, TB, Frankfurt 1985.

«Wir Männer dürfen nicht mehr» und «wir Frauen müssen endlich» sind Forderungen, die im Streit um die Befreiung aus einengenden Verkehrsformen immer wieder vertreten werden. Sie werden mit mehr oder weniger großer Unerbittlichkeit angemeldet. Und so erscheinen die gegenwärtigen Emanzipationsbewegungen der Alternativen als eine schillernde Mischung von furchtlosem Aufstand, zuversichtlichem Aufbruch, unsicherem Experimerieren, moralischer Strenge und zensierender Feindseligkeit, die jene Gruppen gegen sich selbst wenden. Die neuen sozialen Bewegungen sind nicht nur kritisch gegenüber ihrer Umwelt, sondern auch hart gegenüber sich selbst. Sie widmen dem, was sie tun müssen, größere Aufmerksamkeit als dem, was sie tun können. Sie streiten mehr darüber, ob ihre Ideale für das private und öffentliche Leben einwandfrei seien. Weniger geht die Auseinandersetzung um das Problem, ob die Ideale auch erreichbar seien. Die Spannung zwischen den gesetzten Zielen und den wirklichen menschlichen Möglichkeiten belebt und belastet die vielfältigen Suchbewegungen der fortschrittlichen Intelligenz in der Bundesrepublik.

Der Psychoanalytiker Alexander Mitscherlich stellte in seinem Essay «Die Unfähigkeit zu trauern» herausfordernd fest:

> «Diese deutsche Art, das schier Unmögliche kompromißlos so zu lieben, daß das Erreichbare darüber verlorengeht, wiederholt sich in der deutschen Geschichte seit dem Heiligen Römischen Reich Deutscher Nation.»

Mitscherlich nannte die deutsche Art, Ideale zu lieben, eine «Orientierung am Unwirklichen». Es wird nun verständlich, warum die Deutschen auf den anglo-amerikanischen Pragmatismus und auf die südeuropäische Neigung zur lässigen Improvisation mit Verachtung herabblicken. Die deutsche Art, Ideale zu lieben, ist immer mit Geringschätzung und Feindseligkeit gegenüber denjenigen verbunden, die sich nicht zu den eigenen moralischen Höhen aufschwingen wollten. So haftet dem deutschen Umgang mit Idealen oft die Neigung zur Selbstgerechtigkeit an. Dieser Hochmut findet sich in den verschiedensten moralischen und politischen Lagern. Auch die neuen sozialen Bewegungen leiden unter der deutschen Art, Ideale zu lieben. Sie sind nicht nur streng mit den anderen, sondern auch hart gegen sich selbst. Aber was ist das für eine Befreiung, die von ihren Trägern den Preis der Härte gegen sich selbst fordert? Ist diese Härte erträglich, und wirkt sie auf Andersdenkende anziehend?

Wo einzelne und Gruppen sich an Ideale binden, liegt immer eine Erfahrung des Mangels zugrunde. Die Menschen erleben sich nicht so, wie sie sein wollen. In ihren Idealen entwickeln sie die zusammenhängenden Vorstellungen, wie sie gerne wären. Anna Freud sagte über den Ursprung von Idealen: «Reale Gefahr und reale Entbehrung spornen den Menschen zu intellektuellen Leistungen und Lösungsversuchen an, während reale Sicherheit und Überfluß eher dumm und bequem machen.» Ideale entstehen also aus Entbehrung und Unlust. Sie sind dem menschlichen Handeln und Erleben stets voraus. Wenn Ideale eingeholt worden sind, wo der Abstand zwischen Ziel und Handlung aufgehoben werden kann, wird aus dem Ideal eine Eigenschaft.

Nun erzeugt der Umgang mit Idealen im Privatleben und in den Emanzipationsbewegungen eine tiefe Zwiespältigkeit, die einzelne und Gruppen gerne verdrängen. Die Zwiespältigkeit hat ihren Grund in gegensätzlichen Erfahrungen.

Auf der einen Seite stacheln die Ideale dazu an, die eigenen Fähigkeiten zu steigern, von sich und den Gleichgesinnten etwas zu verlangen. Wo die Steigerung der Ausdrucksmöglichkeiten gelingt, entstehen bei einzelnen und Gruppen Selbstbewußtsein und Stolz. Es bildet sich bei ihnen das Gefühl aus, schöpferisch zu sein und sich auf dem richtigen Weg zu befinden.

Auf der anderen Seite haben Ideale auch einen unversöhnlichen Zug. Sie sind hart, weil sie ihre Anhänger in die ständige Anspannung versetzen, ob die angestrebten Handlungsziele auch wirklich erreicht werden. So erzeugen Ideale Selbstkritik und Unlust. In den neuen sozialen Bewegungen tritt zur Kritik an den vorfindlichen Verhältnissen die selbstkritische Anstrengung, ob man auch genug unternehme, jene Verhältnisse zu überwinden. Dadurch gerät in jenen Gruppen jedes Mitglied unter einen doppelten Druck. Da ist einmal der Druck, der von den gewählten Idealen auf jeden einzelnen ausgeht. Da ist zum anderen der Druck, den die Gruppenmitglieder aufeinander ausüben, um die Bindung an die gemeinsamen Ideale zu sichern.

Je höher die Ideale sind, d. h., je größer der Abstand zwischen Ziel und tatsächlichem Handeln ist, desto feindseliger sind die Wirkungen, die von den Idealen ausgehen. Hohe Ideale erzeugen bei ihren Trägern erhöhte Selbstzweifel und Selbstkritik. Sie drängen dazu, auch die Gleichgesinnten denselben scharfen Urteilen zu unterziehen.

Je höher die gewählten Ideale sind, desto größer ist die Wahrscheinlichkeit, daß einzelne mit sich selbst und anderen unbarmherzig umgehen. So können die Ideale eine quälende Lähmung erzeugen, die Selbstbewußtsein und Gruppenzusammenhalt unter Selbstanklagen und feindseligen Vorwürfen erstickt. Dadurch entstehen in Gruppen nicht selten zerstörerische Neigungen, die nur dadurch in Schach gehalten werden können, daß sie auf äußere Sündenböcke abgeleitet werden. In solcher Feindseligkeit nach außen zeigt sich dann die Feindseligkeit, die jene Gruppen im Grunde gegen sich selbst wenden.

Jeder Versuch von einzelnen und Gruppen, sich zu befreien, ist deshalb von einer bezeichnenden Widersprüchlichkeit bestimmt. Auf der einen Seite sind Ideale notwendig, um jene Versuche überhaupt in Gang zu bringen und in Gang zu halten. Auf der anderen Seite tragen die Ideale in sich die Gefahr, durch zu hohe Ansprüchlichkeit jene Versuche zu lähmen und zum Stillstand zu bringen. Dieser Dialektik von Ansporn und Stillstand im Umgang mit Idealen kann kein Befreiungsversuch entgehen.

Im Umgang mit den eigenen Handlungszielen führt diese Widersprüchlichkeit zu einer seelischen Zwiespältigkeit in der Einstellung gegenüber den Idealen. Sie werden geliebt, weil sie durch ihren Erfolg eine Bereicherung der eigenen Person ermöglichen. Sie werden gehaßt, weil sie die Menschen unerbittlich auf die Begrenztheit ihrer Möglichkeiten verweisen. Sie erzeugen eine Mischung von Stolz und Selbstzweifel, von Verehrung und Verachtung.

Dadurch geraten menschliche Befreiungsversuche aber zwischen zwei Fronten. Mit Hilfe der Ideale wenden sie sich einerseits gegen jene äußeren Gegner, die die Zustände der Unterdrückung verteidigen. Die Emanzipationsbewegungen müssen Kraft aufwenden, um durch äußere Widerstände weder behindert noch geschwächt zu werden. Andererseits müssen sich die Experimente mit neuen Verkehrsformen dagegen wehren, durch die lähmenden Wirkungen der eigenen Ideale von innen eingeschränkt zu werden. Zur Bedrohung von außen tritt also die Gefährdung von innen.

Nicht selten geschieht es, daß die äußeren Feinde der Emanzipation mit der inneren Selbstschwächung derer, die um die Befreiung kämpfen, ein Bündnis eingehen. Die Gegner der Befreiungsideale verbünden sich dann mit den repressiven Wirkungen dieser Ideale selbst, um den Aufbruch zu neuen Verkehrsformen zu verhindern.

Damit wird eine Wahrheit sichtbar, die in den neuen sozialen Bewegungen oft genug verleugnet wird. Diese Wahrheit liegt darin, daß Ideale nicht nur Triebkräfte, sondern auch Bremskräfte des Aufbruchs sind.

Wie können sich einzelne und Gruppen davor hüten, in jene Sackgasse zu geraten, in der sie am verborgenen Bündnis von äußeren Feinden und eigenen strengen Idealen scheitern? Die Gefahr, in jene Sackgasse zu geraten, ist prinzipiell nicht auszuschließen. Es gibt m. E. aber einige Wege, solche Gefahr einigermaßen unter Kontrolle zu halten. Solche Wege sind:

1. die Auseinandersetzung mit Vorbildern
2. die Schlichtung von zwiespältigen Gefühlen gegenüber den Idealen
3. die Mäßigung der Ideale selbst.

1. Die Auseinandersetzung mit Vorbildern

Es besteht ein Zusammenhang zwischen Vorbildern und Idealen. Während Vorbilder eine lebenspraktische Bindung an Ideale darstellen, benötigen Ideale die Verkörperung in vorbildhaften Menschen, um überhaupt als realisierbar zu erscheinen. Der Besitz von Handlungszielen genügt also nicht. Es sind auch leibhaftige Modelle erforderlich, die Ideale im unmittelbaren Wortsinn «verkörpern». Vorbilder geben ihren Anhängern die Gewißheit, daß Ideale einlösbar sind; sie vermitteln Ermutigung in Situationen des Selbstzweifels und des Mißerfolgs.

Allerdings sind Vorbilder nicht nur ermutigend, sondern auch ernüchternd oder gar enttäuschend. Sie weisen ihre Anhänger unübersehbar darauf hin, daß alle Menschen fehlsam sind. Vorbilder stellen die Begrenztheit aller menschlichen Möglichkeiten offen dar. Gerade das kann bei ihren Anhängern Feindseligkeit hervorrufen. Die Anhänger müssen die Angst bewältigen, ihre eigenen Ideale könnten vielleicht wertlos sein, weil die Vorbilder nicht vollkommen seien. Und es muß die Angst bewältigt werden, auch die Vorbilder selbst seien wertlos, weil sie sich als unvollkommene Menschen enthüllten. Um jener Angsterfahrung zu entgehen, greifen manche Anhänger zu dem Ausweg, ihre Vorbilder ungemein zu idealisieren. Dadurch werden jene mit Eigenschaften ausgestattet, über die sie nicht verfügen. Wer Vorbilder zu sehr überschätzt, drückt damit seine eigene Furcht -

«An vielen Frauen heutzutage…

...ist ein Mann verlorengegangen. Und an vielen Männern auch.»

Die Gegenstimme von Hanne Wieder zum Thema, die einiges erhellt, um alles im dunkeln zu lassen. Fazit: Sie bleibt schwierig, die Rollenfindung in der Beziehungskiste. Und so richtig klar sieht man erst, wenn es ums Geld geht.

davor aus, selbst zu verarmen, wenn er in die Begrenztheit seiner Leitfiguren einwillige.

Wer nun die neuen sozialen Bewegungen der Bundesrepublik ins Auge faßt, stellt rasch fest: Es besteht ein Widerspruch zwischen einem Überangebot an hohen Idealen und einem Mangel an Vorbildern. Hohe und höchste Ideale gibt es in Hülle und Fülle; es gibt aber zu wenig Vorbilder, an denen die einzelnen und Gruppen den Umgang mit den eigenen Idealen lernen könnten.

Man kann noch einen Schritt weitergehen, wenn man anerkennt: Alle jene Versuche mit neuen Lebensformen und neuer Politik sind auch aus einem Mangel an anerkannten Vorbildern entstanden. Wenn Eltern und Lehrer, Professoren und Politiker genügend Vorbildlichkeit verkörpert hätten, dann wären die sozialen Bewegungen überhaupt nicht entstanden; denn es hätte die Erfahrung von Mangel gefehlt. Es gehört zur inneren Verfassung der neuen Suchbewegungen, daß genau das fehlt, was sie benötigen, nämlich genügend Vorbilder.

Weil die Bestätigung und Beruhigung durch Vorbilder fehlt, leben die Anhänger der neuen sozialen Bewegungen gegenüber ihren eigenen Fähigkeiten und Idealen in einer unsicheren Gespanntheit. Sie befinden sich auch in seelischer Belastung, weil ihnen die ernüchternde Wirkung von Vorbildern fehlt und es deshalb mühsamer für sie ist, in die Begrenztheit der eigenen Kräfte einzuwilligen. Das Fehlen von Vorbildern behindert die schöpferische Verarbeitung von Kränkungen des eigenen Selbstbewußtseins.

2. Die Schlichtung von zwiespältigen Gefühlen gegenüber den Idealen

Weil Ideale das menschliche Selbstbewußtsein nicht nur stärken, sondern auch schwächen, rufen sie bei ihren Trägern ganz gegensätzliche Gefühle hervor: Liebe und Haß, Verehrung und Verachtung. Oft ist es schwieriger, mit dem Haß auf die Ideale umzugehen. Die Moral der neuen sozialen Bewegungen fordert, die gemeinsamen Ideale nur zu lieben. Es macht ihren Anhängern wesentlich mehr Mühe, gegenüber den Handlungszielen auch gegensätzliche Gefühle zuzulassen.

Je herrischer die innere Verfassung einer Gruppe in jenen Bewegungen ist, desto mehr neigt sie dazu, alle Anhänger, die den gemeinsamen Idealen auch mit Abneigung begegnen, als Abweichler, Verräter oder Feinde zu brandmarken. Die autoritäre Struktur einer Gruppe oder Persönlichkeit besteht gerade darin, daß sie zwiespältige Gefühle unterdrückt. Viele Gruppen scheitern deshalb, weil die Mitglieder den Kinderglauben hegen, die Gefühle für die Ideale müßten von chemisch reiner Zuneigung sein. Zwiespältigkeit, also Ambivalenz, gilt dann als Verrat, zumindest als Beweis von Unentschiedenheit und Gleichgültigkeit. Wer aber glaubt, Menschen und Ideale nur lieben zu dürfen, lebt seelisch über seine Verhältnisse.

Es ist eine der schwierigsten Aufgaben im menschlichen Einzelleben und in der Arbeit von Emanzipationsbewegungen, die Gefühlsambivalenzen, die verwirrende und verwirrbare Mischung von Liebe und Haß gegenüber den eigenen Idealen immer wieder zu schlichten. Es fällt nicht schwer, Ideale entweder zu lieben oder zu hassen. Viel mühevoller ist es aber, jene gegensätzlichen Gefühle zu schlichten. Dieses Schlichten besteht nicht im Unterdrücken einer bestimmten Gefühlsstrebung, auch nicht in ihrem Abschleifen auf ein handliches Mittelmaß. «Schlichtung» bedeutet vielmehr, die widersprüchlichen Affekte in sich wahrzunehmen, als menschlich verständlich anzunehmen und mit kritischem Bewußtsein zu steuern. Wenn einem Menschen solche Schlichtung gelingt, kann er sich auch in die Zwiespältigkeiten anderer einfühlen, ohne sich bedroht zu fühlen.

Die Unbedingtheit von Menschen gegenüber ihren eigenen Handlungszielen ist oft nur der verdeckte Ausdruck ihrer Unfähigkeit, mit ihren zwiespältigen Gefühlen umzugehen; sie kann zur Tarnung von verdrängtem Mißtrauen den Idealen gegenüber werden. Die Haßgefühle den eigenen Zielen gegenüber erscheinen im Mantel unbedingter Liebe zu ihnen. Durch die Schaffung von Sündenböcken kann der unbewältigte Haß auf die eigene Befreiungsmoral auf andere abgeleitet und an ihnen bekämpft werden. Wo in den neuen sozialen Bewegungen harte Feindbilder gepflegt werden, haben die Anhänger ihre Ideale teilweise schon aufgegeben, ohne es selbst zu bemerken.

Eine geschlichtete Zwiespältigkeit gegenüber den vertretenen Idealen erleichtert dagegen ein nüchternes Urteil und macht Gruppen in ihrem Handeln beweglicher. Weil hier keine seelische Energie zur Unterdrückung und Umleitung von verpönten Bedürfnissen abgezweigt werden muß, können Mißerfolge besser verkraftet und Angriffe von äußeren Gegnern wirksamer abgewehrt werden. Eine gesteuerte Ambivalenz schützt die Anhänger von Emanzipationsbewegungen davor, im Verhältnis zu den eigenen Gruppen und Idealen zwischen aufgeheizter Überschätzung und ätzender Abwertung hilflos hin- und herzupendeln. Ein zuverlässiger Schutz der Ideale wird also dadurch erreicht, daß ihre Träger auf sie nicht nur stolz, sondern auch wütend sein können.

Man kann gegen meine Erwägungen einwenden, sie seien wirklichkeitsfremd, weil sie mit dem harten Alltag des Kampfes, in dem die neuen sozialen Bewegungen ständen, nichts anzufangen wüßten; gerade in den täglichen Kampfsituationen ginge es doch darum, Zweifel zurückzustecken, Härte und Unerbittlichkeit zu entwickeln, um alle Energien gezielt nach außen wenden zu können; eine geschlichtete Ambivalenz könnte hier eher hinderlich als anspornend wirken.

Natürlich sind soziale Kämpfe ohne ein bestimmtes Maß an Härte nicht durchzuhalten. Gleichwohl sind zwei Einschränkungen zu machen. Einmal kann die geschlichtete Zwiespältigkeit gegenüber den Handlungszielen, um die gekämpft wird, dabei behilflich sein, Sündenböcke von wirklichen Gegnern zu unterscheiden und sich selbst vor selbstzerstörerischen Neigungen zu schützen. Alexander Mitscherlich hat diese selbstkritische Angriffsbereitschaft «gekonnte Aggression» genannt, weil in ihr die Steuerung durch ein waches Bewußtsein gelingt.

Zum anderen zielt die beschriebene Schlichtung von gegensätzlichen Gefühlen gegenüber den eigenen Idealen mehr auf einen Langzeitzustand in sozialen Auseinandersetzungen, der in aktuellen Konfliktsituationen bewußt unterbrochen werden kann, um später wieder eingeholt zu werden. Es kommt darauf an, daß die kämpfenden Gruppen sich bewußt in Auseinandersetzungen begeben, in denen sie ihre inneren Zwiespältigkeiten nicht von Gefühlen des Augenblicks überspülen lassen, sondern aus vernünftigen Gründen auf Zeit beurlauben.

3. Die Mäßigung der Ideale selbst

Wer heute vor der fortschrittlichen Intelligenz für eine Mäßigung von Idealen wirbt, macht sich verdächtig. Es gibt eine Ideologie der kleinen Ziele und kleinen Schritte, die im Grunde ein Plädoyer für keine Ziele und keine Schritte ist. Es gilt also, jenen Konservativismus zu enttarnen, der sich mit dem Ornat eines scheinbaren Reformismus schmückt. Jede Emanzipationsbewegung muß sich vor jener hinterhältigen Spielart des vorgetäuschten Reformismus schützen, die zwar mit Recht vor zu hohen Ansprüchen warnt, in Wirklichkeit aber nur der Anspruchslosigkeit eine Tarnkappe verschaffen will.

Im Umgang mit den eigenen Idealen müssen sich die neuen sozialen Bewegungen vor Anpassung ebenso schützen wie vor Überforderung. Wo die gesteckten Ziele zu hoch sind, entstehen bei ihren Anhängern nach aller Anspannung schließlich Ohnmachtsgefühle und Selbstvorwürfe, weil die Beteiligten ihre Kräfte überschätzt haben. Statt eines beschränkten Erfolgs wird dann oft eine unbeschränkte Niederlage eingehandelt.

Bisweilen sind Menschen und Gruppen ein Leben lang an die kindliche und jugendliche Illusion gebunden, je höher ihre Ideale seien, desto mächtiger würden sie selbst. Großartige Zielsetzungen huldigen zwar dem kindlichen Größenwahn, können aber die Ausbildung von Selbständigkeit und Selbstbewußtsein eher verhindern als fördern; denn sie verwehren dem Heranwachsenden die Einsicht in das, was er kann und was er ist.

In den neuen sozialen Bewegungen ist es ständig zu beobachten: Menschen, die sich durch zu hohe Ansprüche seelisch ruinieren, treten mit dem lauten Selbstbewußtsein auf, außerordentliche Gestalten zu sein, weil sie die Kühnheit besessen hätten, von sich selbst und anderen Großartiges zu verlangen. So verbindet sich der Kult der hohen Ideale oft mit dem Kult der verkannten Genies. Bei Mißerfolgen zeigt sich bei seinen Anhängern das weinerliche Unschuldsgebaren, die anderen seien schuld, man selbst ihr Opfer. Hohe Ideale sind noch kein Beweis von Stärke, eher ein Ausdruck von reger Phantasie; oft jedoch Zeichen von uneingestandener Furcht vor eigener Schwäche, die hinter mächtigen Anforderungen verborgen und geschützt werden soll. Anspruchsvolle Ideale fordern nicht selten den Preis des Selbstbetrugs und der Einschläferung der Gesinnungsfreunde.

Die Frage nach der Mäßigung von Idealen führt allerdings in eine unvermeidbare Zwangslage: Werden die Ideale zu niedrig gehängt, verlieren sie ihre belebende und kritische Wirkung; werden sie andererseits zu hoch gehängt, erzeugen sie bei ihren Anhängern Selbstzweifel und Lähmung. Zu niedrige und zu hohe Ideale können auf einzelne und Gruppen also im Endergebnis dieselbe Wirkung ausüben, nämlich Menschen kraftlos zu machen.

Für die Formulierung und Verfolgung von Idealen ist es entscheidend, ob es ihren Anhängern gelingt, in die Fehlsamkeit des eigenen Handelns ohne Selbstanklagen einwilligen zu können. Je größer die Angst von Menschen vor ihrer eigenen Schwäche ist, desto unfähiger sind sie, mit der beschriebenen Zwangslage umzugehen; denn sie werden schließlich dazu neigen, entweder durch Aufgabe ihrer Handlungsziele konformistisch zu werden, oder durch hartnäckiges Festhalten an den überzogenen Erwartungen den Kontakt zur sozialen Wirklichkeit und zu den eigenen Fähigkeiten zu verlieren. Kritisches Problembewußtsein stärkt nicht nur das Selbstbewußtsein, da seine Träger sich durch Begreifen von Zusammenhängen als stark erfahren. Solches Bewußtsein erzeugt auch Unlustgefühle, weil die Kritiker ständig auf die Begrenztheit ihres eigenen Handelns zurückgeworfen werden. Wenn die neuen sozialen Bewegungen kritische Positionen in der Gesellschaft beziehen wollen, müssen sie also auch dazu bereit sein, jene Kränkungen zu ertragen, die aus der Erfahrung von menschlicher Schwäche entstehen.

Die Fähigkeit, eigene Fehlsamkeit und Schwäche anzunehmen, ist eine wichtige Voraussetzung für einen beweglichen Umgang mit Idealen. Wo menschliche Unzulänglichkeit nicht als unerträglicher Makel, sondern als unvermeidlicher Bestandteil des Daseins übernommen werden kann, entsteht die Chance, die eigenen Ideale so ansprechend und anspruchsvoll zu fassen, daß durch sie Veränderungsschritte möglich werden. Dann kann es gelingen, Wunschdenken von realisierbaren Hoffnungen zu unterscheiden. Dann ist es schließlich möglich, neben den realisierbaren Hoffnungen noch einen Überschuß an utopischem Denken zu bewahren. Dieser Bestand an gegenwärtig nicht einlösbaren Phantasien über die menschliche Zukunft kann als Kraftquelle erhalten bleiben, aus der unter veränderten Bedingungen neue Bilder für die Gestaltung des Zusammenlebens geschöpft werden. Für die neuen sozialen Bewegungen ist es von Bedeutung, die Spannung zwischen realisierbaren Hoffnungen und utopischem Überschuß auszuhalten und möglichst genau zu beschreiben.

Der Blick auf das jeweils Menschenmögliche macht deutlich, daß der schöpferische Umgang mit Idealen bereits die Bindung an ein bestimmtes Ideal voraussetzt, nämlich die Bereitschaft von einzelnen und Gruppen, mit sich und seinesgleichen tolerant umzugehen. Quer durch alle politischen Lager hindurch gilt in der Bundesrepublik Toleranz oft als Ausdruck von Unentschiedenheit und Schwäche. Das herrische Eiferertum gehört zu der unseligen deutschen Art, Ideale zu lieben.

Oft ist es einfacher, hochgespannten Zielen nachzujagen und sich beim Mißerfolg in Selbstanklagen zu ergehen, als die kränkende Erfahrung der eigenen Unzulänglichkeit und Zwiespältigkeit duldsam zu verarbeiten. Durch die Erziehung werden bei uns die Menschen nur schlecht darauf vorbereitet, daß sie gebrechliche und verführbare Wesen sind. Deshalb macht ihnen Denken dann viel Angst, wenn sie es unbestechlich gegen sich selbst wenden; unbestechlich heißt: weder eingeschüchtert durch äußere Drohungen, noch überflutet durch eigene Gefühle, noch verzerrt durch die Anklagen eines strengen Gewissens. Die nüchterne Einsicht ist eine Fähigkeit, die der Mensch in seinem Leben wesentlich später und schwerer lernt als die Bindung an Gebote und die Erzeugung von Schuldgefühlen. Deshalb fällt es ihm leichter, sich hohen Forderungen zu unterwerfen oder sich anzuklagen, als über sich nachzudenken.

Der ideale Mann. Foto: Detlef Ihlenfeldt

Gerhard Amendt

Gewalt gegen Knaben – Mütter als Täterinnen

Vortrag – gehalten am 22. März 1985 in Bremen anläßlich der Tagung «Wenn Männer ihre Tage haben»

Noch bevor ich mir ernsthaft Gedanken darüber machte, wie ich das in der Ankündigung formulierte Problem darstellen sollte, sind in zeitlicher Dichte drei bemerkenswerte Ereignisse eingetreten, die mir zuerst unverbunden und auch dem Thema der Veranstaltung äußerlich erschienen, die es aber immerhin erreichten, meine Aufmerksamkeit so intensiv zu fesseln, daß sie der Vorbereitung dieses Vortrags zuerst einfach im Wege standen, aber zu guter Letzt sogar zur Einleitung meiner Überlegungen avancierten. Diese drei Ereignisse möchte ich darstellen.

1.

Das erste bemerkenswerte Ereignis im Zusammenhang mit der Veranstaltung: Nach der Vereinbarung meines Vortragstitels erhielt ich durch den Veranstalter das Programmblatt übersandt. Da hieß es, daß *Männer ihre Tage haben*. Dieser Titel hat mich gestört und unwirsch gemacht!

Ich glaube, daß es als erwiesen gelten kann, daß Männer auf Grund ihrer organischen Beschaffenheit und endokrinologischen Ausstattung nicht menstruieren können. Dies können nur Frauen. Obwohl dieser Tatbestand als geklärt gilt und auch kulturell zum verbürgten Wissen der Geschlechter zählt, wird er in der Programmschrift geleugnet. Warum aber wird ausgerechnet von der geschlechtsspezifischen Anbindung entbunden, was physiologisch so eindeutig ist, daß selbst physische, soziale und kulturelle Verhältnisse nichts daran zu ändern vermögen?

Warum phantasieren Männer einen physiologischen Prozeß, der für sie so unerreichbar wie das Gebären ist?

Ich habe den Verdacht, daß es hier um einen tiefliegenden Zweifel an der Moralität einer Veranstaltungsreihe geht, die sich erkühnt, Männerinteressen unter Ausschluß von Frauen zu diskutieren.

Bezeichnenderweise sind im Programmblatt die Frauen nicht über ihren Ausschluß informiert, sondern nur davon in Kenntnis gesetzt worden, daß es sich hier um drei Tage *nur für Männer* handelt.

Wenn Männer unter Ausschluß von Frauen nicht ohne Schuldgefühle diskutieren können, dann handelt es sich in den meisten Fällen offenbar um psychische Probleme der Ablösung und der eigenen Interessenwahrnehmung. Die Tatsache, daß Männer in Bremen erstmals öffentlich nur über sie selbst interessierende subjektive Momente ihrer Existenz reden wollen, wurde von den Veranstaltern als so problematisch empfunden, daß sie in der Ankündigung dieser Absicht bereits die Rücknahme der Ernsthaftigkeit dieser vermeintlichen Vernachlässigung und Ablösung von den Frauen beihefteten.

Was legt nun aber der Titel der Veranstaltungsreihe *Wenn Männer ihre Tage haben* im einzelnen nahe?

Männer kündigen an, daß sie ohne Frauen diskutieren werden und daß sie dies mit der Selbstverständlichkeit tun, mit der Frauen *ihre Tage haben*. Da die physiologische Grundlage dieses Vergleichs nicht stimmig ist, kann es sich also nicht um einen physiologischen Vorgang handeln. Alles deutet deshalb darauf hin, daß die Tage nur als Symbol gesetzt sind. Was enthält aber der Begriff *die Tage haben* an alltagsweltlichen, individuellen und kulturellen Bedeutungen?

Von vielen Frauen wird die Menstruation als lästig empfunden, ihr Ausbleiben löst Angst aus, denn dies könnte ein Zeichen für eine ungeplante Schwangerschaft sein, Männer sehen sie als Hindernis für den Sexualverkehr. Sie ist ihnen anrüchig, mitunter ekelerregend, Kinder phantasieren die Verletzung der Mutter durch den Penis des Vaters, kulturgeschichtlich ist die Menstruation mit dem Zustand der Unreinheit und der Ausgliederung der Frau aus der Lebensgemeinschaft mit den anderen verbunden.

Die wenigen Hinweise lassen bereits erkennen, daß hier Mystifikationen, Unverstandenes, emotional Abgewehrtes und Angstbesetztes sich vermischen, daß aber auch heute noch sowohl das individuelle wie kollektive Denken über die Menstruation in eigentümlichen, archaischen Reaktionsbildungen verhaftet ist.

Aber gerade diese negative Symbolik soll nun zur Diskussionsermunterung und zur Teilnahme an den dreitägigen öffentlichen Männerdiskussionen herhalten. Warum haben Männer Anlaß, sich einer so weitgehend depressiv und ‹unpäßlich› gestimmten Symbolik zu bedienen, um zur Reflexion ihrer eigenen Subjektivität aufzubrechen?

Mit Plakaten in allen Teilen der Stadt werden sie aufgefordert, dem Gang der Selbsterfahrung und Selbstreflexion sich mutig zu unterziehen, aber gleichzeitig wird ihnen nahegelegt, daß sie dieses im imaginierten Zustand der Menstruation mit ihren negativen Assoziationen tun sollen. Die Selbstreflexion der Männer stellt sich also unter der verallgemeinerten Symbolik weiblicher *Unpäßlichkeit* während *der Tage* dar!

Ähnelt dieses Vorgehen nicht irgendwo dem mütterlichen Verhalten, das dem Buben das Spiel auf der Straße erlaubt, damit er seinen Spaß habe, daß er aber gleichzeitig aufgefordert wird, nicht so weit zu gehen, weil die Mutter sich sonst einsam vorkommt? (Hänschen klein ging allein!)

Nun haben nicht Frauen das Thema dieser Veranstaltungsreihe definiert, sondern Männer. Männer wollen allein diskutieren, aber thematisch verhalten sie sich so, daß sie Bedenken der Mütter an ihren selbständigen Gehversuchen phantasieren und vorwegnehmen, obwohl die Mütter noch keine Bedenken angemeldet hatten.

Die Widersprüchlichkeit zwischen dem Ziel der Diskussionen und dem Thema der Tagung deutet also auf Probleme hin, die Männer haben, wenn sie für sich allein tätig werden wollen. Der Weg weg von der Mutter ist angsterfüllt, die erwachsenen Männer scheuen sich, eigene Wege zu gehen, die sie ohne Rücksicht auf ihre internalisierte Mutterimago und die sie umgebenden Frauen sich ausgesucht haben.

Ist es unter einer solch verschwiegenen Annahme eigentlich noch möglich, couragiert und unbefangen zu denken?

Liegt es dann nicht sogar nahe, das eigene Denken und Ablösungsstreben zu zügeln, um die Frauen in ihrer vermeintlichen Naturhaftigkeit und Naturfixierung auf die Menstruation nicht allein zu lassen?

Ist darüber hinaus die Menstruation als Naturhaftigkeit nicht sogar ein Symbol für die Unbeweglichkeit der Frau und damit auch ihren sozialen Opferstatus?

Es ist unübersehbar, daß die Gesellschaft auch heute noch Rücksicht und Distanz gegenüber der menstruierenden Frau aufbringt. Es sei an die Strafmilderung, die eingeschränkte Straffähigkeit für Taten, die während der Menstruation begangen werden, erinnert; aber auch an die Rücksichten gegenüber menstruierenden Müttern; an die Schuldgefühle, die Männer haben, wenn sie während der *Tage* Sex begehren, aber auch an die Befreiung der Mädchen vom Sportunterricht mit dem Einsetzen der Menstruation.

Die *Tage* sind traditionell immer noch als lästig bekannt. Unter dieser Aura der Lästigkeit, dumpf-imaginierter Naturhaftigkeit und eingeschränkter Verantwortungsfähigkeit wollen Männer den mutigen Gang ihrer eigenen Selbstreflexion beginnen!

Aber wollen sie das wirklich? Oder wollen sie unter diesem Signum «Wenn Männer ihre Tage haben» unbewußt Nachsicht bei denen erheischen, die ihnen diesen Gang verübeln könnten? Männer begehren Nachsicht für ihre *Tage der Diskussion*, so wie Frauen kulturell Nachsicht für ihre *Tage der Menstruation* erhalten. Männer wollen sicher sein, daß Frauen ihnen nicht böse sind, wenn sie weitergehen, als sie meinen, daß Frauen sie gehen lassen möchten. Männer machen sich kleiner, als sie sind. Sie fingieren eine körperliche Gleichheit um den Preis, daß sie ihr männliches Genital leugnen. Sie haben dann eben keines mehr. Allein diese Verleugnung macht es ihnen möglich, eine Diskussionsveranstaltung als *unsere Tage* zu begreifen.

Wenn Bremer Männer eine Tagung veranstalten, dann fordern sie unterschwellig mit Plakaten in den Stadtteilen, daß doch diese *Tage* ebenfalls jener Tabuisierung und Sprachlosigkeit unterworfen werden, die für die Tage der Menstruation kulturell sich eingeschliffen haben. Die öffentlich gemachte Absicht soll zugleich ungesehen gemacht werden. Aber diesen Mechanismus muß nur der bedienen, der sich schamt oder fürchtet vor dem, was er getan oder vielleicht sogar nur phantasiert hat, zu begehren.

Wenn Männer Frauen allein durch ihre Natur als im Zustand des Opfers sehen, ist es dann nicht eine Kühnheit, sie der Täterschaft und Gewalt an Knaben zu verdächtigen?

Das zweite bemerkenswerte Ereignis im Vorfeld dieser Tagung war die Vereinbarung des Titels meiner Veranstaltung. Die erste Zeile *Gewalt an Knaben* – so wurde mir freundlich nahegelegt – sollte wegfallen, weil sonst der Titel zu lang würde. Ich bestand aber auf diesem Teil, und er wurde auch freundlich akzeptiert.

Als wenige Tage später mir die schriftliche Version für das Veranstaltungsprogramm am Telefon vorgelesen wurde, fehlte dieser Teil des Titels jedoch. Ich mußte abermals darauf bestehen, daß es *Ge-*

walt an Knaben, begangen durch ihre Mütter, gibt. Und auch diesmal wurde meinem Begehren bereitwillig entsprochen.

Nun sind diese organisatorischen Fehlleistungen weder bösartig geschweige denn Ausdruck einer politischen Zensur. Aber es bleibt trotzdem die Frage, warum dieser Teil der Überschrift der Platzersparnis weichen sollte, obwohl er jetzt im Programmheft am vorgesehenen Platz sich befindet und auch keineswegs störend oder überflüssig wirkt.

Also war es vielleicht doch eine Zensur, eine besondere Art der Zensur – aber was für eine?

Ich denke, es war eine innerpsychische Zensur, die dem Versuch entsprach, einen möglichen Stein des Anstoßes aus dem Wege zu räumen. Vielleicht läßt sich der verborgene Sinn der raumsparenden Maßnahme auch so formulieren: *Männer, die ihre Tage haben*, sich also unpäßlich und nicht ganz ernst zu nehmend geben, nichts äußern, was die bedauernswerten weiblichen Opfer im nachhinein doch nicht gänzlich nur als Opfer, sondern auch als Täterinnen, nämlich als sexuelle Gewalttäterinnen an ihren Söhnen erscheinen lassen könnte.

Das zweite Ereignis hat mich gelehrt, daß Männer nicht nur leugnen, daß sie Männer mit einem Penis sind, sondern auch, daß sie Opfer ihrer Mütter sein könnten. Denn alle Männer waren einmal Knaben. Männer weigern sich selbst im wagemutigen und spekulativen Denken im Zustand des Erwachsenseins, ihre Mütter anders als gute Mütter zu sehen. Mütter sind gut. Das ist ihr Wesen, das ist ihre Natur. Schmach über den, der anders zu denken wagt!

Aber es führt kein Weg daran vorbei, daß das Verhalten der Mütter zu ihren Knaben entscheidend für deren Entwicklung ist. Aber warum wollen Männer Mütter und Frauen, die ihnen lieb und wert sind, deshalb zugleich zu heiligen Müttern verklären, die keiner Bosheit, keiner Verführung, keiner Kindesvernachlässigung, keiner kindesaussetzenden Leihmutterschaft, keiner künstlichen Empfängnis mit Fremdsamen um den Preis der kindlichen Vaterlosigkeit fähig sind?

Zweimal wurde mir die Zeile gestrichen, aber jedesmal großzügig wieder eingeräumt, so als hätte ich damit zu erkennen gegeben, daß ich weiß, welches Risiko ich damit eingehe und daß ich dies auch selbst zu tragen befähigt bin und keine anderen Männer zum Zwang der Geschlechtsloyalität verleite und sie deshalb von weiblicher Vergeltung freihalte. Ich frage mich deshalb, ob die heimliche Titelzensur eine Distanzierung von einem Vortragenden ist, der sich kritisch zu Frauen verhält und der nicht seine Tage mit dem Anspruch auf Nachsicht verbindet, sondern als Mann auftritt.

Das dritte bemerkenswerte Ereignis im Vorfeld meiner Vorbereitung war ein kurzes Gespräch mit zwei Frauen in einer Bremer Kneipe. Sie wollten den genauen Titel wissen, unter dem ich vortragen würde. Ich habe den Zweizeiler genannt. In dem gewißlich wahrheitsfördernden Zustand der leichten Alkoholisierung meinte eine der beiden Frauen – selbst Mutter eines fünfjährigen Knaben –, daß es Gewalt von Müttern an Knaben nicht gäbe. Sie sah nicht einmal einen Anlaß, möglicherweise über das Ausmaß mütterlicher Gewalt zu streiten, die Erscheinungsformen, den Grad der Brutalität, die Häufigkeit in Frage zu stellen. Sie hat auch nicht Gewalt der Frauen gegen ihre Söhne gegen die Gewalt der Väter an ihren Töchtern aufgerechnet. Für sie gab es die Gewalt von Müttern an Knaben nicht. Und auch diese Äußerung war keine Lüge, auch keine Schutzbehauptung, noch eine Behauptung gegen besseres Wissen. In ihr schwang erstaunlicherweise gleichzeitig sogar ein Moment von Zweifel, daß ihre Gewißheit nicht zweifelsfrei bestehen könnte und sie Gewalt ausübt, wo sie glaubt, wie andere Frauen nur liebende Mutter zu sein.

Wenn ich nun alle drei Ereignisse trotz ihrer vordergründigen Gegensätzlichkeit auf einen gemeinsamen Sinn untersuche, so läßt sich dieser auch benennen. Als eine Beschreibung ist dieser Sinn fast schon trivial. Männer wagen es nicht, sich zu ihrer Männlichkeit zu bekennen, sie verleugnen sie bereitwillig, indem sie sich als menstruierende Frauen phantasieren und unter dem Schutzschild einer quasi naturhaften Realitätseinschränkung drei Tage lang Fragen diskutieren, die sie selbst als anstößig empfinden und deren Verbindlichkeit sie vorab nach allen Seiten hin als Ergebnisse eines realitätseingeschränkten Zustandes einstufen.

Sie spielen wie Kinder, sie sind unberechenbar, ihre Phantasien nehmen die kühnsten Wendungen, aber sie sind jederzeit bereit, auf den Ruf der Mutter zur Ordnung zurückzukehren. Sie kontrolliert mit liebender Hand erfolgreich, welche Teile des gesellschaftlichen Realitätsprinzips und Lustprinzips in ihren Knaben Struktur und Handlungsfähigkeit annimmt.

Die Frau in der Kneipe hatte diese Ansicht gestützt. Drei Ereignisse, die in aller Unterschiedlichkeit sich gegenseitig als die Sichtweise von Männern über Frauen entpuppen.

2.

Was ist nun dieses Bild von der Frau?

Das Bild von der Frau ist hehr, geläutert, sie ist keiner Gewalttat fähig, sie stiftet Leben, sie muß deshalb auch nicht zur Bundeswehr. Der Widerspruch von Leben schenken und Leben töten wird ihr nicht zugemutet. Deshalb untersagt der § 218 ihr auch das Recht, über Abtreibung selbst zu bestimmen.

Das Gutsein als Leben schenken ist ihre «Natur» und damit eine der wenigen Naturformen, die noch ‹Naturschutz und ökologische Förderung› erfahren. Höhepunkt dieser Idealisierung ist die Verklärung der Frau, die ohne Sexualität Kinder empfängt. Sie ist die Heilige, die Sündenlose und Gottgefällige.

Aber es sollte nicht übersehen werden, daß die öffentliche katholische Projektion der Frau als einer Heiligen sich in jedem Knaben und deshalb auch in jedem erwachsenen Mann heimlich wiederholt.

Wenn Männer unter dem gesellschaftlich verhängten und kulturell tradierten Schutz der Menstruation als einem quasi-natürlichen Zustand diskutieren, dann bedienen sie sich weiblicher Natur in dieser tradiert katholischen Perspektive, nach der das Naturhafte an der Frau auch gleichzeitig die Bürgschaft für Anstand und Friedfertigkeit sei. Diese Idealisierung der Frauen und Mütter wird von Männern augenscheinlich geteilt. Die Mutter ist eine Heilige, und was an ihr böse ist, wird nicht in ihr, sondern als Eigenschaft von Huren gesehen. Der Zweifel daran scheint für Männer so bedrückend und angsterregend zu sein, daß sie sich selbst, wenn sie aufmüpfige Gedanken hegen, dieser Naturhaftigkeit der vermeintlich friedfertigen Frau assimilieren, um die Folgen ihres widerspenstigen Denkens nicht selbst verantworten zu müssen. Sie wollen in die Aura der Heiligen eintreten, um nicht in den Ruch des Hurenhaften und Anstößigen zu geraten.

Eine gesellschaftliche Folge der männlichen Phantasie von der wesensmäßigen Friedfertigkeit der Frau ist deren Freistellung vom Waffendienst und andererseits der männlichen Wehrpflicht. Männer vernichten unter diesen Bedingungen Leben. Sie können zwar auch mitzeugen, aber sie können Leben nicht wachsen lassen und auch nicht gebären. Als Gegenpol zur phantasierten Friedfertigkeit der Frau tritt der Mann als das Prinzip der Aggression und Zerstörung auf. Daraus folgt auch, daß ganz besonders die sexuelle Gewalt nur männlich sein kann. In der Parole der Frauenbewegung, daß alle Männer potentielle Vergewaltiger seien, findet diese eigentümliche Aggressions- und Gewaltzuschreibung ihren Ausdruck.

Gewalt, die hier bezeichnenderweise auf den Typus der instrumentellen Gewalt reduziert wird, sieht männliche Gewalt nicht als Verhalten, als Geschlechtsrollenstereotypie und Zwangsritual, sondern als Wesensbestimmung. Die Fähigkeit, instrumentelle Gewalt ausüben zu können, ist immer sowohl Teil eines höchst individuell familiären wie auch eines kollektiv gesellschaftlichen Lebensschicksals von Männern.

(Vor diesem Hintergrund eines instrumentell verkürzten Gewaltbegriffs waren Väter Gewalttäter an Kindern, die abends nach dem Ende der Arbeit auf Bitten der Mutter die Ordnung unter den Kindern durch Schläge wieder aufrichten mußten.)

Aus diesem kulturellen Muster eines ebenfalls quasi naturhaft gedachten männlichen Gewaltpotentials, dem die gesellschaftlichen wie psychologischen Vermittlungen fehlen sollen, wie der quasi naturhaft gedachten des Menstruationserlebnisses, kann die männliche Gewalttätigkeit nur aus einer physiologischen Besonderheit hervortreten, die selbst gegen äußere Änderungen immun erscheint. Die umstandslose Totalisierung zu potentiellen Vergewaltigern ist dann allein aus dem Penis als einer physiologisch gedachten Besonderheit abzuleiten. Der Penis ist die Ursache der Gewalttätigkeit in einem konkret physiologischen Sinne. Das Phallische als *Symbol* der Vermittlung, das sowohl Männer wie Frauen trifft, wird in dieser Denkkonstruktion ausgelöscht. Es ist dann die physiologische Eigenschaft, einen Penis zu haben, die Männer zu potentiellen Gewalttätern macht. Sie werden dazu geboren, oder anders formuliert: Männer sind von Natur aus Gewalttäter. Wenn sexuelle Gewalt gegen Frauen und Mädchen nicht aus dem männlichen Verhalten, sondern aus einem physiologischen Verhältnis – nämlich des männlichen Genitals – abgeleitet wird, dann stimmt nicht nur die Behauptung, daß alle Männer quasi von Geburt an potentielle Vergewaltiger sind und ihr Sexualverhalten immer nur eine Modifikation des Gewaltpotentials ist, sondern dann stimmt auch, daß sexuelle Gewalt nicht von Frauen ausgehen kann, denn die sexuelle Gewalt ist der Penis. Da Frauen keinen Penis haben, können sie auch keine sexuelle Gewalt ausüben. Ja vielleicht ist sogar noch ein Stück weiterzugehen, sie können in dieser Konstruktion der Frauenbewegung auch keine anderen Formen der Gewalt und Herrschaft ausüben. Die Frau kann dann nur als Opfer aller denkbaren Formen von Gewalt in Erscheinung treten. Und das ist ebenfalls eine Sicht, die gerade von vielen Männern bewußt oder unbewußt geteilt wird, und die es ihnen schwer macht, die Frauen zu verlassen, sie allein zu lassen, zumal wenn es sich um sensibilisierte Männer handelt.

Hier kommt dann auch nochmals in veränderter Form das Tagungsthema *Wenn Männer ihre Tage haben* zum Ausdruck. Wenn die Frau menstruiert, sehen das allem Anschein nach nicht nur die Kinder, sondern auch die teilweise Kinder gebliebenen erwachsenen Männer als eine Verletzung an der Stelle, an der der Mann seinen Penis hat.

Auf den Bremer Männertagen wird diskutiert, weil Männer ihre Tage haben und phantasieren, dort zu bluten, wo der Vater den Penis hat. Aber der Verlust des Penis war mit absoluter Gewißheit nur phantasiert, um dem realen Verlust zu entgehen, von dem gefürchtet wird, daß er als Unglück über Männer hereinbricht, wenn sie sich egoistisch eigenen Interessen zuwenden und damit notwendigerweise von den Müttern und Frauen sich abwenden. Männer haben Angst vor den Frauen, wenn sie eigene Wege gehen wollen. Männer haben offensichtlich Schwierigkeiten, ohne Angst sich von den Frauen und Müttern abzulösen, da sie im Laufe ihrer frühkindlichen Geschichte die Erfahrung gemacht haben und sie damals vorsichtigerweise auch mieden, daß die Ablösung von den Müttern, um eigene Interessen zu verfolgen, Angst vor Vergeltung für das Autonomiestreben des Knaben bedeutete. Die frühen Erfahrungen mit den Ablösungsbedürfnissen von den Müttern werden mit einer beängstigenden Monotonie von erwachsenen Männern wiederholt.

Männer haben ihre Tage vielleicht deshalb in Bremen recht angstfrei, weil sie ihre Männlichkeit vor Beginn der gemeinsamen Diskussion durch öffentliche Aushänge und Ankündigungen für alle Frauen wahrnehmbar wegphantasiert haben und wie jene nur noch regelhaft bluten. Die Männer wünschen sich, daß sie wie die Frauen dem Leben Schenkenden und nicht dem Destruktiven zugeordnet werden. Männer geben sich ungefährlich, um sich der gefürchteten Vergeltung der

Mütter und Frauen zu entziehen. Aber die Männer haben einen hohen Preis gezahlt, denn sie haben ihre Identität verloren und damit auch ihre Lebensgeschichte liquidiert. Sie allein aber ist der Schlüssel für eine befreite Zukunft, in der Aggression und Gewalttätigkeit als Zwangsverhalten aufgelöst werden kann.

Männern muß klar sein: Wenn sie ihre Männlichkeit mit ihrer Physiologie, einen Penis zu haben, gleichsetzen, dann können sie noch so oft ihre Tage phantasieren oder andere Formen der Identifikation mit dem vermeintlichen Opferstatus der Frauen suchen, um eigene Schuldgefühle zu beschwichtigen. In dieser Konstellation werden sich Männer aber nie mit sich selbst versöhnen können, solange der Penis für sie selbst wie auch für die Gesellschaft als Prinzip des Bösen, der Aggression und der Zerstörung sich darstellt. Männer müssen dann mit einem unversöhnten Widerspruch leben. Sie wollen gut und nicht aggressiv sein, aber sie erreichen den angestrebten Zustand der Friedfertigkeit nie, weil sie sich von ihrer physiologischen «Schlechtigkeit» nicht trennen können und auch die Selbstverstümmelung in der Gestalt des Softies und des versteckten Eigenhasses sie nicht erlöst. Der Penis ist in dieser Konstruktion die männliche Erbsünde, der man bekanntlicherweise nicht entrinnen kann.

Psychologisch gesprochen verharren Männer im Zustand des existentiellen Schuldbewußtseins – trotz aller ritualisierten Gewalttätigkeit der Aggressionshemmung. Es ist bekannt, daß Schuldgefühle der zäheste Kleb sind, der Menschen an den Status der Unaufgeklärtheit bindet.

Die Identifizierung von Penis mit sexueller Gewalt und Vagina mit sexueller Gewaltlosigkeit – das ist nämlich der organisch logische Umkehrschluß, wie er von vielen Männern heimlich geteilt wird – ist in einem emphatischen Sinne sehr katholisch. Zwar wollen die Frauen nicht die katholische Form ihrer Festlegung auf Heiligkeit und sexualitätslose Zeugung wie die heilige Jungfrau Maria. Aber sie wollen das Bild der reinen eigenen Mutter, gerade auch ihrer eigenen, retten, damit sie selbst die Idealisierung der Mütter zur Abwehr jener Vermutung nutzen könnten, daß sie einmal selbst etwas mit dem Bösen und der Aggressivität zu tun haben, daß aber vor allen Dingen auch ihre Mütter ihnen selbst – den Frauen gegenüber – böse aussetzend und aggressiv waren.

Die Identifizierung von Penis mit sexueller Gewalt innerhalb der Frauenbewegung ist als katholische Position gegenaufklärerisch und für die Männer, die sich damit identifizieren, selbstzerstörerisch und ein Hindernis auf dem Wege der eigenen Emanzipation. Vor allem wird damit auch die Versöhnung der Geschlechter miteinander unmöglich. Es kann nämlich keine Versöhnung der Widersprüche zwischen den Geschlechtern geben, wenn der Unterschied zwischen Gut und Böse, Aggression und Friedfertigkeit eine physiologische Basis hat. Versöhnung ist auf Diskurs und Beziehung angewiesen. Ihr Tod ist die Naturalisierung psychischer und gesellschaftlicher Verhältnisse. Die Idealisierung der Frauen, die auf kindliche Idealisierung der eigenen Mutter zurückweist, läßt sich allerdings dann auflösen, wenn Männer sich vorsichtig und schrittweise der Analyse ihrer eigenen Ängste und Aggressionen gegen Frauen zuwenden. Denn in Wirklichkeit sehen Männer Frauen nicht nur als Opfer, sondern auch als Täterinnen. Die Vagina ist ja nur oberflächlich das Symbol, in dem der Friede für Männer einkehrt, wenn sie sie erreicht haben. Das Problem ist auch, daß Männer unversehrt da wieder herauskommen wollen. Alle Männer kennen den Zaubertrick vom Zylinder, in den etwas hineingelegt wird, das nicht mehr wiederzufinden ist, wenn der Zauberer den Gegenstand hin und her bewegt hat.

Die Vagina ist für Männer auch etwas Unergründliches, etwas Dunkles und Verschlingendes. Das Bild von der Vagina dentata ist kein Zufall. In der Erlebnisweise des kleinen Kindes ist es die gute Mutter, die den Versuch des Kindes, sich autonom zu verhalten, mit Verschlingung bedroht.

Ich glaube, daß alle Männer ohne allzu große Rückgriffe in ihr von Mauern umgebenes Unbewußtes allein schon aus der Erinnerung an aktuelle Sexualbeziehungen als sinnliche Erlebnisse identifizieren können, daß sie die Angst spürten, nicht unversehrt aus der Vagina zurückzukehren, oder wo die Partnerin in einer Mischung aus Zärtlichkeit und Aggressivität die Phantasie von der Zähne tragenden Vagina ein Stück bewußtseinsfähig gemacht hat.

Damit stellt sich der Penis für Männer als ein sehr zweischneidiges Schwert dar. Er ist der Inbegriff des Eroberns, des Eindringens, er ist aber auch gleichzeitig der Gegenstand der Angst, der aus des Schwertes Scheide nicht mehr herausfindet. Diese Angst, auch wenn sie weitgehend unbewußt ist, bedroht den erwachsenen Mann, weil er als Kind mit seinen auf die Mutter gerichteten Wünschen und Phantasien auch immer die Angst verband, daß er da nicht lebend herausfinden würde, falls es ihm gelingen würde, da hineinzufinden; daß die Mutter ihn an sich fesseln könnte, weil sie ihn nicht mehr losläßt und ihn in sich behalten möchte.

Diese Vorstellung vom Festgehaltenwerden und Sich-nicht-von-der-Mutter-wegbewegen-Können möchte ich ebenfalls nicht als einen physiologischen Akt verstanden wissen. Die physiologische Vorstellung ist eine, die sich nicht im Penis und der Vagina als Organen erschöpft. Sie ist real nur in der lebendigen Beziehung von Mutter und Sohn. Sie ist eine emotionale, eine psychische und lebensgeschichtliche Beziehung. Diese Beziehung ist notwendig in der frühen Phase der Beziehung von Mutter und Kind. Sie muß aber aufgegeben werden, wenn der Knabe selbständiger wird und die Nähe zur Mutter nicht mehr seinen Bedürfnissen entspricht.

Diese Angemessenheit und Erträglichkeit von Nähe und Distanz kann durchaus mit erwachsenen Erfahrungen verglichen werden, wenn die Nähe zur Partnerin nicht auszuhalten und als bedrückend und einengend erlebt wird. Die Vagina mit den Zähnen ist eine Metapher für eine besonders geartete Beziehung von Frauen und Müttern zu ihren Knaben und Männern. Sie beschreibt die Frau, die mit Zähnen am Knaben festhält, um ihn am Weggehen zu hindern, damit er sich nach eigenen Interessen Vorbilder und Identifikationsfiguren suchen kann. Indem sie an ihm festhält, zerstört sie gleichzeitig seine Entwicklung zur psychosexuellen Genitalität. Der Knabe hat zwar einen Penis, ohne aber sich zum Mann entwickeln zu können. Er bleibt der Mutter mehr oder weniger oder auch gänzlich verhaftet.

Was kann aber der Knabe gegen die Fesselung durch die Mutter tun, die ihn daran hindert, von ihr weg hinaus ins erwachsene Leben zu gehen?

Die einzelnen Knaben finden sehr individuelle Lösungen, sich gegen die Fesselung ihrer seelischen Weiterentwicklung zu wehren oder sich ihr zu entziehen. Aber sie entwickeln ihre Freiheitsbestrebungen und Ablösungsbedürfnisse wie die Entdeckung ihrer körperlichen Differenz zur Mutter – nämlich einen Penis zu haben, den sie nicht hat – in der Angst, daß ihre Andersartigkeit wie ihre Abwendung von der Mutter bestraft werden. Es gibt die Angst beim Knaben, daß sie ihn verschlingt, um ihn am Weggehen zu hindern und das Andersartige an ihm «ungesehen» zu machen. Aber damit würde sie es auch gleichzeitig zerstören.

Weil dieser angstvollen Phantasie des Knaben keine instrumentelle Handlung der Mutter in der Wirklichkeit entspricht, handelt es sich auch hier um eine Phantasie, die nicht minder schrecklich als die Realität ist, die nicht seine Körperlichkeit zerstört, sondern die Besetzung seiner Körperlichkeit mit positiven und liebevollen Gefühlen verhindert. Die Angst, von der Vagina festgehalten, verschlungen oder ungesehen gemacht zu werden, ist mit schwerwiegenden Beschränkungen der seelischen Entwicklung des Knaben verbunden. Der Penis verkümmert dann zu einem Instrument, dessen der Mann sich schämt und das ihm der Inbegriff des Aggressiven, des Zerstörerischen und Fremden ist. Die mangelnde Liebe des eigenen Genitals findet ihren Ausdruck in der aggressiven Wendung gegen die Frau.

Die Mutter hat ihn als kleines Kind demnach bereits zu dem gemacht, was die Frauenbewegung heute den Männern vorhält und womit Männer sich auch weitgehend zerknirscht und reumütig identifizieren, vor allem aber wenn es sich um politisch und psychisch sensibilisierte Männer handelt.

Das Verhalten der Mutter gegenüber ihrem Knaben spielt sich in aller Regel unbewußt und deshalb auf vorsprachlicher Ebene ab. Es löst angstvolle und zwiespältige Phantasien bei ihm aus, wenn er seinen Penis als Zeichen seines Unterschiedes zur Mutter und als Zeichen der Gemeinsamkeit mit dem Vater entdeckt und zum Anlaß der Suche nach neuen Identifikationen und Zuneigungen macht. Zu diesem Zweck muß der Knabe sich von der Mutter abwenden.

Männer kennen wohl aus eigener Erfahrung oder aus Erzählungen und Beobachtungen, daß die generelle Drohung und Züchtigungsgebärde gegenüber den unbotmäßigen und den kopferhebenden Knaben immer noch die Einschränkung, Verstümmelung oder Beseitigung seines männlichen Geschlechtsmerkmals symbolisiert. Wenn die Mütter Unsicherheit, Angst oder Wut angesichts des kleinen Unterschieds der Entdeckung ihres Sohnes zeigen, dann ist das die Voraussetzung dafür, daß der Knabe in seiner Zuneigung zu seinem eigenen Geschlecht in einem doppelten Sinn: nämlich seinem Penis wie auch dem Geschlechtsgenossen gehindert wird und in einer folgenschweren Fixierung an die Mutter verhaftet bleibt.

Vordergründig steht dieser Behauptung die Tatsache entgegen, daß heute die Entdeckung des Penis und dessen libidinöse Besetzung, die sich im Anfassen zeigt, nicht mehr mit den Abschreckungsritualen des 19. und 20. Jahrhunderts geahndet wird. Die letzten zwanzig Jahre haben vieles verändert. Aber was nutzt es dem Knaben, wenn die Mutter mit dem Kopf und den Augen sehnlichst auf die Entdeckung, die Aktivität des Knaben wartet, weil sie gehört hat, daß dies ein Zeichen gesunder Entwicklung und der Normalität sei; aber innerlich erschrickt und zurückweicht, wenn sie auf die herbeigesehnten Zeichen seiner Normalität stößt.

Es bleibt deshalb wohl auch unter den liberalisierten Bedingungen bei der Penisbeneidung des Knaben. Wer unter diesen Bedingungen erwachsen werden will, hat wenig günstige Chancen der Entwicklung. Es bleibt die Angst und die Erfahrung, daß die Befreiungsbestrebungen von der Mutter – als ein Bedürfnis nach Distanz – mit der Bedrohung des Penis verbunden ist. Der Knabe, der ‹einen Penis an seinem Bauch› hat, ist rein körperlich gesehen zwar ein ‹Mann›, aber seelisch ist er es nur in sehr verkümmerter Form. Es fehlen ihm die positiven Besetzungen seiner Sexualität.

Auch wenn er später als erwachsener Mann seine eigenen Wege gehen will, dann wird er das noch immer mit dem zwanghaft in ihm verankerten Bild von der Mutter sein, die ihm droht. Und wenn er sich kritischer Gedanken auf dieser Tagung erkühnen will, dann holt ihn unverkennbar dieses Schicksal wieder ein. Dann sagt er, daß er *seine Tage* habe, was dann nichts anderes bedeutet, als daß er keinen Penis hat und dort blutet, als sei er verletzt, wo eigentlich ein unverletzter Penis sein sollte.

Die psychosexuelle Entwicklung des Knaben, der erwachsen geworden ist, lebt von der angstvollen und selbstbemitleidenden, aber auch aggressiv gewendeten Besetzung seines Penis. Die Angst, die ihm in der erwachsenen Liebesbeziehung begegnet, wird durch Aggressivität gegen die Frau und Gefühllosigkeit gegen sich selbst im Sexualverkehr in Schach gehalten. Aber er funktioniert unter dem ‹sexualtechnischen Gebot einer allseitig entwickelten technisch erektiven Potenz›, die sadistisch gehalten wird und auch für die «Fremdbefriedigung» weitgehend ausreicht.

In der Folge der Generationen stellt sich die alltägliche Gewalt der Mütter an ihren Söhnen für deren Töchter als Aggressivität, schwer ertragbare affektive Ambivalenz und Gewalt dar. Die Männer funktionieren erektiv, aber angstgetrieben. Ihre Sexualität ist die von Opfern und Tätern zugleich. Die Gewalt der frühkindlichen Entwicklung kommt als Gewalt der Erwachsenen wieder. Durch die symbolhafte Tätlichkeit und Verführung der Mütter an ihren Knaben wird die Gewalttätigkeit gegen die Töchter der nachfolgenden Generation gezüchtet.

Aus dieser Perspektive läßt sich sehr leicht erkennen, daß weder der Penis das Prinzip des Bösen, noch die Vagina das des Guten und Friedfertigen sein kann, sondern daß beide nur Symbole der Ergebnisse besonderer Beziehungen vor allem zuerst einmal zwischen Müttern und ihren Kindern, aber recht bald auch zu den Vätern in einer sehr frühen Entwicklungsphase sind. Sie sind nicht nur das, wofür sie zur Zeit gehalten werden, sie sind – und das stimmt hoffnungsvoll – auch veränderbar. Es sind also nicht die Sexualorgane, die Herrschaftsverhältnisse stiften, sondern die Verhältnisse der Geschlechter untereinander, und vor allem jenen, die zwischen verschiedenen Generationen im Zustand der extremen Abhängigkeit, nämlich der Frühkindlichkeit, eingegangen werden. Daß die Väter sich um ihre Söhne nicht hinreichend kümmern, macht es den Söhnen zusätzlich schwer, sich von zurückhaltenden Müttern zu befreien. Denn wie sollen sich die Knaben von den Müttern abwenden, wenn keine Väter als Identifikationsmöglichkeiten zur Verfügung stehen.

Aber diesen Wechsel von der Mutter zum Vater muß der Knabe um jeden Preis vollziehen, wenn er nicht nur ein männliches Sexualorgan haben will, sondern auch eine psychosexuelle Möglichkeit, in der Frau und der Vagina das andere zu sehen, das ihn nicht unterwirft und dem er sich nicht unterwerfen muß und das er selbst nicht in die Unterwerfung treiben muß.

Die Abwesenheit oder die Schwäche der Väter bringt es allem Anschein nach auch mit sich, daß die Mütter die Verachtung für den Partner durch Überfürsorglichkeit gegenüber dem Knaben kompensieren, um so dem Partner die Verachtung für sein Versagen zu signalisieren. Wenn die Knaben dann zu sexualtechnischer Tauglichkeit herangewachsen sind, ist ihre Sexualität sich selbst gegenüber und gegen die Frauen penetrierend aggressiv und unfähig zu eigener Passivität, denn sie dient der Abwehr der Angst, aus der Sexualität abermals wie in der Kindheit nicht ungeschoren herauszukommen. Die Müdigkeit der Männer nach dem Orgasmus ist weder körperliche Erschöpfung noch Rücksichtslosigkeit, sondern die Unfähigkeit, nach dem Orgasmus die aufsteigende Angst vor dem Verlust des eigenen Selbst im wachen Zustand zu beherrschen. Die Schläfrigkeit hat deshalb einen tiefen Sinn, und wer das Bedürfnis danach hat, sollte ihm nachgehen, denn es kann dem einzelnen nur guttun, solange er noch keine andere Möglichkeit gefunden hat, ihr zu begegnen, und von der er weiß, daß sie für ihn befreiend ist.

GERHARD AMENDT, 1930 geboren in Frankfurt a. M., ist Professor an der Universität Bremen. Er baute in den Jahren 1976 bis 1984 die Bremer Pro Familia auf, war Berater der Weltgesundheitsorganisation (WHO) für Fragen der Familienplanung. Seine Arbeitsschwerpunkte sind: Arzt-Patient-Verhältnis – Familienplanung – Medizin/Soziologie. Gerhard Amendt ist Autor des Buches «Die Macht der Frauenärzte», 1985 und «Der neue Klapperstorch», 1986. (Foto: Inge Werth).

Wolfgang Schmidbauer

In den Katakomben

Bruchstück einer Pubertätsbeschreibung

«So weit die Füße tragen.» Die Vorstellung, von Sibirien nach Deutschland zu kommen, indem man menschlichen Siedlungen ausweicht, zog mich an. Bis heute kaufe ich mir in einer fremden Stadt lieber einen Plan mit Straßenverzeichnis, als nach dem Weg zu fragen. Das Anschleichen habe ich bei Karl May gelernt, das Feuermachen aus dem Pfadfinderbuch. Das Radfahren lernte ich durch verbissene Übung auf einem leicht abschüssigen Feldweg, allein; das Mopedfahren aus der Betriebsanleitung. Als Medizinjournalist war ich Autodidakt, als Dichter sowieso. Wenn ich das Autofahren oder die Psychoanalyse nicht autodidaktisch erlernte, dann liegt das kaum daran, daß ich es nicht wollte.

Mein Bruder lernte autodidaktisch, Rundfunkempfänger zu bauen oder Fernsehgeräte zu reparieren. Meine Mutter brachte sich selbst das Kochen und später das Gärtnern bei. Als sie mit 18 Jahren studieren wollte und dazu das Abitur brauchte, lernte sie in einem Jahr soviel Latein und Griechisch wie andere in acht Schuljahren und trat in die Prima des humanistischen Gymnasiums Passau ein, wo sie als Klassenbeste abschloß. Das ersehnte Philologie-Studium konnte sie dennoch nicht beginnen. Ihr Vater verlangte, sie solle möglichst bald heiraten. Dazu reiche der Volksschullehrer-Beruf völlig. «Die Frau gehört ins Haus», hatte der Führer gesagt. So arbeitete sie einige Jahre als Lehrerin an einer Dorfschule und heiratete möglichst bald...

Immer wieder habe ich nach passenden Einleitungen gesucht, um endlich über den Mittel- und Angelpunkt der Pubertät zu sprechen: die Sexualität. Immer wieder bin ich ausgewichen, richtete den Blick auf das Moped, das neue Haus, den Bruder, die Reisen in Italien. Ich weiß nicht, was mich dazu bewegt. Aber ich will es wissen: denn wie könnte ich glaubhaft über meine Jugend schreiben, ohne mich mit den körperlichen Umwandlungen und der Beziehung zu fremden Körpern zu beschäftigen? Jetzt wollte ich mit der Autodidaktik einleiten, aber wieder spüre ich einen Gegenwind, der mich hinübertreiben will in die Familiengeschichte, zu Mutter und Großmutter, an den Main, wo zwei Brüder des Großvaters im Hochwasser ertranken, oder nach Kronach, wo der Urgroßvater Sägewerksbesitzer und Flößer war. Ihm verdanke ich die Farbenblindheit, er fuhr mit dem Holz die Flüsse hinab bis Amsterdam und kaufte dann für Frauen und Kinder Kleidungsstücke in Farbzusammenstellungen, die allein ihm passend schienen.

Nun gut. Woher das Zögern? Ich habe schon viel über Sexualität gelesen, viel über sie nachgedacht und mit anderen gesprochen. Dabei bin ich einer Gefahr begegnet, vor der ich mich ins Verstummen zurückziehen möchte. Dieses Verstummen ist das schützende Gehäuse um den autodidaktischen Hieronymus, wo er mit Löwe und Totenschädel haust. Die Gefahr scheint mir zu sein, daß Verstand und Nachdenken die Lust aufzehren. Der Kontakt zu den körperlichen Empfindungen reißt ab, weil die angelesenen Bilder nicht zu ihnen passen.

Mit der modischen Freizügigkeit will ich ebensowenig zu tun haben wie mit dem vermufften Verbot der Beichtspiegel und Exerzitien, wo glattrasierte Jesuiten mit raunender Stimme von den Geheimnissen des Samenergusses, genannt Pollution, berichteten. Die Scham und das unauslöschliche Gefühl der Peinlichkeit, in die so viele meiner Erinnerungen an Körper und Geschlecht eingehüllt sind wie die Nüsse in die klebrige Masse des türkischen Honigs, sind mir immer noch lieber als die naßforsche Sachlichkeit, von der uns die Sexonkel der Illustrierten und die Sexforscher der Studentenbewegung überzeugen wollten. «Wie war es?» «Nicht besonders!» «Das erste Mal bin ich immer etwas nervös!» «Ich auch.» Pflichtübungen, weil man schließlich drüber reden muß.

So gehörte es zu den Kämpfen von Kindern gegen Eltern, diesen vorzuwerfen, sie hätten nie richtig aufgeklärt. In einem Fall, von dem ich später hörte, hat sich ein Vater folgendermaßen gerächt: Als sein Sohn, damals Student, das Zimmer betrat, stellte er ihn der versammelten, angetrunkenen Herrengesellschaft mit den Worten vor: «Dies ist mein erstgeborener Sohn, den ich nie aufgeklärt habe.» «Das wiehernde Gelächter habe ich ihm nie vergessen», sagte der Sohn noch Jahrzehnte später.

Mir wäre das nie eingefallen. Ich war froh, daß mir die Mutter eine peinliche Szene erspart hat, die mich in meiner autodidaktischen Auseinandersetzung mit meinem (inzwischen vom kindlichen Bipfi zum Penis gewordenen) «Geschlechtsorgan» und seinen möglichen Verwendungen nur stören konnte. Ich spürte, wie sehr das Wort «Penis» von jenen Gefühlen der Peinlichkeit und Scham frei ist, die dem Bipfi heute anhaften. Das war damals *niedlich, klein, öffentlich*, es paßte zu einer Illusion kindlicher Unschuld, in der es noch keine Reflexion gab, keine Möglichkeit, allgemein, sachlich, distanziert nachzudenken. Es blieb unentrinnbar mein Bipfi, nur meines, während der Penis, mein Penis, ein Sonderfall des männlichen Geschlechtsteils war. «Schwanz» ist dann allenfalls eine späte Re-Vulgarisierung, Re-Emotionalisierung, wo ich kaum unterscheiden kann, ob ihre Peinlichkeit mit der Scham über die künstliche Wiederherstellung verlorener Natürlichkeit zusammenhängt oder doch ein Erbe der Gefühle um das Bipfi ist.

Meine Bekennerfreude ist gering. Die Gründe, mich über meine Hemmungen hinwegzusetzen, wirken fadenscheinig. Damals hätte ich es mir sehr gewünscht, einen Erwachsenen zu finden, der meiner autodidaktischen Suche ehrliche Beschreibung und nicht moralische oder antimoralische Schwärmerei zur Verfügung stellte. Zugleich macht mir die Erinnerung an Schwulst und Plattheit erotischer Autobiographien angst. Werde ich selbst ihnen entkommen? Aber es geht nicht anders. Ich werde mir selbst nicht verständlich, wenn ich die Sexualität übergehe.

Der Erwachsene pflegt anzunehmen, daß die Ruhe der Ausgangspunkt einer Bewegung ist. Wer kleine Kinder beobachtet, entdeckt bald, daß diese Vorstellung nicht zutrifft. Tatsächlich ist die Bewegung Folge einer künstlich hergestellten Ruhe um sie herum, Ergebnis einer auswählenden, immer mehr verfeinerten Hemmung, die endlich aus dem diffusen Aktivitätssturm eine klare Gestalt herausholt, wie der Meißel des Bildhauers die Statue aus dem Marmorblock, in dem ja auch ungezählte mögliche Formen stecken. So ähnlich ist es mit der Sexualität. Sie entwickelt sich nicht aus dem kindlichen Ruhezustand, dem sie fremd ist, zu den Phantasieketten des Erwachsenen, die wie die Waggons einer vollbeladenen Eisenbahn von der Lokomotive des Orgasmus geschleppt werden. Nein, auch die Sexualität, wie ich sie jetzt kenne, ist per via di levare, durch Wegnehmen des ursprünglichen, verwirrenden Überflusses entstanden, der nicht unterschied zwischen Mann und Frau, Kind und Greis, Tier und Mensch, Dreck und Sauberkeit. Ein erster grober Zuschlag, so einschneidend, daß ich mich an ihn nicht mehr erinnere, war die Erziehung zur Reinlichkeit. So nenne ich sie heute, mit der Sprache und Welt der Erwachsenen vertraut. Damals aber war es der Einbruch feindlicher Mächte, die nie wieder ganz zurückgewiesen und besiegt werden konnten. Mutmaßlich sind es ihre Erben, die mich so mit Peinlichkeit und Scham kämpfen lassen, wenn ich zurückwandere zu Nachttopf und Kloschüssel, zu nassen Hosen, duftenden Haufen, die – sobald die Mutter dazukam – anfingen zu stinken und mir keine rechte Freude mehr machten.

Seit ich über mich nachdenke, sind die körperlichen Genüsse in diesem Kampfgebiet der Reinlichkeitsgenien mit den Schmutzteufeln verdächtig, peinlich; es bedarf bewußter Anstrengung oder einer mächtigen Anspannung der Sinnlichkeit (wie im Umfeld des vom bewußten Ich nicht mehr Erfaßbaren, das es nachher und vorher «Orgasmus» oder «Höhepunkt» nennt), um ihnen diesen Beigeschmack zu nehmen. In meiner Kindheit war dem nicht so. Da kam es nur darauf an, sie zu verbergen, sie dem Auge des Erwachsenen zu entziehen. Dann waren die Gerüche köstlich und verrucht, es war schön zu spritzen und zu drücken, zu beobachten, was herauskam: ich hätte mir ein verspiegeltes Klosett gewünscht. Einmal wollte ich auch die Mutter an dieser Freude teilnehmen lassen, als ich eigentlich schon zu alt war und es besser hätte wissen müssen (wie ich mir nachher beschämt eingestand). Das war, als ich einen wunderbaren, besonders großen Haufen aus schönen Schlingen zu meiner großen Erleichterung und Befriedigung produziert hatte. Er schien mir viel zu schade, ihn einfach wegzuspülen, ihn verschwinden zu lassen ins Namenlose. Andrerseits wußte ich aber auch, daß die Mutter böse war, wenn man nicht spülte, was ich gelegentlich ohne jede Absicht vergaß. So zog ich vorsichtig in kurzen Abständen an dem Porzellangriff, der vom Spülkasten herabhing. So konnte ich, wenngleich von den Fluten etwas beschädigt und zu meinem Kummer aus der prächtigen Lage im Mittelpunkt der Schüssel verschoben, mein Werk doch retten. Dann lief ich zur Mutter und sagte: «Ich kann meinen Haufen nicht runterspülen. Es geht einfach nicht mit der Klospülung!» So hoffte ich, sie in meine geheime Galerie zu locken und eine mächtige Bewunderin meiner Werke zu gewinnen. Aber leider wurde ich enttäuscht – es konnte nicht anders sein, die Erwachsenen verstanden eben nichts davon, obwohl mir ihre Bewunderung sehr viel mehr bedeutet hätte als die leichter zu gewinnende meiner Spielkameraden. Die Mutter schimpfte, weil sie aufstehen mußte, würdigte mein Produkt keines Blickes, zog hastig am Griff der wieder vollgelaufenen Spülung und wartete kaum ab, wie mein schöner Haufen gurgelnd auf Nimmerwiedersehen verschwand. Ich schlich enttäuscht und beschämt hinter ihr her.

Solche Erfahrungen prägen. Heute verbinde ich mein Zögern, die Mutter meine Gedichte lesen zu lassen, mit dieser Szene: was ich sonst schrieb, zum Beispiel die journalistischen Texte, habe ich ihr immer ohne Scheu gezeigt. Auch das Gedicht ist unrein, noch nicht von der werkzeughaften Zweckmäßigkeit kontrolliert, welche die journalistische Arbeit bestimmt (obwohl es damals ein Buch gab, «Mein Gedicht ist mein Messer»: ich kenne bessere Messer). Zu den vielfältigen körperlichen Erlebnissen, den Schlammbädern und Wettbewerben mit dem Bruder, wer von einem höheren Buchenast herunterscheißen konnte, kam schließlich ein neues, die Krone meiner autodidaktischen Erfahrungen, fons et origo: Quelle und Ursprung.

Dabei war ich schon früher nahe dran gewesen. Ich hätte die Möglichkeit gehabt, sogar einen Lehrer: den Neffen von Klaus Mitzke, der auch nach meinen Maßstäben «verdorben» war, denn sofort, wenn die Erwachsenen weg waren, fing er an, sein Schwänzchen aus der Hose zu fummeln, und griff nach dem meinigen. In der Wohnung ging das nicht an, da konnte die Mutter jederzeit zurückkommen (was den kleinen Mitzke nicht weiter zu schrecken schien). Aber in dem alten Häusel der Riesinger-Bauern, hinter dem Stadel, wohlversteckt, gingen wir der Sache auf den Grund. Aber schließlich wurde es mir zuviel. Ich hatte mit meinem Bruder klare Grenzen abgesteckt, wie weit man gehen durfte mit Anfassen und «melken» (was ich als angenehmes, jedoch zielloses Gefühl erinnere). Weiter wollte ich mich auch nicht mit dem kleinen Mitzke einlassen. Es kam mir auch unheimlich vor, daß dieser Wicht, vielleicht zwei Jahre jünger als ich, mir neue Grenzen zeigen sollte, wo doch mein Bruder und sein Onkel Klaus Mitzke nicht weiter gingen als ich selbst, das meinte ich genau zu wissen. Überhaupt lebte der kleine Mitzke in unordentlichen Verhältnissen, er war nicht viel jünger als sein Onkel! Seine Mutter, die Schwester von Klaus, war eine schöne, blonde Frau, die ich nur selten sah, wenn sie mit dem Kleinen ihre Mutter und ihren Bruder besuchte. Dem kleinen Mitzke schienen manche Dinge Spaß zu machen, nicht obwohl, sondern weil sie verboten waren, zum Beispiel in eine rostige Konservendose zu bieseln und das Getränk meiner zimperlichen Spielkameradin Christine Baumann anzubieten. Das war mir wirklich zuviel. Über die Hände laufen lassen, sicher, das war angenehm, vor allem bei kaltem Wetter. Aber trinken? Oder wollte der kleine Mitzke nur zeigen, wie man etwas machte, wo keiner von uns mithalten konnte?

Meinen Eintritt in den Vorhof des Tempels der Venus vollzog ich allein, in einer von den Genien der Reinlichkeit beherrschten Welt, tief beeindruckt und andächtig. Wir gingen jede Woche einmal quer durch die Stadt zu einem Haus am Inn, in dessen Keller die öffentlichen Bäder lagen. In unserer Wohnung gab es zwar eine Badewanne und einen mächtigen kupfernen Badeofen. Sie wurden aber nur sehr selten benützt, weil man den Ofen mit Holz beheizen mußte. Solange wir kleiner waren, hatte meine Mutter uns beide im Wohnzimmer gebadet, was heißt: in eine gelblich emaillierte Schüssel mit warmem Wasser gestellt und mit einem Waschlappen abgerieben (von Seife hielt sie nichts: die schade der Haut). An die Zeit, als das noch unbefangen geschah, kann ich mich nicht erinnern, sondern nur daran, wie ich einmal, als die Frau Mitzke zu Besuch kam, während wir badeten, mich schamhaft unter den Tisch verkroch und erst bereit war, wieder hervorzukommen, als die geschwätzige Frau gegangen war: was hatte die mich nackt zu sehen! Hinter dieser Erinnerung, schattenhaft und schwer zu fassen, sind andere Bilder von großer Lust, nackt herumzuspringen, und das um so mehr, wenn fremde Besucher kamen, unterbrochen durch die ärgerliche Miene der Mutter.

In den Katakomben des Gesundheitsamts, wo die Bäder lagen, war es dunkel und schwül. Man wartete eine Weile, dann wurde man von einer Frau in weißem Kittel in eine Kabine gebracht, wo die weiße Wanne im Neonlicht glänzte. Gelegentlich bekamen wir eine Doppelkabine; dort badeten mein Bruder und ich, durch einen Vorhang getrennt, und spritzten mit den Brausen nach einander, wickelten uns wie Mumien in den Vorhang und vergaßen fast, uns den Kopf zu waschen, wie es Vorschrift war. Zu Beginn der Badezeit stellte die Frau im weißen Kittel einen großen weißen Wecker an der Wand auf eine halbe Stunde ein: beim Klingeln hatte man das Bad zu verlassen.

Von einem gewissen Zeitpunkt an verschmähte ich die Begleitung des Bruders und wählte für meinen wöchentlichen Badegang einen Tag, an dem er keine Zeit hatte. Denn ich hatte etwas Wunderbares entdeckt, das ich zunächst allein genießen und über das ich mit niemandem sprechen wollte. Das kam so: Weil mich das Rauschen des

Wassers beim Füllen der Wanne störte, ließ ich es gewissermaßen als Bodenquelle durch die Brause einströmen. Und weil ich es eilig hatte, in die Wanne zu kommen, lag ich dann meist schon drinnen und massierte die unter Wasser liegenden Körperteile mit dem Strahlenbündel. Dabei entdeckte ich, daß auf diese Weise höchst angenehme Empfindungen in der Spitze meines Bipfi entstanden.

Jetzt war mein Forschergeist geweckt. Um die Empfindungen heftiger zu machen, steigerte ich den Druck in der Brause, daß sie wie eine gefährliche Schlange durch die Wanne zuckte und fürchterlich zischte, wenn sie zufällig die Oberfläche erreichte. Die angenehmen Empfindungen nahmen zu. Sie konzentrierten sich, steigerten sich zu einem Punkt, von dem aus es kein Zurück mehr gab, zu einer unentbehrlichen, unerträglichen, alle Aufmerksamkeit verschlingenden Spannung, die sich schließlich in Wellen löste, aber schon in ihrem beseligenden Abebben den Keim zu einer Erneuerung und Wiederholung trug. Ich war tief beeindruckt, ich wußte nicht, was dieses Köstliche war, scheute mich aber, eben weil es von einem Ort ausging, auf den man die Erwachsenen besser nicht aufmerksam machte, mit irgend jemandem darüber zu sprechen.

Schrittweise verbesserte ich meine Technik. Das kostete Zeit, die ich gewann, indem ich den Wecker an der Wand wieder zurückstellte, wenn er schon fast abgelaufen war. Ich schraubte den Kopf der Brause ab und konnte nun den magischen Strahl viel besser lenken, um die Stelle der größten Empfindung herauszufinden. Ich merkte auch, daß etwas aus dem Bipfi herauskam, daß es größer und fester wurde, daß die angenehmen Empfindungen vielleicht drei- oder viermal, aber nicht öfter wiederholt werden konnten und es eigentlich beim erstenmal immer am schönsten war. So schön, daß grandiose Vorstellungen vor meinem inneren Auge auftauchten: ich hatte ein Geheimnis entdeckt, von dem sonst niemand wußte (schließlich hatte mir auch nie jemand etwas davon gesagt, hatte ich nie davon gelesen). Es gab doch viele kranke, traurige Menschen auf der Welt. Denen konnte ich sicher mit meiner Entdeckung helfen, sie heilen und wieder froh machen. Ich würde ein großer Erfinder sein, ein Wunderheiler, ich sah mich schon in den Krankenhäusern Bade-Katakomben einrichten und im weißen Mantel die Bedrückten anleiten, was sie tun konnten, um sich wieder froh zu fühlen. Mein Ruf würde sich wie ein Lauffeuer verbreiten: da ich keinen Menschen kannte, mit dem ich darüber hätte sprechen wollen, sprach ich zur ganzen Welt.

Wolfgang Schmidbauer, 1941 geboren in München. «Ausgebombt», aufgewachsen in Niederbayern, Studium in München. Diplom und Promotion in Psychologie. Freier Schriftsteller; seit 1971 Ausbildung zum Psychoanalytiker. Mitbegründer der Gesellschaft für analytische Gruppendynamik. Lehrtätigkeit, u. a. an der Universität München und als Gastprofessor für Psychoanalyse an der Gesamthochschule Kassel. Viele wissenschaftliche Veröffentlichungen und Sachbücher zu anthropologischen und psychologischen Fragen, u. a. «Vom Es zum Ich – Evolutionstheorie und Psychoanalyse» (1975), «Die hilflosen Helfer. Über die seelische Problematik der helfenden Berufe» (1977), «Alles oder nichts. Die Destruktivität von Idealen» (1980), «Die Angst vor Nähe» (1985), «Die subjektive Krankheit. Kritik der Psychosomatik» (1986). In letzter Zeit Experimente mit belletristischen

Texten, die u. a. zur Publikation eines Abenteuerromans «Tapirkind und Sonnensohn» (1985) und einer Rekonstruktion der «Kindheit in Niederbayern» (1987, im Druck) führten. Der hier abgedruckte Text ist ein gekürztes Fragment aus der Fortsetzung dieser «Kindheit in Niederbayern», Arbeitstitel: «Pubertät im Wunderland».

Szenenwechsel

Foto: Detlef Ihlenfeldt

Günther Holzapfel

Sieben auf einen Streich ... Bist du so ein Kerl?

Impressionen, Reflexionen über die phantastischen Möglichkeiten des Theaterspiels auch für Männer

Ankündigung und Auftritt

Anlaß für diesen Artikel war ein Theaterworkshop, den ich als Spielleiter im Rahmen der Männertage an der Universität Bremen anbot.

Der Workshop war mit folgendem Text im Programm der Männertage ausgeschrieben:

> Männer spielen miteinander
> Theaterworkshop, Männer problematisieren
> ihre gesellschaftliche Rolle in spielerischer Form
> durch Bewegung, Aktion und
> darstellendes Spiel

Ich freute mich, daß die Initiatoren für diese Männertage mich gefragt hatten, ob ich Lust hätte, einen Theaterworkshop für Männer anzubieten. Ich hatte Lust dazu. Dieser Workshop war für mich mein Einstieg in die Männertage. Vielleicht hätte ich diesen Einstieg anders gar nicht geschafft. In der Rolle des Spielleiters wurde erst einmal meine Kompetenz verlangt, und hinter diesem Schutzschild konnte ich dann noch einige Probleme hervorlugen lassen. In den kurzen Vorgesprächen mit Jörg über den möglichen Sinn eines solchen Spielangebotes waren wir uns einig, daß gerade diese Spiel- und Ausdrucksmöglichkeiten, die beim Theater-selber-Machen drinstecken, auch im Rahmen der Problematisierung der überlieferten Männerbilder einen wichtigen Stellenwert haben könnten. Denn bei diesen

Spielmöglichkeiten (die gleich genauer vorgestellt werden sollen) wird in erster Linie nicht geredet, räsoniert, problematisiert. Solche verbalen Auseinandersetzungen, noch dazu über ein so brisantes Thema wie die Männerrolle, werden oftmals als zu unlustvoll, unbeweglich, unkörperlich, voll negativer Spannungen erfahren. Diese Art der Auseinandersetzung hat manchmal mehr blockierende als befreiende Elemente. Nein! Endlich mal anders! Das Spiel, das ich favorisiere, kann von der Form des Arbeitens und Miteinander-Umgehens, Sprechens, Reflektierens her etwas sein, was inhaltlich u. a. bei den Männertagen angepeilt war: Suche nach mehr Kreativität, Gefühl, Ausdrucksmöglichkeiten, körperlichen Kontakten zwischen Männern; zu erfahren, daß wir Gefühle (keinen Gefühlskitsch!) zeigen können, daß man fröhlich sein kann und sich dieses Gefühl – kaum da – nicht schon wieder durch den Gedanken an die nächste Leistung selbst vermiest. Im eigenen Spiel zu erfahren, daß die gängigen Klischees vom Spiel nicht stimmen, die da lauten: Spiel (und gar Theaterspiel) ist was Unernstes, etwas für Kinder, Frauen und Künstler, etwas für Sozialberufe und andere empfindsame Seelen, aber nicht für gestandene Männer. In meinem Spielverständnis ist es wichtig, daß bei den Problembearbeitungen über Theaterspiel der Prozeß betont wird und nicht nur fertige Produkte vorgezeigt werden. In einer Theaterwerkstatt kann man außerdem zeigen, daß Lernen und Spaß miteinander verbunden werden können.

Oh, ich könnte noch viele schöne und interessante Seiten des Spiels aufzählen. Ich spiele eben selbst gern Theater, und da läuft das Schreiben und Reden über das Theater leicht nach dem Motto: Von was das Herz voll, läuft – Verzeihung! – der Kuli über. Die Leser haben jetzt erst einmal ein Recht darauf zu erfahren, was wir in der Männer-Theaterwerkstatt gemacht haben, damit sie sich überhaupt ein Bild machen können über das, wovon ich so schwärme. Wir!? Das waren fünfzehn Männer und meine Wenigkeit. Die meisten schätzte ich zwischen 20 und 30 Jahre alt, wenige waren in meinem Alter (also um die 40, ich war damals 44). Die meisten der Teilnehmer dürften Studenten gewesen sein.

Vorhang auf!

Mein Spielangebot:

1.
Interaktions- und Improvisationsspiele, um Körper, Geist, Seele und sinnliche Wahrnehmung in Bewegung zu bringen, um ins Spiel hineinzufinden, Spielhemmungen zu verlieren und als Gruppe besser zusammenzufinden:

Nach einer Begrüßungsrunde und kurzen Erläuterungen zum Programm (aber wirklich zunächst ganz kurz) steige ich öfters zum Beispiel (und so auch in diesem Männerworkshop) mit der Übung «Spots in the movement» ein: Ich schalte eine fetzige Musik ein, und alle werden gebeten, sich nach dieser Musik (und nach dem eigenen gerade vorherrschenden Gefühl) durch den Raum zu bewegen. Die Musik wird öfters von mir unterbrochen, und bei jedem Musikstop rufe ich den Teilnehmern etwas zu, was sie dann ausführen sollen:

- z. B. «alle sollen möglichst schnell alle vier Ecken des Raumes berühren». Wenn es klappt – diese Übung ist bisher immer toll gelaufen –, geht es jetzt erst mal rund: die einen gemächlicher, die anderen schnell, albernes Gekicher, Gedränge an den Ecken des Raumes, die ersten japsen nach Luft, die anderen laufen sich gerade mal warm.
- Oder ich sage nach einem weiteren Stop der Musik «möglichst viele Leute sollen sich auf die Oberschenkel klatschen». Das ist doch ein Angebot, das sich eigentlich bisher noch keiner hat nehmen lassen: anderen spielerisch eins auf die Oberschenkel geben; da knallt es manchmal ganz schön. Im Männerworkshop kam es allerdings zu keinen «Auswüchsen». Sind die «neuen» Männer alle schon so friedlich?
- Oder «alle sollen versuchen, in der Mitte des Raumes zum Stehen zu kommen». Dies ist auch ein wunderschöner Moment in dieser Übung, weil manche (viele? gar alle?) durchaus einem eingespielten Verhalten frönen können,

nämlich zu üben, sich durchzusetzen, um selbst in der Mitte des Raumes stehen zu können und keine anderen. Und trotzdem wird aus diesem ganzen Gedränge nicht das, was sonst in der Realität oft passiert, nämlich, daß man allein ist, wenn man sich durchgesetzt hat, sondern es entsteht für einen Moment ein dichter Knäuel von sich berührenden Körpern; man darf problemlos die körperliche Nähe des anderen spüren. Eine solche Erfahrung ist gerade für Männer besonders wichtig.

2.
Ein weiteres Grundelement dieses Theater-selber-Machens ist der gemeinsame Entwurf von szenischen Improvisationen, aus denen eventuell im weiteren Fortgang des Workshops kleinere oder größere Theaterstücke entstehen können. Es gibt verschiedenste theatertechnische Möglichkeiten, solche szenischen Improvisationen zu entwikkeln. Es hat keinen Sinn, diese hier alle aufzuzählen. Man muß diese auch selbst ausprobieren und für sich sehen, mit welchen man mehr, mit welchen man weniger anfangen kann.

Eine der wichtigsten Grundintentionen dieser Szenenfindungstechniken ist, daß die Spieler nicht ein Stück vom Schreibtisch her und allein über den Kopf entwickeln, sondern ihre Bildphantasien zum Laufen bringen und aus dem Stegreif heraus spontane szenische Materialien entwerfen, in denen auch die ganzen Ungereimtheiten des Alltags, die komischen Aspekte des Lebens drinstecken, die Erstaunen bei einem selbst und dann natürlich auch am ehesten bei den Zuschauern hervorrufen, wo Überraschungen möglich sind, wo nicht gelehrt wird und die Figuren nicht geradewegs am Faden von schlauen soziologischen und sozialpsychologischen Thesen über die neue Männerrolle hängen.

Die tapferen Schneiderleins kommen

Im Männerworkshop machte ich den Vorschlag, Anregungen für die ersten Spielversuche aus dem Märchen «Das tapfere Schneiderlein» zu entnehmen. Alle Teilnehmer fanden diesen Vorschlag ganz amüsant. Ich hatte für jeden einen Text mitgebracht, und wir lasen reihum erst mal, was im Märchen über die Großtaten des tapferen Schneiderleins berichtet wird.

Kurz zur Erinnerung die Grundstory des Märchens:

Ein «Schneiderlein» mit «zartem Haupt und spitzer Nase», arbeitswütig, tötet in seiner Werkstatt mit einem Tuchlappen sieben Fliegen auf einen Streich, die sich auf seinem Marmeladenbrot tummelten. Der Schneider, tief beeindruckt von seiner Tat, steht auf und fragt sich selbst: «Bist du so ein Kerl?» Und – so der Text des Märchens weiter – «Mußte selbst seine Tapferkeit bewundern, ‹das soll die ganze Stadt erfahren!› und in der Hast schnitt sich das Schneiderlein einen Gürtel, nähte ihn und stickte mit großen Buchstaben darauf: ‹Sieben auf einen Streich!› ‹Ei was, Stadt!› sprach es munter weiter, ‹die ganze Welt soll es erfahren!› Und sein Herz wackelte ihm vor Freude wie ein Lämmerschwänzchen.» Er beschließt, in die Welt hinauszugehen. Er will sie erkunden, findet seine Werkstatt zu klein. In der Welt macht er die verschiedensten Erfahrungen. Er trifft auf einen Riesen und lädt ihn ein, mit ihm die Welt zu erkunden. Dieser hat nichts als Verachtung für unser Schneiderlein übrig. Da zeigt das Schneiderlein es aber dem Riesen. Er überlistet den Riesen mitsamt seinen Kollegen (Kolleginnen hat er keine) durch allerlei Bluffs und Listigkeiten. Er hatte dabei auch Glück. Der Gürtel mit der Aufschrift «Sieben auf einen Streich» wirkt als Superbluff in der Auseinandersetzung mit den Riesen, aber auch in weiteren typischen Lebenslagen, wie sie natürlich auch in diesem Märchen geschildert werden. Der Ruf des Helden geht ihm immer schon voraus, weil alle Leute denken, er hätte sieben Menschen auf einen Schlag erschlagen. Ihm gefällt das irgendwie. Er unternimmt nichts, um diesen Ruf zu zerstören, und gerät dadurch in Zugzwang, seinen Ruf wahren zu müssen: z. B. wird er vom König als großer Kriegsheld für den Kriegsdienst angeworben. Der König will diesen Superkerl unbedingt haben, und das tapfere Schneiderlein nimmt dieses Angebot des Königs an. Die anderen «treuen» Soldaten des Königs aber fürchten unser tapferes Schneiderlein. Der König will nicht seine treuen Soldaten verlieren, hat aber auch Angst, seinem neu angeworbenen Kriegshelden den Abschied zu geben, weil er denkt, dieser würde dann sein Volk totschlagen und sich auf den königlichen Thron setzen. Um aus diesem Konflikt herauszukommen, bietet der König dem Schneiderlein seine einzige Tochter zur Gemahlin an und das halbe Königreich dazu, aber nur wenn er eine Reihe wagemutiger Abenteuer besteht. Der König hofft, daß das Schneiderlein bei diesen Abenteuern draufgeht. Das Schneiderlein besteht diese Prüfungen natürlich alle. Dabei hätte auch mal was schiefgehen können, aber er hat Glück, so daß er die Tochter und das halbe Königreich kriegt. Als dann schließlich rauskommt, daß der Held schlicht ein Schneider ist, ist des Königs Tochter sauer, und der König will das Schneiderlein auf eine ganz fiese Tour wieder loswerden. Die Rechnung des Königs geht aber nicht auf, weil einer von den Waffenträgern des Königs dem «jungen Herrn gewogen ist» und dem Schneider den Plan des Königs verrät. Der Anschlag des Königs gelingt nicht. Das Schneiderlein blieb «sein Lebtag» ein König.

Nachdem wir das Märchen einmal durchgelesen hatten, sprachen wir längere Zeit darüber, welchen Sinn wir in den einzelnen Bildern und der Grundstory des Märchens sehen. Da ich mir vom Geschehen des Workshops kaum Aufzeichnungen gemacht habe, kann ich mich nur an die Haupttendenz in der Diskussion erinnern: Der Zusammenhang zwischen Männerproblemen (z. B. gegeneinander kämpfen, bluffen, die Kraftmeierei der anderen durch eigene Schlauheit überlisten, das ganze Leben lang den Belohnungen der Welt hinterherjagen, um schließlich am Schluß allein dazustehen und um seinen «Thron» zu fürchten) und den Erlebnissen des tapferen Schneiderleins war nicht von der Hand zu weisen.

Ganz wenige Teilnehmer hatten die Tendenz, sich in die Diskussion über den Sinn des Märchens zu verbeißen. Ich drängte darauf (und die meisten anderen sahen das ähnlich wie ich, denn sie waren wegen des Spiels zum Workshop gekommen), daß versucht wird, im Spiel zu erfahren, was weiterhin im Märchen steckt und ob und in welcher Weise einzelne Bilder und Erlebnisgehalte etwas mit einem selbst zu tun haben. In meine mit diesem Insistieren auf der spielerischen Erfahrung nicht das Ausschalten des Kopfes. Es geht nicht um so eine platte Dichotomie Kopf – Bauch, sondern es geht beim Spielansatz um eine andere Verbindung von Reden, Erfahrungen im Spiel durch Handeln im Spiel und Reflexion über die im Spiel gemachten Erlebnisse. Das Plenum wurde in kleine Gruppen geteilt, und alle hatten Zeit, an verschiedenen Stellen des Märchens mit dem Spiel einzusetzen. Ich betonte, daß erst einmal verschiedene Einzelszenen des Märchens nachgespielt werden sollten und erst in einem weiteren Schritt (am 2. Tag des Workshops) dann Aktualisierungen des Märchens durch Bezug auf die gegenwärtige Männersituation vorgenommen werden könnten. Warum ist mir das wichtig? Weil erst einmal die Chance da sein muß, im Spiel selbst zu erfahren, daß ich als Mann ähnliche oder gleiche Haltungen, Gefühle und Verhaltensweisen wie das tapfere Schneiderlein, der König, die Riesen oder sonstige Akteure des Märchens habe, obwohl mein manchmal sehr aufgeklärter Kopf schon «weiter» ist, bzw. die ganze Blufferei des tapferen Schneiderleins durchschaut. Im Spiel konnten wir sehen, daß es den schnellen, gewitzten Schneiderleins aller Art ganz schön Spaß machte, die

Riesen ein bißchen an der Nase herumzuführen. Es war die Freude des Sich-selbst- Darstellens zu spüren: Freude daran, zu zeigen, was man kann. Im Spiel wurde dann der Moment des Kippens von Situationen sichtbar, wenn der positive Narzißmus der Schneiderleins nur mit Verachtung und Prahlerei der Riesen quittiert wird, wie sich dann Verbissenheit einstellt. Denn im Märchen (wie auch im Spiel der Männer) lief es zunächst mal so, daß das tapfere Schneiderlein, als es zum erstenmal auf den Riesen trifft, zu diesem sagt: «Guten Tag, Kamerad! Gelt, du sitzest da und besiehst dir die weite Welt? Ich bin auf dem Wege und will sie erkunden. Hast du Lust mitzugehen?» Das ist ja auch ein Angebot und eine Bitte, gemeinsam neugierig durch die Welt zu streifen, gemeinsam neue Erfahrungen zu machen: Ich voller Tatendrang und du, Riese mit deiner Kraft, wir wären doch ein tolles Paar. Bei diesem Bild fällt mir mein neunjähriger Sohn ein, der in diesem Jahr im Urlaub zum erstenmal entdeckte, daß er mit der Hand Fliegen fangen kann. Wenn er dann mal wieder eine gefangen hatte, kam er angelaufen: «Kuckt mal, schon wieder eine Fliege», streckte stolz seine Brust raus und hielt einem den Arm mit der geballten Faust unter die Augen, in der die Fliege drin war, und strahlte über das ganze Gesicht. Daraufhin öfters die Reaktion des «Riesen»-Bruders (mein älterer Sohn wird in diesem Jahr 14) leicht herablassend: «Pah... was soll das, was ist da schon dabei?!» Und weiter der kleinere dann: «Ätsch, Blödmann, ich hab heute schon viel mehr gefangen... fünf Stück oder so.» Und vielleicht noch ein paar dazuzählte, die er in seiner Phantasie gefangen hatte.

Diese Wende in der Interaktion konnten wir auch im Mienen- und Gestenspiel einiger Männer im Spiel dieser Szene feststellen: wenn die Riesen dann verächtlich den kleinen Wicht ansahen und sagten: «Du Lump, du miserabler Kerl.» Daraufhin der Schneider dann seinen Gürtel zeigt und sagt: «Da kannst du lesen, was ich für ein Mann bin.» Ab jetzt ist der Ritus des gegenseitigen Prüfens, Testens angesagt bis zum Ende, wo die Riesen vor dem Schneiderlein fliehen, weil sie Angst vor ihm bekommen. Aus Neugierde, Unternehmungsgeist, Sehnsucht, gemeinsam was auf die Beine zu stellen, kann sich eine gegenseitige Prahlerei und Blufferei entwickeln. Und am Schluß steht das Schneiderlein allein da, weil seine Blufferei die anderen in die Flucht jagte.

Auch eine ganz andere Entwicklung der Interaktion zwischen Riese und Schneiderlein konnte man im Spiel einer anderen Gruppe beobachten. Da saß ein schöner, großer, starker Riese gemütlich auf der Bank, und das Schneiderlein kam auf ihn mit dem gleichen Satz zu, aber vom Tonfall her signalisierte das Schneiderlein nicht: Komm mit, Kumpel, wir wollen was zusammen auf die Beine stellen, sondern das klang mehr in die Richtung: Mensch, bist du ein Langweiler, daß du nichts unternimmst. Wie kann man einfach so gemütlich rumsitzen. Hast nur Kraft und keinen Verstand. Das Schneiderlein nervte den Riesen also mit seiner sterilen Aufgeregtheit und Überheblichkeit, und da flippte der Riese aus.

Das Spiel bietet im Vergleich zur traditionellen verbalen Reflexion die Chance, an zusätzliche weitere Ebenen und Aspekte des Fühlens, Denkens und Handelns in stark vorgefertigten Rollenmustern heranzukommen:

– Es wird im Spiel deutlicher, wie sich die Verhaltensweisen des einen (des Riesen oder des tapferen Schneiderleins) aus denen des jeweiligen Gegenübers ergeben. Im Spiel wird erfahrbar, daß ein Grundmuster sozialer Beziehungen (z. B. zwischen dem Riesen und dem tapferen Schneiderlein) im Detail ganz unterschiedlich ablaufen kann. Durch solches Experimentieren im Spiel wird man sensibler für das jeweilige Gegenüber.
– Im normalen Alltag achten wir besonders auf die gesprochene Sprache. Darauf ist m(M)an(n) besonders geeicht. Aber seine Wahrnehmung für Körperausdruck, Stimmlage, Tonfall, Gesichtsausdruck (= averbale Aspekte der Kommunikation) ist manchmal sehr unterentwickelt. Das Spiel schärft die Sinne für diese averbalen Aspekte von Kommunikation.
– Durch das Spiel kann man griffiger darüber sprechen, wie so positive Bedürfnisse wie Neugierde auf neue Erfahrungen, die Lust, in die Welt hinauszuziehen, der Drang nach Selbstdarstellung usw. unter gegenwärtigen gesellschaftlichen Bedingungen und Rollenstrukturen in der Haupttendenz in der Form perverser Umfangsformen des Bluffens, Kämpfens, gegenseitigen Austricksens, des sich Ständig-bewähren-Müssens und der Profilierungssucht auftreten. Die Spiele anläßlich des Märchens geben die Chance, nicht allzu moralisierend mit seinen eigenen Verhaltensweisen umzugehen. Die moralisierende Form wäre: Man soll als Mann im neuen Rollenverständnis nicht bluffen, kämpfen, tricksen usw. Der so beschriebene Veränderungsprozeß besteht oftmals nur aus Aufstellen von Verbotsschildern. Aber es bleibt in dieser Form auch unklarer,

welche Bedürfnisse in diesen perversen Formen eigentlich noch drinstecken. In den Spielhandlungen entsteht die Chance, solche Bedürfnisse für sich zu erspüren.

– Eine weitere Chance des Theaterspiels (wie auch anderer Kunstformen) gegenüber der rein kognitiven Analyse ist die Möglichkeit, auf Probleme durch Überzeichnung typischer menschlicher Eigenschaften aufmerksam zu machen, entweder in der Form der Entlarvung anderer oder in der Form der Selbstironie: Janosch hat eine Version des tapferen Schneiderleins geschrieben, in der der Schneider vom König ein Gewehr bekommt für den Krieg. Das Schneiderlein geht mit diesem Gewehr in den Krieg. Ihm schlottern Knie und Arme vor lauter Angst vor der Vielzahl der Feinde. Seine vor Angst zitternden Hände lösen einen Schuß aus, und ein Feind fällt tot um. Der Schneider merkte, daß man gar nicht viel Mut braucht, um einen Feind zu töten. Der Schneider fand soviel Gefallen an diesem Töten aus der Ferne, wo man keinen Mut braucht. Er verlangte vom König ein Gewehr mit zwei Läufen, um gleich zwei Feinde auf einmal erschießen zu können. Er bekommt dieses Gewehr. Schließlich verlangt er immer tollere Waffen. Der Schneider wurde immer tapferer, bis er schließlich soweit war und den größten Mut verspürte und mit einem Schlag mit seinen angehäuften supermodernen Waffen die ganze Welt auslöschte. Janosch überzeichnet in seiner Version besonders diesen angeblichen Mut im Krieg (manchmal muß man sich fragen, ob dies wirklich eine Überzeichnung ist). Die ursprüngliche Märchenversion finde ich besonders toll bei den Überzeichnungen und Übertreibungen in den Szenen, in denen das Schneiderlein den Kampf gegen die beiden Riesen, das Einhorn und das Wildschwein gewinnt und eigentlich viel Glück hat, daß es dabei nicht selbst getötet wird. Das Schneiderlein stellt aber gegenüber dem König und seinen Dienern den guten Ausgang der Abenteuer als Ergebnis seiner Leistung dar.

Genau mit dem Nachspielen und Erfinden solcher absurder Situationen kann man den in der Realität ja oft vorkommenden männlichen Größenwahn über das angebliche Wirken der eigenen Leistung verdeutlichen.

Ich möchte mich jetzt gar nicht großspurig hinstellen und behaupten, daß die erwähnten Chancen des Theaterspiels in diesem Theaterworkshop alle realisiert wurden. Dazu war er zu kurz. Außerdem wirkt so eine Arbeit (selbst wenn wir eine Woche zusammen gewesen wären) nicht so automatisch: Spiel rein – sensible Wahrnehmung kommt raus. Die Nachwirkung der Bilder, die auf solchen Workshops gespielt werden, äußert sich auf Umwegen und langfristig, zum Teil sehr unterschiedlich, und kommt stärker zur Entfaltung, wenn man längerfristig solche Spielmöglichkeiten nutzt. Vielmehr ging es doch erst einmal um das Hineinschnuppern in solche Spiel- und Kommunikationsformen, um die (Wieder-)Entdeckung des Sehens nichtverbaler Kommunikationsaspekte, um die Freude am Spiel, das sinnliche Umgehen miteinander und die gemeinsame produktive Arbeit. Man muß bei solchen Arbeits- und Kommunikationsprozessen geduldiger mit sich sein. Man darf nicht nur auf das Endergebnis schielen. Der Prozeßaspekt ist sehr wichtig.

Am Freitagnachmittag hatten wir neben weiteren Körper- und Interaktionsübungen im wesentlichen Szenen aus dem Märchen gespielt. Mögliche Aktualisierungen sollten am nächsten Tag erfolgen.

Am Samstagmorgen fingen wir erst einmal langsam an (wir hatten drei Stunden Zeit): Jeder Teilnehmer lag auf einer Decke, umhüllt von zärtlich entspannender Musik (von der Platte «Celebration» von Deuter). Ich rege an, im stillen auf der Decke in entspannter Lage nachzudenken, wo wir gerade herkommen, was gestern war, wo wir uns z. Zt. befinden, wer neben uns liegt. Wir lassen die Gesichter der Teilnehmer an uns vorbeiziehen. Wir stellen uns vor, wir landen auf der Uni-Wiese, werden selbst ein Grashalm, der vom Wind bewegt wird. Mit dem Wind, den wir selbst akustisch etwas verdeutlichen, kommen wir in Bewegung, erst mit Fingern und Füßen, dann langsam mit allen Körperteilen. Wir erblühen langsam zu einer großen Blume (unser Körper beginnt sich aufzurichten). Wir werden zu Schmetterlingen oder Vögeln, die sich durch die Luft bewegen, aber sich nicht gegenseitig berühren (wir fliegen durch den Raum). Aus der Vogelperspektive wählen wir uns eine Figur aus dem Märchen aus (Schneider, Riese, Wildschwein, König oder Königstochter usw.), gehen als diese Figur im Kreis, geben dieser Figur einen Satz, sagen diesen Satz vor uns hin, kauen, schmecken diesen Satz ab, variieren ihn beim Aussprechen (energisch, sanft, nachdenklich usw.) und sagen diesen Satz anderen auf verschiedene Weise, wenn wir aufeinandertreffen. Jetzt standen sie wieder im Raum: viele Figuren aus dem Märchen. Eine lebendige Welt wurde aus dem Nichts gebaut, und das Spiel konnte weitergehen. Die Zeit war fortgeschritten. Der Aktualisierungsschritt konnte nicht mehr ausführlich und mit genügend Muße realisiert werden. Eine Gruppe zeigte allen anderen ihre moderne Version des Märchens: Studenten beim gegenseitigen Bluffen, was sie alles an einem Arbeitstag so schaffen würden. Die Szene endete mit dem Ausspruch eines einsamen Studenten an der Schreibmaschine: «Sieben Seiten hab ich heut geschrieben – und mir geht es so schlecht.»

In der Abschlußbesprechung sagten die meisten, daß dieses Theaterspiel ihnen sehr gut gefallen hat, sie es aber besser gefunden hätten, wenn schon am Freitagnachmittag der Schritt mit den Aktualisierungen möglich gewesen wäre. Zehn Leute hatten sich in eine Liste eingetragen, um sich weiter beim Theaterspiel zu treffen. Später hörte ich von einem Teilnehmer, daß die Gruppe sich öfters getroffen hatte. Ich konnte die Gruppe nicht weiter betreuen, weil ich einfach keine Zeit mehr hatte. Schade!

Was mir mein eigenes Theaterspiel bedeutet

Ich selbst spiele seit mehreren Jahren in meiner Freizeit Theater, gebe selbst Theaterworkshops im Rahmen von gewerkschaftlicher Bildungsarbeit und bei anderen Erwachsenenbildungsträgern und versuche in einem wissenschaftlichen Projekt die Lern- und Kommunikationschancen von Theaterarbeit zu ergründen. (Holzapfel, G. u. a.: «Theaterwerkstatt... ich dachte, ich müßte meinen Lattenhammer und Nägel mitbringen.» In: Materialien zur Politischen Bildung, Heft 2/1984; ein zu empfehlendes Handbuch für Theaterarbeit ist Batz, M./Schroth, H.: Theater zwischen Tür und Angel, Hamburg 1983)

Im Zusammenhang dieser Arbeit und auch für mich persönlich bedeutet mein eigenes Theaterspiel:

– Es macht Spaß, wir * lachen viel über unsere Szenenproduktionen, auch wenn wir lange brauchen, bis wir ein aufführungsreifes Stück zustande bringen.
– Die ganze Körperarbeit bei diesem Theateransatz hält mich irgendwie fit. Ich komme öfters ganz müde und ausgepowert zum Gruppenabend und gehe mit einem guten Körpergefühl wieder vom Spiel nach Hause. Wenn die Probenarbeit gelingt, spürt man

* Meine Gruppe heißt compagnia katastrophica. (Die Gruppe besteht aus vier Frauen und drei Männern)

seine produktiven Kräfte. Diese Laienkunst macht auch müde, aber man hat so ein sattes Gefühl im Bauch, weil man was Sinnvolles getan hat. Dieses Gefühl ist natürlich besonders toll, wenn wir eine Aufführung haben und wir mit unserem Spiel das Publikum erreichen.

– Unser Anliegen ist immer noch politisches Theater. Wir spielen im Stil der Commedia dell'arte. Es soll kein so bierernstes politisches Theater sein. Witz und Komik sollen dominieren. Bisher haben wir ein größeres Stück (gegen die Munitionstransporte der USA durch die Bundesrepublik) und zwei kleinere Sketche entwickelt.

– Im Stück gegen die Bombenzüge spiele ich den Pantalone, diesen geizigen, alten, stets verliebten, geilen, ewig hinter seinem Profit herjagenden, kaum jemals zufriedenen rabenhaften Kaufmann, der von seinem Diener Harlekin (gespielt von meiner Frau) an der Nase herumgeführt wird. Denken die Leser, daß die Figur was mit mir zu tun hat? Na jaaa... äh... so ganz möchte ich das nicht von der Hand weisen. Da gibt es gewisse Beziehungen... Im Ernst! Manche Parallelen von heutigen Männerproblemen, von denen auch ich betroffen bin, und der erwähnten Figur sind mir nicht von Anfang an so deutlich gewesen, sondern erst durch häufiges Spielen dieser Rolle so richtig bewußt geworden: zum Beispiel Pantalones ewige Unrast und Unzufriedenheit mit dem Erreichten. Mensch, Mann! Hast du keinen Durchblick?! So könnte vielleicht mancher Geschlechtsgenosse jetzt sagen: das mußt du doch als aufgeklärtes Mannsbild wissen, Leistungsethik im Kapitalismus und so, das ist doch ein alter Hut, da brauchst du doch nicht dein Theater, um das rauszukriegen. – Tja, Durchblick eben! Freilich kenne ich diese Analyse seit langem, aber es ist eben ein Unterschied, ob ich *durch*-blicke und dabei durch die bei diesem Durch-Blick aufkommenden Gefühle schnell durchhaste (bloß nicht so genau darüber nachdenken), oder ob ich dieses Gefühl der Unzufriedenheit und ewigen Unrast als Schmerzgefühl zulassen kann (*an*blicken). Das Spielen der besagten Kaufmannsfigur im Wechsel und im Dialog mit Harlekin, der ein Genießer ist, jede sinnlose Arbeit ablehnt, flink wie eine Katze ist und in den Tag hineinleben kann, förderte bei mir diesen Prozeß. Denn beim Spielen versuche ich in jeder Phase meines Körpers diesem Schmerzgefühl nachzuspüren, und zugleich kann ich den damit verbundenen Haltungen eins draufgeben, weil der Pantalone in seiner geierigen Rabenhaltung auch manchmal sehr lächerlich wirkt.

Nach all dem Gesagten wird deutlich, daß Theaterspiel (bzw. -arbeit) für mich auch was mit Lernen zu tun hat. Diesen Lernbegriff möchte ich hier aber ganz weit fassen, nicht so instrumentell, nicht nach dem Motto: ich lerne im Theater etwas über mein problematisches Verhalten als Mann und setze das Gelernte dann in der Realität postwendend um. Das Spiel als Medium steht für sich. Der französische Theaterpraktiker Barrault hat für diesen weitgefaßten Lernbegriff eine treffende Formulierung gefunden:

«(Das) Bedürfnis nach Spiel entspringt wahrscheinlich dem Wunsch, sich das wirkliche Leben und dessen Probleme dadurch zum Bewußtsein zu bringen, indem man dieses Leben künstlich erschafft. Vor diesem erschaffenen, aber geläuterten, filtrierten Leben fühlt man sich sicherer. Die Entscheidungen, wie man sich in diesem oder jenem Fall benehmen soll, werden einem klarer, man ist nicht mehr durch die Heftigkeit des Gegenschlages verwirrt, man kann das Leben üben. Es ist eine Schulung der virtuellen Kraft, die in Fällen realer Kraftlosigkeit nützen kann, eine Energieschulung, man lädt sich auf... (Spiel) ist von allem Anfang an von ‹öffentlichem Nutzen›. Spielen bedeutet Kämpfen gegen die Angst, es bedeutet das Glück erfinden, denn das Glück ist die Überwindung der Angst...» (Barrault, zit. nach R. Müller [Hg.], Spiel und Theater als kreativer Prozeß, Berlin 1972, S. VII)

Theater speziell für Männer?

In den Theaterworkshops kann man immer wieder feststellen, daß mehr Frauen als Männer diese Spielform bevorzugen. Aus meiner Erfahrung mit dem Workshop bei den Männertagen und den Eindrücken vieler anderer Workshops meine ich, daß das Theater-selber-Machen auch für Männer eine ganz tolle Erfahrung sein kann. Also los, Männer, macht es nach! Probiert es mal! Solche Workshops als Einstieg werden heute überall angeboten. Sicherlich gibt es Qualitätsunterschiede, aber die muß man selber herausfinden. Als Groborientierung würde ich sagen, daß die halb-professionellen sogenannten freien Theatergruppen, die selber längere Zeit erfolgreich Theater spielen, in der Regel gute Workshops anbieten. Auch an Volkshochschulen oder anderen Bildungs- und Kulturzentren können gute

Kurse (meist preiswerter als am freien Markt) angeboten werden. Setzt euch bei dieser Aktivität nicht unter falschen Leistungsdruck. Wenn ihr nach der ersten Theaterwerkstatt begeistert eine Theatergruppe aufmachen wollt und dann die Erfahrung machen müßt, daß das alles nicht so euphorisch wie auf dem Workshop weitergeht, seid nicht enttäuscht. Das ging und geht vielen solchen Gruppen so. Diese Erfahrung gehört dazu. Es liegt bei jedem einzelnen, dann zu entscheiden, ob er so lange weitersucht und weitermacht, bis er die richtige Gruppe für sich gefunden hat, oder ob er sagt, die ersten Erfahrungen mit dem Theater-selber-Spielen waren schön, und sie werden nicht dadurch abgewertet, weil es nicht so schön und produktiv weitergeht wie zu Anfang. Theaterspiel für Männer also? Ja, natürlich.

Das gleiche speziell für Männer in Männergruppen? Die Beantwortung dieser Frage ist nur durch weitere Praxis mit dieser Spielform in solchen Gruppen möglich. Ich denke kaum, daß man hier schon Allgemeines sagen kann. Man muß es ausprobieren. Gründe, die dafür sprechen, dürften die gleichen sein, die auch bei anderen Gruppenformen und Themen für reine Männergruppen sprechen: Zum Beispiel könnten manche Themen angesprochen werden, die in gemischten Gruppen tabuisiert sind. Manche Männer könnten sich in solchen Gruppen eher trauen, aus sich herauszugehen, wenn sie keine Angst haben müssen, sich vor Frauen «bloß-»zustellen (gerade beim Theaterspiel kann dieses Schutzmoment ungeheuer wichtig sein). Für eine Männergruppe beim Theaterspiel kann sprechen, daß die erotischen und körperlichen Akzente dieser Spielform «unverfänglicher» als in gemischten Gruppen angegangen werden können. Damit ist nicht gesagt, daß solche körperlichen Akzente völlig problemlos sind, wenn man an die möglichen Konflikte zwischen Homos und Heteros denkt. Und schließlich noch eine Einschätzung zur Frage: Was spricht gerade dafür, daß Theaterspiel im Vergleich zu anderen künstlerischen Medien (wie z. B. Malen, Foto, Video, Musik) von Männern mal ausprobiert wird? Theaterspiel ist von vornherein Gruppenarbeit (sicherlich gibt es auch ein Ein-Mann-Theater, aber das ist doch eine selten vorkommende Form). Man muß sich also mit anderen auseinandersetzen, mit anderen was zusammen machen. Mit anderen Medien kann man allein und in einsamer Freiheit umgehen. Genau aus dieser Situation wollen wir Männer ja herauskommen. Neben dem Gruppeneffekt spricht noch ein anderes Moment von Theater dafür, daß gerade Männer diese künstlerische Form mal ausprobieren: Beim Theaterspiel kann man sich (und vor allem seine Gefühle) zum Teil weniger verstecken als bei anderen Medien. Bei Foto, Video, Malen, Graphik, Musik usw. hat man sein Instrument und seine Technik. So etwas bietet auch Schutz. Probiert es mal mit weniger Schutz, nur mit euch selbst, mit eurem Körper und euren Sinnen. Da kann sich was Neues, Spannendes auftun.

Seid ihr *solche* Kerle, die das mal probieren?

GÜNTHER HOLZAPFEL, 1941 in Berlin als zweiter Sohn geboren (Vater war Schreiner und Berufssoldat, «gefallen» im Krieg, Mutter war Verkäuferin). Schulzeit und Soziologiestudium in München. Seit 1969 Arbeit in Praxis und Forschung im Bildungs- und Erwachsenenbildungsbereich in Heidelberg, Berlin und Bremen. Seit 1979 Hochschullehrer im Studiengang Weiterbildung an der Universität Bremen mit den Schwerpunkten und Interessensgebieten politische Bildung, gewerkschaftliche Bildungsarbeit, Kulturarbeit, Theater und Spiel, Persönlichkeitstheorie. Seit 1967 verheiratet, Vater von zwei Söhnen (14 u. 9 Jahre alt)

Robert Glattau

Dilidü – Du Krokodü

Wann die Küh' schener waratn ois wia die Fraun, werd i a Trankler

Impressionen aus einem Vorstadtbeisl

Sonntag, 9 Uhr früh, Sonja und ich kommen in das Floridsdorfer Vorstadtbeisl «XXX», es könnte auch «Zur Rauschkugel» heißen, wie alle typischen Wirtshäuser. Die meisten Stammgäste sind versammelt und warten auf das erste Viertel, das erste Krügel. Kein Frühschoppen, keine Ausnahme, sondern halblustige Alltagsroutine.

Sonja, sie ist die Kellnerin, Frau Sonja also, schenkt ein, serviert und gibt mir im Vorbeigehen ein Bussi. Feny, das Lokalfaktotum, mit Schlafplatz im Keller des Hauses, 27 Jahre, arbeitslos und zumindest angeheitert, das aber meistens, überblickt die Situation, «Hearst, habt's ka Wohnung?» und grinst. Eigentlich wohnt er da, räumt auf, hilft mit und komplimentiert allzu späte Gäste auf die Straße.

So früh ist das Wirtshaus noch ein reines Männerlokal. Handwerker, Fernfahrer, öffentlich Bedienstete und Bauarbeiter führen Schmäh, zumeist über die beiden Frauen, Margit und Resi, die hier Köchinnen sind. Das heißt, Margit ist die Köchin, und Resi, ihre Schwester, hilft ihr etwas. Nur so.

Margit, sowohl die ältere als auch die wohlbeleibtere, hat, man hört es in jedem Satz, ein hartes Männerbeisltraining hinter sich. Sie verteidigt jeden Quadratzentimeter ihrer Haut. Doch bei ihrem Spruch klingt es gar nicht nach Verteidigung, nach Rückzug, sondern wie ein Angriff, dea si gwoschn hot.

Zurück zu Feny. Irgendwie hat es ihm die Resi angetan, auch wenn er sich dessen nicht ganz sicher scheint. «Hearst, du bist a geile Frau! Oba Oasch host kan gscheitn, da konn i mi ja nirgens anhoidn!» Resi: «Na, du redst wieda an Bledsinn dahea, des gibt's normal net!» Feny schaut ihr nach, spielt auf lüstern, beschreibt sie in allen Feinheiten. Vertauschte man Oasch mit Sportfelgen, Brüst mit Kühlergrill und

Gfrieß mit Karosserie, hätte Feny gerade sein Traumauto beschrieben. Technisch. Plus – Minus. Fazit: ... eigentlich steht er ja auf die Hanni, die die Resi um 17 Uhr ablöst.

Männergespräche, Männerwitze... Du wiast ja scho naß, wannst an feschen Buam sichst! Und zu Margit und Resi: es zwa Krokodüle hoits de Goschen!

Naß werden: Unbekannte, unmerkliche und geheimnisvolle weibliche Sexualität, Mann hat darüber keine Kontrolle. Krokodile: Lauern am Boden, warten auf Opfer, lautlos, und durchbeißen mit a so ana Goschn und mit jeder Menge scharfer Zähne alles, was kommt. Auch Männer, auch Schwänze...?

Flucht in die Verbalerotik, angetreten von Feny und den meisten anderen Männern, höre ich von Frauen nicht. Jäger-Beute-Verhalten? Kaum. Jedenfalls nicht nur. Imponierenwollen? Schon eher. Erfolgreicher und besser sein, wenn auch nur im Getto der Sprach- und Hirnwichsereien, ist ja schon ein lohnender Lebensinhalt, ein Ziel. Mit viel Zielwasser, sonst ließen sich diese Inhalte nicht aushalten.

Aber da ist ja noch wer. Die Mamschi, bei der Feny wieder einziehen könnte, wenn da nicht der Vater wäre. Ja, 600 000 Jahre soll er werden, aber wenn er weg wäre, dann würde Feny sofort zurück. Sie steckt ihm auch gelegentlich a poa Kilo zu, ohne daß da Voda wos wissen derf. Den lädt er dann im Beisl um die Ecke auf einige Achteln ein.

Die Loslösung vom Vater läuft materiell ab, die von Mamschi gar nicht, Gott sei Dank. Es ist eine Familie, die ihresgleichen nicht zu suchen braucht, es gibt sie ohnehin überall.

Verona, vor einigen Jahren, Feny und Freunde sehen im Freilichttheater die Aida. Hendrix und Joplin, darauf steht Feny eigentlich, auf Giftlermusik. Aber bei der Aida ist er ganz senti. Soichane Perlen san ma obagrannt. Wieder in Wien, geht er mit der Mamschi dann und wann in die Oper. Feny ist immer wieder gerührt und weint. Warum reastn? – Kusch!!! Nachher wird erklärt, er will bei Opern ungestört mitfühlen können, alles ist wieder leiwand.

Feny hat mir heute sein Leben im Zeitraffer erzählt. Von der Maler- und Anstreicherlehre, vom Karateclub, vom Ringer-, Fußball- und Stemmverein. Wie er noch Geld ois wia a Obalehra gehabt hat, von einer Jugendsünde und von einem Beinaheurlaub in Kenia. Sein Paß war abgelaufen, darum ist die Mamschi doch alleine gefahren.

Als er in der Früh einmal ganz oag auf da Schaufl war, hab ich ihm tröstend den Oberschenkel getätschelt. Wos is, wüst mi pudern? war seine Reaktion. Mittlerweile ist es noch immer Sonntag, aber schon 16 Uhr. Feny hat ein paar Flaschen Bier verdrückt und macht sich beim Zwischendurchsaubermachen nützlich. Gelegentlich kommt er bei mir vorbei, schaut, ob ich zu Ende komme, er möchte die Geschichte schon so gerne hören. Er erzählt mir noch schnell ein Detail und legt dabei seinen Arm um meine Schulter... Schön...!

Für unsere deutschen Leser/innen möchte ich noch ein paar Dialektausdrücke erklären:
Beisl, Wirtshaus: Lokal, wo hauptsächlich Wein und Bier ausgeschenkt wird. Heimstätte vieler ständig Betrunkener.
Viertel: Ein Viertelliter Wein.
Krügel: Ein halber Liter Bier.
Bussi: Küßchen.
Hearst: Hör doch mal, beliebte Anrede.
Gfrieß: Gesicht, nicht sehr fein gemeint.
Fescher Bua: dufter Typ.
Goschn: Mund, auch nicht sehr fein gesagt.
a poa Kilo: einige 100-Schilling-Scheine.
Kusch: Bitte rede nicht weiter, es ist besser für dich.
Rearn: Weinen.
Leiwand: knorke.
Oag auf da Schaufl sein: Einigermaßen gehänselt werden.

ROBERT GLATTAU, am 2. März 1957 in Wien geboren. Liebte das freie Leben zu sehr, um hinter einem Büroschreibtisch alt zu werden. Nach erfolgreichem Abbruch des Wirtschaftsstudiums wurde ich Feminist, Männerbeweger und arbeite seither als freiberuflicher Journalist. Derzeit (Ende 1986) gibt mir das Studium der Indianer Nordamerikas mehr als «Emanzipation», außerdem ist eh' alles dasselbe.

Klaus Ottomeyer

Das Drama des verzagten Mannes

Der Hauptstoff im westlichen Kulturbetrieb der Gegenwart ist das «Drama des verzagten Mannes», welches in zahlreichen Variationen gegeben wird. Das ist vor allem aus den trivialen Video- und Filmprodukten herauszulesen, die seit Beginn der achtziger Jahre auf dem Markt sind. Es gibt einen beunruhigenden Zusammenhang zwischen kulturindustriellen und politischen Inszenierungen.

Die prognostischen Möglichkeiten, die sich aus einer sozialpsychologischen Beschäftigung mit dem Massenfilm ergeben, sind wahrscheinlich beträchtlich. Ein Problem ist nur, daß viele, die sich links und politisch verstehen, sich die trivialen Kassenschlager gar nicht ansehen. Bereits etwa ein Jahr vor dem überfallartigen Libyen-Bombardement durch die USA im April 1986 war man in Hollywood dabei, einen Film-Hit mit dem Titel «Der stählerne Adler» zu produzieren. Die Handlung: Nordafrikanische Terroristen, nach einem Kartenbild genau dort verschanzt, wo Libyen liegt, halten einen Amerikaner als Geisel gefangen. Seinem noch halbwüchsigen Sohn dauern die politischen Verhandlungen zu lange. Er entführt kurzerhand – zusammen mit einem schwarzen Freund – einen US-Bomber, landet nach mörderischem Feuer auf einem feindlichen Flughafen und haut seinen Vater heraus. Das scheint ebenso eine kompensatorische Nachbereitung des Teheraner Geiseldramas gewesen zu sein, wie es eine *Vorbereitung* im Rahmen der neuen Kampagne war. Die deutsche Premiere dieses Films im größten West-Berliner Kino, dem Zoo-Palast, im April 1986 mußte zunächst ausfallen, weil gerade in diesen Tagen das reale Libyen-Bombardement stattfand und die Angst vor Anschlägen doch zu groß war: Die Realität überholt die Fiktion. Es ist zu hoffen, daß die Herrschenden wissen, daß die realen Hegemonieprobleme der Weltmächte politisch-ökonomischer Natur [1] sind – z. B. das Zurückfallen der USA gegenüber der asiatischen und europäischen Konkurrenz, das Handelsdefizit, die staatliche Verschuldung – und daß sie nicht durch innenpolitisch populäre Durchgreifinszenierungen auf den klapprigen Bühnen der Dritten Welt oder des Nahen

Ostens zu lösen sind. Aber neben der Gefahr eines rein technischen Versagens in den Vernichtungscomputern besteht die größte Gefahr im Realitätsverlust und in Fehlinszenierungen, die Leuten unterlaufen können, deren öffentlich sichtbarer Anteil an ihrem politischen Handeln immer mehr «telemorph» wird. Die Anekdoten über den Präsidenten, der Sequenzen aus Soldaten-Filmen, an denen er mitgewirkt hat, Zuhörern als reales Ereignis und Vorbild für Kameradschaft bis in den Tod erzählt, sind ja bekannt.

Sigfried Kracauers klassische filmhistorische Studie «Von Caligari zu Hitler»[2] ist immer noch wert, gründlich gelesen zu werden. Sie zeigt detailliert, wie sich durch den (technisch brillanten) deutschen Film von 1920 an das Thema der ambivalenten Faszination durch den Dämon der Mächte, durch den suggestiven Tyrannen, verbunden mit der Angst vor dem «Chaos» der Freiheit, hindurchzieht. Schon im «Caligari» taucht das Motiv auf. Kracauer hat nicht psychologisiert. Er kannte sehr genau die objektiven Hintergründe für die Nazi-Erfolge in der wirtschaftlichen Krise, im Niedergang der alten Mittelschichten, der Entstehung der «geistig obdachlosen» neuen Gruppe der Angestellten, der Massenarbeitslosigkeit und Zukunftslosigkeit der Jugend. Aber der Inszenierung von (größtenteils unbewußten) Massenphantasien, die zuvor im Film sichtbar waren, durch die Nazis schrieb er ein eigenes verhängnisvolles Gewicht zu. Aus Gründen der Aktualität soll deswegen das vorliegende Kapitel mit der Schlußpassage von Kracauers Untersuchung aus dem Jahre 1946 schließen. Es bezieht sich auf das «Sehnen nach totalitärer Führung»:

«Hitler wußte wie sonst keiner mit diesen Sehnsüchten zu spielen. Schließlich darf man davon ausgehen, daß die Diskrepanz zwischen diesem unterschwelligen Verlangen und den politischen Überzeugungen der Parteien der Weimarer Republik viel zum Zusammenbruch des «Systems» beitrug. Die Lebensenergien des katholischen Zentrums wie der Sozialdemokraten kamen zusehends zum Erliegen. Es war, als seien sie beide gelähmt. Den Grundsätzen, die sie vertraten, gebrach es an Unterstützung starker Emotionen, und am Ende verfiel ihr Wille zur Macht in ohnmächtige formale Skrupel.

Rettungslos der Regression verfallen, mußte die Mehrheit des deutschen Volkes sich einfach Hitler ergeben. Da Deutschland so verwirklichte, was in seinem Film von Anfang an bereits angelegt war, nahmen die Leinwandgestalten tatsächlich Leben an. Als personifizierte Tagträume, die Köpfen entsprangen, denen Freiheit ein tödlicher Schock und Jungsein ständige Versuchung bedeutete, füllten diese Figuren die Arena im Deutschland der Nazis. Der leibhaftige Homunculus ging um. Selbsternannte Caligaris hypnotisierten zahllosen Cesares Mordbefehle ein. Rasende Mabuses begingen wahnsinnige Verbrechen und gingen straffrei aus, und irre Iwans erdachten unerhörte Folterungen. Viele von der Leinwand her bekannte Motive wurden in dieser unheiligen Prozession zu lebendigen Ereignissen. In Nürnberg erschien das Ornament der Masse aus den Nibelungen in gigantischen Ausmaßen: ein Meer von Flaggen und Menschen, die kunstvoll ausgerichtet waren. Seelen wurden durch und durch manipuliert, wie um den Eindruck zu schaffen, das Herz vermittle zwischen Hirn und Hand. Tag und Nacht zogen Millionen in Stadt und Land über die Straßen. Unaufhörlich erklang das Schmettern der Militärfahnen, und den Spießern in Plüsch und guter Stube schwoll die Brust. Schlachten dröhnten, und ein Sieg jagte den anderen. Alles war so wie im Film. Und die dunklen Vorahnungen von einer Götterdämmerung sollten sich erfüllen.»[3]

Ich denke, daß *heute* die Hauptdynamik in den kulturindustriellen (und vielen biographischen) Psycho-Dramen aus einer Verdrängung der Männerniederlagen besteht, die der autoritäre Konservatismus um uns und *in uns* seit '68 hat einstecken müssen. Es bleiben aber in der Verdrängung noch Spuren der verdrängten, «explosiven» Wünsche, z. B. des Wunsches nach einer starken, emanzipierten, attraktiven Frau:

Da ist zum Beispiel die TV-Serie «Denver-Clan», in der sich Alexis und der gewissermaßen letzte, treuherzig blickende Patriarch Blake, ihr Ex-Gatte, vor dem Hintergrund von *Bohrlizenzen* und Ölmilliarden bekämpfen. Alexis, die dynamische Hauptfigur der Serie, ist natürlich eine Hexe, wenn Hexen die abgespaltenen bösen, rachesüchtigen, verfolgenden Anteile des Bildes von der mächtigen Mutter verkörpern. Sie ist aber zugleich der sexuelle Dämon, läßt sich mit unser aller potent-kastrierendem Gegner, dem Ölscheich, ein, konsumiert Männer und benutzt dazu noch ihre Sexualität – ganz anders als ihre labile, abhängige Tochter Fallon – souverän als Mittel der Machtsteigerung. Zu Tracy, einer Art Unterhexe, die sich etwas weniger souverän durch die Chefbetten schläft und zur Doppelagentin zwischen Alexis und ihrem abgeschlagenen Lover Dex wird, sagt Alexis in der Folge «Alles oder Nichts»: «Die Männer haben die Frauen jahrhundertelang unterdrückt, jetzt wird es Zeit, daß wir sie ausnützen.» Diese Bemerkung zeigt, daß sie zugleich Ab- und Schreckbild der Frauenbewegung ist, deren Auftreten in den letzten Jahren den amerikanischen und westlichen Mann so beunruhigt hat. Man kann sagen: «Ein Gespenst geht um in Europa und Amerika...» Hinter dem Bedrohlichen um Alexis stehen natürlich letztlich mächtige Wünsche, und zwar sowohl von Frauen als auch von Männern. Sie hat jegliche Art von Potenz, die Frauen sich wünschen können; sie zu besitzen ist ein Männertraum – an dem aber sogar Dex Dexter, der «Beste», zu scheitern droht. Die Serie lebt wesentlich von einer beständigen Wunsch-Abwehr-Spannung in bezug auf die Auftritte von Alexis: Soll man ihr attraktiv-depotenzierendes Treiben genießen (zumal es uns vor dem Bildschirm ja zunächst nicht trifft), oder soll sie endlich die Rechnung präsentiert bekommen, den vernichtenden Gegentriumph der «Erniedrigten und Beleidigten» um die Ohren gefetzt bekommen. Die Macher der Serie werden die Spannung vermutlich nicht explosiv auflösen, wie etwa in den «Ghostbusters» (vgl. unten), sondern ein ständiges «up and down» mit einer verquetscht-zufälligen Lösung inszenieren. Es zahlt sich wahrscheinlich eher aus, den Zuschauer in einer Art «unendlicher Vorlust» zu halten. Neben dem Komischen steckt in dieser Serie etwas Gefährliches, Militarisierendes, nämlich der Aufbau von Opfer- und Verfolgungsphantasien, verbunden mit dem Aufbau einer Spannung, die auf Racheexplosionen zielt. «Frau mit Herz» konnte im Juni 1985 geheime Fotos und Informationen veröffentlichen, die beweisen, daß nach der Sommerpause irgendwann ein furchtbarer Terrorüberfall anläßlich einer Fürstenhochzeit den ganzen «Denver-Clan» niedermähen wird. Aus dieser «Bluthochzeit» sollen freilich Alexis, Blake und dessen Ehefrau doch wieder verletzt aufstehen und weitermachen können. – Das ist 1985. Den neueren Stand von «Denver» kann ich hier leider nicht referieren. Meine Erwartungen sind nur insofern widerlegt worden, als der Schluß nicht mit Racheaktionen gegen Alexis endet (sie ist munterer denn je), sondern mit einem Zu-Tode-gequält-Werden der mütterlichen Krystle, Blakes braver Gattin, durch eine Gruppe von pervers-habsüchtigen Entführern. Auch nicht gerade frauenfreundlich.

Bevor ich später einen der neumännlichen Filme, nämlich «Rambo II» (in dem die Frauen kaum noch vorkommen) ausführlicher analysiere, möchte ich vorher noch auf einige kulturindustrielle Parallelproduktionen eingehen, in denen sich der Abwehrkampf und Vernichtungswunsch gegenüber einem weiblich bestimmten Lebens- und Identitätsprojekt deutlicher zeigt:

1983, ein Jahr nach seinem Kassenschlager «E.T.», der ein sentimentaler, mit frühpubertären Größenphantasien unterlegter endgültiger Abschied von der Ära des «Heilsbringers» Jimmy Carter war, ist Steven Spielberg mit «Indiana Jones und der Tempel des Todes» wieder offen auf Macho-Trip. Im Durchgang durch die unterirdische Welt einer blutrünstigen, menschenverschlingenden weiblichen Gottheit irgendwo im indischen Dschungel wachsen ein dauerwitzelnder, schlagkräftiger Abenteurer, ein zunächst zickig-eigensinniges, leichtes Mädchen und ein adoptierter Chinesen-Boy immer mehr zusammen zu einer «richtigen Familie» unter männlicher Dominanz, die schließlich sogar in einem der kernig-idyllischen Bilder von Norman Rockwell (dem Lieblingsmaler von R. Reagan) Platz nehmen könnte. Es geht natürlich nicht ohne den Endkampf, bei dem das Reich des Bösen zur Abwechslung einmal durch eine Wasser-Explosion vernichtet wird.

Etwa gleichzeitig erscheint nach längerem Ruhestand der alternde Roger Moore als James Bond in «Octopussy» auf dem Markt. Er schlägt sich aber standhaft gegen die ihn auf dem Werbeplakat gleich achtarmig bedrohende Weiblichkeit.

In «Sag niemals nie» kämpft sein Bruder und Konkurrent Sean Connery, auch schon mit Toupet, in den ersten zwei Dritteln des Films vor allem gegen eine attraktiv-potente Frau, die mit Schlangen und Explosionen tötet, James Bond in unterirdische Tunnels und Gewölbe treibt und mit ihm um den Status des besten Lovers aller Zeiten konkurriert. Dabei begeht sie eine Unvorsichtigkeit und wird von Bond mit seinem Geheimfüllhalter in einer Vernichtungsexplosion, bei der nur ihre Schuhe stehenbleiben, völlig weggesprengt.

Die Darstellerin dieser Explosionsspezialistin, Barbara Carrera, ist übrigens kürzlich in die – hinsichtlich des Geschlechterkampfes und im Denver-Vergleich – zu langweilige Dallas-Serie hineingeholt worden. Hier verfolgt sie J. R. und seine Freunde ebenfalls mit Sex und Explosionen (z. B. Kofferbomben).

1984 ist «Ghostbusters» der größte Kassenschlager von Hollywood. Drei deklassierte, witzelnde Parapsychologen reifen, begleitet von den Lachexplosionen des Publikums, im Kampf gegen Gespenster in New York zum schlagkräftigen Männerbund heran, in dem schließlich noch ein Schwarzer aufgenommen wird. Am meisten gespenstisch wirkt eine vom Trieb besessene, den Chef der Truppe in jeder Hinsicht überfordernde Violinistin. In ihr steckt «Sul», ein altorientalischer Dämon mit schaurig-männlicher Stimme und attraktivem Frauenkörper, begleitet von zwei Biestern, Greifenfiguren (ganz ähnlich der Gottkönigin von Kreta)[4]. Die Erde tut sich auf. Schließlich wird der Dämon auf einem Hochhaus in einer homoerotisch gefärbten Kollektivaktion der Männer triumphalisch in die Luft geblasen. Man wundert sich kaum noch, daß die Explosion, die man dafür braucht, genau die Form eines Atompilzes hat.

Im neuen Bond «Im Angesicht des Todes» aus dem Jahre '85 haben wir wieder eine mächtige attraktive Gegenspielerin des Meisters. Es ist diesmal eine Schwarze (Grace Jones), die so gut trainiert ist, daß sie Männer durch die Luft werfen und James im Bett niederringen kann. Am Schluß läuft sie, weil sie sich von ihrem satanischen Meister verraten sieht, sogar zu Bond über und hilft ihm. Weil dieser aber schon eine blonde, vergleichsweise schüchterne Freundin hat und weil uns das schwarze Biest auf die Dauer zuviel angst macht, muß es sich diesmal mit der Bombe, die es zur Vereitelung des bösen Planes des ehemaligen Herrn auf einer Lore aus dem überschwemmungsgefährdeten Stollen fährt, selber in die Luft sprengen.

In «Mad Max III» schließlich, auch ein Kino-Bestseller des Jahres 1985, kämpft, so die Ankündigung, ein «einsamer Mann in einer Welt, die aus den Fugen geraten ist und gegen die Frau, die in ihr herrscht». Diese ist wieder schwarz, dargestellt von Tina Turner in einer postatomaren Schrottwelt, in der verschiedene Reststämme der Menschheit sich bekämpfen. Der Held besiegt die Frau, entrinnt ihr, nicht ohne daß es zu erotischen Komplimenten zwischen beiden kommt. Der Film endet nach den Endkämpfen mit einer kitschigen Wiedergeburtsphantasie, in welcher in einer lange zuvor vernichteten Großstadt wieder die Lichter angehen und ein Stamm verwilderter Kinder nun selbst Nachwuchs bekommt.

Gleichzeitig mit Mad Max III kommt «Red Sonja» in die Kinos, die ich zugegebenermaßen nur in der Vorschau gesehen habe. Der Streifen handelt in einer vorgeschichtlichen Heldenzeit, wo eine Bodybuilding-Frau, wie man sie jetzt öfters in den Medien sieht, nach dem Brunhilde-Muster herrscht und sagt, daß sie «nur den Mann lieben kann, der mich besiegen kann» – was dann auch eintritt, weil der Mann von Arnold Schwarzenegger dargestellt wird.

Gegenüber der als omnipotent phantasierten Frau, dem attraktiven «Biest», scheinen im kollektiven Unbewußten des Westens derzeit eigentlich nur zwei Positionen des Mannes einigermaßen angstreduzierend und lustvoll zu sein:

Die *erste* ist die jünglinghaft-androgyne Position, in der man eher

Lieblings- und Muttersohn als kastrationsgefährdeter Gegner der Frau ist. Der sanfte Steven, nicht zufällig homosexuell, ist gegenüber Alexis in dieser Position. Und ein resümierender Kritiker der Pop-Kultur schreibt:

«Es ist schon eine merkwürdige Verkehrung im Vergleich zu den guten alten Zeiten: Die reife, gepflegte Frau um die Vierzig und Fünfzig wird zum Idol, dem dann auf der anderen Seite der Kindmann korrespondiert. Prince und Michael Jackson, jung, klein und sexy, die Generation der Söhne und Geliebten. Die Welt des Sex steht kopf.» [5]

Das erinnert an meso- und neolithische Bilder und Plastiken, vermutlich im Zusammenhang mit matristischen Kulten, auf denen die mütterlich-sexuellen Frauen immer nur mit Partnern in der Umarmung gezeigt werden, die deutlich kleiner und bescheidener konturiert sind als sie. (Auch die triebhaft gewordene dämonisierte Violinistin in den «Ghostbusters» paart sich bei einer Art heros games mit einem kleinen, eher lächerlich gezeichneten Mann.) Die jünglinghaft-androgyne Rollenantwort ist zwar als Pop-Figur recht faszinierend, wird vielleicht auch von manchen in der Adoleszenz ausprobiert, dürfte aber als reale Möglichkeit zuviel angst machen, weil sie mit der Angst vor Männlichkeitsverlust und auch vor Verlust der ökonomisch funktionalen Härte und Konkurrenzfähigkeit verbunden ist.

So liegt im wirklichen Leben die *zweite* Antwort näher. Das ist der Weg der männlichen Überrüstung. Nachdem die Frauen schon ihre männlichen Muskeln aufbauen, muß der Mann sich erst recht zum Neo Macho auftrainieren. In Denver versucht sich Dex Dexter – mit recht kläglichem Resultat – in dieser Bezwingerposition. (Nicht zufällig gehört der Fitness-Raum immer untrennbarer nicht nur zur Szenerie von «Denver», sondern auch unserer realen Lebenswelt.) Ein Aspekt dieses Geschlechterkampfes ist die Frage, wem es länger gelingt, die Zeichen des Älterwerdens länger unter den Vitalitätsprothesen zu verbergen.

Die psychologische Gewalt des Geschlechterkampfes wäre nicht so groß, wenn er sich nicht mit handfest-ökonomischen Depotenzierungsängsten in der westlichen Welt verbinden würde. Wir wissen, daß reale oder antizipierte Arbeitslosigkeit, die Erfahrung der modernen «Überzähligkeit» massive Gefühle der Inferiorität und Unterminierung von Männeridentität hervorruft. «Ich wurde immer kleiner», heißt der Titel einer einschlägigen biographischen Studie. Rambo II gesteht seiner vietnamesischen Freundin kurz vor dem Beginn der Aktion, daß er eigentlich Angst hat, überflüssig zu sein. Nach seinen ersten Kampf- und Rettungsaktionen sagt sie ihm, sie finde das ganz und gar nicht, woraus sich ein spezieller Rühreffekt ergibt. Und die ungeheuren Defizite der Staatshaushalte – aber auch die privaten und betrieblichen Defizite, in welche ja z. B. auch Blake hineingerät – werden offenbar als gewaltige «Löcher» nicht nur bezeichnet, sondern auch empfunden, die uns sehr schnell verschlingen können. Auf der Ebene der Ökonomie wie des Seelenhaushalts werden gegenwärtig *fetischistische* und *prothetische* Lösungen der Dennoch-Aufrüstung und -Ausrüstung bevorzugt.

Ich gestehe gern ein, daß ich bei der Entwicklung solcher Thesen meine eigenen «privatneurotischen» Empfindlichkeiten, Ängste, Faszinationen gewissermaßen als Wahrnehmungsorgan benutze, freilich verbunden mit einigen Theorien, Informationen über die Hintergründe für die gegenwärtige Krise von Identität und Geschlechtsrolle. Das mag einige Akzentsetzungen erklären. Aber ich glaube doch, daß es sich bei den umrissenen Zusammenhängen um ein kollektives Drama handelt, dessen kulturindustrielle Fassungen sich Millionen von Menschen begeistert anschauen und in ihrer Brisanz zugleich abwehren. Ein Hauptabwehrmechanismus ist die «Pseudoironisierung», die entweder als witzelnde Dauerdistanzierung schon von den Filmprotagonisten selbst betrieben wird (J. Bond, Indiana Jones, Ghostbusters), oder aber von den Betrachtern, Konsumenten, die vorgeben, sich die Streifen ja nur zum Jux, als Modenschau (Denver) oder gar aus «kulturkritischem Interesse» anzusehen. Die «Gewalt der Bilder» auf der Ebene unserer unbewußten Wunschproduktion bleibt davon fast unbeeinträchtigt. Die teilweise offene Suicidalität und Perfidie der angebotenen Entwürfe zu vergessen, wird uns auch durch das Medium selbst nahegelegt. Anders als beim gedruckten Wort, das auf Konsequenz und Rekurs angelegt ist[6], können die faszinierenden Szenen schon kurz nach dem Einblenden wieder für das Bewußtsein entschärft und verschwommen gemacht werden.

Wenn man die Bilder rekonstruiert oder transskribiert, liegt der tiefenpsychologische, erotisch-sexuelle Gehalt oft so offen auf der Hand, daß man sich als Interpret schon fast überflüssig vorkommt. Offenbar werden wir dazu angehalten, «den Wald vor lauter Bäumen nicht zu sehen». Die interpretierenden Intellektuellen haben dann eben «zuviel Freud gelesen». So werden wir ja gegenwärtig, in einer Zeit, in der die Freudschen Gestalten immer munterer auf den Leinwänden und Bildschirmen herumhüpfen und sich duellieren, auch von einer wachsenden Zahl von Veröffentlichungen dazu gebracht, uns von den abwegigen, verstaubten Thesen der Psychoanalyse doch endgültig zu verabschieden. Damit entfiele dann eine letzte Waffe der Kritik.

Doch nun zur angekündigten Analyse von Rambo II[7], dem vorläufigen Spitzenprodukt in der skizzierten Dynamik. Hier wird die männliche Ehre durch eine einzigartige Tatkraft wiederhergestellt. Nur noch verräterische Spuren künden vom Abgewehrten: von mütterlichen und weiblichen Objekten, von Abhängigkeitswünschen, von Kleinheits- und Angstgefühlen.

Im Jahre 1986 wird dieser Film nur noch überflügelt von «Top Gun», einem Film, der nun wieder auf eher heitere Weise und aus der Position des Fliegers von den Freuden des Abschusses von Gegnern und attraktiven Frauen handelt. Bevor ich Rambo II für unser Thema analysiere, muß ich aber wahrscheinlich den Inhalt kurz erzählen, weil die meisten sozialpsychologisch Interessierten und kritischen Linken in solche Filme gar nicht reingehen, und wenn zufällig doch, dann eben mit soviel Scham oder ironisierender Distanz, daß es sich um eine abgespaltene, schlecht erinnerbare Erfahrung handelt.

John Rambo wird für eine Sondermission aus einem US-Steinbruch geholt, wohin ihn gemäß der Filmhandlung von «Rambo I» sein «Durchdrehen» als in die Wälder geflohener, mißachteter Vietnam-Kämpfer gebracht hatte. Sein ehemaliger Colonel (Trautman) bringt ihn nach Thailand, auf eine Operationsbasis der Streitkräfte. Von hier aus soll er unter dem Kommando eines unsympathischen Zivilisten (Murdock) über dem vietnamesischen Dschungel abspringen und für den US-Kongreß und den Familienbund Fotos von in Lagern festgehaltenen amerikanischen Soldaten machen, für den Fall, daß es sie gibt! «Nur Bilder machen», wie der entschlossene Rambo zu seiner Enttäuschung hören muß. Murdock wirkt jetzt sehr unzuverlässig und verräterisch, sitzt in einem Wald von technischen Geräten, haßt den Dschungel und die wirklich tapferen Soldaten. Rambo springt, obwohl er das spürt, über dem Zielgebiet ab, verheddert sich dabei lebensgefährlich infolge einer Turbulenz am Flugzeug, schneidet sich von seiner umfangreichen technischen Ausrüstung los und trabt dann nur noch mit Spezialbogen und Kampfmesser durch den Dschungel, der sein «eigentliches Zuhause» ist. Hier tötet er im Nahkampf beinah Co-Bao, die sich aber als seine vietnamesische «Kontaktperson» zu erkennen gibt. Sie bringt Rambo zu einem Schiff von Flußpiraten, das beide zum Lager der Soldaten bringen soll. Auf dem Boot erzählt Co-Bao u. a. von ihrem Traum von einem friedlichen Leben in Amerika. Die Piraten sind aber Verräter. Es kommt zu einem kurzen Kampf, in dem ein Militärboot und das Piratenboot in die Luft gesprengt werden. Rambo und das Mädchen schlagen sich durch zum Lager, wo tatsächlich ausgemergelte Amerikaner in einem Bambuskäfig gefangengehalten werden. In der Nacht – während eine Prostituierte, die mit einem Moped ins Lager kommt, die Aufmerksamkeit der Soldaten auf sich zieht – befreit Rambo einen Amerikaner, der wie im Wilden Westen an einem Marterpfahl hängt. Sie fliehen, verfolgt von Soldaten, durch den Dschungel zum Ort, wo Rambo von einem US-Hubschrauber wieder abgeholt werden soll. Der Hubschrauber dreht aber empörenderweise kurz vor der Landung ab, als Murdock über Funkkontakt erfahren hat, daß Rambo gegen alle seine finsteren Pläne einen lebenden Beweis für die Existenz gefangener Amerikaner bei sich führt. Murdock will keinen Ärger mit dem Feind. Rambo wird zusammen mit dem kurzzeitig Befreiten gefangengenommen und im Lager furchtbar gequält, anfangs in einer Kotgrube, dann unter der fachlich-sadistischen Anleitung von eingetroffenen sowjetischen Beratern an einem elektrischen Gitter. Dort hängt er entblößt wie Gottes Sohn. Man droht ihm und dem anderen Gefangenen die Augen herauszuschneiden usw., für den Fall, daß er nicht einen selbstbezichtigenden Funkspruch an die US-Zentrale durchsagt, der die Illegitimität seiner Aktion anerkennt. Rambo schickt aber nur eine Rachedrohung an den verräterischen Murdock durch. Die Rettung kommt dadurch, daß Co-Bao sich mittlerweile als Prostituierte mit dem Moped getarnt ins Lager begeben hat und nach einer Weile einen Befreiungsversuch macht, der mit dem Sich-Losreißen des Gefolterten zusammenfällt. Rambo und seine Freundin fliehen. Am Morgen pflegt sie seine kleinen Verletzungen, gesteht ihm ihre Liebe. Ein erster und einziger Kuß – da taucht eine Gruppe von Soldaten auf, die aus dem Hinterhalt schießt. Co-Bao verblutet in Rambos Armen. Das wird aber nur kurz gezeigt. Ausführlich jedoch sehen wir, wie sich Rambo nun zur Rache rüstet. Er bindet sich ein Band ins Haar, wie ein Indianer, ziert sich mit Co-Baos Amulett, bereitet den Bogen vor, meditiert und legt dann los. Aus den Höhlungen und Schlupfwinkeln des Waldes heraus, aus Schlamm und Wasser tötet er als Einzelguerilla Dutzende von Soldaten. Sein Bogen hat Granaten an den Pfeilspitzen, die Militärtransporter und genüßlicherweise auch den Kommandeur derjenigen Gruppe in die Luft sprengen, welche auf die Geliebte geschossen hatte. Schließlich springt Rambo auf einen russischen Hubschrauber, wirft seine Folterer hinaus und holt, von oben kommend, in einer Feuerorgie seine Kameraden aus dem Lager. Nach Luftkämpfen mit anderen Hubschraubern steuert er wider alle Erwartungen das angeschossene, qualmende Fluggerät mit den Geretteten bis zum US-Stützpunkt, wo nun die Soldaten und Colonel Trautman (den Murdock zuvor unter Arrest gestellt hatte) begeistert sind.

Der Verräter wird nun Objekt von Rambos Rache. Dieser zerstört das bürokratisch-technokratische Machtzentrum, die Computerzentrale mit seinem MG, legt den zitternden, um Gnade bittenden Murdock über den Schreibtisch und jagt nun sein Jagdmesser kraftvoll neben den Hals des Feindes ins Holz. Danach verläßt er stolz und einsam den Raum, nicht ohne Murdock bei Strafandrohung noch den Befehl gegeben zu haben, nun auch die letzten Gefangenen freizubekommen. Soweit die Handlung.

1.

Natürlich verarbeitet der Film den allgemeinen kapitalistischen Zwang zur Konkurrenz, in dem der einzelne nur Chancen hat, wenn er hart kämpft und – abgesehen von einigen familialen Bezugspersonen (im Film u. a. Colonel Trautman) – niemandem traut, sondern nur sich selbst. Der Dschungel war schon immer eine gute Metapher für die unberechenbare Sozialwelt der modernen Ökonomie. Das sozialdarwinistische «survival of the fittest», unter der Sozialstaats- und Reformphase der sechziger und siebziger Jahre vorübergehend etwas in Vergessenheit geraten, wird wieder ganz unverhüllt verlangt. Männer können hier leichter auf alte, wenn auch brüchig gewordene Kostüme und Panzerungen zurückgreifen als Frauen. Die neumodische «fitness», die wir Männer – und jetzt auch vermehrt Frauen – uns im entsprechenden Center um die Ecke antrainieren können, ist in Wirklichkeit eine ganz alte Tugend.

Ideologien werden – das zeigt z. B. die Analyse vorfaschistischer und faschistischer Lebensführungs-Ratgeber mit ihrer Betonung der «Stählung» von Körper und Geist[8] – vor allem dann in den Subjekten handlungsmächtig, wenn diesen in den Alltag einbaubare «Do-it-yourself»-Verfahren zur Verfügung stehen. Darüber kommt es zur körperlichen Einschreibung, zur «Verkörperung» von Ideologie.

Zum sozialdarwinistischen Syndrom gehört auch die Ästhetisierung der Kraft. Die Feinde – in unserem Beispiel der Bürokrat Murdock – sind zugleich häßlich und gehören beiseite gefegt. Aber auch wer nicht so schön geboren ist oder ein von einer Partiallähmung gezeichnetes Gesicht hat wie Sylvester Stallone, kann sich, wie wir ja sehen, bei genug gutem Willen und Härte gegen sich selbst auftrainieren und etwas «aufbauen» – und sei dies zunächst auch nur die Schultermuskulatur.

2.

Dann gibt es noch den religiösen Weihrauch. Dieser ist ja überhaupt wieder modern. Die neue Jagd nach Tauschwerten wird begleitet vom Reden über die angeblich vergessenen christlichen Werte. Der Warenbesitzer-Egoismus, die Logik des Dschungelkampfes, die Freude am Triumph über den Gegner ist als normatives Muster zu profan und erschreckend, als daß es unverbrämt bleiben dürfte. Die eine Verbrämung ist die schon erwähnte Ästhetisierung, die Stilisierung der Macht des Stärkeren zum körperlichen Edelmenschentum. Die andere Verbrämung ist die Ausstattung des Konkurrenzdramas mit Versatzstücken und Dekorelementen aus dem religiösen Bereich. Dieser fetzenhafte, verbrämende Umgang, der Verzicht auf die Konsistenz und Konsequenz christlichen Denkens, ist typisch für den neokonservativen Umgang mit Religiosität. So wird Rambo, der das Menschheitshäuflein im Jammertal des Bambuskäfigs vor den gelben Teufeln retten soll, zwar in deutlicher Anspielung auf den Heiland ausgezogen, im Lendentuch gekreuzigt und von Schergen gequält, in die Seite gestochen; aber er hat natürlich die Bergpredigt vergessen, die frohe Botschaft der Wiederauferstehung kommt als Vernichtungsexplosion, verbindet sich sogleich mit dem biblischen Bild von der Endschlacht zwischen Gut und Böse am Orte Armaggedon, von der nicht nur die Offenbarung des Johannes, sondern zunehmend auch Caspar Weinberger und seine Freunde reden.

3.

Der Film gibt auch Antworten und kurzfristige Orientierungsangebote in bezug auf mehrere recht spezifische Krisen unseres spätkapitalistischen Produktions- und Reproduktionsapparates.

Da ist zunächst die ökologische Krise.

Die aufgezwungene Einsicht in die Eingebundenheit der Konkurrenzökonomie in den Naturzusammenhang taucht auf als Naturromantik, Naturverschmelzung des Helden.

«Und noch etwas sagt Colonel Trautman zum Bürokraten Murdock; ‹was Sie Hölle nennen, nennt er sein Zuhause›.»

Zunächst ist die Rambo-Naturverschmelzung ein klassisches bürgerliches Bild: er ist das einsame Naturkind, der Rousseausche umherschweifende Wilde; sobald man auf Menschen stößt, gibt es nur Ärger. – Aber auch über die Wünsche der Menschen, sich durch eine noch wenig zerstörte Natur zu bewegen, sollten wir uns nicht lustig machen. Wenn wir diese Wünsche – auch die nach Grenzerfahrung in der Natur – nicht ernst nehmen, machen Konservative und Faschisten damit Politik.

Ein nächster Krisenaspekt der modernen Ökonomie ist die zunehmende Erfahrung des «Vergessenseins» und der «Überzähligkeit», die Menschen machen müssen, weil der Arbeitsmarkt sie ausspuckt oder abweist. Die im Dschungel Vergessenen, Erniedrigten und Beleidigten – die es nach vielfältigen Erhebungen von US-Behörden überhaupt nicht gibt – sind einerseits sicher ein spezifisch amerikanisches Phantasieprodukt, welches kompensatorische Rachevorstellungen nach der historischen Niederlage von Vietnam ermöglicht, ein «Beweis» ist für die Niedrigkeit und Infamie des Siegers. Aber ich glaube, daß diese nach Befreiung lechzenden Vergessenen auch Symbol sind für die vielen anderen Abgedrängten, Weggesperrten, Frühverschrotteten oder auch nur von diesem Schicksal *Bedrohten*, deren Zahl unter den Reaganomics wie auch unserer «Wende-Ökonomie» sich – *trotz Aufschwung* – konsolidiert hat oder sogar noch steigt. Sie werden vom neuen fröhlichem Konsumismus der Mehrheit, mehr oder weniger lässig, einfach übersehen. Solche Demütigungserfahrungen, gerade weil sie derzeit größtenteils individualistisch verarbeitet und subjektiv oft als Männlichkeitsverlust empfunden werden, rufen nach Rache, setzen eine explosive narzißtische Wut gegen den «Rest der Welt» frei.

Im Film gibt es vor Ausbruch der ersten Kampfhandlungen eine Szene auf dem Flußboot, in der sich Rambo und seine weibliche «Kontaktperson» andeutungsweise ihre Lebensgeschichte erzählen. Rambo sagt, er sei «entbehrlich». Seiner Partnerin, die dies Wort nicht kennt, erläutert er in seiner melancholisch-einsilbigen, freilich nicht immer logischen Manier: «Das ist, wie wenn du auf einer Party eingeladen bist und nicht hingehst.» Bald kommt es zu Verrat, Überfall, zu explosiver Totalvernichtung des Gegners, Rettung. Nach dieser glänzenden militärischen Rambo-Aktion sagt die Partnerin mit bewunderndem Blick: «Rambo – du bist nicht entbehrlich.» So oder so ähnlich, glaube ich, läuft manche Militarisierungsphantasie in den heutigen westlichen Gesellschaften. Die Wut darüber, «bestellt und nicht abgeholt zu sein», sitzengelassen zu werden (z. B. durch den einfliegenden Hubschrauber der eigenen Leute), zieht sich durch den ganzen Film.

Am Schluß des Films, nachdem Rambo es dem ekligen Murdock «gegeben» hat, kommt er aus dem Gebäude, geht mit muskulös abgespreizten Armen Richtung Dschungel, spricht nach Art des Westernhelden, der nicht weiß, «wohin er geht», mit Colonel Trautman über seine Zukunft, der ihm eine zweite Tapferkeitsmedaille und Karriere in der Armee anbietet. Als Rambo dies nicht gleich will, fragt Trautman, was er dann wolle. Rambo kriegt einen pathetischen schiefen Mund, brüllt und zeigt auf die befreiten Geiseln, die gerade in einen Hubschrauber steigen: «Was ich will, ist das, was die da wollen, ich will, daß uns das Vaterland genauso liebt, wie wir es lieben.» Langsamer Abgang, Rückenansicht mit nacktem Oberkörper und abgewinkelten Muskelarmen. Enttäuschung und Wut über das Nicht-gebraucht-Werden durch die großen Institutionen, verbunden mit der Hoffnung auf die befreiende «Mission», auch unter Einsatz des Lebens, das ist die explosive Mischung, die sich verbreitet.[9]

Die *«Auferstehung des Fleisches»* gegenüber der entwertenden Mikroelektronik ist ein nächster Aspekt, der mit der *Technologiekrise* in der modernen Ökonomie zusammenhängt. Die Computerisierung weiter Bereiche – z. B. auch der Schlachthöfe, aus denen Rambos Bruder «Rocky» kommt – hat den zur kräftigen, handwerklich qualifizierten und cleveren Selbstinstrumentalisierung fähigen, wesentlich *männlichen* Facharbeiter zur obsoleten Figur gemacht, oder ist dabei, dies zu tun. Daß der männliche Lohnarbeiter stärker, kräftiger und besser bezahlt sein soll als die Frauen, ist noch unplausibler als zuvor. Produktionsfunktional ist der männliche Aufbau von Muskeln nur noch als *allgemeine* Übung der disziplinierten Selbstinstrumentalisierung und Unterwerfung unter Leistungsstandards. Überhaupt verschafft uns der Computer jede Menge von Scham und Entwertungsängsten. Das alles kränkt. Am Schluß des Films wird die Computerzentrale des bösen Bürokraten orgiastisch zerschossen. Ein Triumphschrei nach Manier des bekannten Zivilisationsflüchtlings *Tarzan* entringt sich Rambos Kehle. In «Rocky IV», dem bald danach erschienenen antikommunistischen Boxerfilm von Stallone, ist der russische Gegner selbst eine Art Computer, eine sprachlose Kampfmaschine, bis ins Detail kontrolliert und gesteuert durch modernste sportmedizinische Geräte. Demgegenüber trainiert sich Rocky für die große Revanche im bäuerlichen Sibirien: ohne Apparate, durch Holzhakken, hilfsbereites Aufrichten von Pferdewagen, Bergsteigen etc. Der Naturbursche siegt. Die Grobmotorik im «natürlichen» dreidimensionalen Raum, wie sie der Zweikämpfer oder Bergsteiger vorführt, scheint übrigens in der Tat eine der letzten Domänen zu sein, in der der Mensch durch die Maschine noch nicht ersetzbar ist.

In Rambo II haben wir im Hinblick auf die moderne Technologie im *ersten* Teil eine *Unabhängigkeitsphantasie*; Rambo vertraut vor allem dem Kampfmesser und Bogen, dessen Pfeile freilich Granatenspitzen haben. Gegen Ende wird die Unabhängigkeitsphantasie von einer – nicht minder illusionären – Phantasie der triumphalischen *Indienstnahme* von Technik abgelöst. Es wirkt komisch, wenn der Held aus einer Lauerposition unter der Wasseroberfläche auf einen niedrig fliegenden russischen Hubschrauber aufspringt, um ihn nach Hinauswurf der Besatzung zur Vernichtung ganzer Feindeseinheiten einzusetzen. Aber zugrunde liegt derselbe Männerwunsch zur *Resouveränisierung* gegenüber der ansonsten die Subjekte mitschleifenden Computertechnik, wie wir ihn an den Video- und Abschußautomaten der neueren Freizeitkultur hektisch am Werke sehen.

4.

Die ramboistische, neumännliche Revolte des Subjekts *gegen die Übermacht der Verhältnisse*, die personalisiert und verdichtet sind in der Figur des treulosen Bürokraten, gewinnt affektive Glaubhaftigkeit durch die symbolischen Einbeziehungen von Elementen der neuen sozialen Bewegungen, deren Gegner sie zugleich ist. Wir sehen, daß Rambo eine antimilitaristische lange Haartracht hat, wie sie zuerst Vietnamkriegs-Gegner trugen. Er trägt ein Band im Haar, das uns ebenfalls an die Alternativbewegung und die neuere Indianerromantik denken läßt. Überhaupt ein lockerer Typ. In Österreich hat gerade ein junger, u. a. von den Faschisten unterstützter Konservativer, Jörg Haider von der FPÖ, triumphalisch Karriere gemacht, der im Hinblick auf alternative «Unverkrampftheit» in seinem Auftreten die Sozialisten und die Schwarzen wirklich «vor sich hertreibt». Er war der erste Abgeordnete im Kärntner Landtag, dem der sozialistische Landeshauptmann eine Krawatte schenken mußte, läßt sich in der New-Wave-Zeitschrift «Der Wiener» mit nacktem Oberkörper abbilden und nennt seinen Erfolg eine «Bürgerinitiative der kleinen Leute». Ambivalent, d. h. der Alternativbewegung nicht so fern, ist auch die Herausstellung des Körpers als Hoffnungsträger, verbunden mit einem Mißtrauen gegenüber dem gesprochenen Wort, der folgenlosen Diskussion und gegenüber der medialen Bilderwelt. Auch wir haben unseren Körperboom, bestehen auf einer unmittelbaren sinnlichen Evidenz der gefundenen Wahrheiten. «Verkörperung» von Einsicht statt ihrer zynischen Abspaltung ist, wenn sie nicht reduktionistisch wird, auch ein linkes Programm. Ob der körpertherapeutische, eher kontemplativ und passive Rückzug auf den Körper so viel näher an einer emanzipatorischen Weltveränderung ist als der Muskelaktivismus, kann bezweifelt werden. Hier wie dort gibt es jedenfalls einen Verlust an kommunikativer, begreifend-verstehender Einbettung der Körperbeziehung.

Die körperkräftige, militaristische «Tat» ist ein Abbild und Zerrbild von wirklicher sinnlich-gegenständlicher *Praxis*, die uns aus dem «Gehäuse der Hörigkeit» herausbrächte. Den antibürokratischen Protest als gemeinsames Element der ramboistischen und der emanzipatorischen Revolte habe ich ja schon mehrfach erwähnt. Rambo usurpiert sogar Symbole und Eigenschaften der Befreiungskämpfer der Dritten Welt. Der Dschungel gilt nun als «seine Heimat»; die Vietnamesen wirken darin eher wie herumirrende japanische Besatzer (eine amerikanische Feindbildverdichtung, auf welche auch Uniformelemente hindeuten). Ja, in gewisser Weise ist *er* jetzt der Vietkong, hat seine Kraft durch eine archaische «Identifizierung mit dem Angreifer» bekommen (ganz ähnlich manchen Polizisten der Spezialtruppen, die in Jeans und Turnschuhen auftreten). Rambo bindet auch diffuse antifaschistische Affekte, die Japanisierung des Gegners habe ich schon erwähnt; die Russen sehen, wie Russell Berman schreibt, nicht nur aus wie deutsche Bösewichter aus dem 2. Weltkrieg, sondern sprechen in der amerikanischen Fassung auch mit deutschem Akzent.

Gelingende Feindbildverdichtungen, etwa diejenige von Oberst Ghadaffi mit unseren innenpolitischen und innerpsychischen Schwulen und Transvestiten, wie sie nicht nur in Reagan-Witzen, sondern tatsächlich auch über Foto-Montagen des State Department verbreitet wurde, sind für den Fortschritt der neokonservativen und faschistoiden Massenverblödung überhaupt sehr wichtig. – Auch Feind Murdock hat übrigens einige schwule, weibliche Züge.

5.

Also, wir kommen kaum um die Einsicht herum, daß Rambo und viele seiner geistigen Brüder von dämmernden Hoffnungen und Aggressionen leben, die den unsrigen gar nicht so unähnlich sind. Die eigentliche Leistung der neokonservativen und faschistoiden Regisseure der westlichen Welt ist die klare und entschiedene *Bündelung* der umhergeisternden Bilder und Affekte unter einer neumännlichen Leitfigur, die ich *im Prinzip* imitieren und der ich mich im «Do-it-yourself-Verfahren» anähneln kann, so daß ich *mich selbst* irgendwie «gebündelter» fühle. (Vielleicht ist es mehr als ein Wortspiel, daß sich «Faschismus» vom Rutenbündel, «fasces», der römischen Liktoren ableitet.) Die Bündelung gibt Orientierung in der modernen Welt der Zerrissenheit, Normenrelativierung und Dauerreflexivität, in der «Neuen Unübersichtlichkeit», wie Habermas sagen würde.

Die Normenrelativierung, auf die solcherart der neokonservativ-sozialdarwinistische Männlichkeitsentwurf antwortet, ist aber ein Produkt der *strukturellen Widersprüchlichkeit* kapitalistischer Verhaltensanforderungen und Identitätsmuster, die sich in den letzten Jahrzehnten noch gesteigert hat.[10] Das Muster des *Produktionsbereichs* mit seinen *inneren* Gegensätzen von egoistisch-asketischer Selbstinstrumentalisierung und verbleibender kollegialer Solidarität widerspricht dem des *Zirkulationsbereiches* mit seinem *inneren* Gegensatz von Tauschpartneregoismus und (instrumenteller, listiger) Einfühlung; beide widersprechen dem Muster des Reproduktionsbereichs mit seinem inneren Gegensatz von so dringend gesuchter Echtheit und Wärme und bald auch hier gespürter Kälte, Rollenhaftigkeit und Trauer. Der Spätkapitalismus hat die Anomie noch verschärft, dadurch, daß über die aufgeblähten Gebrauchswertversprechen und Sinnlichkeitsstimulierungen des Konsumgütermarktes im Reproduktionsbereich ein extremer, auf seine Art *sinnenfroher* und absatzfördernder *Konsumismus* als Lebensstil entfesselt worden ist, der mit dem *Leistungsasketismus*, den die Produktion braucht, immer mehr kollidiert. Dieses «Anspruchsdenken» dem Sozialstaat anzulasten, zu zähmen ist ja ein Ziel von «Geimowe», der geistig-moralen Wende. Als *ein* Synthetisierungsversuch zeichnet sich neben dem bloßen, eigentlich nicht praktikablen Neo-Asketismus das Konzept des «gehobenen Konsums» ab: Man kauft sich – ohne eine wirkliche Liberalisierung der Sinnlichkeit, die im AIDS-Zeitalter ja auch gefährlich geworden ist – wahnsinnig erlesene und teure Sachen, um dafür auch wahnsinnig viel zu arbeiten. (Das kann natürlich nur der integrierte Kern der Zwei-Drittel-Gesellschaft.)

Die Normenrelativierung und insbesondere die Geschlechtsrollenverwirrung haben sich zusätzlich zur innerökonomischen Dynamik noch durch die sozialen Kämpfe und Bewegungen gesteigert: durch die *Studenten- und Frauenbewegung*, die *Vietnam-Niederlage der Amerikaner*, die *sexuelle Liberalisierung*.

Zwar singt Tina Turner heute noch mit einer gewissen Lust «break every rule!» (so der Titel ihrer neuesten LP); aber den meisten macht die Normenrelativierung seit einigen Jahren mehr angst als Hoffnung auf einen neuen Umgang mit unserer so facettenreichen Sinnlichkeit. Wir wollen, wie die CDU offiziell verkündet, '68 und die Folgen überwinden, weil sie bedrohlicher sind als die Nazi-Vergangenheit. Hier bietet das neumännliche Muster Eindämmungs- und Orientierungshilfe. In diesem Sinne ist es mehr als eine persönliche Anekdote, daß Sylvester Stallone vor seiner «Wende» einmal als Pornostar sein Geld verdient hat.

6.

Um die Eindämmung, Neu-Interpretation der zuvor vom Kapitalismus selbst mitstimulierten Bedürfnisse besser zu verstehen, können wir zwanglos der psychoanalytischen Phasenlehre folgen:

Auf der *oral-narzißtischen Stufe* sieht das ramboistische Muster so aus: Der «maßlose», orale Konsumismus, der uns in den letzten Jahren zuviel geworden ist, der Gefühle des *Unwohlseins*, bei puritanisch Sozialisierten auch der *Schuld*, hervorgerufen hat, ist bei Rambo schlicht *abgeschafft*. Man sieht ihn nie essen oder trinken. Aber sein Gegenspieler Murdock trinkt Cola und ißt Sandwiches am laufenden Band. Oder er steckt sich in seinen breiten zerrissenen Mund, der sehr an den unsauberen Cliff Barnes aus «Dallas» erinnert, eine dicke Zigarre, um schmatzend daran zu saugen. Das also ist der neue Feind. Der verräterische Piratenhäuptling, den Rambo als erstes bekämpfen muß, zeichnet sich auch dadurch aus, daß er trinkt und Rambo samt Begleiterin gleich dazu verführen will, was diese natürlich dankend ablehnen.

Während der oralen Phase geht es bekanntlich auch um die Herausbildung eines ersten «narzißtischen» Selbstgefühls und Selbstbildes im Rahmen einer (mütterlichen) Objektbeziehung, von der das Kind abhängig ist, also um die Herausbildung einer Balance zwischen Unabhängigkeits- und Abhängigkeitsphantasien. Während Murdock und seine Kreaturen extrem abhängig erscheinen, z. B. von der Versorgung durch andere Menschen, die Bürokratie, durch die Computer und Geräte, stellt der ramboistische Entwurf eine extrem illusionäre Unabhängigkeitsphantasie dar. Die narzißtische Omnipotenz wird auf eine Weise ausgemalt, die darauf schließen läßt, daß damit bei Regisseuren wie Konsumenten beträchtliche narzißtische Kränkungen kompensiert werden sollen. Vor allem die deutliche *narzißtische Wut* verweist auf solche Kränkungen. Die Selbstgeburt aus dem Flugzeug ist so eine kompensatorische Allmachts-Phantasie, der Sieg über die Regimenter eine andere. Das Verdrängte, unsere und auch Rambos *Abhängigkeit* von mütterlich sorgenden, nährenden Objekten kehrt allerdings wieder im Bild von der Natur, die Rambo beim Kampf immer wieder in ihre Höhlungen aufnimmt, aus sich entläßt, dann wieder schützt und so weiter. Auch im Verlangen nach der abstrakten Liebe des Vaterlandes haben wir einen verschobenen Abhängigkeitswunsch. – Gut, Omnipotenz- und Autonomiephantasien, verbunden mit Unsterblichkeitswahn sind ja überhaupt en vogue; es bedarf keiner Beispiele. Dieses scheinbar so einfache Programm ist auch nur mittelfristig nicht lebbar, nur lebensgefährlich.

Auf der *Ebene analer Konflikte*, wo es ja um Kot, Schmutz und Sauberkeit und den *Kampf zweier Willen* geht, erleben wir auch eine klare Lösung. Rambo bleibt immer sauber, trotz der unsauberen Machenschaften des ewig schwitzend an sich herumnestelnden Murdock und obwohl ihn die Vietnamesen in eine Kotgrube hängen. Die Folterer wollen etwas nach ihrem Willen aus ihm herauspressen. Seine Antwort: Einen Scheiß werde ich euch sagen! Masochismus und Sadismus, nach Auffassung der Psychoanalyse vor allem im analen Unterwerfungsdrama verankert, kommen natürlich auch voll auf ihre Kosten. Beim Abwürgen und Auflösen, Wegknallen seiner Gegner darf dann der soldatische Held wieder beständig im Matsch und Dreck wühlen, sich damit zur Tarnung beschmieren usw.

Auf der *phallisch-ödipalen Bedürfnis- und Konfliktebene* springt zunächst einmal die Dominanz exhibitionistischer und voyeuristischer Interaktionsmuster ins Auge.

Erotik wird vor allem eine Sache der Fernsinne. Das entspricht der

Logik des AIDS-Zeitalters. Die Lösung des ödipalen Rivalitätsdramas ist eine phallisch-autoerotische. Die Weibchenphantasie der «Kontaktperson» Co-Bao, neben Rambo in Amerika leben zu können, muß leider enttäuscht werden. Rambo braucht keine Frau. Schon gar nicht diese. Es nützt Co-Bao auch nichts, daß sie sich nach der gemeinsamen Flucht als gute – Theweleit würde sagen «weiße» – Krankenschwester anbietet. Sie ist nämlich schon zu sehr zur «roten Frau» geworden, sie hat sich, zwar mit hehrer, rettender Absicht, aber doch faktisch, den Rivalen als Regimentshure unterschoben, kann schießen und kämpfen. Das Element des roten Flintenweibs, das dem soldatischen Mann angst macht, ist bereits zu stark in ihr. So eine Frau ist auf Dauer nicht zu gebrauchen. Es ist gut, daß sie stirbt und dann Wut und Rache sich ganz an ihren Mördern austoben können. In der deutschen Synchronisation sagt sie kurz vor ihrer Ermordung und nach dem ersten Kuß: «Rambo, nimm mich mit nach Amerika. – Du wirst es nicht bereuen!» Antwort: «Ja.» Das hört sich, wenn man es auf den zweiten Teil der Äußerung bezieht, sehr ambivalent an, zumal Rambos Gesicht dabei völlig bewegungslos ist.

Es besteht Grund zu der Annahme, daß das frauenlose und doch euphorisch-triumphalische letzte Drittel des Films einen Männerwunsch ausdrückt, der zwar illusionär ist, aber deswegen nicht ungefährlicher.

Am Ende dieses Beitrags beschleicht mich ein Unbehagen, weil ich denke, daß die Fixierung auf die Szenerie des Geschlechterkampfes, in der ich dem alltäglichen Bewußtsein und Unbewußten ein Stück weit gefolgt bin, selbst nur verständlich ist, wenn wir sie *auch* als *Abwehrszenerie* mit noch relativ handhabbaren Ängsten gegenüber der tieferen, vageren Vorstellung von Destruktionskräften sehen, die noch viel beunruhigender sind. Diese sind nicht mehr in Kategorien des Dramatischen zu fassen, sondern nur noch in Kategorien des Katastrophischen. Sie bedrohen die Menschen *völlig ungeachtet* ihrer Geschlechtsidentität.

Anmerkungen

1 Vgl. dazu relativ hoffnungsvoll Dieter Senghaas, Die Zukunft Europas. Probleme der Friedensgestaltung, Frankfurt 1986, S. 33 ff., S. 234/35 ff.

2 Frankfurt 1979

3 Ebenda S. 287

4 Vgl. die Abbildungen und den Text bei: H. P. Duerr, Sedua oder die Liebe zum Leben, Frankfurt 1984, S. 146, et passim

5 Stephan Selle, The melody remains the same, in «Welt aktuell '86» (Rowohlt), Reinbek 1985, S. 426

6 Vgl. N. Postman, Wir amüsieren uns zu Tode, Frankfurt 1985

7 In diese Analyse gehen Beiträge und Anregungen mehrerer Kollegen so stark ein, daß ich es im Detail kaum kenntlich machen kann. Vor allem: Russell Berman, Rambo, Rimbeaud, Reagan, in: Werkblatt, Zeitschrift für Psychoanalyse und Gesellschaftskritik, Heft 6/7, Salzburg 1986; Andreas Strasser, Neue Männlichkeit im Film, Diplomarbeit, Uni Klagenfurt 1986; Adi Wimmer, Rambo II, – Der kulturelle Kontext, unveröff. Manuskript; Institut für Anglistik d. Uni Klagenfurt.

8 W. F. Haug, Die Faschisierung des Subjekts, Berlin (Argument Sonderband), 1986

9 Hier danke ich Birgit Volmerg für Hinweise.

10 Vgl. hierzu immer noch mein bei Rowohlt leider vergriffenes Taschenbuch «Ökonomische Zwänge und menschliche Beziehungen», Reinbek 1977. Eine neuere, mehr auf die Psycho-Dramatik schauende Darstellung dieser Thematik findet sich in meinem Buch «Lebensdrama und Gesellschaft. Szenisch-materialistische Psychologie für soziale Arbeit und politische Kultur», das im Herbst 1987 im Wiener Deuticke-Verlag erscheint.

KLAUS OTTOMEYER, 1949 geboren in Frankfurt/M. Studierte Soziologie, Ethnologie, Psychologie; 1975 bis '81 Assistenzprofessor am Psycholog. Institut der FU Berlin («Holzkamp-Institut»); 1982 arbeitslos, seit 1983 Professor für Sozialpsychologie an der Universität Klagenfurt. Außerdem ehrenamtliche Sozialarbeit und psychologische Praxis mit der Methode des Psychodrama; zahlreiche Veröffentlichungen.

Volker Elis Pilgrim

«Sind Sie eigentlich nun homosexuell oder heterosexuell?»

Wenn das Wort «sind» auf mich zugerichtet wird, zucke ich zusammen. Und «oder» kann ich auch nicht leiden. Ich liebe «Tun», «Machen» und «Sowohl als auch».

Würden alle Männer sagen: «Ich bin schwul!», gäbe es keine Homosexuellenunterdrückung. Hätten im Dritten Reich alle nichtjüdischen Deutschen einen «Judenstern» getragen, wären die jüdischen Deutschen nicht verfolgt worden.

Meine erste männeremanzipatorische Tat: Ich beteiligte mich bei einer Aktion gegen den § 175, indem ich an einem Informationstisch in einer Fußgängerzone zu jemandem sagte, ich sei schwul. Das erzählte ich hinterher stolz einem Freund, der spöttisch fragte: «Machst du es denn auch?» «Nein!»

Schablonen sind ein Herrschaftsmittel, regulieren die Männergesellschaft. Die Einteilung ist ja kein wertneutraler Hinweis auf Tätigkeiten, Begabungen, Anschauungen, Bekenntnisse, Vorlieben. Mit Hilfe der Festlegung eines Menschen auf seine geschlechtlichen Ausdrucksformen, sogar schon auf seine Zugehörigkeit oder Nichtzugehörigkeit zu Glaubens- oder politischen Gemeinschaften wird Macht und Druck ausgeübt. Deshalb bin ich dafür tätig, jegliche Aufprägung, das In-den-Griff-bekommen-Wollen eines Menschen mit eindeutigen Zugehörigkeiten abzuschaffen. Die Kategorisierung, gleich welcher Art, hat mich in allem gehindert, meinen Fluß nach vorn gestoppt, meine Bewegung zur Seite erschwert.

Ich bin geborener Adliger, habe den Hinweis darauf im Namen gestrichen, statt dessen den jüdischen Elias in der Kurzform Elis hinzugenommen, um wenigstens in meinem Leben immer ein Signal vor Augen zu behalten dafür, daß es das deutsch-jüdische Zusammensein, ja ein vorsichtiges Zueinanderwachsen der beiden Völker trotz aller Schwierigkeiten dreihundert Jahre lang ohne größere Schlächtereien bis zu seiner Zerstörung durch die Nazis gegeben hat.

Als Adliger habe ich einen Begriff von Souveränität, kranke nicht an mangelndem Selbstbewußtsein, bin eingebettet im Gruppengefühl und gefestigt in einer Geschichtsverwurzelung. Als identifizierter Jude habe ich Zugang zu Tiefe, will alles wissen, hinter die Dinge kommen, besonders die der Ursachen männlicher Gewalt und Zerstörungskraft.

Ich studierte Jurisprudenz, ließ mich in der Zunft ausbilden, die Wesentliches zur Stützung von Herrschaft beitragen soll, aus der Politiker, Diplomaten und regierende Beamte hervorgehen. Darüber hinaus wurde ich auf der Universität in das Training der Wissenschaften Soziologie und Psychologie genommen. Später betätigte ich mich jedoch mehr als Künstler denn als Wissenschaftler. Mir gefällt die Ansicht von Peter Hacks, der sagte, die Wissenschaft sei *ein* Handwerkszeug im Schrank der Kunst. Es kam dem Stil meiner Bücher zugute, daß ich von klein auf musiziert und Theater gespielt hatte. Ihre Form macht es einer Kategorisierung nicht leicht. Ich fördere meine Erkenntnisse weniger aus den Laboren, mehr aus den Betten zutage.

Ich könnte überhaupt nicht in der mir möglichen Weise arbeiten, wenn ich nur Mann und nicht auch Frau wäre. Die Positionen in meinen Büchern wechseln: «Der Untergang des Mannes» ist in vielen Teilen auch von einer Frau geschrieben denkbar. Im «Paradies der Väter» bearbeitete ich über weite Strecken die Gedanken des Psychiaters Alexej Mend. «Die Elternaustreibung» entstand aus der Situation einer «verlassenen Geliebten», die schier unendlich klagt, weil sie sich nicht vom davongegangenen Mann ablösen kann. «Manifest für den freien Mann» und «Der selbstbefriedigte Mensch» sind kecke Männerstreiche, erst gar «Muttersöhne» ist *der* Kinnhaken gegen die Männergesellschaft, der mein Beitrag zu ihrem einstmaligen Erliegen sein wird.

Oft schaue ich auf schreibende Kollegen mit Grausen, weil sie verfangen sind im Mannsein und daraus jenseits von Effekten nichts zustande bringen, was «rüberkommt» – dieser so wichtige Begriff für alle Sich-Ausdrückenden: kommt etwas an, trifft es, reizt, empört es? Wenn ja, dann habe ich gezeugt, wenn nein, bin ich unfruchtbar. Und bleibt es? Zeugen! Keine Kunst. Aber Austragen, Gebären, Nähren, Gedeihenlassen. Wer als Künstler nicht randvoll mit weiblichem Vermögen ist, braucht nicht erst anzufangen. Der Gedankenblitz zu einer Arbeit ist hocherregend, doch danach kommen Ausformen, Aushalten der quälenden Dauer des Gestaltgebens. Und daß das Werk sein Leben als Gemachtes wie das der geborenen Wesen behält, jedenfalls eine Weile, nicht gleich ewig! – «Ewigkeit» ist auch so eine Herrenkategorie.

Meiner frühen Lust gehorchend, wuchs ich mit einem Verlangen nach Weiblichem auf. Das blieb so. Bis heute interessiere ich mich im Bett für die Weiblichkeit, ob an Frauen oder an Männern. In der Gesellschaft interessiere ich mich für die Männlichkeit. Aber was weiß ich, ob das so bleibt! Ich könnte mir eines Nachts ganz etwas anderes vorstellen, daß ich mich im Bett für Männliches interessiere und in der Gesellschaft für Weibliches, wenn ich nämlich konstruktiv werden will und mich dieses Durchschauen, Zersetzen, Analysieren der Männer nichts mehr angehen wird.

Manchmal kracht es da schon in meinem Gebälk. Nach großen Auftrittserfolgen, wenn ich am Abend die Spitze des Herausragens erklommen habe, dann möchte ich nachher nichts als Grund sein, Tiefe. Noch einmal eindringen, nun direkt – das geht nicht, aufnehmen aber.

Ich kann es Männern nicht genug schmackhaft machen, wie erregend und befriedigend das «Sowohl-als-Auch» im Männlich-Weiblichen ist. Nicht immer zugleich. Oft schwingt es im Hin und Her eines Pendels. Ich hätte ohne Slalom um die Frauen- und Männerrolle den Coup eines ersten, von einem Mann geschriebenen feministischen Buches, das gegen den Widerstand der Gesellschaft in die breite Öffentlichkeit drang, nicht landen können. Eine Theorie der Gewalt, speziell auf den Mann bezogen – die Unterscheidung zwischen menschlicher Aggressivität und männlichem Zerstörungsdrang –, konnte ich nur entwickeln als Frau *und* Mann, Homo- *und* Heterosexueller. Als «intentionaler Außenseiter» (Hans Mayer) und als Angehöriger des herrschenden Geschlechts und des «normalen» Sexualverhaltens konnte ich den Stachel des Mannes finden. Denn wenn ich nur Künstler, Jude, Frau und Schwuler wäre – die Opfer der Männergesellschaft –, fehlten mir Struktur, Souveränität, Macht und Eindringlichkeit, bei ihrem Abbau mitzuwirken.

Männer sind im Untergang, Frauen im Kommen. Wollen Männer noch an der Gestaltung des zukünftigen Lebens – und nicht an seiner Zerstörung – mitwirken, müssen sie die unterdrückte Frau in sich und damit zugleich alles Unterdrückte, den Juden, den Künstler, den Schwulen in sich befreien, auch ganz und gar mit dem Unterdrücken anderer aufhören.

Das Lustigste an der Männerbewegung ist, daß bewegte Männer

immer wieder sich selbst fragen, ob es sie gibt oder nicht. Und sie bewegen sich doch! Genügt das denn nicht, alle Zweifel zu beheben?!

Der Begriff «Männerbewegung» ist umstritten aus zwei Gründen:

1. Die Männerbewegung unterscheidet sich von allen alten Männerkämpfen, den Revolutionen, Aufständen, Kriegen, gesellschaftlichen Umbrüchen innerhalb des sogenannten Patriarchats, die immer nur neue Spielarten der Männergesellschaft einführten, sie selbst aber nicht abschafften.
2. Die Männerbewegung unterscheidet sich von der Frauenbewegung und allen anderen Bewegungen Unterprivilegierter, wie Studenten, Schwuler, Schwarzer, Juden... Die Männerbewegung ist eine Bewegung von Privilegierten, die erkannt haben, daß sie nicht als ganze privilegiert sind, sondern daß wesentliche Teile ihrer Person und ihrer Existenz unterdrückt werden, und zwar durch ihre Geschlechts- und Herrschaftsgenossen. Die Männerbewegung ist noch immer subversiv, unfaßlich, wild, spontan, in keine Gremien geordnet, unter keine festen Ziele subsumierbar, in keinen eindeutigen Aktionen anzutreffen.

Bei ihrer genauen Definition wird es darum gehen, von beiden Bewegungen, von denen sie sich unterscheidet, zu lernen. Von den alten Männerkämpfen muß sie einst die Effektivität übernehmen, auf daß Veränderung wirklich gelingt, weil sich Männer letztlich für die Umwandlung gesellschaftlicher Verhältnisse bewegen müssen. Von der Frauenbewegung muß sie übernehmen, daß es nicht genügt, Verhältnisse zu verändern, sondern, daß es darüber hinaus notwendig ist, auch persönliches Verhalten zu wandeln. Geschieht nur eines, werden entweder die neuen gesellschaftlichen Verhältnisse von alt gebliebenen Männern zu alten Männerverhältnissen gemacht oder können die neugewordenen Personen keinen Einfluß auf die Umstrukturierung der alten Gesellschaft nehmen.

Das Sich-Bewegen und das «Sowohl als Auch» sind *die* Markenzeichen der Männerbewegung. Die Herrschenden erachten sie längst als existent und glauben möglicherweise schon, daß sie ihnen eines Tages gefährlich wird. Ein kleines Indiz dafür: meine Post und mein Telefon werden kontrolliert. Es verschwinden erstmalig in meinem Leben Briefe, nur solche eindeutig männerliebenden oder männeremanzipatorischen Inhaltes.* Sie zu kopieren, reicht den Bundesschnüfflern wohl nicht als Beleg – für was? Sollte der Umstand solcher Kontrollen und Eingriffe in die eigentlich rechtlich geschützte Sphäre eines Menschen nicht des Beweises einer Männerbewegung genug sein? Wer den Staat zum politischen Gegner hat, ist existent! – beste männergesellschaftliche Tradition. Warum machen sich die herrschenden Säcke solche Mühe, wo doch in der Männerbewegung angeblich so händeringend wenig Politisches passiert? Sie halluzinieren mich als Haupt! Haben die eine Ahnung! Ich «bin» doch Arsch mit Sti(e)l!

* Zum Beispiel kam Jörg Ehrenforths erster Brief bei mir nicht an. Er enthielt Pressematerial über die Bremer Männertage von 1985, ein Exposé zu dem geplanten Buch «Gegenstimmen» und eine Einladung, mitzuschreiben. Auch wunderte sich Burkhard Schröder, der Herausgeber der Berliner Männerzeitung «HerrMann», daß seine verschickten Einladungen zu den Berliner Männertagen 1986 bei vielen Adressaten nicht eintrafen. Während eines langen telefonischen Interviews zu Männerfragen wurde die Leitung zweimal unterbrochen. Offenbar war bei den Kontrolleuren das Band voll. Als Jörg Ehrenforth am selben Tage abends anrief, um sich nach der Fertigstellung meines Textes zu erkundigen, hatte er kaum seinen Namen gesagt, da unterbrach die Leitung wieder. Es passiert sonst nie. Die ganzen «Wie-geht-es-dir?»-Telefonate wollen die Aufpasser wohl nicht mitschneiden.

Volker Elis Pilgrim, 1942 in Wiesbaden geboren, aufgewachsen im Süden von Berlin (DDR), Studium in der Bundesrepublik: Rechtswissenschaft, Soziologie, Psychologie, Musik und Film, juristisches Staatsexamen, anschließend Dissertation über den Rechtsschutz der angewandten Kunst. Seit 1970 freier Schriftsteller. Bücher zur Frauen- und Männeremanzipation, Eltern-Kind-Beziehung und Tierrechtsbewegung: «Der Untergang des Mannes», «Manifest für den freien Mann», «Der selbstbefriedigte Mensch», «Das Paradies der Väter» (gemeinsam mit Alexej Mend), «Muttersöhne», «Dressur zum Bösen», «Die Elternaustreibung», «Zehn Gründe kein Fleisch mehr zu essen.» (Foto: Helga Sittl)

Niko Diemer

So unbeschreiblich weiblich, dieser Sozialarbeiter oder: Krisen-Mutter, Kumpel und Lolita

«Du bist ja schwul»

Der harte Lederjacken-Typ hat heute abend seinen Jämmerlichen. Irgend etwas mit der Freundin ist schiefgelaufen. Sitzt da, an der Theke des Jugendhauses, hat schon einige Bier drin und will reden. Stockend zuerst – aber ein paar Schubser des Sozialarbeiters genügen, und ein Strom des Erzählens bricht durch. Die ganze Geschichte, alles, was er falsch gemacht hat und die Verzweiflung: «Was soll ich denn jetzt noch machen.» Reden, langsam Aufpäppeln, Schweigen, Kräfte sammeln. Plötzlich der Abbruch, die Verhärtung; sein Körper wird starr, der harte Typ zieht die Lederjacke zu: «Sag mal, du bist ja schwul.»

Weich-Sein

Zu nahe gekommen. Zu weich geworden, und der andere hat mich berührt. Abbruch der bedrohlichen Auflösung. Abwehr als Abwehr des anderen. Die Gefahr ist lokalisiert: «Schwul» ist ein deutlich anderes und damit entschärft, verächtlich außerhalb und fremd.

Der andere ihm gegenüber, ich, der Sozialarbeiter – was war mit mir? Ich war auch «weich», bin eingegangen, habe gelockt, später gestützt, bin mitgewesen im Sich-Treibenlassen.

Mein «Weich-Sein» ist meine Produktivkraft in der Sozialarbeit. Im Knäuel «Beziehungsarbeit» bin ich als Person in die Wünsche des anderen verwickelt – und in meine eigenen. Funken der Übertragung springen über, Barrieren brechen ein, wenn ich mit meinen Gefühlen darin bin.

In der Beziehungsarbeit bin ich mit meinen «weiblichen» Potenzen gefordert. Weiblich-Sein als Mann, das bedeutet, auf unsicheres Terrain zu geraten. Manchmal bekomme ich Angst, wegzuschwimmen, und oft ziehe ich Grenzen, werde «hart», (möglichst) bevor ich emotional zerrieben werde oder in Situationen, wo ich Entschiedenheit und Konsequenz gefordert sehe. Doch der Alltag der Sozialarbeit hat weibliche Züge, läßt «Vermischungen» zu, formt mich unwiderstehlich androgyn und – verunsichert.

Das Soziale ist weiblich

Die weiblichen Züge in der Physiognomie der Sozialarbeit sind nicht lediglich «Methode», nicht ein «wie komme ich an die Leute ran». Es gibt eine «strukturelle Weiblichkeit» in der Sozialarbeit. Die sozialen Institutionen und die sozialberufliche Praxis haben die «weibliche Logik» der Haus- und Beziehungsarbeit aufgenommen. So wie der Sozialstaat «öffentliche» Sozialisationen veranstalten muß, weil Familie und Alltagskultur von Schichtarbeit und Schlafstadtbeton angeknackst sind, so wird etwas professionalisiert, was früher als privatweibliche «Qualifikation» fungierte: Einfühlung in ein Gegenüber, Auffangen und Ermöglichen von Regression, die Fähigkeit zu qualitativen, zyklischen Teilstrukturen, die Fähigkeit zur Symbiose und zum «Puffer-Sein» zwischen Innenwelt und Realitätsprinzip.

Sicher war diese «weibliche Logik» immer schon eine gesellschaftlich geprägte und gebrochene. Natur war sie nur in der männlichherrschaftlichen Projektion. Sicher war Haus- und Beziehungsarbeit in gesellschaftliche Funktionalität eingezwängt: Die Mütter hatten den kleinen Arbeitsmännern die Lohn-Zeit-Struktur anzudressieren. Der Riß zwischen Sympathetik und Abstraktion, zwischen Einfühlen und Abhärten, geht mitten durch das Weibliche hindurch. Und es wird noch einmal gebrochen im Prozeß der Professionalisierung und Institutionalisierung des Sozialen: Beziehungsarbeit hat soziale Funktionen, wird rationalisiert, in Korsetts therapeutischer Techniken gezwängt und zu pädagogischen Häppchen kleingehackt. Hilfe und Herrschaft, Beziehungen und Kontrolle sind in der sozialen Arbeit eine Symbiose eingegangen.

Doch die Symbiose läßt sich nie vollständig nach der Seite der Herrschaft hin auflösen, in rationelle, formalisierte, digitalisierte Sozialtechnik etwa. Sonst läuft sie leer, als klappernde Maschine an den Menschen vorbei.

Die «strukturelle Weiblichkeit» ist mehr als Mütterlichkeit. In ihr ist mehr als «Puffer-Sein», mehr als die bedingungslose Zuneigung der Mutter. Ein Wechselspiel von Auffangen und Konfrontieren, von Spiegelung und Forderung – im Medium erotischer «Stromkreise» – entfaltet sich, teilweise durchaus jenseits der Geschlechterklischees und der Polaritäten männlich-weiblich.

Spiegel und Wünsche

Was geschieht nun mit mir – mit mir als Profi und Mann – im Dickicht der Beziehungsarbeit? Ich werde zum Spiegel für Wünsche, für bisher zensierte, abgespaltene oder idealisierende Wünsche. Ich werde zum Objekt von Projektionen, von Glücks-Bildern, und ich verwandle mich dabei. Ich bin nicht lediglich passive Projektionsfläche, sondern mache mich den Wunschbildern gleich. Den Wünschen kommt etwas im Objekt entgegen, und der Funke der libidinösen Besetzung springt über. Ich werde zum libidinösen Objekt und agiere als Wunsch-Subjekt in den Strömen der Übertragung und Gegenübertragung.

Ich lebe diese Projektionen des Weiblichen, besetze die verschiedenen Figuren und Facetten, die in unsere (Männer)-Phantasie eingebrannt worden sind: werde zur Krisen-Mutter, zum Kumpel, werde Lolita. Und die Strömung des Begehrens treibt mich und mein Gegenüber, schmilzt die Schalen der Abwehr und treibt fort in unbetretene Landschaften der Innenwelt.

Der harte Typ ist zusammengesunken, den Kopf vergraben: Ich will nicht mehr. Laß mich einfach liegen und bleib nur da... Beuge mich zu ihm, werde leiser: Laß dich fallen, du darfst ja heulen – ich wisch alles weg, und es ist vergessen...

Das Versprechen ist sie, das projizierte Gegenüber in Augenblicken der Schwäche, der notwendigen Regression. Auffangen soll sie, trösten und mit ihrer Bedingungslosigkeit heilen – ohne Gedächtnis, ohne Erinnerung an die Schwäche im nachhinein. Aufpäppeln soll sie, passiv die wieder wachsende Kraft aufnehmen, das Wieder-hart-Werden des selbstschützenden Panzers spüren lassen an ihrer Weichheit. Sie darf nicht nachtragend sein, wenn die wiedergewonnene Kraft «ungerecht» trifft, wenn sich die Panzerung «undankbar» wieder geschlossen hat.

Die Entschädigung ist ein Gefühl der Omnipotenz, welches der Mutter vorbehalten ist. Ihr ist es erlaubt, den größenwahnsinnigen Moment ungeteilter Macht zu spüren, wenn in ihrer Umschließung der zum Säugling Regredierte wieder wächst, wie sie ihn noch einmal gebärt und nährt. Und selbst, wenn darin ihre Kraft verschwindet, wenn sie abgestoßen, verletzt und gedemütigt wird, nur verschlucken soll, was an Gewalt ihr zurückschlägt, bleibt das Selbstbewußtsein einer Potenz bestehen. Selbst wo Mütterlichkeit herhalten muß, die gewalttätig in den Bereich der Sozialisationsarbeit hereinbrechende gesellschaftliche Perspektivlosigkeit, die panische, nur noch selbstvergewissernde Gewalt aufzufangen, vermittelt sie noch Bestätigung: die Bestätigung, letzter Halt zu sein und sich selbst als Gegenpol gelassener Ruhe zu erfahren, als «Krisen-Mutter». Vielleicht ist es zuletzt nur ein masochistischer Leidensgewinn. Doch selbst dieser hat noch Teil an jener Nische stummer Macht, welche die Vergesellschaftungsrationalität den Müttern offenlassen muß.

Vielleicht ist die projizierte Mütterlichkeit, dieser Teil sozialarbeiterischer Weiblichkeit, auch die einzige Form, die Männer teilhaben läßt an der Gebärpotenz: ist ein wenig Heilung des männlichen Gebärneids, was über den so geringen biologischen Anteil am Menschenmachen hinwegzutrösten vermag.

Der harte Typ reckt sich, setzt sich aufrecht, streift die Lederjacke zurück: Meinst du wirklich, daß es so geht?

Rücke näher, trinke einen Schluck und nicke ihm aufmunternd zu: Jeder hängt mal durch, Mann, und jetzt rappel dich wieder, das Leben geht weiter. Weißte was, wir beide...

Kräfte brauchen ein Gegenüber, ein Medium des Bewährens, Gegenkräfte, um ihrer selbst gewahr zu werden. Kumpel ist der gleichstarke Gegenüber, der Gegner zum Kräftemessen. Aggressive Überschreitungen und Selbsterprobungen gehören in das Spiel mit hinein, aber ohne bedrohliche Übermacht, ohne Feindlichkeit. Man schlägt sich auf die Schulter, verstärkt den Mut und die Kraft, steigert sich mit der Gewißheit, daß der andere Sicherheit bietet. Er ist ein anderer, mit dem man «Pferde stehlen könnte», eigentlich geschlechtslos, neutral, denn es geht um Wichtigeres, um Dinge, um Eroberung nach draußen.

Aber es muß Momente des Stillhaltens geben, des Sich-spiegeln-Könnens im anderen, Momente der «Dialektik des anderen Blicks» (Sartre), wo das Selbstbild sich in der Anerkennung des anderen reflektiert. Und dazu ist ein Medium erotischer Annäherung nötig, durchaus mit Abstand und ohne verunsichernde Berührung. Bedekkungen, Masken bleiben unversehrt; doch erst ein tragendes Gespinst nicht-polarisierter, erotischer Anziehungskraft sichert das Gemeinsame, sichert ab gegen Gefühle der Verlassenheit.

Kumpel sein heißt, aus dem Erwachsen-Sein zurückkehren dürfen in eine Phase des ersten Wagens, der ersten Schritte nach draußen, die der Sicherheit eines anderen bedürfen, da man die Mutter hinter sich gelassen hat. Kumpel ist aber auch die Erfahrung des anderen als Person, als widerständiges Gegenüber, jenseits methodisch-versachlichender Strategien der Kommunikation und Therapie. Die Projektion Kumpel ermöglicht Wiederaneignung, Momente emphatischen Lebens, das die Halbheiten der Professionalität vergessen machen kann. Es ist das Hochgefühl, einer Gemeinschaft der Gleichen anzugehören, gleich in der Erfahrung und Tatlust, außerhalb des verwirrenden Spiels geschlechtlicher Anziehung und Abstoßung. Es ist die Illusion eines neutralisierten und doch erotischen Raumes, ohne Brechung durch Funktion und Institution. Der Kumpel liegt an der Grenze der Weiblichkeit, gehört jedoch ihr mehr als der Männlichkeit des aggressiven Selbstzwangs, die den «Blick des anderen» nur als Blick des Konkurrenten lokalisieren kann und das Medium der spiegelnden Vertrautheit zerreißen muß, denn es verunsichert die Polaritäten.

Lolita

Der harte Typ ist ganz nach hinten geglitten, lehnt an der Bar. Die Jacke ist fast abgerutscht; er lächelt unbestimmt, nach innen: Ach, was weißt du schon... laß doch...

Spiele mit meinen Händen und blicke dann auf, lächle ihn an, in die Augen: Ja, laß doch, fließ doch. Ja, zeig dich, zieh deinen Panzer aus. Spürst du mich? Laß mich spüren und komm mit, komm...

Verhärtungen geraten erst in Bewegung, wenn etwas lockt, unbestimmt «das andere» verspricht, dem die Wünsche schon ewig nachhängen. Lolita ist eine Chiffre für das Lockende, erotisch Versprechende, aber ohne die abgezirkelte Deutlichkeit weiblicher Komplementarität. Lolita trägt kindliche Züge, Züge frühreifer Erfahrenheit, und doch ist ihr Versprechen unerfüllbar.

Das aufscheinende Wunschbild, gerade weil es irreal und außerhalb gewohnter Konturen ist, läßt Panzerungen schmelzen, macht weich und offen. Läßt Wünsche aussprechbar werden, läßt das Spielerische zu, die anderen Möglichkeiten durchdenken, symbolisch durchleben. Die unbestimmte erotische Lockung verflüssigt die Abwehr. Die Besetzung eines Imaginären bringt Wünsche an die Oberfläche zurück. Verbotenes taucht wieder auf und Perspektiven, Verknüpfungen können sich plötzlich entwerfen, radikales Wieder-Beginnen scheint möglich. Lolita ist der Name für den Moment der Ausnahme.

Und selbst, wenn deutlich wird, daß die Einlösung des Versprechens irreal und das «ganz andere» nur projiziertes Wunschbild, Gegenbild zur eigenen Erstarrung war, kann das in Fluß Gekommene weiter fließen. Es ist die Enttäuschung aus Märchen, wo sich die Prinzessin, kurz vor dem Gewonnen-Werden, auflöst, und der Wagende ist doch ein anderer geworden in der Annäherung.

Auf die Projektion Lolita antworten, ist das Wagnis, die erotischen Kräfte fließen zu lassen, gesellschaftlich-geschlechtliche Muster überspült zu sehen und überspült zu werden. Es ist das Spiel mit den eigenen Wünschen jenseits des Realitätsprinzips, mit Phantasiebildern jenseits realer Beziehungen. Im Spiel, im Ritual darf das Abgespaltene zurückkehren. Es ist ein Spiel, das gesehen werden will, ein narzißtisches Spiel der Verwandlungen.

Ein Stück Utopie ungebundener Sehnsüchte ist darin, das in der Ordnung der ausdefinierten Arrangements nicht aufgehen kann. Lolita trägt weibliche Züge des passiven Zurückgehens, um die Annäherung zu provozieren. Sie ist aber auch androgyn, widerständig gegen gefügigmachende Reduktion, sie reizt und fordert: die Entgrenzung, Verwandlung des Gegenübers. Vielleicht ist in dieser Projektion auch ein Stück gesellschaftlichen Experimentierens; das Überschreiten eines Realitätsprinzips, das Wünsche und Anziehung entschärft hat, Beziehungen auf das Niveau aushandelbarer Geschäfte zum gegenseitigen Vorteil gebracht hat. Diese Projektion ist das Aufblitzen einer Kraft der Verflüssigung, einer realen Verzauberung der abgestorbenen Gefühle und Dinge, wenn auch nur für den Moment, wo der Wunsch an seinem Sehnsuchtsbild Funken schlägt. Lolita bedeutet, die Macht über diese Verzauberung zu genießen im Bewußtsein der Seltenheit und Vergänglichkeit.

Projektion und Identität

Ich bin nicht diese verschiedenen Projektionen der Weiblichkeit. Ich könnte sie gar nicht sein, denn sie widersprechen einander, und männliche, autoritative Anforderungen (und Bedürfnisse) kommen hinzu, müssen sich untermischen. Vor allem: ich bin nicht identisch mit Anforderungen, die, selbst wo sie die spezifischen Lustgewinne und Machtgefühle vermitteln, an Arbeit, Lohn-Arbeit gebunden bleiben – und meine Existenz umfaßt mehr. Aber es macht gerade das Spezifische von vergesellschafteter Beziehungsarbeit aus, daß sie keine Gleichgültigkeit zuläßt, daß sie durch mich hindurchgeht, mich ergreift und bewegt. Ich würde sie nicht tun, wenn ich ihr nicht einiges abgewinnen könnte. Ja, die Situation des «Entzugs» (Arbeitslosigkeit) macht mir mein fast «süchtiges» Verhältnis zur Sozialarbeit und ihrer Weiblichkeit deutlich: Es ist die praktizierte Weigerung, ganz erwachsen zu werden, der Versuch, Spielerisches offenzuhalten.

Dann ist es der Versuch, aus dem Gehäuse der Intellektualität auszubrechen, die Selbsterfahrung jenseits von Sprache und Argument, jenseits von konkurrenzhaftem Selbstzwang und Abstraktion. Es ist die Erfahrung, sich im Medium von Intuition, erotischer Übertragung und sympathetischer Annäherung zu bewegen und aus dem tendenziell angstneurotisch-begrifflichen System ausscheren zu können. Es ist die Erfahrung von Macht, auch von persönlich-politischer Potenz, Menschen bewegen zu können, etwas tiefgehender bewirken zu können, wenn der hybride Traum von der Macht des Wortes ausgeträumt ist.

Sicher sind das auch Omnipotenzwünsche; aber ihre Denunziation als «Helfersyndrom» ist platt und hat einen faden Beigeschmack. Ich will den «sozialen Gebärwunsch» zulassen, will Machtbedürfnisse nicht gleich ängstlich-reflexiv «bannen», verbannen, wo sie dann wiederkehren in Gestus und Denken, im männlichen Systemdenken, dem Wahn des Ordnens und Verdinglichens der Welt.

Alle Machtwünsche sind riskant, das ist richtig. Doch, anstatt im Versuch scheitern zu müssen, Machtwünsche wegzudefinieren, sollten wir einen Ort für sie finden. Und wir können sie zumindest von der kompensatorischen Überladung befreien, die nur Kehrseite des Entbehrens andernorts ist.

Die Alternative zum Tabuisieren wäre die Aneignung des Wunsches – und aller Wünsche – im Versuch, allseitiger zu werden. «Allseitigkeit» wäre das Wagnis zu einer Identität der Differenzen, zu einer (auch sozial-utopischen) Kultur, die ich «Kultur der Differenz» nenne. Es ist der Wunsch, Vermischungen zuzulassen, ohne Spannungen aufzulösen, ohne erzwungene Identität und Einfalt.

Profi und Mann

Meine Sozialarbeit ist so gesehen auch eine kleine Abteilung des gesellschaftlichen Labors, des Experimentierens mit Identität und mit sozialen Beziehungen. Ich mache ein Experiment an mir, mit mir, mit meinen Ängsten zum Beispiel vor dem Fremden, dem Schmutzigen, dem sozialen Unten. Im Selbstversuch lerne ich Freundlichkeit, ohne falsche Identifizierung. Experimente werden angestoßen, Menschen werden neugierig, selbst wenn die Konfrontation mit anderen Lebensentwürfen im ersten Moment verstört. Neues wird provoziert wie der plötzliche Blick quer zum Gewohnten, dem alles in ein neues Licht getaucht scheint. Neues wird provoziert: Lachen oder Wut, und ich öffne: gegenüber den zu kurz gekommenen Wünschen, öffne manchmal auch alle Schleusen. Sicher, es sind professionell-gebrochene Beziehungen, und alle Beteiligten wissen dies, wissen, daß ich bezahlt werde, weggehen kann, ein anderes Leben führe.

Aber die Distanz ist manchmal eine Chance, die Professionalität kann Medium und Katalysator werden, weil beide sich mehr trauen, weil man das Spiel abbrechen kann im Unterschied zur Beziehungs-Ernstsituation. Distanz nötigt zum Blick auf sich selbst, nötigt zu einem Wir, unabhängig von Institution und professionellen «settings». So bin ich beteiligt, wenn sich Befreiungen, manchmal Revolutionen am eigenen Leibe ereignen, und manchmal gelingt es, ein neues Soziales, ein sozial Neues mitzugebären.

Mann, oh, Mann

Wenn Männer sich verändern, dann spielt die gesellschaftliche Erosion der alten Männlichkeit und die Macht, die sich Frauen erkämpft haben, sicher mit hinein. Wenn wir uns verändern, dann auch wegen des männlichen Verlust und dieser ist unwiederbringlich, für Männer und für Frauen. Verlust – es ist so etwas wie eine Revanche der Männer, wenn sie die letzten «weißen Flecke», die weiblichen Territorien besetzen – ganz in der blutigen Traditionslinie der Kolonialisten und sich das Menschenmachen und die Erotik der Sympathetik zu unterwerfen versuchen. Sei es, daß dies individuell geschieht: als «softie» mit be-herr-schter Androgynität, oder sei es, daß dies gesellschaftlich mittels Sozial- und Gentechnologie unternommen wird.

Der «neue Mann» (abseits von Modeetiketten) ist ein Experiment mit offenem Ausgang. Ein Weg ist allerdings nicht offen: Ich halte es für falsch, die Lust am Vermischen zu einer Utopie der Androgynität zu verlängern. Ich halte die androgyne Utopie für eine schlechte Utopie, darüber hinaus für eine verlogene. Alles gleich und gleichzeitig sein zu wollen hieße Entschärfung der (Geschlechter)-Differenz, hieße Überforderung, die meist sektenhaft und neu ausgrenzend endet. Dies lehren auch Erfahrungen aus der professionellen Beziehungsarbeit. Und für uns gibt es – auch – etwas zu erben an der alten Männlichkeit: Entschiedenheit, Selbstzutrauen, wenn diese Erbstücke nicht Trophäen der Herrschaft sind oder eingebaut werden in destruktive Maschinerien des Ordnens und Unterwerfens – bis zum bitteren Ende, gleichgültig, ob Herzinfarkt oder Super-GAU.

Männer sollten ihr Erbe einbringen in die Versuche zu einer neuen Identität und in eine Kultur, die keine Angst hat, weder vor Vermischungen noch vor Differenzen... Mann, oh, Mann.

Anmerkung:
Dieser Artikel geht auf einen früheren zurück, der die Sache mit der «strukturellen Weiblichkeit» des Sozialen etwas ausführlicher behandelt, sich aber zum Mann-Sein (bei so viel Weiblichkeit) eher ausgeschwiegen hat. Erschienen in: Widersprüche – Zeitschrift für sozialistische Politik im Bildungs-, Gesundheits- und Sozialbereich, Heft Nr. 6, Offenbach 1983

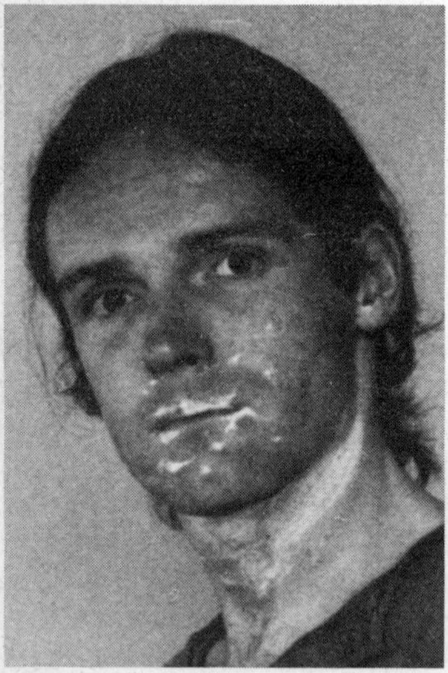

NIKO DIEMER, 1952 geboren, Sozialpädagoge, in Bremen lebend, mit Kind in einer Wohngemeinschaft, mal lohn-, mal anders arbeitend, meist theoretisch interessiert, oft politisch aktiv, manchmal etwas schräg und selten ohne Träume.

Zu guter Letzt

B. Ronstein

Malcolm Lowry

Gesamtwerk in Einzelausgaben
Herausgegeben von Joachim Sartorius

Hör uns, o Herr, der Du im Himmel wohnst
Erzählungen
Deutsch von Susanna Rademacher
dnb 121

Oktoberfähre nach Gabriola
Roman
Deutsch von Susanna Rademacher
dnb 157

Ultramarin
Roman
Deutsch von Werner Schmitz
dnb 167

Fünfunddreißig Mescals in Cuautla
Gedichte
Deutsch von Joachim Sartorius
dnb 172

Unter dem Vulkan
Deutsch von Susanna Rademacher
durchgesehen von Karin Graf. Gebunden

Spinette der Finsternis
Über Malcolm Lowry
dnb 177

Briefe
dnb 175

Dunkel wie die Gruft, in der mein Freund begraben liegt
Roman
Deutsch von Werner Schmitz
dnb 178

C 2147/3

John Updike

Ehepaare
Roman. 490 Seiten. Gebunden und als rororo 1488

Das Fest am Abend
Roman. 230 Seiten. Gebunden und als rororo 1625

Unter dem Astronautenmond
Roman. 400 Seiten. Gebunden und als rororo 4151

Der Zentaur
Roman. 324 Seiten. Gebunden

Der Sonntagsmonat
Roman. 210 Seiten. Gebunden und als rororo 4676

Heirate mich!
Roman. 320 Seiten. Gebunden und als rororo 4982

Auf der Farm
Roman. 204 Seiten. Gebunden

Der Coup
Roman. 320 Seiten. Gebunden und als rororo 5667

Der weite Weg zu zweit
Szenen einer Liebe.
Roman. 240 Seiten. Gebunden

Bessere Verhältnisse
Roman. 520 Seiten. Gebunden

Hasenherz
Roman. rororo 5398

Henry Bech
Erzählungen. rororo 5448

rororo

C 740/12